ŒUVRES
COMPLÈTES
DE J. RACINE
AVEC UNE VIE DE L'AUTEUR

ET

UN EXAMEN DE CHACUN DE SES OUVRAGES

PAR

M. LOUIS MOLAND

TOME SIXIÈME

PARIS

GARNIER FRÈRES, LIBRAIRES-ÉDITEURS

6, RUE DES SAINTS-PÈRES

M DCCC LXXVII

CHEFS-D'ŒUVRE

DE LA

LITTÉRATURE

FRANÇAISE

25

ŒUVRES

COMPLÈTES

DE J. RACINE

TOME SIXIÈME

ŒUVRES
COMPLÈTES
DE J. RACINE

AVEC UNE VIE DE L'AUTEUR

ET

UN EXAMEN DE CHACUN DE SES OUVRAGES

PAR

M. LOUIS MOLAND

TOME SIXIÈME

PARIS

GARNIER FRÈRES, LIBRAIRES-ÉDITEURS

6, RUE DES SAINTS-PÈRES

M DCCC LXXVI

INTRODUCTION.

Racine, après avoir renoncé au théâtre, vécut encore vingt-deux ans pendant lesquels il ajouta à ses pièces profanes les deux tragédies sacrées d'*Esther* et d'*Athalie*. À part ces deux grandes œuvres, il fut tout occupé aux fonctions d'historiographe royal. Il se prépara à écrire l'histoire du règne de Louis XIV; il en composa même plusieurs grands morceaux, comme le déclare Louis Racine dans l'avertissement que nous reproduisons plus loin. Après la mort de Racine, du Trousset de Valincourt qui lui succéda tant à l'Académie française que dans les fonctions d'historiographe, fut mis en possession de ces papiers qui périrent dans l'incendie de la maison de Valincourt à Saint-Cloud, en 1726, nuit du 13 au 14 janvier. La Beaumelle raconte[1] que Valincourt, alors que les flammes avaient envahi sa bibliothèque, sensible seulement à la perte de ces manuscrits, offrit vingt louis à qui les sauverait. Un homme du peuple s'élança dans la maison en flammes, mais il se trompa de paquet et ne rapporta, au péril de ses jours, qu'un vulgaire recueil de gazettes.

---

1. *Mémoires pour servir à l'histoire de Mme de Maintenon*, liv. VIII, hap. xv.

INTRODUCTION.

Il est singulier que, pendant les vingt-sept ans qui avaient suivi la mort de Racine, on n'eût pas songé à mettre au jour au moins quelques-uns de ces morceaux d'histoire, et il faut convenir que la curiosité du public lettré d'alors nous paraît bien calme, lorsque nous la jugeons avec nos sentiments d'aujourd'hui.

Cet incendie nous enleva ce qui eût offert le plus grand intérêt dans les travaux qui occupèrent les années de retraite du poëte tragique. On n'a point laissé de recueillir tout ce qui est sorti de sa plume, même les simples extraits d'ouvrages quelconques, même les moindres notules consignées par lui à la marge des livres de sa bibliothèque. Tout en partageant la piété littéraire qui a inspiré cette sollicitude, il nous semble qu'il y a une juste mesure qu'il ne faut pas dépasser; le lecteur aurait droit de se plaindre si tout cela occupait dans notre édition plus de place que le théâtre même. On ne s'étonnera donc pas si nous apportons une certaine discrétion dans cette partie de notre travail, si nous ne reproduisons pas tout indistinctement, si nous sommes sobres de variantes et de notes, et si nous faisons un plus fréquent emploi des petits caractères d'imprimerie. Commençons par donner la composition du volume, et passer en revue les morceaux qu'il contient, afin d'en expliquer l'origine, d'en indiquer la date, et de fournir les renseignements dont le lecteur a besoin.

Ce volume comprend la suite des *OEuvres diverses en prose,* dont l'impression a commencé dans le volume précédent, et les *OEuvres diverses en prose attribuées à Racine,* plus les *traductions.* Il s'ouvre pas l'*Abrégé de l'Histoire de Port-Royal.*

INTRODUCTION.

OEUVRES DIVERSES EN PROSE (SUITE).

I.

ABRÉGÉ DE L'HISTOIRE DE PORT-ROYAL.

L'*Abrégé de l'Histoire de Port-Royal* est le travail historique le plus achevé et le plus considérable que Racine ait laissé. « On peut considérer cette Histoire, dit Geoffroy, comme une réparation éclatante des satires échappées autrefois à la jeunesse de l'auteur, dans ses *Lettres sur Port-Royal*. Les Lettres étincellent d'esprit, de traits enjoués et malins, de fine plaisanterie ; l'Histoire est pleine de simplicité, de sagesse, de gravité : on sent, à l'extrême différence du ton et du style, que les Lettres sont le fruit de la première effervescence d'un talent jeune et brillant, et que l'Histoire est l'ouvrage d'un écrivain mûr et prudent, revenu du monde et des passions, et qui pèse tout dans la balance de la morale et de la vertu. On dit que Boileau regardoit l'*Histoire de Port-Royal* comme le plus beau morceau qu'il y eût en ce genre dans notre littérature. Il est très-permis de révoquer en doute la plupart de ces mots attribués à Boileau par des compilateurs très-peu scrupuleux sur l'exactitude historique. Son jugement sur le mérite de l'*Histoire de Port-Royal* n'est rapporté que par l'auteur du Supplément de Moréri ; et c'est une autorité bien faible. On doit plus de respect au suffrage de l'abbé d'Olivet, qui, dans son *Histoire de l'Académie françoise,* prétend que cet ouvrage de Racine lui donne parmi les écrivains en prose le même rang que ses tragédies lui assurent parmi les poëtes.

INTRODUCTION.

Mais, avec tous les égards qu'exige l'abbé d'Olivet, on ne peut dissimuler que son opinion est fort exagérée et dément la sagesse ordinaire du goût de ce judicieux académicien. L'*Abrégé de l'Histoire de Port-Royal* est recommandable par la clarté, la simplicité, la douceur, le naturel, et toutes les qualités d'un bon esprit qui n'écrit que pour instruire, et semble ne chercher que la vérité. L'histoire d'une communauté religieuse n'est pas un sujet brillant : l'auteur s'est conformé à la modestie du sujet. »

L'*Abrégé de l'Histoire de Port-Royal* ne vit le jour que longtemps après la mort de Racine. Comme on vient de le voir, l'abbé d'Olivet, dans son *Histoire de l'Académie françoise* (1729), parle de cet ouvrage qu'il connaissait en partie. Il écrit à M. de Valincourt : « Par reconnaissance pour l'éducation qu'il avoit reçue à Port-Royal-des-Champs, Racine employa les dernières années de sa vie à écrire l'histoire de cette fameuse abbaye. Vous savez qu'à sa mort l'histoire dont je veux parler fut déposée par ses ordres entre les mains de gens intéressés à la conserver. »

La première partie parut sous ce titre : *Abrégé de l'Histoire de Port-Royal par feu M. Racine de l'Académie françoise, à Cologne, aux dépens de la Compagnie,* M. DCC. XLII. (Un volume in-12.) On lit dans l'Avertissement : « Ce beau morceau d'histoire, qui est demeuré trop longtemps dans l'obscurité, est de feu M. Racine. C'est déjà en avoir fait l'éloge que de vous nommer son auteur. La grande réputation que cet ouvrage avoit acquise d'après le jugement des plus célèbres connoisseurs le faisoit ardemment désirer et avait inspiré à diverses personnes le zèle de suivre toutes les traces qui pouvoient y conduire. Les recherches qu'on avoit faites inutilement dans la famille de l'auteur, parmi ses amis et dans tous les cabinets,[1] donnoient lieu de craindre que ce ne fût un trésor perdu pour

---

1. Voyez *OEuvres complètes de Molière* dans cette collection, tome IV, page 68, note 2.

le public, lorsqu'enfin la Providence a fait tomber ce précieux dépôt entre les mains d'une personne amie des lettres et de la vérité. C'est ce double objet qu'on a en vue en publiant un écrit dont M. Boileau-Despréaux disoit *que c'étoit le plus parfait morceau d'histoire que nous eussions dans notre langue.* » (Voyez le Supplément de Moréri, au mot *Racine*, p. 163, colonne 1.)

Après la publication de cette première partie, il paraît que Louis Racine écrivit à son frère aîné Jean-Baptiste que la seconde partie avait été également imprimée, ce qui n'était pas exact. A cet avis erroné, Jean-Baptiste Racine répondit : « Je ne suis pas moins surpris que vous de la nouvelle que vous me mandez. Je savois que la *première partie* de l'ouvrage en question étoit imprimée ; mais je ne savois pas que la seconde le fût, et je doutois même qu'elle existât. On m'apporta, il y a environ trois mois, une copie de la *première partie,* pour savoir de moi si elle étoit de mon père. Je répondis que je ne pouvois rien assurer là-dessus, n'ayant jamais eu aucune connoissance de cet ouvrage ; qu'il étoit vrai que j'en avois souvent entendu parler à M. Despréaux, qui le vantoit fort, comme un morceau parfaitement bien écrit; mais que c'étoit tout ce que j'en savois. J'étois extrêmement jeune quand je perdis mon père, et il ne m'a jamais lâché le moindre mot de cela. Il est vrai que, deux jours avant de mourir, M. Dodart étant au chevet de son lit, il me dit d'aller chercher dans son cabinet une petite cassette noire que j'ai encore, et qu'il en tira devant moi un manuscrit petit in-folio, qu'il remit entre les mains de M. Dodart. Je me retirai, et ils furent longtemps à parler ensemble. M. Dodart emporta le manuscrit en lui disant qu'il espéroit le lui rendre. Voilà ce que j'entendis. On m'a dit depuis que ce même M. Dodart avoit remis le manuscrit entre les mains d'un de ses amis qui avoit actuellement quatre-vingts ans, mais qu'il n'avoit jamais voulu le communiquer à personne. Mais de quoi ne viennent pas à bout les Jansénistes, et surtout les Jansénistes imprimeurs? Ils disent que cet ouvrage est de mon père, je le veux bien croire; mais où en est la preuve, à moins qu'ils ne disent d'où et de qui ils le tiennent? Il est certain que mon père avoit eu dessein d'écrire cette histoire, et cela en faveur de M. le cardinal de Noailles, qui le pria de vouloir bien le mettre au fait des affaires des religieuses de Port-Royal, dont il étoit fort peu instruit. Et c'est ce qui fit qu'après la mort de Monsieur le cardinal je m'adressai au maréchal de Noailles d'aujourd'hui, et lui demandai si, parmi les papiers de monsieur son oncle, il n'en avoit rien trouvé. Il me répondit que non. J'en fis de même à la mort de M. Dodart, et j'en demandai des nouvelles au premier médecin son fils, qui me dit qu'il n'en avoit jamais entendu parler à son père : si bien que j'ai toujours cru l'ouvrage perdu, et ne puis deviner par quelle voie il peut être tombé entre les mains des imprimeurs. Je m'en vais tâcher à voir cette *seconde partie,* dont je suis fort curieux; car, entre nous, je doutois fort de son existence, et je croyois que ceux qui nous donnoient la première nous auroient sans doute donné la seconde, à moins que ce ne soit une finesse de libraire pour faire acheter deux fois l'ouvrage. »

Jean-Baptiste Racine se trompait en croyant que la seconde partie avait été publiée. Elle ne le fut que vingt-cinq ans après la première, en 1767, sous ce titre : « *Abrégé de l'Histoire de Port-Royal* par M. Racine, de l'Académie françoise, ouvrage servant de supplément aux trois volumes des œuvres de cet auteur. Imprimé à Vienne, et se trouve à Paris, chez Lottin, le jeune... M. DCC. LXVII (1 vol. in-12). » L'éditeur disait dans la préface : « Racine mourut le 21 avril 1699. Depuis ce moment son ouvrage fut enseveli dans des ténèbres impénétrables même à la famille de l'auteur. Il n'en sortit qu'en 1742. Mais il ne parut pas alors tout entier. Ceux qui avoient procuré l'édition n'avoient que la première partie; et les recherches les plus exactes ne purent faire découvrir la seconde que la prudence obligeoit de dérober au public. M. le cardinal de Fleury vivoit encore. Le crédit des jésuites, redoutables sous l'autorité du ministre qu'ils avoient trompé, alarma les personnes qui conservoient ce monument précieux. Feu M. l'abbé Racine, entre les mains duquel une copie de l'ouvrage étoit tombée, se contenta d'en donner des extraits dans son *Abrégé de l'Histoire ecclésiastique*[1]. C'est d'après cette même copie qu'on a fait l'édition complète qui paroît aujourd'hui. Les obstacles qui en ont jusqu'ici retardé la publication ne subsistent plus depuis les arrêts qui ont proscrit une société ennemie de la France. »

On a élevé quelques doutes sur l'authenticité de cette seconde partie, mais elle est plus incontestable que celle de la première, puisque le manuscrit autographe de l'auteur a été déposé par Louis Racine à la bibliothèque du Roi, où il est encore. Louis Racine l'a fait précéder d'une note ainsi conçue : « Ce qui s'est trouvé de l'*Histoire de Port-Royal* dans les papiers de Jean Racine. Le tout est écrit de sa main, excepté les feuillets 1, 2, 3 et 4 qui sont écrits de la main de Boileau. Tout ce morceau est de la *seconde partie*. On ne trouva rien dans ses papiers de la *première partie* de cette histoire. »

Les feuillets qui sont de la main de Boileau ne sont plus aujourd'hui qu'au nombre de trois, et contiennent le fragment signalé ci-après de la page 131 à la page 137. Le fragment s'encadre parfaitement dans l'ensemble du récit; les premières lignes sont écrites deux fois avec de légères différences par Racine et Boileau; ce dernier s'est borné sans doute à récrire cette partie du travail de son ami.

Quoiqu'on n'ait pas la copie autographe de la première partie, l'authenticité n'en est pas plus douteuse que celle de

---

[1]. L'abbé Racine, qui n'appartenait que de loin à la famille du poëte tragique, avait reproduit la presque totalité de l'*Abrégé de l'Histoire de Port-Royal*, dans son *Abrégé de l'Histoire ecclésiastique*, 1748-1756, t. X et XI, imprimés en 1754. Il ne mentionnait qu'une fois son auteur, et usait fort librement de l'ouvrage.

la *seconde*. Il ne reste d'incertitude que sur les dernières pages de la seconde partie qui ne se trouvent pas dans le manuscrit, et qui sont données par l'édition de 1767; ces pages semblent empruntées à l'*Abrégé de l'Histoire ecclésiastique* de l'abbé Racine, qui les aurait lui-même tirées du *Catéchisme historique et dogmatique sur les contestations qui divisent maintenant l'Église* (1729). On peut noter que c'est dans ces dernières pages qu'on trouve les *Imaginaires* de Nicole citées au nombre des ouvrages solides et convaincants, ce qui avait fourni une objection assez peu sérieuse à Luneau de Boisgermain.

Une autre objection fondée sur ce qu'il est parlé au commencement de la seconde partie (voy. p. 97) de la destruction de Port-Royal qui n'eut lieu qu'en 1709, disparaît puisque nous avons ces lignes écrites de la main même de Racine. Il est évident que le mot *détruire* ne doit pas s'entendre de la destruction totale accomplie en 1709, mais de la destruction déjà avancée, de la ruine partielle dont Racine put être le témoin.

A quel moment fut composé l'*Abrégé de l'Histoire de Port-Royal*? Il est difficile de l'établir avec précision. On peut dire seulement que Racine y travailla dans les dernières années de sa vie. On remarque à un endroit (page 44) qu'il parle de M. Le Nain de Tillemont comme si ce savant écrivain avait cessé de vivre; or l'auteur des *Mémoires pour servir à l'histoire ecclésiastique des premiers siècles* (16 vol. in-4°) mourut au commencement de 1698. Ailleurs (p. 53) il semble faire allusion à une *Histoire de Jansénius et de Saint-Cyran par demandes et par réponses*, parue en 1692, « qui se débitoit, ajoute-t-il, il y a près d'un an ». Ce qui pourrait faire supposer qu'il écrivait ceci en 1693, avant la nomination de M. de Noailles à l'archevêché de Paris (1695). Il avait pu esquisser en d'autres temps quelques parties de cet ouvrage, mais il ne le rédigea sans doute définitivement que vers la fin de son existence. Il l'a laissé du reste inachevé;

INTRODUCTION.

il avait l'intention de poursuivre plus loin son récit, comme l'indique une phrase que nous relevons (page 152, note 2). A en croire Louis Racine, dans les Mémoires sur la vie de son père, on prétendait même qu'il l'avait conduit jusqu'à la Paix de l'Église en 1668. S'il en était ainsi, le fragment comprenant les années 1665 à 1668 devrait, selon toute apparence, être considéré comme irréparablement perdu.

Nous n'avons pas hésité à reproduire le *Supplément à l'Histoire de Port-Royal* qui complète le récit de Racine, et qui sert de cadre presque nécessaire au Mémoire qu'il rédigea pour les religieuses de Port-Royal-des-Champs et remit au cardinal de Noailles, archevêque de Paris, en 1697.

Nous donnons également les *Fragments sur Port-Royal* qui paraissent être le résultat d'entretiens particuliers avec Nicole. Mais nous croyons sans intérêt de recueillir les notes diverses prises par Racine pour la composition de son *Abrégé* et la plupart employées par lui. Ce serait, à notre sens, aussi inutile que de ramasser les éclats de marbre que le sculpteur, taillant une statue, fait voler avec son ciseau.

II.

FRAGMENTS ET NOTES HISTORIQUES.

A la suite des *Mémoires sur la vie de Jean Racine* publiés à Lausanne en 1747 par Louis Racine, après le discours prononcé par Racine à la réception de l'abbé Colbert à l'Académie, après le plan du premier acte d'*Iphigénie en Tauride*, et un extrait du traité de Lucien : *Comment il faut écrire l'histoire*, on trouve, de la page 21 à la page 59, des *Fragments historiques* précédés de cet avertissement (c'est Louis Racine qui parle) :

« Je ne donne qu'une petite partie de ces fragments, dont je ne relève le prix ni pour le fond, ni pour la forme. Quant

INTRODUCTION.

au fond, on n'y trouve rien de curieux : ce qui pouvoit l'être du temps de l'auteur a été écrit depuis par différents historiens. Quant à la forme, ce ne sont que de courtes observations que l'auteur, qui en devoit faire usage dans la suite, jetoit sur le papier sans style et sans ordre. Cette raison m'oblige encore à n'en donner qu'une petite partie, puisqu'on ignore l'usage qu'un auteur devoit faire des choses qu'on trouve après sa mort, écrites par lui sans ordre, et qu'il n'écrivoit que pour lui seul. Il peut avoir écrit tel fait, non comme véritable, mais comme débité de son temps, et dans le dessein de le détruire.

« Ce ne sont ici que des membres épars et décharnés que l'historien devoit rassembler et animer : et je n'ai d'autre objet en les faisant connoître que de détromper ceux qui croient qu'il ne s'occupoit point de l'histoire du roi, ou qu'il ne vouloit donner qu'un éloge historique de ce prince. Il paroît, au contraire, par les extraits qu'il a faits de Vittorio Siri et de plusieurs Mémoires, qu'il s'étoit formé un plan très-vaste, et que, se mettant au fait des affaires étrangères comme de celles de l'intérieur, il embrassoit son grand objet dans toute son étendue et comptoit faire l'histoire du royaume sous Louis XIV. Il en avoit déjà composé plusieurs grands morceaux ; mais, comme je l'ai dit, ils périrent dans l'incendie par lequel tout ce que M. de Valincourt conservoit dans sa maison de Saint-Cloud fut consumé en un moment, *magno cum Musarum mœrore*. »

Louis Racine ayant déposé en 1756 à la Bibliothèque du roi les papiers manuscrits de son père, les éditeurs reprirent peu à peu dans ces manuscrits ce que Louis Racine avait laissé de coté. Geoffroy, dans son édition de 1808, ajouta un certain nombre de fragments aux fragments déjà publiés. Aimé Martin fit de même. M. P. Mesnard acheva de recueillir ce qui avait été négligé par ses prédécesseurs et de tout mettre en meilleur ordre. Il a établi le texte définitif de ces morceaux divers.

INTRODUCTION.

Ces fragments n'ont pas plus d'intérêt que Louis Racine, dans l'avertissement que nous venons de transcrire, ne leur en accorde. La personnalité de l'auteur n'y apparaît guère. M. P. Mesnard croit apercevoir dans les n°s I, II et III des fragments originaux, parce que le manuscrit y présente des corrections et des ratures. C'est pour cela qu'il les a placés en premier lieu. Le reste se compose de simples notes. Quelques-unes, à en juger par les indications mises à la marge, semblent avoir été prises à la suite de conversations avec des personnages contemporains. Ainsi le fragment IV porte en tête : « M. le maréchal d'Humières. » Les renseignements qu'il contient ont sans doute été fournis en majeure partie par ce maréchal. On ne s'étonnera donc pas d'y trouver quelques traits peu favorables à Turenne, sous les ordres duquel d'Humières n'avait pas voulu servir en 1672.

On remarquera le fragment XLII qui contient deux anecdotes attribuées au nonce (Jean-Jacques Cavallerini ou Marc-Daniel Delfini qui furent nonces en France sous le pontificat d'Innocent XII, 1691-1700).

La plupart de ces notes ont été prises au courant de lectures historiques, et ne sont que des extraits. Racine les a principalement empruntées à l'historien italien Vittorio Siri. Les volumes de Siri qu'il indique (fragment VII et suivants) sont ceux d'*Il Mercurio ovvero historia de'correnti tempi* (t. I et II, Casal [Venise], 1644, in-4°; tome III, Lyon, 1652; tome IV à X, Casal, 1655-1668; t. XI à XIII, Paris, 1670-1674, t. XIV et XV; Florence, 1682). Ces quinze volumes in-4° embrassent l'histoire de 1635 à 1665. Racine cite aussi (fragment V et probablement fragment VI) le tome XVI qui était resté manuscrit. Ailleurs il fait des emprunts à un autre ouvrage du même historien : les Mémoires secrets, *Memorie recondite dell' anno 1601 sino al 1640* (t. I et II, Ronco, 1676; t. III et IV, Paris, 1677; t. V à VIII, Lyon, 1679, in-4°). Vittorio Siri, pensionné du cardinal Mazarin, écrivit en France la plus grande partie de ses ouvrages. Peu estimé de nos jours, il jouit d'abord d'une certaine réputation, et ses œuvres étaient toutes récentes au moment où Racine se consacra à son emploi d'historiographe.

Racine a puisé encore dans Lotychius (fragment XXVII), c'est-à-dire : *Jo. Petri Lotichii rerum Germanicarum sub Matthia, Ferdinandis II et III impp. gestarum libri LV... Francoforti ad Mænum,* 1646, 4 vol. in-fol.; — dans Nani, *Historia della republica Veneta,* 1679 (fragment XXXIII) — dans Grotius, *Epistolæ quotquot reperiri potuerunt,* Amstelodami, 1687 (fragment L), etc.

Il suffit, à notre sens, de donner le texte de ces fragments; nous n'y attacherons que les notes les plus indispensables.

III.

EXPLICATIONS DE MÉDAILLES.

Racine fit partie de l'Académie des Inscriptions de la fin de 1683 jusqu'à sa mort. On sait qu'une des plus importantes fonctions de cette académie fut, à l'origine, d'imaginer et de faire exécuter des médailles qui devaient perpétuer le souvenir des principaux événements du règne de Louis XIV. Les projets, soit pour les types, soit pour les légendes, en étaient discutés dans les assemblées, et les dessins faits par Noël Coypel. Lorsqu'il les rapportait, un des académiciens se chargeait de rédiger la description de la médaille, description qui, lorsqu'elle obtenait l'approbation de l'académie, était transcrite sur les registres. Toutes ces descriptions, au nombre de deux cent quatre-vingt-six, ont été réunies et publiées dans l'ouvrage intitulé *Médailles sur les principaux événements du règne de Louis le Grand avec des explications historiques. Par l'Académie royale des médailles et des inscriptions. Paris, de l'imprimerie royale,* 1702, in fol. — Magnifique

INTRODUCTION. XIII

ouvrage désigné ordinairement sous le nom de *l'Histoire métallique du roi*.

Les rédacteurs des descriptions ou explications ne sont pas nommés dans le volume, mais ils le sont souvent dans les registres. M. Berriat Saint-Prix le premier, donnant son édition de Boileau, découvrit, en consultant les registres, que Boileau, qui faisait aussi partie de la Petite Académie, était l'auteur désigné de onze de ces explications; il les a insérées dans son édition. M. P. Mesnard, suivant l'exemple du savant éditeur de Boileau, trouva sur les anciens registres de l'Académie cinq explications faisant partie de l'*Histoire métallique* indiquées comme étant l'œuvre de Racine. La part de collaboration de Racine a certainement été plus grande, mais le registre exact des assemblées ne commence que le samedi 3 avril 1694, et les renseignements font défaut par conséquent sur le travail antérieur.

M. Mesnard remarque aussi que le texte des explications n'est pas absolument le même dans les registres et dans l'*Histoire métallique*. Ce texte a été corrigé et retouché avant d'être imprimé, notamment en raison de la loi qu'on s'était imposée de ne jamais dépasser la page. Qui fut chargé de cette révision? A-t-elle été faite par les auteurs eux-mêmes ou par l'abbé Tallemant, Tourreil et Dacier, chargés, au dire de Saint-Simon, de l'édition de l'ouvrage? C'est une question qu'il est impossible de résoudre. De là la nécessité de publier les deux leçons.

On voit, du reste, par ces registres de l'Académie des inscriptions pendant les années 1694-1699, que Racine prenait une grande part à tout ce travail de l'*Histoire métallique*. C'est sur les mémoires présentés par lui que la compagnie choisit les sujets qui doivent être traités. Il propose souvent des légendes qui sont acceptées; il fournit les circonstances qui doivent entrer dans la composition. Son imagination et son goût étaient d'un grand secours à ses collègues. L'*Histoire métallique* lui est redevable notamment de l'invention de la médaille des *Villes remises sous l'obéissance du roi,* fol. 34, de celle de *la Conférence pour la paix,* fol. 53, de celle sur la *Marche de M*ᵍʳ *le Dauphin au pont d'Espierre,* fol. 259 ; de la première médaille sur la *Paix de Riswick,* fol. 272. Tout plein des souvenirs de la belle antiquité, il réussissait fort bien aussi dans les devises, témoin celle-ci pour la duchesse de Bourgogne : deux palmiers qui se courbent l'un vers l'autre avec ces mots : *Crescent illæ, crescetis amores,* et cette autre pour la même : un bouton de rose sur lequel le soleil (emblème du roi) darde ses rayons avec ces mots : *Firmat et ornat.*

Tout cela n'avait pas, sans doute, une grande importance. C'est beaucoup, toutefois, que même dans les petites choses le goût ne fasse jamais défaut. C'est là ce qui donne son caractère au siècle de Louis XIV, et c'est à des hommes comme Racine et Boileau qu'il le doit. Ainsi nous lisons dans les *Mémoires* de Louis Racine qu'ils furent chargés de remplacer par des inscriptions plus simples les inscriptions fastueuses que Charpentier avait mises au bas des tableaux de Lebrun dans les galeries de Versailles.

Racine parle pour la dernière fois à l'Académie des Inscriptions dans la séance du 14 février 1699 où il propose pour l'Académie des sciences cette devise : Un aigle qui regarde le soleil avec ce mot : *Solem imperterritus ipsum perlustrat,* devise qui, du reste, ne fut pas adoptée. A la date du 28 avril 1699, on lit sur le registre cette mention : « La mort de M. Racine, arrivée après une longue maladie, le 20 de ce mois, a extrêmement affligé la compagnie. Il étoit grand poëte, excellent orateur, et très-bien instruit en toute sorte de genres de littérature. Il étoit d'un grand secours à l'Académie, tant par la vivacité de son esprit que par la connoissance certaine qu'il avoit de tout ce qui regarde l'histoire du roi. »

IV.

RÉFLEXIONS PIEUSES SUR QUELQUES PASSAGES DE L'ÉCRITURE SAINTE.

Ces réflexions ont été imprimées pour la première fois par Louis Racine à la suite des mémoires sur la vie de son père, à Lausanne et à Genève, 1747, pages 56 à 60 de l'appendice. « Je n'en donne, dit Louis Racine en note, qu'un très-petit nombre pour confirmer seulement ce que j'ai dit dans sa *Vie* de ses occupations de piété. »

Louis Racine n'a pas joint le manuscrit de ces Réflexions aux autres manuscrits de son père qu'il a déposés à la Bibliothèque du roi, et ce manuscrit n'a point été retrouvé. On ne peut, par conséquent, que reproduire ce qu'il a jugé à propos d'en donner.

V.

ÉPITAPHE DE C.-F. DE BRETAGNE, DEMOISELLE DE VERTUS.

Cette épitaphe, dont Louis Racine parle dans ses *Mémoires*, figure, écrite de la main de l'auteur, dans les papiers déposés à la Bibliothèque du roi.

OEUVRES DIVERSES EN PROSE

ATTRIBUÉES A RACINE.

I.

PRÉCIS HISTORIQUE DES CAMPAGNES DE LOUIS XIV.

Ce morceau a paru pour la première fois en 1730, mais sous un autre nom que celui de Racine. Voici le titre de cette première édition : « *Campagne de Louis XIV, par M. Pellisson,* avec la comparaison de François Ier avec Charles-Quint, par M***, chez Mesnier, 1730 », 1 vol. in-12.

En 1749, l'abbé Le Mascrier lui donna place dans l'*Histoire de Louis XIV depuis la mort de Mazarin en 1661, jusqu'à la paix de Nimègue en 1678, par M. Pellisson, de l'Académie françoise,* chez Rollin fils, 1749, 3 vol. in-12. Il en fit le *Livre dixième contenant la guerre de Hollande.* Il en retrancha la dernière page, qui aurait appris au lecteur que ce morceau avait été composé dans des circonstances particulières ; mais, malgré cela, ce dixième livre ne s'ajustait pas bien aux précédents. Le neuvième livre n'a pas même été terminé par Pellisson. Une partie des événements de l'année 1670, tous ceux de l'année suivante, et notamment les traités qui furent alors conclus ne s'y trouvent point racontés, en sorte qu'il existe un vide considérable entre le neuvième livre et celui qu'on donne comme en étant la suite.

Enfin une nouvelle impression eut lieu en 1784 sous ce titre : « *Éloge historique du roi Louis XIV sur ses conquêtes depuis 1672 jusqu'en 1678, par MM. Racine et Boileau de l'Académie françoise et historiographes de France,* Amsterdam,

INTRODUCTION.　　　　XVII

et se trouve à Paris, chez Bleuet, 1784, 1 vol. in-8°; avec ce sous-titre : « Précis historique des campagnes de Louis XIV, depuis 1672 jusqu'en 1678. » Le nouvel éditeur, qu'on croit être Fréron fils, ignorait que le morceau eût été déjà deux fois publié. Il le présentait comme une pièce inconnue trouvée parmi les papiers de l'abbé Vatry, à qui il avait été confié par Valincourt. C'est ainsi que le *Précis* aurait échappé à l'incendie de Saint-Cloud. Valincourt l'avait communiqué à cet abbé qui travaillait alors au *Journal des Savants*.

Cette nouvelle attribution parut avoir une grande vraisemblance. On ne pouvait méconnaître que le style du *Précis historique* n'a aucun des caractères du style ordinaire de Pellisson. Puis la dernière page ici restituée rappelle les circonstances dans lesquelles ce petit ouvrage avait vu le jour ; elle se termine par ces mots : « Quelques personnes zélées plus particulièrement pour sa gloire (pour la gloire du roi) ont voulu avoir dans leur cabinet un abrégé en tableaux des plus grandes actions de ce prince ; c'est ce qui a donné occasion à ce petit ouvrage qui renferme tant de merveilles en très-peu d'espace, pour leur mettre à tout moment devant les yeux ce qui fait la plus chère occupation de leurs pensées. »

Ces mots reportent naturellement l'esprit à ce qu'on sait d'une publication dont le projet avait été conçu peu après la paix de Nimègue. Ce projet fut mis à exécution dans les années qui suivirent. Voici en effet ce qu'on lit dans le *Journal* de Dangeau : « Dimanche 31 décembre 1684... Mme de Montespan fit présent au roi, le soir après souper, d'un livre relié d'or et plein de tableaux de mignature qui sont toutes les villes de Hollande que le roi prit en 1672. Ce livre lui coûte quatre mille pistoles, à ce qu'elle nous dit. Racine et Despréaux en ont fait tous les discours et y ont joint un éloge historique de S. M. Ce sont les étrennes que Mme de Montespan donne au roi. On ne saurait rien voir de plus riche, de mieux travaillé et de plus agréable. »

Il y a tout lieu de croire que cet éloge historique que Racine et Despréaux avaient écrit à la prière de Mme de Montespan n'est autre que le *Précis* qui a pris place parmi les œuvres de Racine. Il resterait toujours à déterminer la part qu'eurent à ce travail les deux célèbres écrivains; mais il est assez vraisemblable que Racine, dont la plume était plus facile, y eut la part principale.

II.

RELATION DE CE QUI S'EST PASSÉ AU SIÉGE DE NAMUR.

Cette relation a été imprimée à Paris par Denys Thierry, en 1692, sans nom d'auteur, avec une carte et deux plans ; elle forme un volume de 44 pages, petit in-fol. ou grand in-4°. C'est évidemment une publication officielle, comme nous dirions aujourd'hui. La carte et les plans ont été gravés par ordre du roi, et le chiffre et les armes royales sont sur les vignettes placées au frontispice et à la première page de ce volume.

Louis Racine l'a reproduite dans l'appendice aux mémoires sur la vie de son père, 1747, pages 91-141, en la faisant précéder de la note suivante :

« La relation suivante imprimée in-folio par ordre du roi, chez Thierry, en 1692, est attribuée à feu M. Racine par quelques personnes qui prétendent que le public, trompé par un style qu'il n'attendoit pas d'une plume poétique, n'en soupçonna pas l'auteur, et parut même goûter davantage l'histoire du même événement faite dans un style très-différent par M. de Visé. Quoi qu'il en soit, on a cru devoir imprimer ici cette relation, parce qu'elle est devenue fort rare, et qu'elle a rapport à plusieurs choses qui se trouvent dans les lettres écrites du camp devant Namur par M. Racine à Boileau. »

INTRODUCTION.

M. le général de Grimoard, éditeur des *Œuvres de Louis XIV* (1806), a seul protesté contre l'attribution à Racine de ce morceau qu'il donne comme l'œuvre personnelle du roi. Mais il est bien obligé de convenir qu'un écrivain de profession corrigea l'œuvre royale, et comme cet écrivain est probablement Racine, et que, lorsqu'il s'agit de corriger un écrit de cette sorte, la différence entre corriger et rédiger n'est pas grande, il n'y a pas d'intérêt à discuter l'assertion du général de Grimoard.

La relation de Donneau de Visé, dont parle Louis Racine, sert de supplément au *Mercure galant* de juin 1692.

III.

ÉPITRE DÉDICATOIRE A MADAME DE MONTESPAN.

Placée en tête des *Œuvres diverses d'un auteur de sept ans* (le duc du Maine), recueil préparé par Mme de Maintenon et offert à Mme de Montespan le 1er janvier 1679, cette épître est d'ancienne date attribuée à Racine. L'écrivain (Bayle sans doute), qui, à la date de février 1685, rendait compte, dans les *Nouvelles de la République des lettres*, des *Œuvres diverses d'un auteur de sept ans,* disait : « [Ce livre] est dédié à Mme de Montespan, et, selon toutes les apparences, c'est Mme de Maintenon qui a fait l'épître dédicatoire. Elle est tournée de la manière du monde la plus délicate. Il semble qu'on n'y touche pas ou qu'on ne veuille qu'effleurer ; cependant on loue jusqu'au vif et on va loin en peu de paroles. » Mais dans une autre édition du même volume publiée l'année suivante, cette note fut ajoutée au-dessous du passage qu'on vient de transcrire : « On a su depuis qu'elle (l'épître) a été composée par M. Racine, mais c'est pour Mme de Maintenon. » Au xviiie siècle, Cizeron-Rival, dans ses *Récréations littéraires*, donne la même épître comme étant de Racine. Mais le témoignage le plus décisif est celui relevé par M. Paul Mesnard au tome II de la *Correspondance générale de M*^{me} *de Maintenon*, éditée par M. Lavallée. M. Lavallée a eu entre les mains l'exemplaire des *Lettres de M*^{me} *de Maintenon*, publiées par La Beaumelle, qui a appartenu à Louis Racine et sur lequel celui-ci a écrit quelques remarques. Dans la *Note préliminaire* que M. Lavallée a mise en tête de l'épître dont il s'agit, il dit : « Louis Racine écrit à la marge de son exemplaire des lettres publiées par La Beaumelle : *Cette lettre a été faite par mon père.* »

IV.

HARANGUE PRONONCÉE PAR L'ABBÉ COLBERT.

Ce discours figure parmi les ouvrages attribués à Jean Racine dans l'Appendice aux Mémoires de Louis Racine sur la vie de son père, pages 81-89. Louis Racine avait déjà dit au courant de ces mémoires : « Suivant quelques personnes éclairées, [J. Racine étoit] né autant orateur que poëte. Ces personnes en jugent par les deux discours académiques dont je parlerai tantôt, et par une harangue au roi dont elles disent qu'il fut l'auteur : elle fut prononcée par une autre bouche que la sienne en 1685, et se trouve dans les Mémoires du clergé. »

L'édition originale de ce discours existe sous ce titre : « *Harangue faite au roi à Versailles* le vingt et un juillet MDCLXXXV, par Mgr l'illustrissime et révérendissime Jacques-Nicolas Colbert, archevêque et primat de Carthage, coadjuteur de l'archevêché de Rouen. Assisté de MM^{grs} les archevêques, évêques et autres députés de l'assemblée générale tenue à Saint-Germain-en-Laye, en ladite année 1685. En prenant congé de Sa Majesté. A Paris, de l'imprimerie de Frédéric-Léonard, imprimeur ordinaire du roi... 1685, » in-4° de dix pages.

INTRODUCTION. XXI

Réimprimée, en 1690, dans le *Procès-verbal de l'assemblée générale du clergé de France tenue à Saint-Germain-en-Laye, en 1685,* in-folio, elle y est précédée de la note suivante : « Du même jour de relevée (samedi 21 juillet), l'assemblée s'étant rendue à Versailles dans la salle des ambassadeurs qui avoit été préparée pour la recevoir, et messieurs les agents l'ayant avertie que le roi était prêt à lui donner audience, M. le marquis de Seignelay, secrétaire d'État, est venu la prendre, avec le marquis de Blainville, grand-maître des cérémonies ; on est allé à la chambre du roi ; les gardes étoient en haye sous les armes, et les officiers à leur tête. Les deux battants de porte ouverts, et toutes choses disposées en la manière ordinaire, M. le coadjuteur de Rouen a porté la parole et a dit. »

M. Mesnard fait remarquer avec raison qu'on a commis une erreur en disant que ce discours avait pour objet de remercier Louis XIV de l'édit de révocation de l'édit de Nantes, puisque ce discours est du 21 juillet, et l'édit de révocation du 22 octobre.

V.

CRITIQUE DE L'ÉPITRE DÉDICATOIRE
DE CHARLES PERRAULT.

Ce morceau a été publié pour la première fois en 1738, par l'abbé d'Olivet à la suite de ses *Remarques de grammaire sur Racine.* L'abbé d'Olivet raconte qu'au moment où l'Académie française était sur le point de mettre au jour son dictionnaire, en 1694, elle chargea Charles Perrault d'en préparer l'épître dédicatoire : « Tout promettoit un chef-d'œuvre, ajoute-t-il, la noblesse du sujet, la brièveté de l'ouvrage, le grand loisir de l'auteur, sa longue expérience dans l'art d'écrire, les grands motifs qui devoient l'animer, ayant à répondre à l'attente d'une compagnie si éclairée... Lorsque M. Perrault fut content de son ouvrage, il en fit imprimer quarante copies pour en distribuer à tous ses confrères, afin que chacun en son particulier se donnât la peine de l'examiner. Une de ces copies est heureusement parvenue jusqu'à moi avec des remarques manuscrites, où je soupçonne l'abbé Régnier, et Racine lui-même, d'avoir eu bonne part. »

Voilà qui est fort vague. Il est difficile d'employer des termes moins décisifs. Lorsqu'on examine le morceau, on voit s'élever bien des objections. Bref, c'est une des pièces dont l'attribution à Racine est la plus hasardée.

VI.

ÉPITAPHES.

Ces deux épitaphes sont tirées de la *Description historique de la ville de Paris,* par Piganiol de La Force. Voyez tome IV, pages 140 et 141, et tome VII, p. 27 et suiv. On sait par la correspondance entre Boileau et Racine que Racine avait fait l'épitaphe de Michel Le Tellier mort le 3 octobre 1685. Boileau écrit à Racine à la date du 29 juillet 1687 : « Je n'ai jamais pu deviner la critique que peut faire M. l'abbé Tallemant sur l'endroit de l'épitaphe que vous m'avez marqué. N'est-ce point qu'il prétend que ces termes *il fut nommé* semblent dire que le roi Louis XIII a tenu M. Le Tellier sur les fonts de baptême; ou bien que c'est mal dit, que le roi le *choisit pour remplir la charge,* etc., parce que c'est la charge qui a rempli M. Le Tellier, et non pas M. Le Tellier qui a rempli la charge ; par la même raison que c'est la ville qui entoure les fossés et non pas les fossés qui entourent la ville. [1] C'est à vous à m'expliquer cette énigme. »

1. Allusion à un trait de ridicule subtilité échappé à cet académicien

INTRODUCTION. XXIII

Et un peu plus loin dans la même lettre : « Vous ne me parlez point de l'épitaphe de Mlle de Lamoignon. »

Racine, répondant à Boileau le 4 août suivant, lui dit : « Je suis bien aise que vous n'ayez pas conçu la critique de l'abbé Tallemant : c'est signe qu'elle ne vaut rien. La critique tomboit sur ces mots : *Il en commença les fonctions.* Il prétendoit qu'il falloit dire nécessairement : *Il commença à en faire les fonctions.* Le P. Bouhours ne le devina point, non plus que vous, et quand je lui dis la difficulté, il s'en moqua. Je donnai l'épitaphe de Mlle de Lamoignon à M. de La Chapelle en l'état que nous en étions convenus à Montgeron ; je n'en ai pas ouï parler depuis. »

Il semble bien résulter des termes de cette correspondance qu'il y eut une certaine collaboration de Racine et de Boileau pour la confection de ces deux épitaphes. On peut encore se demander si les épitaphes qu'ils avaient faites sont bien celles qui étaient gravées sur la tombe de Michel Le Tellier dans l'église de Saint-Gervais et de Saint-Protais, et sur celle de Madeleine de Lamoignon dans l'église des Cordeliers? Pour la première, il n'y a pas de doute, puisque les expressions qui sont critiquées par l'abbé Tallemant se trouvent dans l'épitaphe transcrite par Piganiol de La Force. Il y a moins de certitude pour celle de Mlle de Lamoignon ; il est probable toutefois que c'est l'œuvre de Racine et de Boileau qui fut adoptée par la famille de Lamoignon.

―――

Nous ne donnons place dans cette série des ouvrages en prose attribués à Racine, ni aux *Factums pour le maréchal de*

dans la discussion du *Dictionnaire*. Furetière l'a rappelé dans son second *factum*, p. 8, édition de 1686.

Luxembourg, ni à la *Réponse de M*ᵍʳ *l'archevêque de Paris aux quatre lettres de M*ᵍʳ *l'archevêque de Cambrai,* auxquels on a dit qu'il avait eu quelque part. Nous n'en pourrions citer que des extraits arbitrairement choisis et nous serions exposé à confondre la prose de Racine avec la prose des avocats ou des docteurs. Nous omettons également le *Chapelain décoiffé* et l'*Arrêt burlesque du 12 août 1671,* auxquels Racine n'aurait pas été étranger, mais qu'on est accoutumé de chercher dans les œuvres complètes de Boileau.[1]

TRADUCTIONS.

I.

LE BANQUET DE PLATON.

Cette traduction fut imprimée pour la première fois en 1732. L'abbé d'Olivet en avait déjà parlé dans son *Histoire de l'Académie françoise :* « J'ai eu, y disait-il, la curiosité de parcourir ce qui reste des papiers de Racine dans sa famille. Il n'y a rien qui puisse être publié. Ce sont des collections d'Homère et de Sophocle, avec de petites notes à son usage. C'est une traduction du *Banquet de Platon* ; mais il en manque la moitié. »

Mais relativement à ce dernier ouvrage il changea bientôt d'avis, ainsi que le constatent les éditeurs de 1807 (*Œuvres de Racine* avec le commentaire de La Harpe). Voici ce qu'ils disent dans leur *Avertissement :* « Cette traduction n'était pas destinée à voir le jour, encore moins à paraître sous le nom de Racine. Elle s'était trouvée à sa mort parmi ses papiers et était restée entre les mains de ses enfants. Jean-Baptiste

---

1. Voyez dans cette collection *Œuvres complètes de Boileau,* tome III, pages 115 et 245.

INTRODUCTION. xxv

Racine nous apprend comment elle en est sortie. Dans ses notes manuscrites sur la vie de son père qui ont servi à Louis pour rédiger les *Mémoires* publiés en 1747, il déclare qu'en 1732, l'abbé d'Olivet, étant un jour venu le trouver chez lui, mit la main dans ses tiroirs, s'empara du manuscrit du *Banquet de Platon,* et, sans son aveu, le porta aussitôt chez un libraire du quai des Augustins pour le faire imprimer. A ce manuscrit était jointe la lettre à Boileau. »

En effet, un volume in-12 parut cette année sous ce titre : « *le Banquet de Platon*. Traduit un tiers par feu M. Racine, de l'Académie françoise, et le reste par Mme de ***. A Paris, chez Pierre Gandouin, libraire, quai des Augustins, *A la belle Image*. » Le volume commence par une épître à M. le marquis de Grave, signée Bousquet, où il est dit que ce manuscrit lui tomba il y a plus de vingt ans entre les mains (à lui Bousquet), « parmi d'autres écrits d'une dame très-illustre dont le nom, si j'osois le déclarer, n'orneroit pas peu cet ouvrage ». Bousquet n'est autre que l'abbé d'Olivet. La déclaration du nom de la dame très-illustre ne se fit pas attendre; elle eut lieu dans la nouvelle édition de l'*Histoire de l'Académie françoise,* qui se fit en 1743; il y mit cette note : « On a imprimé à Paris, en 1732, un petit volume intitulé *le Banquet de Platon,* traduit un tiers par feu M. Racine et le reste par Mme de ***. Cette dame est l'illustre Marie-Madeleine-Gabrielle de Rochechouart de Mortemart, abbesse de Fontevrault, morte en 1704. »

Tout cela paraît aller de soi, mais diverses contestations n'ont pourtant pas cessé de se produire. Les fils de Racine furent mécontents du procédé de l'abbé d'Olivet. Sur la feuille de garde d'un exemplaire du volume de 1732, ayant appartenu à Louis Racine, on lit une note de l'écriture de ce dernier ainsi conçue : « Mon père n'eut jamais intention que ce qu'il avoit traduit du *Banquet de Platon* fût imprimé. M. l'abbé d'Olivet, ayant emprunté pour un jour ce manuscrit à mon frère, le fit copier à la hâte, ce qui est cause que cet imprimé n'est pas en tout conforme à l'original que j'ai. Mon frère fut très-irrité quand il vit paroître cette traduction et se plaignit amèrement du procédé de l'abbé d'Olivet. La lettre de mon père à Boileau rapportée à la page vii et viii m'est inconnue et, ne se trouvant pas au nombre de celles que Boileau nous avoit rendues m'est fort suspecte. »

Louis Racine fait entendre ici que la lettre de Racine à Boileau avait été fabriquée par l'éditeur. Il le fait entendre plus clairement encore dans ses *Mémoires* sur la vie de son père où il prétend que la traduction du *Banquet de Platon* a été faite par Racine à Port-Royal ou à Uzès; ce qui, à en juger par le style du morceau, paraît invraisemblable. M. Pierre Clément, dans le volume qu'il a publié sur Gabrielle de Rochechouart, à la librairie Didier et Cie, en 1869, a profité de ces contestations pour nier la part attribuée à l'abbesse de Fontevrault dans cette traduction.

Quoi qu'il en soit, l'authenticité de ce qui appartient à Racine dans ce travail n'est pas du moins douteuse. Le manuscrit en avait été déposé en 1756 à la Bibliothèque du roi. Dans l'état des papiers de son père remis par Louis Racine à la Bibliothèque, on lit : « Traduction d'une partie du *Banquet de Platon* et de quelques morceaux de la *République*. » Mais ce manuscrit a été perdu; la disparition en était constatée au commencement de ce siècle; de sorte que les morceaux de la *République* sont restés inconnus, et que nous ne pouvons plus vérifier si le reproche adressé par Louis Racine au texte de 1732 de n'être pas en tout conforme à l'original est exact.

Nous nous contentons de reproduire le fragment de la traduction dû à la plume de Racine, sans y joindre la suite attribuée à l'abbesse de Fontevrault, ni le complément qu'y donna Geoffroy en traduisant le discours d'Alcibiade. Ceux qui voudront lire dans son entier le dialogue de Platon feront bien de chercher une interprétation plus fidèle.

II.

FRAGMENTS DE LA POÉTIQUE D'ARISTOTE.

Ces fragments de traduction ont été écrits par Racine en marge du volume intitulé *Petri Victorii commentarii in librum Aristotelis de Arte poetarum, secunda editio, Florentiæ, in officina Juntarum,* 1573, in-fol. Pierre Vettori, auteur de ce livre, est un érudit florentin du xvie siècle. Ce volume fut remis par Louis Racine à la Bibliothèque du roi, avec une lettre à M. Sallier, bibliothécaire :

« Je vous remercie, monsieur, de m'avoir envoyé un volume dont la lecture va m'occuper. Hier au soir, je retrouvai un livre qui mérite d'accompagner les autres, c'est *Petri Victorii* (suit le titre que nous venons de transcrire). A la marge de ce petit in-folio, on trouve plusieurs passages de la *Poétique* d'Aristote, traduits par mon père. Je vous prie d'ajouter ce livre à l'état que je vous ai remis ; et je remettrai le tout, lorsque vous l'enverrez chercher, ou tout à l'heure, ou lundi à huit heures du matin. Je suis avec un respectueux attachement, monsieur, votre très-humble et très-obéissant serviteur,

« RACINE. »

« Ce samedi... »

Ce volume existe encore à la Bibliothèque. Les passages que Racine a traduits sont ceux qui concernent particulièrement le poëme dramatique, et c'est ce qui en fait le principal intérêt.

III.

EXTRAIT DU TRAITÉ DE LUCIEN
COMMENT IL FAUT ÉCRIRE L'HISTOIRE.

Extrait de Denys d'Halicarnasse sur le même sujet.

Louis Racine dit dans ses mémoires : « Le roi les nomma (Boileau et Racine) historiographes en 1677... Mon père, pour se mettre ses devoirs devant les yeux, fit une espèce d'extrait du traité de Lucien sur la manière d'écrire l'histoire. Il remarqua dans cet excellent traité des traits qui avoient rapport à la circonstance dans laquelle il se trouvoit, et il les rassembla dans l'écrit qui se trouvera à la suite de ses lettres. »

Cet extrait est à la suite des mémoires dans l'édition de 1747, pages 13-18 de l'appendice.

Les manuscrits de l'extrait de Lucien et du court extrait de Denys d'Halicarnasse sont parmi les papiers de Racine à la Bibliothèque nationale.

IV.

APPENDICE AUX TRADUCTIONS.

Nous comprenons dans cette section les traductions que Racine a faites en sa jeunesse. Les manuscrits en ont été déposés par Louis Racine à la Bibliothèque, et il a écrit sur cette partie des papiers de son père : « Brouillons et extraits faits presque à la sortie du collége. » Il en est peut-être ainsi de la vie de Diogène le Cynique tirée des *Vies des philosophes de l'antiquité,* de Diogène de Laërte. Il est probable toutefois que ce ne fut point là un sujet de version choisi ni conseillé par les maîtres de Port-Royal.

Les fragments traduits de Josèphe et de Philon sur les

Esséniens paraissent d'une date un peu plus récente. Il y a ici autre chose qu'un travail d'écolier. Le soin pris de rapprocher les témoignages de divers historiens sur une secte qui avait excité sa curiosité indique le mouvement d'esprit qui portait le jeune auteur vers les études historiques et littéraires, et le sujet n'était pas mal choisi, puisqu'il offre encore beaucoup d'intérêt de nos jours. La première partie (pp. 421-427) est tirée de l'historien Josèphe, *de Bello Judaïco*, liv. II, ch. XII.

Les morceaux qui suivent se rattachent à la vie et au martyre de saint Polycarpe, un des successeurs immédiats des apôtres. Ce sont :

La *Lettre de l'église de Smyrne* que Racine a traduite, non-seulement d'après Eusèbe, liv. IV, ch. XV, mais d'après le texte plus complet d'Usserius (*Appendix Ignatiana*. Londres, in-4°, 1647).

La *Vie de saint Polycarpe*, d'après Eusèbe, liv. IV, ch. XIII.

L'*Épître de saint Polycarpe aux Philippiens*, dont le texte grec a été imprimé pour la première fois par le P. Halloix : *Illustrium ecclesiæ orientalis scriptorum qui primo Christi sæculo floruerunt vitæ et documenta, Duaci*, 1632, in-folio ; ce texte a été reproduit par Usserius : *Polycarpi et Ignatii epistolæ*, Oxoniæ, 1648. C'est probablement cette dernière publication que Racine avait sous les yeux.

L'extrait d'une lettre de saint Irénée à Florin, d'après Eusèbe.

Les deux fragments *de saint Denis, archevêque d'Alexandrie*, et *des saints martyrs d'Alexandrie*, sont empruntés du même auteur; M. Mesnard a constaté que Racine s'était servi, pour traduire ces derniers morceaux, de l'édition de Paris, 1659, in-folio, ce qui prouve que, lorsqu'il se livrait à ces travaux, Racine avait au moins vingt ans.

ŒUVRES DIVERSES

EN PROSE

— SUITE. —

ABRÉGÉ

DE

DE L'HISTOIRE DE PORT-ROYAL

PREMIÈRE PARTIE.

L'abbaye de Port-Royal, près de Chevreuse, est une des plus anciennes abbayes de l'ordre de Cîteaux. Elle fut fondée, en l'année 1204, par un saint évêque de Paris, nommé Eudes de Sully, de la maison des comtes de Champagne, proche parent de Philippe-Auguste[1]. C'est lui dont on voit la tombe en cuivre, élevée de deux pieds, à l'entrée du chœur de Notre-Dame de Paris. La fondation n'étoit que pour douze religieuses; ainsi ce monastère ne possédoit pas de fort grands biens. Ses principaux bienfaiteurs furent les seigneurs de Montmorency et les comtes de Montfort. Ils lui firent successivement plusieurs donations, dont les plus considérables ont été confirmées par le roi saint Louis, qui donna aux religieuses, sur son

---

1. C'est par erreur que Racine attribue la fondation de Port-Royal à Eudes de Sully. Cette abbaye doit son origine à Mathilde de Garlande, femme de Mathieu 1er de Marly, cadet de la maison de Montmorency. Ce seigneur, en partant pour la terre sainte, laissa à sa femme une somme pour l'employer en œuvres de piété. Mathilde, suivant l'intention de son mari, et seulement d'après le conseil d'Eudes de Sully, acheta le fief de Porrois ou Port-Royal, et y fonda une abbaye.

domaine, une rente en forme d'aumône, dont elles jouissent encore aujourd'hui ; si bien qu'elles reconnoissent avec raison ce saint roi pour un de leurs fondateurs. Le pape Honoré III accorda à cette abbaye de grands priviléges ; comme, entre autres, celui d'y célébrer l'office divin, quand même tout le pays seroit en interdit. Il permettoit aussi aux religieuses de donner retraite à des séculières qui, étant dégoûtées du monde, et pouvant disposer de leurs personnes, voudroient se réfugier dans leur couvent pour y faire pénitence, sans néanmoins se lier par des vœux. Cette bulle est de l'année 1223, un peu après le quatrième concile général de Latran.

Sur la fin du dernier siècle, ce monastère, comme beaucoup d'autres, étoit tombé dans un grand relâchement : la règle de Saint-Benoît n'y étoit presque plus connue, la clôture même n'y étoit plus observée, et l'esprit du siècle en avoit entièrement banni la régularité. Marie-Angélique Arnauld[1], par un usage qui n'étoit que trop commun en ces temps-là, en fut faite abbesse [1602], n'ayant pas encore onze ans accomplis. Elle n'en avoit que huit lorsqu'elle prit l'habit, et elle fit profession à neuf ans entre les mains du général de Cîteaux, qui la bénit dix-huit mois après. Il y avoit peu d'apparence qu'une fille faite abbesse à cette âge, et d'une manière si peu régulière, eût été choisie de Dieu pour rétablir la règle dans cette abbaye. Cependant elle étoit à peine dans sa dix-septième année, que Dieu, qui avait de grands desseins

---

1. Marie-Angélique Arnauld, sœur du grand Arnauld, morte en 1661. Il ne faut pas la confondre avec la mère Angélique de Saint-Jean Arnauld, sa nièce, religieuse comme elle à Port-Royal, et pendant vingt ans maîtresse des novices, et ensuite abbesse. Cette dernière mourut en 1684. On a publié, en 1760, ses *Conférences,* trois volumes in-12. (G.)

sur elle, se servit, pour la toucher, d'une voie assez extraordinaire.

Un capucin, qui étoit sorti de son couvent par libertinage, et qui alloit se faire apostat dans les pays étrangers, passant par hasard (en 1608) à Port-Royal, fut prié par l'abbesse et par les religieuses de prêcher dans leur église. Il le fit, et ce misérable parla avec tant de force sur le bonheur de la vie religieuse, sur la beauté et sur la sainteté de la règle de Saint-Benoît, que la jeune abbesse en fut vivement émue. Elle forma dès lors la résolution, non-seulement de pratiquer sa règle dans toute sa rigueur, mais d'employer même tous ses efforts pour la faire aussi observer à ses religieuses. Elle commença par un renouvellement de ses vœux, et fit une seconde profession, n'étant pas satisfaite de la première. Elle réforma tout ce qu'il y avoit de mondain et de sensuel dans ses habits, ne porta plus qu'une chemise de serge, ne coucha plus que sur une simple paillasse, s'abstint de manger de la viande, et fit fermer de bonnes murailles son abbaye, qui ne l'étoit auparavant que d'une méchante clôture de terre éboulée presque partout. Elle eut grand soin de ne point alarmer ses religieuses par trop d'empressement à leur vouloir faire embrasser la règle : elle se contentoit de donner l'exemple, leur parlant peu, priant beaucoup pour elles, et accompagnant de torrents de larmes le peu d'exhortations qu'elle leur faisoit quelquefois. Dieu bénit si bien cette conduite, qu'elle les gagna toutes les unes après les autres, et qu'en moins de cinq ans la communauté de biens, le jeûne, l'abstinence de viande, le silence, la veille de la nuit, et enfin toutes les austérités de la règle de Saint-Benoît furent établies à Port-Royal de la même manière qu'elles le sont encore aujourd'hui.

Cette réforme est la première qui ait été introduite dans l'ordre de Cîteaux : aussi y fit-elle un fort grand bruit, et elle eut la destinée que les plus saintes choses ont toujours eue, c'est-à-dire qu'elle fut occasion de scandale aux uns et d'édification aux autres. Elle fut extrêmement désapprouvée par un fort grand nombre de moines et d'abbés même, qui regardoient la bonne chère, l'oisiveté, la mollesse et, en un mot, le libertinage, comme d'anciennes coutumes de l'ordre, où il n'étoit pas permis de toucher[1]. Toutes ces sortes de gens déclamèrent avec beaucoup d'emportement contre les religieuses de Port-Royal, les traitant de folles, d'embéguinées, de novatrices, de schismatiques même, et ils parloient de les faire excommunier. Ils avoient pour eux l'assistant du Général, grand chasseur, et d'une si profonde ignorance, qu'il n'entendoit même pas le latin de son *Pater*. Mais heureusement le Général, nommé dom Boucherat, se trouva un homme très-sage et très-équitable, et ne se laissa point entraîner à leurs sentiments.

Plusieurs maisons non-seulement admirèrent cette réforme, mais résolurent même de l'embrasser. Mais on crut partout qu'on ne pouvoit réussir dans une si sainte entreprise sans le secours de l'abbesse de Port-Royal. Elle eut l'ordre du Général (en 1618) de se transporter dans la plupart de ces maisons, et d'envoyer de ses religieuses dans tous les couvents où elle ne pourroit aller elle-même. Elle alla à Maubuisson, au Lis, à Saint-Aubin, pendant que la mère Agnès Arnauld, sa sœur[2], et d'autres

---

[1]. Toute le temps du carnaval se passoit en mascarades et en bouffonneries. Les religieuses se masquoient entre elles, et le confesseur en faisoit autant avec les valets de la maison. (*Lettre de la mère Angélique à M. l'avocat général Bignon*, 1653.)

[2]. Elles étoient six sœurs religieuses dans le même monastère. (G.)

de ses religieuses, alloient à Saint-Cyr, à Gomer-Fontaine, à Tard, aux îles d'Auxerre, et ailleurs. Toutes ces maisons regardoient l'abbesse et les religieuses de Port-Royal comme des anges envoyés du ciel pour le rétablissement de la discipline. Plusieurs abbesses vinrent passer des années entières à Port-Royal pour s'y instruire à loisir des saintes maximes qui s'y pratiquoient. Il y eut aussi un grand nombre d'abbayes d'hommes qui se réformèrent sur ce modèle. Ainsi l'on peut dire avec vérité que la maison de Port-Royal fut une source de bénédictions pour tout l'ordre de Cîteaux, où l'on commença de voir revivre l'esprit de saint Benoît et de saint Bernard, qui y étoit presque entièrement éteint.

De tous les monastères que je viens de nommer, il n'y en a point où la mère Angélique trouvât plus à travailler que dans celui de Maubuisson[1], dont l'abbesse, sœur de Mme Gabrielle d'Estrées, après plusieurs années d'une vie toute scandaleuse, avoit été interdite, et renfermée à Paris dans les Filles-Pénitentes. A peine la mère Angélique commençoit à faire connoître Dieu dans cette maison, que Mme d'Estrées, s'étant échappée des Filles-Pénitentes[2], revint à Maubuisson avec une escorte de plusieurs jeunes gentilshommes accoutumés à y venir passer leur temps; et une des portes lui en fut ouverte par une des anciennes religieuses. Aussitôt le confesseur de l'abbaye, qui étoit un moine, grand ennemi de la réforme, voulut persuader à la mère Angélique de se retirer; il y eut même un de ces gentilshommes qui lui appuya le pistolet sur la gorge pour la faire sortir. Mais tout cela ne

---

1. Abbaye de bernardines, près de Pontoise, fondée en 1240 par la reine Blanche.
2. Le 10 septembre 1619.

l'étonnant point, l'abbesse, le confesseur et ces jeunes gens la prirent par force, et la mirent hors du couvent avec les religieuses qu'elle y avoit amenées, et avec toutes les novices à qui elle avoit donné l'habit. Cette troupe de religieuses, destituée de tout secours, et ne sachant où se retirer, s'achemina en silence vers Pontoise, et en traversa tout le faubourg et une partie de la ville, les mains jointes et leur voile sur le visage, jusqu'à ce qu'enfin quelques habitants du lieu, touchés de compassion, leur offrirent de leur donner retraite chez eux. Mais elles n'y furent pas longtemps ; car, au bout de deux ou trois jours, le parlement, à la requête de l'abbé de Cîteaux, ayant donné un arrêt pour renfermer de nouveau Mme d'Estrées, le prévôt de l'Isle[1] fut envoyé avec main-forte pour se saisir de l'abbesse, du confesseur et de la religieuse ancienne qui étoit de leur cabale. L'abbesse s'enfuit de bonne heure par une porte du jardin ; la religieuse fut trouvée dans une grande armoire pleine de hardes, où elle s'étoit cachée ; et le confesseur, ayant sauté par-dessus les murs, s'alla réfugier chez les jésuites de Pontoise. Ainsi la mère Angélique demeura paisible dans Maubuisson, et y continua sa sainte mission pendant cinq années.

Ce fut là qu'elle vit pour la première fois[2], saint François de Sales, et qu'il se lia entre eux une amitié qui a duré toute la vie du saint évêque, qui voulut même que la mère de Chantal[3] fût associée à cette union. L'on

1. Prévôt de l'Ile-de-France.
2. Le 5 avril de l'année 1619.
3. Jeanne-Françoise Frémiot, veuve, en 1600, du baron de Chantal, institua en 1610 l'ordre de la Visitation. Elle mourut en 1641, et fut canonisée en 1767. Madame de Sévigné était sa petite-fille.

voit dans les lettres de l'un et de l'autre la grande idée qu'ils avoient de cette merveilleuse fille. De son côté, la mère Angélique procura aussi à M. Arnaud, son père[1], et à toute sa famille, la connoissance de ce saint prélat. Il fit un voyage à Port-Royal pour y voir la mère Agnès de Saint-Paul, sœur de cette abbesse; il alloit voir très-souvent M. Arnauld, son père, et M. d'Andilly[1], son frère, et à Paris et à une maison qu'ils avoient à la campagne, charmé de se trouver dans une famille si pleine de vertu et de piété. La dernière fois qu'il les vit, il donna sa bénédiction à tous leurs enfants, et entre autres au célèbre M. Arnauld, docteur de Sorbonne, qui n'avoit alors que six ans. La bienheureuse mère de Chantal vécut encore vingt ans depuis qu'elle eut connu la mère Angélique; elle ne faisoit point de voyage à Paris qu'elle ne vînt passer plusieurs jours de suite avec elle, versant dans son sein ses plus secrètes pensées, et désirant avec ardeur que les filles de la Visitation et celles de Pont-Royal fussent unies du même lien d'amitié qui avoit si étroitement uni leurs deux mères.

Après cinq ans de travail à Maubuisson (en 1623), la mère Angélique, se trouvant déchargée du soin de cette abbaye par la nomination que le roi avoit faite d'une autre abbesse[3] en la place de Mme d'Estrées, elle se résolut d'aller trouver sa chère communauté de Port-Royal,

1. Avocat célèbre qui avait plaidé en 1594 pour l'Université contre les jésuites. Il était fils d'un autre Antoine Arnauld, avocat général de la reine Catherine de Médicis, et mourut en 1619. Sa veuve, Catherine Marion, mourut en 1641 à Port-Royal, où elle s'était faite religieuse. Il était né vingt-deux enfants de leur mariage.

2. Robert Arnauld d'Andilly, né en 1588, était l'aîné des fils d'Antoine Arnauld et de Catherine Marion.

3. Charlotte de Bourbon-Soissons, fille naturelle de Charles de Bourbon, comte de Soissons et de Dreux, et de la marquise de Rancher.

Elle ne l'avoit pas laissée néanmoins orpheline, l'ayant mise, en partant, sous la conduite de la mère Agnès dont j'ai parlé : elle étoit plus jeune de deux ans que la mère Angélique, et avoit été faite abbesse aussi jeune qu'elle; mais Dieu l'ayant aussi éclairée de fort bonne heure, elle avoit remis au roi l'abbaye de Saint-Cyr, dont elle étoit pourvue, pour venir vivre simple religieuse dans le couvent de sa sœur. Mais la mère Angélique, pleine d'admiration de sa vertu, avoit obtenu qu'on la fît sa coadjutrice. C'est cette mère Agnès qui a depuis dressé les constitutions de Port-Royal, qui furent approuvées par M. de Gondy, archevêque de Paris. On a aussi d'elle plusieurs traités très-édifiants[1], et qui font connaître tout ensemble l'élévation et la solidité de son esprit.

Lorsque la mère Angélique se préparoit à partir de Maubuisson, trente religieuses, qui y avoient fait profession entre ses mains, se jetèrent à ses pieds et la conjurèrent de les emmener avec elle. L'abbaye de Port-Royal étoit fort pauvre, n'ayant été fondée, comme j'ai dit, que pour douze religieuses. Le nombre en étoit alors considérablement augmenté; et ces trente filles de Maubuisson n'avoient à elles toutes que cinq cents livres de pension viagère. Cependant la mère Angélique ne balança pas un moment à leur accorder leur demande. Elle se contenta d'en écrire à la mère Agnès; et, sur sa réponse, elle les fit même partir quelques jours avant elle. Ces pauvres filles n'abordoient qu'en tremblant une maison qu'elles venoient, pour ainsi dire, affamer; mais elles y furent reçues (le 3 mars 1623) avec une joie qui leur fit bien

---

1. *L'Image de la Religieuse parfaite et imparfaite,* 1 vol. in-12; *le Chapelet secret du Saint Sacrement,* 1 vol. in-12. Ce dernier ouvrage fu supprimé, par le pape, mais sans être censuré. (G.)

voir que la charité de la mère s'étoit aussi communiquée à toute la communauté.

Il étoit resté à Maubuisson quelques esprits qui n'avoient pu entièrement s'assujettir à la réforme. D'ailleurs madame de Soissons, qui avoit succédé à madame d'Estrées, n'avoit pas pris un fort grand soin d'y d'entretenir la régularité que la mère Angélique y avoit établie ; si bien que cette sainte fille ne cessoit de demander à Dieu qu'il regardât cette maison avec des yeux de miséricorde. Sa prière fut exaucée.

Cette abbaye étant venue encore à vaquer, au bout de quatre ans, par la mort de madame de Soissons (octobre 1626), le roi Louis XIII fit demander à la mère Angélique une de ses religieuses pour l'en faire abbesse. Elle lui en proposa une (en 1627) qu'on appeloit sœur Marie des Anges[1], à qui le roi donna aussitôt son brevet.

La plupart des personnes qui connoissoient cette fille lui trouvoient, à la vérité, une grande douceur et une profonde humilité ; mais elles doutoient qu'elle eût toute la fermeté nécessaire pour remplir une place de cette importance. Le succès fit voir combien la mère Angélique avait de discernement : car cette fille si humble et si douce sut réduire en très-peu de temps les esprits qui étoient demeurés les plus rebelles, rangea les anciennes sous le même joug que les jeunes, ne s'étonna point des persécutions de certains moines et même de certains visiteurs de l'ordre, accoutumés au faste et à la dépense, et qui ne pouvoient souffrir le saint usage qu'elle faisoit des revenus de cette abbaye.

Ce fut de son temps que deux fameuses religieuses de

1. Marie des Anges Suireau. Elle avoit établi la réforme dans l'abbaye du Lis, près Melun, où elle avoit été envoyée, l'année précédente, en qualité

Montdidier furent introduites à Maubuisson par un de ces visiteurs, pour y enseigner, disoit-il, les secrets de la plus sublime oraison. La mère des Anges et la mère Angélique n'étoient point assez intérieures, au gré de ces pères, et ils leur reprochoient souvent de ne connoître d'autre perfection que celle qui s'acquiert par la mortification des sens et par la pratique des bonnes œuvres. La mère des Anges, qui avoit appris à Port-Royal à se défier de toute nouveauté, fit observer de près ces deux filles : et il se trouva que, sous un jargon de pur amour, d'anéantissement et de parfaite nudité[1], elles cachoient toutes les illusions et toutes les horreurs que l'Église a condamnées de nos jours dans Molinos (en 1687). Elles étoient en effet de la secte de ces illuminés de Roye, qu'on nommoit les *Guérinets*[2], dont le cardinal de Richelieu fit faire une si exacte perquisition.

La mère des Anges ayant donné avis du péril où étoit son monastère, ces deux religieuses furent renfermées très-étroitement par ordre de la cour; et le visiteur qui les protégeoit eut lui-même bien de la peine à se tirer d'affaire. En un mot, la mère des Anges, malgré toutes les traverses qu'on lui suscitoit, rétablit entièrement dans Maubuisson le véritable esprit de saint Bernard, qui s'y maintient encore aujourd'hui par les soins de l'illustre princesse[3] que la Providence en a fait abbesse; et, après avoir gouverné pendant vingt-deux ans ce célèbre monastère avec une sainteté dont la mémoire s'y conservera

---

de maîtresse des novices, par la mère Angélique. En 1654, elle fut élue abbesse de Port-Royal, et mourut en décembre 1658.

1. Dans le sens de : parfait dépouillement.
2. Du nom de Pierre Guérin, chef de cette secte.
3. Louise-Marie Hollandine, princesse palatine de Bavière, nommée abbesse de Maubuisson en 1664 : elle mourut en 1709. (G.)

éternellement, elle en donna sa démission au roi, et vint reprendre à Port-Royal son rang de simple religieuse : elle demandoit même à y recommencer son noviciat, de peur, disoit-elle, qu'ayant si longtemps commandé, elle n'eût appris à désobéir.

Cependant la communauté de Port-Royal s'étant accrue jusqu'au nombre de quatre-vingts religieuses, elles étoient fort serrées dans ce monastère, situé dans un lieu fort humide, et dont les bâtiments étoient extrêmement bas et enfoncés : ainsi les maladies y devinrent fort fréquentes, et le couvent ne fut bientôt plus qu'une infirmerie. Mais la Providence n'abandonna point la mère Angélique dans ce besoin : elle lui fit trouver des ressources dans sa propre famille. Madame Arnauld, sa mère, qui étoit fille du célèbre M. Marion, avocat général, étoit demeurée veuve depuis plusieurs années, et avoit conçu la résolution non-seulement de se retirer du monde, mais même, ce qui est assez particulier, de se faire religieuse sous la conduite de sa fille. Comme elle sut l'extrémité où la communauté étoit réduite, elle acheta (en 1625) de son argent, au faubourg Saint-Jacques, une maison, et la donna pour en faire comme un hospice. On ne vouloit y transporter d'abord qu'une partie des religieuses; mais le monastère des champs devenant plus malsain de jour en jour, on fut obligé de l'abandonner entièrement (en 1626), et de transférer à Paris toute la communauté, après en avoir obtenu le consentement du roi et de l'archevêque. On se logea comme on put dans cette nouvelle maison : on fit un dortoir d'une galerie; on lambrissa les greniers pour y pratiquer des cellules, et la salle fut changée en une chapelle.

La réputation de la mère Angélique et les merveilles

qu'on racontoit de la vie toute sainte de ses religieuses lui attirèrent bientôt l'amitié de beaucoup de personnes de piété. La reine Marie de Médicis les honora d'une bienveillance particulière, et, par des lettres patentes enregistrées au parlement, prit le titre de fondatrice et de bienfaitrice de ce nouveau monastère. Elle ne fut pas vraisemblablement en état de leur donner des marques de sa libéralité, mais elle leur procura un bien qu'elles n'eussent jamais osé espérer sans une protection si puissante.

Plus la mère Angélique avoit sujet de louer Dieu des bénédictions qu'il avoit répandues sur sa communauté, plus elle avoit lieu de craindre qu'après sa mort et après celle de la mère Agnès, sa coadjutrice, on n'introduisît en leur place quelque abbesse qui, n'ayant point été élevée dans la maison, détruiroit peut-être en six mois tout le bon ordre qu'elle avoit tant travaillé à y établir. La reine Marie de Médicis entra avec bonté dans ses sentiments; elle parla au roi son fils, dans le temps qu'il revenoit triomphant après la prise de La Rochelle, et lui représentant tout ce qu'elle connoissoit de la sainteté de ces filles, elle toucha tellement sa piété, qu'il crut lui-même rendre un grand service à Dieu en consentant que cette abbaye fût élective et triennale. La chose fut confirmée par le pape Urbain VIII. Aussitôt la mère Angélique et la mère Agnès se démirent, l'une de sa qualité d'abbesse, et l'autre de celle de coadjutrice ; et la communauté (en 1630) élut pour trois ans une des religieuses de la maison[1]. La mère Angélique venoit d'obtenir du même pape une autre grâce qui ne lui parut pas

1. Marie-Geneviève de Saint-Augustin Letardif, élue abbesse en 1630, et continuée jusqu'en 1636.

moins considérable. Elle avoit toujours eu au fond de son cœur un grand amour pour la hiérarchie ecclésiastique, et souhaitoit aussi ardemment d'être soumise à l'autorité épiscopale, que les autres abbesses désirent d'en être soustraites. Son souhait sur cela étoit d'autant plus raisonnable, que l'abbaye de Port-Royal, fondée par un évêque de Paris, avoit longtemps dépendu immédiatement de lui et de ses successeurs; mais dans la suite un de ces évêques avoit consenti qu'elle reconnût la juridiction de l'abbé de Cîteaux. Elle avoit donc fait représenter ces raisons au pape (en 1627), qui, les ayant approuvées, remit en effet cette abbaye sous la juridiction de l'ordinaire, et l'affranchit entièrement de la dépendance de Cîteaux, en y conservant néanmoins tous les priviléges attachés aux maisons de cet ordre. M. de Gondy en prit donc en main le gouvernement, en examina et approuva les constitutions, et en fit faire la visite par M. [Maugier], qui fut le premier supérieur qu'il donna à ce monastère.

Ce fut vers ce temps-là que Louise de Bourbon, première femme du duc de Longueville, princesse d'une éminente vertu, forma avec M. Zamet, évêque de Langres, le dessein d'instituer un ordre de religieuses particulièrement consacrées à l'adoration du mystère de l'eucharistie, et qui, par leur assistance continuelle devant le saint sacrement, réparassent en quelque sorte les outrages que lui font tous les jours et les blasphèmes des protestants et les communions sacriléges des mauvais catholiques. Ils communiquèrent tous deux leur pensée à la mère Angélique, et la prièrent, non-seulement de les aider à former cet institut, mais d'en vouloir même accepter la direction, et de donner quelques-unes de ses religieuses pour en commencer avec elle l'établissement.

Cette proposition fut d'autant plus de son goût, qu'il y avoit déjà plus de quinze ans que cette même assistance continuelle devant le saint sacrement avoit été établie à Port-Royal, d'abord pendant le jour seulement, et ensuite pendant la nuit même. Toutes les religieuses de ce monastère, ayant appris un si louable dessein, furent touchées d'une sainte jalousie de ce qu'on fondoit pour cela un nouvel ordre, au lieu de l'établir dans Port-Royal même. Elles demandèrent avec instance que, sans chercher d'autre maison que la leur, on leur permît d'ajouter les pratiques de cet institut aux autres pratiques de leur règle, et de joindre en elles le nom glorieux de filles du Saint-Sacrement à celui de filles de Saint-Bernard. La princesse était d'avis de leur accorder leur demande, mais l'évêque persista à vouloir un ordre et un habit particuliers.

Ce prélat étoit un homme plein de bonnes intentions, et fort zélé, mais d'un esprit fort variable et fort borné. Il avoit plusieurs fois changé le dessein de son institut : il vouloit d'abord un ordre de religieux plus retirés encore et plus austères que les chartreux; puis il jugea plus à propos que ce fût un ordre de filles. Sa première vue pour ces filles étoit qu'elles fussent extrêmement pauvres, et que, pour mieux honorer le profond abaissement de Jésus-Christ dans l'eucharistie, elles portassent sur leur habit toutes les marques d'une extrême pauvreté. Ensuite il imagina qu'il falloit attirer la vénération du peuple par un habit qui eût quelque chose d'auguste et de magnifique; mais la mère Angélique désira que tout se ressentît de la simplicité religieuse. Il avoit fait divers autres règlements, dont la plupart eurent besoin d'être rectifiés. La mère Angélique, voyant ces incertitudes, eut un pressentiment que cet ordre ne seroit pas de longue durée. Mais la bulle étant arrivée, où elle étoit nommée supérieure, et où il étoit ordonné que ce seroit des religieuses de Port-Royal qui en commenceroient l'établissement, elle se mit en devoir d'obéir. La bulle nommoit aussi trois supérieurs, savoir : M. de Gondy, archevêque de Paris; M. de Bellegarde, archevêque de Sens, et l'évêque de Langres. Mais ce dernier, comme fondateur, et d'ailleurs étant grand directeur de religieuses, eut la principale conduite de ce monastère. La mère Angélique entra donc (le 8 mai 1633), avec trois de ses religieuses et quatre postulantes, dans la maison destinée pour cet institut. Cette maison était dans la rue Coquillière, qui est de la paroisse de Saint-Eustache; et le saint sacrement y fut mis avec beaucoup de solennité. Bientôt après on y reçut des novices, et ce fut l'archevêque de Paris qui leur donna le voile.

La nouveauté de cet institut donna beaucoup occasion au monde de parler; et, dans ces commencements, la mère Angélique eut à essuyer bien des peines et des contradictions. Son principal chagrin étoit de voir l'évêque de Langres presque toujours en différend avec l'archevêque de Sens, qui ne pouvoit compatir avec lui. Leur désunion éclata surtout à l'occasion du *Chapelet secret* du saint sacrement. Comme cette affaire fit alors un fort grand bruit, et que les ennemis de Port-Royal s'en sont voulu prévaloir dans la suite contre ce monastère, il est bon d'expliquer en peu de mots ce que c'étoit que cette querelle.

Ce *Chapelet secret* étoit un petit écrit de trois ou quatre pages, contenant des pensées affectueuses sur le mystère de l'Eucharistie, ou, pour mieux dire, c'étoient comme des élans d'une âme toute pénétrée de l'amour de Dieu dans la contemplation de sa charité infinie pour les hommes dans ce mystère. La mère Agnès, de qui étoient ces pensées, n'avoit guère songé à les rendre publiques; elle en avoit simplement rendu compte au père de Condren, son confesseur, depuis général de l'Oratoire, qui, pour sa propre édification, lui avoit ordonné de les mettre par écrit. Il en tomba une copie entre les mains d'une sainte carmélite, nommée la mère Marie de Jésus; cette mère étant morte un mois après, on fit courir sous son nom cet écrit, qui avoit été trouvé sur elle; mais on sut bientôt qu'il étoit de la mère Agnès[1]. L'évêque de Langres le trouva merveilleux, et en parla avec de grands sentiments d'admiration. L'archevêque de Sens, qui en avoit été fort touché d'abord, commença tout à coup à s'en dégoûter; il le donna même à examiner à M. Duval, supérieur des carmélites, et à quelques autres docteurs, à qui on ne dit point qui l'avoit composé. Ces docteurs, jugeant à la rigueur de certaines expressions abstraites et relevées, telles que sont à peu près celles des mystiques, le condamnèrent; d'autres docteurs, consultés par l'évêque de Langres, l'approuvèrent au contraire avec éloge : tellement que les esprits venant à s'échauffer, et chacun écrivant pour soutenir son avis, la chose fut portée à Rome. Le pape ne trouva dans l'écrit aucune proposition digne de censure; mais, pour le bien de la paix, et parce que ces matières n'étoient pas de la portée de tout le monde, il jugea à propos de le supprimer; et il le fut en effet.

Entre les théologiens qui avoient écrit pour le soutenir, Jean du Vergier de Hauranne, abbé de Saint-Cyran,

---

1. Il fut imprimé en 1633.

avoit fait admirer la pénétration de son esprit et la profondeur de sa doctrine. Il ne connoissoit point alors la mère Agnès, et avoit même été préoccupé contre le *Chapelet secret*, à cause des différends qu'il avoit causés; mais, l'ayant trouvé très-bon, il avoit pris lui-même la plume pour défendre la vérité, qui lui sembloit opprimée. Il n'avoit point mis son nom à son ouvrage, non plus qu'à ses autres livres; mais l'évêque de Langres, ayant su que c'étoit de lui, l'alla chercher pour le remercier. A mesure qu'il le connut plus particulièrement, il fut épris de sa rare piété et de ses grandes lumières; et, comme il n'avoit rien de plus à cœur que de porter les filles du Saint-Sacrement à la plus haute perfection, il jugea que personne au monde ne pouvoit mieux l'aider dans ce dessein que ce grand serviteur de Dieu. Il le conjura donc de venir faire des exhortations à ces filles, et même de les vouloir confesser. L'abbé lui résista assez longtemps, fuyant naturellement ces sortes d'emplois, et se tenant le plus renfermé qu'il pouvoit dans son cabinet, où il passoit, pour ainsi dire les jours et les nuits, partie dans la prière, et partie à composer des ouvrages qui pussent être utiles à l'Église. Enfin, néanmoins, les instances réitérées de l'évêque lui paroissant comme un ordre de Dieu de servir ces filles, il s'y résolut[1].

Dès que la mère Angélique l'eut entendu parler des choses de Dieu, et qu'elle eut connu par quel chemin sûr il conduisoit les âmes, elle crut retrouver en lui le saint évêque de Genève[2], par qui elle avoit été autrefois conduite; et les autres religieuses prirent aussi en lui la même confiance. En effet, pour me servir ici du témoi-

1. En 1634.
2. Saint François de Sales.

gnage public que lui a rendu un prélat[1] non moins considérable par sa piété que par sa naissance, « ce savant homme n'avoit pas d'autres sentiments que ceux qu'il avoit puisés dans l'Écriture sainte et dans la tradition de l'Église; sa science n'étoit que celle des saints Pères; il ne parloit point d'autre langage que celui de la parole de Dieu; et, bien loin de conduire les âmes par des voies particulières et écartées, il ne savoit point d'autre chemin pour les mener à Dieu que celui de la pénitence et de la charité ». Toutes ces filles firent en peu de temps un tel progrès dans la perfection sous sa conduite, que l'évêque de Langres ne cessoit de remercier Dieu du confesseur qu'il lui avoit inspiré de leur donner.

Dans le ravissement où étoit ce prélat, il proposa plusieurs fois à l'abbé de souffrir qu'il travaillât pour le faire nommer son coadjuteur à l'évêché de Langres; et, sur son refus, il le pressa au moins de vouloir être son directeur. Mais l'abbé le pria de l'en dispenser, lui faisant entendre qu'il y auroit plusieurs choses sur lesquelles ils ne seroient point d'accord; et, avec la sincérité qui lui étoit naturelle, il ne put s'empêcher de lui toucher quelque chose de la résidence et de l'obligation où il étoit de ne pas faire de si longs séjours hors de son diocèse. L'évêque étoit de ces gens qui, bien qu'au fond ils aient de la piété, n'entendent pas volontiers des vérités qu'ils ne se sentent pas disposés à pratiquer. Cela commença un peu à le refroidir pour l'abbé de Saint-Cyran. Bientôt après il crut s'apercevoir que les filles du Saint-Sacrement n'avoient point pour ses avis la même déférence qu'elles avoient pour cet abbé; sa mauvaise humeur étoit encore fomentée par une

---

1. M. de Laval, évêque de La Rochelle.

certaine dame, sa pénitente, qu'il avoit fait entrer au Saint-Sacrement, et dont il faisoit lui seul un cas merveilleux[1]; en un mot, ayant, comme j'ai dit, l'esprit fort foible, il entra contre l'abbé dans une si furieuse jalousie, qu'il ne le pouvoit plus souffrir. L'abbé de Saint-Cyran fit d'abord ce qu'il put pour le guérir de ses défiances; et même, voyant qu'il s'aigrissoit de plus en plus, cessa d'aller au monastère du Saint-Sacrement. Mais cette discrétion ne servit qu'à irriter cet esprit malade, honteux qu'on se fût aperçu de sa foiblesse, tellement qu'il vint à se dégoûter même de son institut; et, non content de rompre avec ces filles, il se ligua avec les ennemis de cet abbé, et, ce qu'on aura peine à comprendre, donna même au cardinal de Richelieu des mémoires contre lui.

Ce ne fut pas là la seule querelle que lui attira la jalousie de la direction. Le fameux père Joseph étoit, comme on sait, fondateur des religieuses du Calvaire. Quoique plongé fort avant dans les affaires du siècle, il se piquoit d'être un fort grand maître en la vie spirituelle, et ne vouloit point que ses religieuses eussent d'autre directeur que lui. Un jour néanmoins, se voyant sur le point d'entreprendre un long voyage pour les affaires du roi, il alla trouver l'abbé de Saint-Cyran pour lui recommander ses chères filles du Calvaire, et obtint de lui qu'il les confesseroit en son absence. A son retour il fut charmé du progrès qu'elles avoient fait dans la perfection; mais il crut s'apercevoir bientôt qu'elles avoient senti l'extrême différence qu'il y a d'un directeur partagé entre Dieu et la cour, à un directeur uniquement occupé du salut des âmes. Il en conçut contre l'abbé un fort

---

1. Anne de Jésus de Chamesson.

grand dépit, et ne lui pardonna pas, non plus que l'évêque de Langres, cette diminution de son crédit sur l'esprit de ses pénitentes, tellement qu'il ne fut pas des moins ardents depuis ce temps-là à lui rendre de mauvais offices auprès du premier ministre.

Le cardinal de Richelieu, lorsqu'il n'étoit qu'évêque de Luçon, avoit connu à Poitiers l'abbé de Saint-Cyran ; et, ayant conçu pour ses grands talents et pour sa vertu l'estime que tous ceux qui le connoissoient ne pouvoient lui refuser, il ne fut pas plus tôt en faveur, qu'il songea à l'élever aux premières dignités de l'Église. Il le fit pressentir sur l'évêché de Bayonne, qu'il lui destinoit, et qui étoit le pays de sa naissance [1]. Mais son extrême humilité, et cette espèce de sainte horreur qu'il eut toute sa vie pour les sublimes fonctions de l'épiscopat, l'empêchèrent d'accepter cet offre. Ce fut le premier sujet de mécontentement que ce ministre eut contre lui.

Son second crime à son égard fut de passer pour n'approuver pas la doctrine que ce cardinal avoit enseignée dans son catéchisme de Luçon, touchant l'attrition formée par la seule crainte des peines, qu'il prétendoit suffire pour la justification dans le sacrement. Ce n'est pas que l'abbé de Saint-Cyran fût jamais entré dans aucune discussion sur cette matière, mais il ne laissoit pas ignorer qu'il étoit persuadé que, sans aimer Dieu, le pécheur ne pouvoit être justifié. Outre que le cardinal se piquoit encore plus d'être grand théologien que grand politique, il étoit si dangereux de le contredire sur ce point particulier de l'attrition, que le père Seguenot, de l'Oratoire, fut mis à la Bastille pour avoir soutenu la nécessité de l'amour de Dieu dans la pénitence ; et que ce fut aussi, à ce qu'on

---

1. Saint Cyran était né à Bayonne l'an 1581.

prétend, pour le même sujet que le père Caussin, confesseur du roi, fut disgracié.

Mais ce qui acheva de perdre l'abbé de Saint-Cyran dans l'esprit du cardinal, ce fut une offense d'une autre nature que les deux premières, mais qui le touchoit beaucoup plus au vif. On sait avec quelle chaleur ce premier ministre avoit entrepris de faire casser le mariage du duc d'Orléans avec la princesse de Lorraine, sa seconde femme. Pour s'autoriser dans ce dessein, et pour rassurer la conscience timorée de Louis XIII, il fit consulter l'assemblée générale du clergé, et tout ce qu'il y avoit de plus célèbres théologiens, tant réguliers que séculiers. L'assemblée, et presque tous ces théologiens, jusqu'au père Condren, général de l'Oratoire, et jusqu'au père Vincent, supérieur des Missionnaires, furent d'avis de la nullité du mariage; mais quand on vint à l'abbé de Saint-Cyran, il ne cacha point qu'il croyoit que le mariage ne pouvoit être cassé.

Venons maintenant à la querelle qu'il eut avec les jésuites : elle prit naissance en Angleterre. Les jésuites de ce pays-là, n'ayant pu se résoudre à reconnoître la juridiction de l'évêque que le pape y avoit envoyé, non-seulement obligèrent cet évêque à s'enfuir de ce royaume, mais écrivirent des livres fort injurieux contre l'autorité épiscopale et contre la nécessité même du sacrement de la confirmation. Le clergé d'Angleterre envoya ces livres en France, et ils y furent aussitôt censurés par l'archevêque de Paris, puis par la Sorbonne, et enfin par une grande assemblée d'archevêques et d'évêques. Les jésuites de France n'abandonnèrent pas leurs confrères dans une cause que leur conduite, dans tous les pays du monde, fait bien voir qu'ils ont résolu de soutenir. Ils publièrent, contre toutes ces censures, des réponses où ils croyoient avoir terrassé la Sorbonne et les évêques. Tous les gens de bien frémissoient de voir ainsi fouler aux pieds la hiérarchie que Dieu a établie dans son Église, lorsqu'on vit paroître, sous le nom de *Petrus Aurelius*, un excellent livre qui mettoit en poudre toutes les réponses des jésuites. Ce livre fut reçu avec un applaudissement incroyable : le clergé de France le fit imprimer plusieurs fois à ses dépens, s'efforça de découvrir qui étoit le défenseur de l'épiscopat ; et, ne pouvant percer l'obscurité où sa modestie le tenoit caché, fit composer en l'honneur de son livre, par le célèbre M. Godeau, évêque de Grasse[1], un éloge magnifique qui fut imprimé à la tête du livre même.

Les jésuites n'étoient pas moins en peine que les évêques de savoir qui étoit cet inconnu ; et comme la vengeance a des yeux plus perçants que la reconnoissance, ils démêlèrent que si l'abbé de Saint-Cyran n'étoit pas l'auteur de cet ouvrage, il y avoit du moins la principale part. On jugera sans peine jusqu'où alla contre lui leur ressentiment, par la colère qu'ils témoignèrent contre M. Godeau, pour avoir fait l'éloge que je viens de dire. Ils publièrent contre ce prélat si illustre deux satires en latin, dont l'une avoit pour titre : *Godellus an poeta?* et c'étoit leur père Vavasseur qui étoit auteur de ces satires. L'abbé

---

1. Et depuis évêque de Vence et l'un des premiers membres de l'Académie française. Il a laissé un grand nombre d'ouvrages en prose et en vers, qu'on ne lit plus et depuis bien longtemps. Boileau écrivait à son ami Maucroix, en 1695 : « Je suis persuadé, aussi bien que vous, que M. Godeau est un poëte fort estimable. Il me semble pourtant qu'on peut dire de lui ce que Longin dit d'Hypéride, qu'il est toujours jeune, et qu'il n'a rien qui remue et qui échauffe : en un mot, qu'il n'a point cette force de style et cette vivacité d'expression qu'on recherche dans les ouvrages, et qui les font durer. Je ne sais point s'il passera à la postérité ; mais il faudra pour cela qu'il ressuscite, puisqu'on peut dire qu'il est déjà mort, n'étant presque plus maintenant lu de personne. » (Lettre VI.)

devint à leur égard, non-seulement un hérétique, mais un hérésiarque abominable, qui vouloit faire une nouvelle Église, et renverser la religion de Jésus-Christ. C'est l'idée qu'ils s'efforcèrent alors de donner de lui, et qu'ils en veulent donner encore dans tous leurs livres.

Le cardinal de Richelieu, excité par leurs clameurs et par ses ressentiments particuliers, le fit arrêter et mettre au bois de Vincennes[1]; il fit aussi saisir tous ses papiers, dont il y avoit plusieurs coffres pleins. Mais comme on n'y trouva que des extraits des Pères et des Conciles, et des matériaux d'un grand ouvrage qu'il préparoit pour défendre l'Eucharistie contre les ministres huguenots, tous ses papiers lui furent aussitôt renvoyés au bois de Vincennes. On abandonna aussi une procédure fort irrégulière que l'on avoit commencée contre lui; mais la liberté ne lui fut rendue que cinq ans après, c'est-à-dire à la mort du cardinal de Richelieu : Dieu ayant permis cette longue prison pour faire mieux connoître la piété extraordinaire de cet abbé, à laquelle le fameux Jean de Verth[2], qui, avec d'autres officiers étrangers, étoit alors aussi prisonnier au bois de Vincennes, rendit un témoignage très-particulier; car le cardinal de Richelieu ayant voulu qu'il fût spectateur d'un ballet fort magnifique qui étoit de sa composition, et ce général ayant vu à ce ballet un certain évêque qui s'empressoit pour en faire les honneurs, il dit publiquement que le spectacle qui l'avoit le plus surpris en France, c'étoit d'y voir les saints en prison et les évêques à la comédie.

1. Le 14 mai 1638. Il n'en sortit qu'en février 1643.
2. Jean de Verth, officier, ou plutôt partisan allemand, qui parvint à se faire redouter. Fait prisonnier par Turenne, les chansons dont il fut l'objet ont donné quelque célébrité à son nom. (G.)

Ce fut aussi dans cette prison que l'abbé de Saint-Cyran écrivit ces belles lettres chrétiennes et spirituelles, dont il s'est fait tant d'éditions avec l'approbation d'un fort grand nombre de cardinaux, d'archevêques et d'évêques, qui les ont considérées comme l'ouvrage de nos jours qui donne la plus haute et la plus parfaite idée de la vie chrétienne.

Il mourut le 11 octobre 1643, huit mois après qu'il fut sorti du bois de Vincennes; et ses funérailles furent honorées de la présence de tout ce qu'il y avoit alors à Paris de prélats plus considérables. A peine il eut les yeux fermés, que les jésuites se débordèrent en une infinité de nouvelles invectives contre sa mémoire, faisant imprimer, entre autres, de prétendus interrogatoires qu'ils avoient tronqués et falsifiés; et quoiqu'il eût reçu avec une extrême piété le viatique des mains du curé de Saint-Jacques-du-Haut-Pas, et que la Gazette même en eût informé tout le public, ils n'en furent pas moins hardis à publier qu'il étoit mort sans vouloir recevoir ses sacrements. J'ai cru devoir rapporter de suite ces événements pour faire mieux connoître ce grand personnage, contre lequel la calomnie s'est déchaînée avec tant de licence, et qui a tant contribué, par ses instructions et par ses exemples, à la sainteté de Port-Royal.

La rupture de l'évêque de Langres avec les Filles du Saint-Sacrement, et l'emprisonnement de l'abbé de Saint-Cyran, ne furent pas les seules disgrâces dont elles furent alors affligées : elles perdirent aussi la duchesse de Longueville[1], leur fondatrice, qui mourut (en 1637) avant que

---

1. Louise de Bourbon, fille du comte de Soissons, première femme de Henri d'Orléans II, duc de Longueville, morte le 9 septembre 1637, à l'âge de trente-trois ans. Son mari se remaria en 1642, et eut pour seconde

d'avoir pu laisser aucun fonds pour leur subsistance ; tellement que, se voyant dénuées de toute protection, et d'ailleurs étant fort incommodées dans la maison où elles étoient, sans aucune espérance de s'y pouvoir agrandir, elles se retirèrent en 1638 (le 19 mai) à Port-Royal, où il y avoit déjà quelques années que la mère Angélique étoit retournée.

Ce fut alors que les religieuses de ce monastère renouvelèrent leurs instances, et demandèrent à relever un institut qui étoit abandonné, et qu'il sembloit que Dieu même eût voulu leur réserver. Henri Arnauld, abbé de Saint-Nicolas, depuis évêque d'Angers[1], étoit alors à Rome pour les affaires du roi : elles s'adressèrent à lui, et le prièrent de s'entremettre pour elles auprès du pape, qui leur accorda volontiers, par un bref, le changement qu'elles demandoient. Mais l'affaire souffrit à Paris de grandes difficultés à cause de quelques intérêts temporels qu'il falloit accommoder. Enfin le parlement ayant terminé ces difficultés, le roi donna ses lettres, et l'archevêque de Paris son consentement. Elles se dévouèrent donc avec une joie incroyable à l'adoration perpétuelle du mystère auguste de l'eucharistie, et prirent le nom de Filles du Saint-Sacrement ; mais elles ne quittèrent pas l'habit de saint Bernard ; elles changèrent seulement leur scapulaire noir en un scapulaire blanc, où il y avoit une croix d'écarlate

---

femme cette fameuse duchesse de Longueville, dont il sera question dans la suite de l'histoire de Port-Royal.

1. L'un des frères de la mère Angélique et du docteur Arnauld. Il fut envoyé à Rome en 1645, et y resta jusqu'en 1648. Le bref du pape ne fut accordé qu'en 1647, et ce fut au mois d'octobre de la même année que les religieuses de Port-Royal prirent le nom et l'habit de Filles du Saint-Sacrement. Il y avait alors près de dix ans que l'institut fondé par la duchesse de Longueville ne subsistait plus. — Henri Arnauld mourut à Angers le 8 juin 1692, âgé de quatre-vingt-quinze ans.

attachée par devant, pour désigner, par ces deux couleurs, le pain et le vin, qui sont les voiles sous lesquels Jésus-Christ est caché dans ce mystère. M. du Saussay, leur supérieur, alors official de Paris et depuis évêque de Toul, célébra cette cérémonie (en 1647, le 24 octobre) avec un grand concours de peuple. L'année suivante, M. de Gondy bénit leur église, dont le bâtiment ne faisoit que d'être achevé, et la dédia aussi sous le nom du Saint-Sacrement[1].

Pendant cet état florissant de la maison de Paris, les religieuses n'avoient pas perdu le souvenir de leur monastère des champs; on n'y avoit laissé qu'un chapelain, pour y dire la messe et y administrer les sacrements aux domestiques. Bientôt après, M. Le Maistre[2], neveu de la mère Angélique, ayant, à l'âge de vingt-neuf ans, renoncé au barreau et à tous les avantages que sa grande éloquence lui pouvoit procurer, s'étoit retiré dans ce désert (en 1637) pour y achever sa vie dans le silence et dans la retraite. Il y fut suivi par un de ses frères, qui avoit été jusqu'alors dans la profession des armes[3]. Quelque temps après, M. de Sacy[4], son autre frère, si célèbre par les livres de piété dont il a enrichi l'Église, s'y retira aussi avec eux pour se préparer dans la solitude à recevoir l'ordre de la prêtrise. Leur exemple y attira encore cinq

1. Antoine Le Pautre, célèbre architecte, né à Paris en 1614, construisit cette église. Les fondements furent jetés le 22 avril 1646 : elle fut achevée en 1648, et bénite le 7 juin de la même année. Mademoiselle de Longueville, depuis duchesse de Nemours, en avait posé la première pierre. C'est par erreur que dans quelques dictionnaires historiques on fixe la construction de cette église en 1625. Le Pautre n'avait alors que onze ans.

2. Antoine Le Maistre mort en 1658.

3. Simon Le Maistre de Séricourt, mort en 1650.

4. Isaac-Louis Le Maistre de Sacy, enfermé à la Bastille en 1666, mor le 4 janvier 1684.

ou six autres, tant séculiers qu'ecclésiastiques, qui, étant comme eux dégoûtés du monde, se vinrent rendre les compagnons de leur pénitence. Mais ce n'étoit point une pénitence oisive : pendant que les uns prenoient connoissance du temporel de cette abbaye, et travailloient à en rétablir les affaires, les autres ne dédaignoient pas de cultiver la terre comme de simples gens de journée; ils réparèrent même une partie des bâtiments qui y tomboient en ruine, et, rehaussant ceux qui étoient trop bas et trop enfoncés, rendirent l'habitation de ce désert beaucoup plus saine et plus commode qu'elle n'étoit. M. d'Andilly, frère aîné de la mère Angélique, ne tarda guère à y suivre ses neveux, et s'y consacra, comme eux, à des exercices de piété qui ont duré autant que sa vie.

Comme les religieuses se trouvoient alors au nombre de plus de cent, la même raison qui les avoit obligées, vingt-cinq ans auparavant, de partager leur communauté, les obligeant encore de se partager, elles obtinrent de M. de Gondy la permission de renvoyer une partie des sœurs dans leur premier monastère, en telle sorte que les deux maisons ne formassent qu'une même abbaye et une même communauté, sous les ordres d'une même abbesse. La mère Angélique, qui l'étoit alors par élection (en 1648), y alla en personne avec un certain nombre de religieuses qu'elle y établit. M. Vialara, évêque de Châlons, en rebénit l'église, qui avoit été rehaussée de plus de six pieds, et y administra le sacrement de confirmation à quantité de gens des environs. Ce fut vers ce temps-là que la duchesse de Luynes[1], mère de M. le duc de

---

1. Marie-Louise Séguier, fille de Pierre Séguier, marquis d'O, et première femme de Louis-Charles d'Albert, duc de Luynes. Elle mourut en 1651, à l'âge de vingt-sept ans.

Chevreuse, persuada au duc son mari de quitter la cour, et de choisir à la campagne une retraite où ils pussent ne s'occuper tous deux que du soin de leur salut. Ils firent bâtir pour cela un petit château dans le voisinage et sur le fonds même de Port-Royal des champs ; ils firent aussi bâtir à leurs dépens un fort beau dortoir pour les religieuses. Mais la duchesse ne vit achever ni l'un ni l'autre de ces édifices, Dieu l'ayant appelée à lui dans une fort grande jeunesse.

Les religieuses des champs étoient à peine établies, que la guerre civile s'étant allumée en France, et les soldats des deux partis courant et ravageant la campagne, elles furent obligées (en 1652) de chercher leur sûreté dans leur maison de Paris. Plusieurs religieuses de divers monastères de la campagne s'y venoient aussi réfugier tous les jours, et y étoient toutes traitées avec le même soin que celles de la maison. Mais la guerre finie (en 1653), on retourna dans le monastère des champs, qui n'a plus été abandonné depuis ce temps-là. Plusieurs personnes de qualité s'y venoient retirer de temps en temps pour y chercher Dieu dans le repos de la solitude, et pour participer aux prières de ces saintes filles. De ce nombre étoient le duc et la duchesse de Liancourt, si célèbres par leur vertu et par leur grande charité envers les pauvres : ils contribuèrent même à faire bâtir, dans la cour du dehors, un corps de logis, qui est celui qu'on voit encore vis-à-vis la porte de l'église[1]. La princesse de Guémené, la marquise de Sablé, et d'autres dames considérables par leur naissance et par leur mérite, firent aussi bâtir dans les dehors de la maison de Paris, résolues d'y passer leur

1. Cette maison a été détruite en 1710, avec les autres bâtiments du monastère de Port-Royal des champs. (G.)

vie dans la retraite, et attirées par la piété solide qu'elles voyoient pratiquer dans ce monastère.

En effet, il n'y avoit point de maison religieuse qui fût en meilleure odeur que Port-Royal. Tout ce qu'on en voyoit au dehors inspiroit de la piété : on admiroit la manière grave et touchante dont les louanges de Dieu y étoient chantées, la simplicité et en même temps la propreté de leur église, la modestie des domestiques, la solitude des parloirs, le peu d'empressement des religieuses à y soutenir la conversation, leur peu de curiosité pour savoir les choses du monde, et même les affaires de leurs proches; en un mot, une entière indifférence pour tout ce qui ne regardoit point Dieu. Mais combien les personnes qui connoissoient l'intérieur de ce monastère y trouvoient-elles de nouveaux sujets d'édification! Quelle paix! quel silence! quelle charité! quel amour pour la pauvreté et pour la mortification! Un travail sans relâche, une prière continuelle, point d'ambition que pour les emplois les plus vils et les plus humiliants, aucune impatience dans les sœurs, nulle bizarrerie dans les mères, l'obéissance toujours prompte et le commandement toujours raisonnable.

Mais rien n'approchoit du parfait désintéressement qui régnoit dans cette maison. Pendant plus de soixante ans qu'on y a reçu des religieuses, on n'y a jamais entendu parler ni de contrat ni de convention tacite pour la dot de celles qu'on recevoit. On y éprouvoit les novices pendant deux ans : si on leur trouvoit une vocation véritable, les parents étoient avertis que leur fille étoit admise à la profession, et l'on convenoit avec eux du jour de la cérémonie. La profession faite, s'ils étoient riches, on recevoit comme une aumône ce qu'ils donnoient, et on mettoit toujours à part une portion de cette aumône pour en assister de pauvres familles, et surtout de pauvres communautés religieuses. Il y a eu telle de ces communautés à qui on transporta tout à coup une somme de vingt mille francs, qui avoit été léguée à la maison; et, ce qu'il y a de particulier, c'est que, dans le même temps qu'on dressoit chez un notaire l'acte de cette donation, le pourvoyeur de Port-Royal qui ne savoit rien de la chose, vint demander à ce même notaire de l'argent à emprunter pour les nécessités pressantes du monastère.

Jamais les grands biens ni l'extrême pauvreté d'une fille n'ont entré dans les motifs qui la faisoient ou admettre ou refuser. Une dame de grande qualité avoit donné à Port-Royal, comme bienfaitrice, une somme de quatre-vingt mille francs : cette somme fut aussitôt employée, partie en charités, partie à acquitter des dettes, et le reste à faire des bâtiments que cette dame elle-même avoit jugés nécessaires. Elle n'avoit eu d'abord d'autre dessein que de vivre le reste de ses jours dans la maison, sans faire de vœux; ensuite elle souhaita d'y être religieuse. On la mit donc au noviciat; et on l'éprouva pendant deux ans avec la même exactitude que les autres novices. Ce temps expiré, elle pressa pour être reçue professe. On prévit tous les inconvénients où on s'exposeroit en la refusant; mais comme on ne lui trouvoit point assez de vocation, elle fut refusée tout d'une voix. Elle sortit du couvent, outrée de dépit, et songea aussitôt à revenir contre la donation qu'elle avoit faite. Les religieuses avoient plus d'un moyen pour s'empêcher, en justice, de lui rien rendre; mais elles ne voulurent point de procès. On vendit des rentes, on s'endetta; en un mot, on trouva moyen de ramasser cette grosse somme, qui fut rendue à cette dame par un notaire en présence de M. Le Nain, maître des requêtes, et de M. de Palluau, conseiller au parlement, aussi charmés tous deux du courage et du désintéressement de ces filles que peu édifiés du procédé vindicatif et intéressé de la fausse bienfaitrice.

Un des plus grands soins de la mère Angélique, dans les urgentes nécessités où la maison se trouvoit quelquefois, c'étoit de dérober la connoissance de ces nécessités à certaines personnes qui n'auroient pas mieux demandé que de l'assister. « Mes filles, disoit-elle souvent à ses religieuses, nous avons fait vœu de pauvreté; est-ce être pauvres que d'avoir des amis toujours prêts à vous faire part de leurs richesses ? »

Il n'est pas croyable combien de pauvres familles, et à Paris et à la campagne, subsistoient des charités que l'une et l'autre maison leur faisoient : celle des champs a eu longtemps un médecin et un chirurgien, qui n'avoient presque d'autre occupation que de traiter les pauvres malades des environs, et d'aller dans tous les villages leur porter les remèdes et les autres soulagements nécessaires; et depuis que ce monastère s'est vu hors d'état d'entretenir ni médecin ni chirurgien, les religieuses ne laissent pas de fournir les mêmes remèdes. Il y a audedans du couvent une espèce d'infirmerie où les pauvres femmes du voisinage sont saignées et traitées par des sœurs dressées à cet emploi, et qui s'en acquittent avec une adresse et une charité incroyables. Au lieu de tous ces ouvrages frivoles, où l'industrie de la plupart des autres religieuses s'occupe pour amuser la curiosité des personnes du siècle, on seroit surpris de voir avec quelle industrie les religieuses de Port-Royal savent rassembler jusqu'aux plus petites rognures d'étoffes pour en revêtir des enfants et des femmes qui n'ont pas de quoi se couvrir, et en combien de manières leur charité les rend ingénieuses pour assister les pauvres, toutes pauvres qu'elles sont elles-mêmes. Dieu, qui les voit agir dans le secret, sait combien de fois elles ont donné, pour ainsi dire, de leur propre substance, et se sont ôté le pain des mains pour en fournir à ceux qui en manquoient; et il sait aussi les ressources inespérées qu'elles ont plus d'une fois trouvées dans sa miséricorde, et qu'elles ont eu grand soin de tenir secrètes.

Une des choses qui rendoit cette maison plus recommandable, et qui peut-être aussi lui a attiré plus de jalousie, c'est l'excellente éducation qu'on y donnoit à l jeunesse. Il n'y eut jamais d'asile où l'innocence et la pureté fussent plus à couvert de l'air contagieux du siècle, ni d'école où les vérités du christianisme fussent plus solidement enseignées : les leçons de piété qu'on y donnoit aux jeunes filles faisoient d'autant plus d'impression sur leur esprit, qu'elles les voyoient appuyées, non-seulement de l'exemple de leurs maîtresses, mais encore de l'exemple de toute une grande communauté, uniquement occupée à louer et à servir Dieu. Mais on ne se contentoit pas de les élever à la piété, on prenoit aussi un très-grand soin de leur former l'esprit et la raison, et on travailloit à les rendre également capables d'être un jour ou de parfaites religieuses, ou d'excellentes mères de famille. On pourroit citer un grand nombre de filles élevées dans ce monastère, qui ont depuis édifié le monde par leur sagesse et par leur vertu. On sait avec quel sentiment d'admiration et de reconnoissance elles ont toujours parlé de l'éducation qu'elles y avoient reçue; et il y en a encore qui conservent, au milieu du monde et de la cour, pour les restes de cette maison affligée, le même amour que les anciens Juifs conservoient, dans leur captivité, pour les ruines de Jérusalem. Cependant, quelque sainte que fût cette maison, une prospérité plus longue y auroit peut-être à la fin introduit le relâchement ; et Dieu, qui vouloit non-seulement l'affermir dans le bien, mais la porter encore à un plus haut degré de sainteté, a permis qu'elle fût exercée par les plus grandes tribulations qui aient jamais exercé aucune maison religieuse. En voici l'origine.

Tout le monde sait cette espèce de guerre qu'il y a toujours eue entre l'université de Paris et les jésuites. Dès la naissance de leur compagnie, la Sorbonne condamna leur institut par une censure où elle déclaroit, entre autres choses, que cette société étoit bien plus née pour la destruction que pour l'édification. L'université s'opposa de tout son pouvoir à son établissement en France, et, n'ayant pu l'empêcher, elle tint toujours ferme à ne pas souffrir qu'ils fussent admis dans son corps. Il y eut même diverses occasions, dont on ne veut point rappeler ici la mémoire, où elle demanda avec instance au parlement qu'ils fussent chassés du royaume ; et ce fut dans une de ces occasions qu'elle prit pour son avocat Antoine Arnauld, père de la mère Angélique, l'un des plus éloquents hommes de son siècle. Il étoit d'une famille d'Auvergne, très-distinguée par le zèle ardent qu'elle avoit toujours montré pour la royauté pendant toutes les fureurs de la Ligue. Antoine Arnauld passoit aussi pour un des plus zélés royalistes qu'il y eût dans le parlement ; et ce fut principalement pour cette raison que l'université remit sa cause entre ses mains. Il plaida cette cause[1] avec une véhémence et un éclat que les jésuites ne lui ont jamais pardonnés. Quoiqu'il eût toujours été très-bon catholique, né de parents très-catholiques, leurs écrivains n'ont pas laissé de le traiter de huguenot descendu de huguenots.

Mais cette querelle ne fut que le prélude des grands démêlés que le célèbre Antoine Arnauld, son fils, docteur de Sorbonne, a eus depuis avec cette puissante Compagnie. N'étant encore que bachelier, il témoignoit un fort grand zèle contre les nouveautés que leurs auteurs avoient introduites dans la doctrine de la grâce et de la morale. Mais la querelle ne commença proprement qu'au sujet du livre de *la Fréquente Communion,* que ce docteur avoit composé en 1643.

Le but de ce livre étoit d'établir, par la tradition et par l'autorité des Pères et des conciles, les dispositions que l'on doit apporter en approchant du sacrement de l'eucharistie, et de combattre les absolutions précipitées, qu'on ne donne que trop souvent à des pécheurs envieillis dans le crime, sans les obliger à quitter leurs mauvaises habitudes, et sans les éprouver par une sérieuse pénitence. M. Arnauld n'étoit point l'agresseur dans cette dispute, et il ne faisoit que répondre à un écrit qu'on avoit fait pour décrier la conduite de quelques ecclésiastiques de ses amis, attachés aux véritables maximes de l'Église sur la pénitence.

Quoique les jésuites ne fussent point nommés dans ce livre, non pas même le jésuite[2] dont l'écrit y étoit

1. Les 12 et 13 juillet 1594. Ce plaidoyer a été imprimé plusieurs fois. La dernière édition est de 1717. Le même Arnauld avoit publié, en 1602, *Le franc et véritable Discours au Roi, sur le rétablissement qui lui est demandé pour les jésuites.*

2. C'était le père de Sesmaisons. Il lui était tombé dans les mains une

réfuté, on n'ose presque dire avec quel emportement ils s'élevèrent et contre l'ouvrage et contre l'auteur. Ils n'eurent aucun égard au jugement de seize, tant archevêques qu'évêques, et de vingt-quatre des plus célèbres docteurs de la Faculté, dont les approbations étoient imprimées à la tête du livre : ils engagèrent leurs plus fameux écrivains à prendre la plume pour le réfuter, et ordonnèrent à leurs prédicateurs de le décrier dans tous leurs sermons. Les uns et les autres parloient du livre comme d'un ouvrage abominable, qui tendoit à renverser la Pénitence et l'Eucharistie; et de l'auteur comme d'un monstre qu'on ne pouvoit trop tôt étouffer, et dont ils demandoient le sang aux grands de la terre. Il y eut un[1] de ces prédicateurs qui, en pleine chaire, osa même prendre à partie les prélats approbateurs : il s'emporta contre eux à de tels excès, qu'il fut condamné par une assemblée d'évêques à leur en faire satisfaction à genoux; et il fallut qu'il subît cette pénitence.

Les jésuites n'eurent pas sujet d'être plus contents de la démarche où ils avoient engagé la reine mère, en obtenant de cette princesse un commandement à M. Arnauld d'aller à Rome pour y rendre compte de sa doctrine. Un pareil ordre souleva contre eux tous les corps, pour ainsi dire, du royaume. Le clergé, le parlement, l'université, la faculté de théologie, et la Sorbonne en particulier, allèrent les uns après les autres trouver la reine, pour lui faire là-dessus leurs très-humbles remontrances, et pour la supplier de révoquer ce commandement, non moins

---

instruction dressée par l'abbé de Saint-Cyran, pour sa pénitente madame de Guémené. Le jésuite publia une réfutation de la doctrine contenue en cette instruction, et attaqua vivement le directeur. Cette agression donna lieu au livre de *la Fréquente Communion,* qui parut en août 1643.

1. Le père Nouet.

préjudiciable aux intérêts du roi qu'injurieux à la Sorbonne et à toute la nation.

Mais ce fut surtout à Rome où ces pères se signalèrent contre le livre de *la Fréquente Communion*, et remuèrent toutes sortes de machines pour l'y faire condamner : ils y firent grand bruit d'un endroit de la préface qui n'avoit aucun rapport avec le reste du livre, et où, en parlant de saint Pierre et de saint Paul, il est dit que ce sont deux chefs de l'Église qui n'en font qu'un. Ils songèrent à profiter de l'alarme où l'on étoit encore en ce pays-là des prétendus desseins du cardinal de Richelieu, qu'on avoit accusé de vouloir établir un patriarche en France : ils faisoient donc entendre que, par cette proposition, M. Arnauld vouloit attaquer la primauté du saint-siége, et admettre dans l'Église deux papes avec une autorité légale. Mais, malgré tous leurs efforts, la proposition ne fut point censurée elle-même, ni telle qu'elle est dans la préface de M. Arnauld : l'inquisition censura seulement la proposition générale qui égaleroit de telle sorte ces deux apôtres, qu'il n'y eût aucune subordination de saint Paul à l'égard de saint Pierre dans le gouvernement de l'Église universelle[1]. Pour ce qui est du livre, il sortit de l'examen sans la moindre flétrissure, et tout le crédit des jésuites ne put même le faire mettre à l'index. Un grand nombre d'évêques en France confirma, par des approbations publiques, le jugement qu'en avoient porté leurs

---

1. Voici les termes du décret, qui est du 25 janvier 1647 : « Propositionem hanc... ita explicatam ut ponat omnimodam æqualitatem inter S. Petrum et S. Paulum, sine subordinatione et subjectione S. Pauli ad S. Petrum in potestate suprema et regimine universalis Ecclesiæ, hæreticam censuit et declaravit. »
Voyez l'avertissement qui est en tête de la *Relation de M. Bourgeois*, pages VIII, IX et suivantes. (*Note de l'édition de* 1767.)

confrères; il fut reçu avec les mêmes éloges dans les royaumes les plus éloignés; on voit aussi par des lettres du pape Alexandre VII, combien il en approuvoit la doctrine; et on peut dire, en un mot, qu'elle fut dès lors regardée, et qu'elle est encore aujourd'hui comme la doctrine de l'Église même.

Les religieuses de Port-Royal n'avoient eu aucune part à toutes ces contestations. Quand même le livre de *la Fréquente Communion* auroit été aussi plein de blasphèmes contre l'eucharistie que les jésuites le publioient, elles n'en étoient pas moins prosternées jour et nuit devant le saint sacrement. Mais M. Arnauld étoit frère de la mère Angélique; il avoit sa mère, six de ses sœurs et six de ses nièces, religieuses à Port-Royal; lui-même, lorsqu'il fut fait prêtre, avoit donné tout son bien à ce monastère, ayant jugé qu'il devoit entrer pauvre dans l'état ecclésiastique; il avoit aussi choisi sa retraite dans la solitude de Port-Royal des champs, avec M. d'Andilly, son frère aîné, et avec ses deux neveux, M. Le Maistre et M. de Sacy. C'est de là que sortoient tous ces excellents ouvrages, si édifiants pour l'Église, et qui faisoient tant de peine aux jésuites. C'en fut assez pour rendre cette maison horrible à leurs yeux : ils s'accoutumèrent à confondre dans leurs idées les noms d'Arnauld et de Port-Royal, et conçurent pour toutes les religieuses de ce monastère la même haine qu'ils avoient pour la personne de ce docteur.

Ceux qui ne savent pas toute la suite de cette querelle sont peut-être en peine de ce qu'on pouvoit objecter à ces filles dans ces commencements : car il ne s'agissoit point alors de formulaire ni de signature; et la fameuse distinction du fait et du droit n'avoit point encore donné de prétexte aux jésuites, pour les traiter de rebelles à l'Église. Cela n'embarrassa point le père Brisacier[1], l'un de leurs plus emportés écrivains; c'est lui qu'ils avoient choisi pour aller solliciter à Rome la censure du livre de *la Fréquente Communion*. Le mauvais succès de son voyage excitant vraisemblablement sa mauvaise humeur, il en vint jusqu'à cet excès d'impudence et de folie, que d'accuser ces religieuses, dans un livre public, de ne point croire au saint sacrement; de ne jamais communier, non pas même à l'article de la mort; de n'avoir ni eau bénite ni image dans leur église; de ne prier ni la Vierge ni les saints; de ne point dire leur chapelet; les appelant *asacramentaires*, des vierges folles, et, passant même jusqu'à cet excès, de vouloir insinuer des choses très-injurieuses à la pureté de ces filles.

Il ne falloit, pour connoître d'abord la fausseté de toutes ces exécrables calomnies, qu'entrer seulement dans l'église de Port-Royal. Elle portoit, comme j'ai dit, par excellence, le nom d'église du Saint-Sacrement. Le monastère, les religieuses, tout étoit consacré à l'adoration perpétuelle du sacré mystère de l'eucharistie; on n'y pouvoit entendre de messe conventuelle qu'on n'y vît communier un fort grand nombre de religieuses : on y trouvoit de l'eau bénite à toutes les portes; elles ne peuvent chanter leur office sans invoquer la Vierge et les saints; elles font tous les samedis une procession en l'honneur de la Vierge, et ont pour elle une dévotion toute particulière, dignes filles en cela de leur père saint Bernard; elles portent toutes un chapelet, et le récitent

---

1. Jean de Brisacier, mort à Blois en 1668. Il est auteur du *Jansénisme confondu*, et d'un *Sermon prêché à Blois contre les religieuses de Port-Royal*.

très-souvent; et, ce qui surprendra les ennemis de ces religieuses, c'est que M. Arnauld lui-même, qu'ils accusoient de leur en avoir inspiré le mépris, a toujours eu un chapelet sur lui, et qu'il n'a guère passé de jour en sa vie sans le réciter.

Le livre du père Brisacier excita une grande indignation dans le public. M. de Gondy, archevêque de Paris, lança aussitôt contre ce livre une censure foudroyante[1], qu'il fit publier au prône dans toutes les paroisses. Il y prenoit hautement la défense des religieuses de Port-Royal, et rendait un témoignage authentique et de l'intégrité de leur foi et de la pureté de leurs mœurs. Tous les gens de bien s'attendoient que le père Brisacier seroit désavoué par sa compagnie, et que, pour ne pas adopter par son silence de si horribles calomnies, elle lui en feroit faire une rétractation publique, puis l'enverroit dans quelque maison éloignée pour y faire pénitence. Mais, bien loin de prendre ce parti, le père Paulin, alors confesseur du roi, à qui on parla de ce livre, dit qu'il l'avoit lu, et qu'il le trouvoit un livre très-modéré. On voit, dans le catalogue qu'ils ont fait imprimer des ouvrages de leurs écrivains, ce même livre du père Brisacier cité avec éloge. Pour lui, il fut fait alors recteur de leur collége de Rouen, et, à quelque temps de là, supérieur de leur maison professe de Paris. Ainsi, sans avoir fait aucune réparation de tant d'impostures si atroces, il continua le reste de sa vie à dire ponctuellement la messe tous les jours, confessant et donnant des absolutions, et ayant sous sa direction les directeurs mêmes de la plus grande partie des consciences de Paris et de la cour. On

1. Le 29 décembre 1651.

n'ose pousser plus loin ces réflexions, et on laisse aux révérends pères jésuites à les faire sérieusement devant Dieu.

Le mauvais succès de ces calomnies n'empêcha pas d'autres jésuites de les répéter en mille rencontres. Il y en eut un, appelé le père Meynier, qui publia un livre avec ce titre : *Le Port-Royal d'intelligence avec Genève contre le saint sacrement de l'autel, par le révérend père Meynier de la compagnie de Jésus.* Le livre étoit aussi impudent que le titre, et enchérissoit encore sur les excès du père Brisacier : on y renouveloit l'extravagante histoire du prétendu complot formé, en 1621, par M. Arnauld, par l'abbé de Saint-Cyran et par trois autres, pour anéantir la religion de Jésus-Christ et pour établir le déisme, quoique M. Arnauld eût déjà invinciblement prouvé qu'il n'avoit que neuf ans l'année où l'on disoit qu'il avoit formé cette horrible conjuration. Le père Meynier faisoit même entrer dans ce complot la mère Agnès et les autres religieuses de Port-Royal.

Quelque absurdes que fussent ces calomnies, à force néanmoins de les répéter, et toujours avec la même assurance, les jésuites les persuadoient à beaucoup de petits esprits, et surtout à leurs pénitents et à leurs pénitentes, la plupart personnes foibles, et qui ne pouvoient s'imaginer que leurs directeurs fussent capables d'avancer sans fondement de si effroyables impostures : ils les firent croire principalement dans les couvents qui étoient sous leur conduite : jusque-là qu'il s'en trouve encore aujourd'hui dans Paris, où les religieuses, quoique d'une dévotion d'ailleurs très-édifiante, soutiennent aux personnes qui les vont voir qu'on ne communie point à Port-Royal, et qu'on n'y invoque ni la Vierge ni les saints. Non-seulement on trouve des maisons de religieuses, mais des communautés entières d'ecclésiastiques, qui, pleines de cette erreur, s'effarouchent encore au nom de Port-Royal, et qui regardent cette maison comme un séminaire de toutes sortes d'hérésies.

On aura peut-être de la peine à comprendre comment une société aussi sainte dans son institution, et aussi pleine de gens de piété que l'est celle des jésuites, a pu avancer et soutenir de si étranges calomnies. Est-ce, dira-t-on, que l'esprit de religion s'est tout à coup éteint en eux? Non, sans doute ; et c'est même par principe de religion que la plupart les ont avancées. Voici comment : la plus grande partie d'entre eux est convaincue que leur société ne peut être attaquée que par des hérétiques : ils n'ont lu que les écrits de leurs pères ; ceux de leurs adversaires sont chez eux des livres défendus. Ainsi, pour savoir si un fait est vrai, le jésuite s'en rapporte au jésuite : de là vient que leurs écrivains ne font presque autre chose dans ces occasions que de se copier les uns les autres, et qu'on leur voit avancer comme certains et incontestables des faits dont il y a trente ans qu'on a démontré la fausseté. Combien y en a-t-il qui sont entrés tout jeunes dans la compagnie, et qui sont passés d'abord du collége au noviciat ! Ils ont ouï dire à leurs régents que le Port-Royal est un lieu abominable : ils le disent ensuite à leurs écoliers. D'ailleurs c'est le vice de la plupart des gens de communauté de croire qu'ils ne peuvent faire de mal en défendant l'honneur de leur corps : cet honneur est une espèce d'idole, à qui ils se croient permis de sacrifier tout : justice, raison, vérité. On peut dire constamment des jésuites que ce défaut est plus commun parmi eux que dans aucun corps : jusque-là que quelques-uns de leurs casuistes ont avancé cette maxime horrible, qu'un religieux peut en conscience calomnier, et tuer même les personnes qu'il croit faire tort à sa compagnie [1].

Ajoutez qu'à toutes ces querelles de religion il se joignoit encore entre les jésuites et les écrivains de Port-Royal une pique de gens de lettres. Les jésuites s'étoient vus longtemps en possession du premier rang dans les lettres, et on ne lisoit presque d'autres livres de dévotion que les leurs. Il leur étoit donc très-sensible de se voir déposséder de ce premier rang et de cette vogue par de nouveaux venus, devant lesquels il sembloit, pour ainsi dire, que tout leur génie et tout leur savoir se fussent évanouis. En effet, il est assez surprenant que depuis le commencement de ces disputes il ne soit sorti de chez eux aucun ouvrage digne de la réputation que leur compagnie s'étoit acquise, comme si Dieu, pour me servir des termes de l'Écriture, leur avoit tout à coup ôté leurs prophètes; leur père Petau même, si célèbre par son savoir, ayant échoué contre le livre de *la Fréquente Communion*[1], et son livre étant demeuré chez leur libraire avec tous leurs autres ouvrages, pendant que les ouvrages de Port-Royal étoient tout ensemble l'admiration des savants et la consolation de toutes les personnes de piété.

Les jésuites, au lieu d'attribuer cet heureux succès des livres de leurs adversaires à la bonté de la cause qu'ils soutenoient, et à la pureté de la doctrine qui y étoit

---

1. Cette doctrine a été enseignée en propres termes par une multitude d'auteurs de la compagnie, tels que le père Lamy, *Cours de Théologie*, tome I, disp. xxxvi, n. 118, édit. d'Anvers, 1649; Escobar, *Somme de la Théol. mor.*, traité I, examen 7, chap. iii, n. 45; et elle a été défendue par leur père Pirot, auteur de l'infâme apologie des casuistes. (*Note de l'édition de 1767.*)

2. Le livre du père Petau a été publié en 1644; il a pour titre *De la Pénitence publique et de la Préparation à la Communion*.

enseignée, s'en prenoient à une certaine politesse de langage qu'ils leur ont reprochée longtemps comme une affectation contraire à l'austérité des vérités chrétiennes. Ils ont fait depuis une étude particulière de cette même politesse ; mais leurs livres, manquant d'onction et de solidité, n'en ont pas été mieux reçus du public pour être écrits avec une justesse grammaticale qui va jusqu'à l'affectation.

Ils eurent même peur, pendant quelque temps, que le Port-Royal ne leur enlevât l'éducation de la jeunesse, c'est-à-dire ne tarît leur crédit dans sa source ; car quelques personnes de qualité, craignant pour leurs enfants la corruption qui n'est que trop ordinaire dans la plupart des colléges, et appréhendant aussi que, s'ils faisoient étudier ces enfants seuls, ils ne manquassent de cette émulation qui est souvent le principal aiguillon pour faire avancer les jeunes gens dans l'étude, avoient résolu de les mettre plusieurs ensemble sous la conduite de gens choisis. Ils avoient pris là-dessus conseil de M. Arnauld et de quelques ecclésiastiques de ses amis ; et on leur avoit donné des maîtres tels qu'ils les pouvoient souhaiter. Ces maîtres n'étoient pas des hommes ordinaires : il suffit de dire que l'un d'entre eux étoit le célèbre Nicole ; un autre étoit ce même M. Lancelot[1], à qui on doit les *Nouvelles Méthodes* grecque et latine, si connues sous le nom de *Méthodes de Port-Royal*. M. Arnauld ne dédaignoit pas de travailler lui-même à l'instruction de cette jeunesse par des ouvrages très-utiles : et c'est ce qui a donné naissance aux excellents livres de la Logique, de la Géométrie et de la Grammaire générale. On peut juger

1. Dom Claude Lancelot, mort en exil à Quimperlé en 1695, âgé de soixante et dix-neuf ans.

de l'utilité de ces écoles par les hommes de mérite qui s'y sont formés. De ce nombre ont été MM. Bignon, l'un conseiller d'État, et l'autre premier président du grand conseil; M. de Harlay et M. de Bagnols, aussi conseillers d'État; et le célèbre M. le Nain de Tillemont, qui a tant édifié l'Église, et par la sainteté de sa vie, et par son grand travail sur l'histoire ecclésiastique[1].

Cette instruction de la jeunesse fut, comme j'ai dit, une des principales raisons qui animèrent les jésuites à la destruction de Port-Royal, et ils crurent devoir tenter toutes sortes de moyens pour y parvenir. Leurs entreprises contre le livre de *la Fréquente Communion* ne leur ayant pas réussi, ils dressèrent contre leurs adversaires une autre batterie, et crurent que les disputes qu'ils avoient avec eux sur la grâce leur fourniroient un prétexte plus favorable pour les accabler. Ces disputes avoient commencé vers le temps même que *la Fréquente Communion* parut : et ce fut au sujet de l'*Augustinus*, de Jansénius, évêque d'Ypres. Dans ce livre, imprimé depuis sa mort[2], cet évêque, en voulant établir la doctrine de saint Augustin sur la grâce, y combattoit fortement l'opinion de Molina, jésuite, homme fort audacieux, et qui avoit parlé de ce grand docteur de l'Église avec un fort grand mépris. Les jésuites, intéressés à soutenir leur confrère sur une doctrine que toute leur école s'étoit avisée d'embrasser, s'étoient fort déchaînés contre l'ouvrage et contre la personne même de Jansénius, qu'ils traitoient de calviniste et d'hérétique, comme ils traitent ordinai-

---

1. *Mémoires pour servir à l'histoire ecclésiastique des premiers siècles.* Paris, 1693 et suiv., seize volumes in-4°.

2. Il parut pour la première fois, imprimé à Louvain en 1640. L'auteur tait mort en 1638.

rement tous leurs adversaires. Ils étoient d'autant plus mal fondés à le traiter d'hérétique, que lui-même, par son testament, et dans plusieurs endroits de son livre, déclare qu'il soumet entièrement sa doctrine au jugement du saint-siége. Ainsi, quand même il auroit avancé quelque hérésie, on ne seroit pas en droit pour cela de dire qu'il fût hérétique. M. Arnauld donc, persuadé que le livre de ce prélat ne contenoit que la doctrine de saint Augustin, pour laquelle il s'étoit hautement déclaré lui-même plusieurs années avant l'impression de ce livre, avoit pris la plume pour le défendre, et avoit composé ensuite plusieurs ouvrages sur la grâce, qui avoient eu un prodigieux succès. Cela avoit fort alarmé non-seulement les jésuites, mais même quelques professeurs de théologie et quelques autres vieux docteurs de la Faculté, qui étoient d'opinion contraire à saint Augustin, et qui craignoient que la doctrine de la grâce efficace par elle-même ne gagnât le dessus dans les écoles. Ils se réunirent donc tous ensemble pour la décrier et pour en empêcher le progrès. M. Cornet[1], l'un d'entre eux, qui avoit été jésuite, et qui étoit alors (en 1649) syndic de la Faculté, s'avisa pour cela d'un moyen tout particulier. Il apporta à la Faculté cinq propositions sur la grâce pour y être examinées. Ces propositions étoient embarrassées de mots si captieux et si équivoques, que, bien qu'elles fussent en effet très-hérétiques, elles sembloient néanmoins ne dire sur la grâce que presque les mêmes choses que disoient les défenseurs de saint Augustin.

1. Nicolas Cornet, mort en 1663; Bossuet, n'étant encore que bachelier de la maison de Navarre, prononça l'oraison funèbre de ce syndic de la faculté de théologie. Cette oraison funèbre, imprimée pour la première fois à Amsterdam, en 1698, n'annonçait pas les chefs-d'œuvre qui l'ont suivie. (G.)

M. Cornet n'osa pas avancer qu'elles fussent extraites de Jansénius : et il déclara même, dans l'assemblée de la Faculté, qu'il n'étoit pas question de Jansénius en cette occasion. Mais les docteurs attachés à la doctrine de saint Augustin, ayant reconnu l'artifice, se récrièrent que ce n'étoit point la coutume de la Faculté d'examiner des propositions vagues et sans nom d'auteur ; que celles-ci étoient des propositions captieuses, et fabriquées exprès pour en faire retomber la condamnation sur la grâce efficace. Et, voyant qu'on ne laissoit pas de nommer des commissaires, soixante-dix d'entre eux appelèrent comme d'abus de tout ce qu'avoit fait le syndic. Le parlement reçut leur appel, et imposa silence aux deux partis.

(1650). Mais les jésuites et leurs partisans ne s'en tinrent pas là : ils écrivirent une lettre au pape Innocent X, pour le prier de prononcer sur ces mêmes propositions. Ils ne disoient pas qu'elles eussent été tirées de Jansénius, mais seulement qu'elles étoient soutenues en France par plusieurs docteurs, et insinuoient que le livre de cet évêque y avoit excité de fort grands troubles parmi les théologiens. Cette lettre fut composée par M. Habert, évêque de Vabres, qui s'étoit des premiers signalé contre Jansénius, et contre lequel M. Arnauld avoit écrit avec beaucoup de force. Quoique l'assemblée générale du clergé se tînt alors à Paris, ils n'osèrent pas y parler de cette affaire, de peur que, la lettre venant à être examinée publiquement et avec un peu d'attention, elle ne révoltât tout ce qu'il y avoit de prélats jaloux de l'honneur de leur caractère, lesquels trouveroient étrange que, cette dispute étant née dans le royaume, elle ne fût pas jugée au moins en première instance par les évêques du royaume même. La chose fut donc conduite avec plus de secret; et cette lettre fut portée séparément par un jésuite, nommé le père Dinet, à un fort grand nombre de prélats, tant à Paris que dans les provinces. La plupart d'entre eux ont même depuis avoué qu'ils l'avoient signée sans savoir de quoi il s'agissoit, et par pure déférence pour la signature de leurs confrères.

Les défenseurs de saint Augustin ayant appris cette démarche se trouvèrent fort embarrassés : les uns vouloient qu'on ne prît point d'intérêt dans l'affaire, et que, sans se donner aucun mouvement, on laissât condamner à Rome des propositions en effet très-condamnables, et qui, comme elles n'étoient d'aucun auteur, n'étoient aussi soutenues de personne. Les autres, au contraire, appréhendèrent assez mal à propos, comme la suite l'a justifié, que la véritable doctrine de la grâce ne se trouvât enveloppée dans cette condamnation, et furent d'avis d'envoyer au pape pour lui représenter les artifices et les mauvaises intentions de leurs adversaires. Cet avis l'ayant emporté, M. de Gondrin, archevêque de Sens, messieurs de Châlons, d'Orléans, de Comminges, de Beauvais, d'Angers, et huit ou dix autres prélats, zélés défenseurs de la doctrine de la grâce efficace, députèrent à Rome trois ou quatre des plus habiles théologiens attachés à cette doctrine. Ils les chargèrent d'une lettre pour le pape, où, après s'être plaints à Sa Sainteté qu'on eût voulu l'engager à décider sur des propositions faites à plaisir, et qui, étant énoncées en des termes ambigus, ne pouvoient produire d'elles-mêmes que des disputes pleines de chaleur dans la diversité des interprétations qu'on leur peut donner, ils la supplioient de vouloir examiner à fond cette affaire, de bien distinguer les différents sens des propositions, et d'observer dans le jugement qu'elle en feroit, la forme légitime des jugements ecclésiastiques, qui consistoit principalement à entendre les défenses et les raisons des parties. Ils ne dissimuloient pas même que, dans les règles, cette affaire avoit dû être discutée par les évêques de France avant que d'être portée à Sa Sainteté. On s'imaginera aisément que cette lettre ne fut pas fort au goût de la cour de Rome, aussi éloignée de vouloir entrer dans les discussions qu'on lui demandoit, que prévenue qu'il n'appartient point aux évêques de faire des décisions sur la doctrine. En effet, leurs députés, pendant près de deux ans qu'ils demeurèrent à Rome, demandèrent inutilement d'être entendus en présence de leurs parties ; ils demandèrent, avec aussi peu de succès, que les différents sens que pouvoient avoir les propositions fussent distinguées dans la censure qu'on en feroit.

Le pape donna sa constitution (le 31 mai 1653), où il condamnoit les cinq propositions sans aucune distinction de sens hérétique ni catholique, et se contenta d'assurer publiquement ces députés, lorsqu'ils prirent congé de lui, que cette condamnation ne regardoit ni la grâce efficace par elle-même, ni la doctrine de saint Augustin, « qui étoit, dit-il, et qui seroit toujours la doctrine de l'Église ».

Si M. Arnauld et ses amis avoient eu un mauvais dessein en demandant l'éclaircissement de ces propositions, et s'ils avoient eu cet orgueil, qui est proprement le caractère des hérétiques, ils auraient pu appeler sur-le-champ de cette décision au concile, puisque cette décision ne s'étoit faite que dans une congrégation particulière, et que le pape, selon la doctrine de France, n'est infaillible qu'à la tête d'un concile. Mais, comme ils n'avoient en en vue que la vérité, et que jamais personne n'a eu plus d'horreur du schisme que M. Arnauld, lui et ses amis reçurent avec un profond respect la constitution, et reconnurent sincèrement, comme ils avoient toujours fait, que ces propositions étoient hérétiques. A la vérité, ils répétèrent ce qu'ils avoient dit plusieurs fois avant la constitution, qu'il ne leur paroissoit pas que ces propositions fussent dans le livre de Jansénius, où ils s'offroient même d'en faire voir de toutes contraires.

Une conduite si sage et si humble auroit dû faire un fort grand plaisir aux jésuites, si les jésuites avoient été des enfants de paix, et qu'ils n'eussent cherché que la vérité. En effet, les cinq propositions étant si généralement condamnées, il n'y avoit plus de nouvelle hérésie à craindre. C'est ce qu'on peut voir clairement dans la lettre circulaire qui fut écrite alors par l'assemblée des évêques, où la constitution fut reçue. « Nous voyons, disent-ils, par « la grâce de Dieu, qu'en cette rencontre tous disent la « même chose, et glorifient le Père céleste d'une même « bouche aussi bien que d'un même cœur. » Du reste, il importoit peu pour l'Église que ces propositions fussent ou ne fussent pas dans le livre d'un évêque qui, comme j'ai dit, avoit vécu très-attaché à l'Église, et qui étoit mort dans une grande réputation de sainteté. Mais il parut bien, par le soin que les jésuites prirent de perpétuer la querelle, et de troubler toute l'Église pour une question aussi frivole que celle-là, que c'étoit en effet aux personnes qu'ils en vouloient, et que leur vengeance ne seroit jamais satisfaite qu'ils n'eussent perdu M. Arnauld, et détruit une sainte maison contre laquelle ils avoient prononcé cet arrêt dans leur colère : *Exinanitate, exinanitate usque ad fundamentum in ea*[1].

---

1. « Détruisez, détruisez jusqu'à ses fondements. » (Ps. CXXXVI, v. 10.)

Ils publièrent donc que la soumission de leurs adversaires étoit une soumission forcée, et qu'ils étoient toujours hérétiques dans le cœur. Ils ne se contentoient pas de les traiter comme tels dans leurs écrits et dans leurs sermons : il n'y eut sorte d'inventions dont ils ne s'avisassent pour le persuader au peuple, et pour l'accoutumer à les regarder comme des gens frappés d'anathème : ils firent graver une planche d'almanach, où l'on voyait Jansénius en habit d'évêque avec des ailes de démon au dos, et le pape qui le foudroyoit, lui et tous ses sectateurs[1]; ils firent jouer dans leur collége de Paris une farce où ce même Jansénius étoit emporté par les diables; et, dans une procession publique qu'ils firent faire aux écoliers de leur collége de Mâcon, ils le représentèrent encore chargé de fers, et traîné en triomphe par un de ces écoliers, qui représentoit la grâce suffisante. Peu s'en fallut que saint Augustin ne fût traité lui-même comme cet évêque ; du moins le père Adam, et plusieurs autres de leurs auteurs, à l'exemple de Molina, le dégradoient de sa qualité de docteur de la grâce, l'accusant d'être tombé en plusieurs excès dans ses écrits contre les pélagiens, et soutenant qu'il eût mieux valu qu'il n'eût jamais écrit sur ces matières.

Il arriva même, au sujet de ce saint, un assez grand scandale dans un acte de théologie qui se soutenoit chez eux (à Caen), et où plusieurs évêques assistoient : car un bachelier, dans la dispute, ayant opposé à leur répondant l'autorité de ce père sur la doctrine de la grâce, le répondant eut l'insolence de dire, *transeat*

---

1. C'est à cette occasion que Le Maistre de Sacy composa ses Enluminures du fameux almanach des R. P. jésuites, en 1654.

Augustinus, comme si, depuis la constitution, l'autorité de saint Augustin devoit être comptée pour rien. Ils faisoient, par une horrible impiété, des vœux publics à la Vierge, pour lui demander que, si les jansénistes continuoient à nier la grâce suffisante accordée à tous les hommes, elle obtînt par ses prières qu'ils fussent exclus eux seuls de la rédemption que Jésus-Christ avoit méritée par sa mort à tous les hommes.

Ils commettoient impunément tous ces excès, et en tiroient un grand avantage, qui étoit de rendre odieux tous ceux qu'ils appeloient jansénistes, à toutes les personnes qui n'étoient pas instruites à fond sur ces matières : les mots même de *grâce efficace* et de *prédestination* faisoient peur à toutes ces personnes. Ils regardoient comme suspects de l'hérésie des cinq propositions tous les livres et tous les sermons où ces mots étoient employés ; jusque-là qu'on raconte d'un prélat, ami des jésuites, homme fort peu éclairé, qu'étant entré dans le réfectoire d'une abbaye de son diocèse, et y ayant entendu lire ces paroles, qui renfermoient en elle tout le sens de la grâce efficace, *c'est Dieu qui opère en nous le vouloir et le faire.* il imposa silence au lecteur, et se fit apporter le livre pour l'examiner ; mais il fut assez surpris lorsqu'il trouva que c'étoient les Épîtres de saint Paul.

Les prétendus jansénistes avoient beau affirmer dans leurs écrits que Dieu ne commande point aux hommes des choses impossibles, que non-seulement on peut résister, mais qu'on résiste souvent à la grâce, que Jésus-Christ est mort pour les réprouvés aussi bien que pour les justes, les jésuites soutenoient toujours que c'étoient des gens qui parloient contre leur pensée, et ils épuisoient leur subtilité pour trouver dans ces mêmes écrits quelque trace des cinq propositions. C'est ainsi qu'ils firent un fort grand bruit contre les *Heures* qu'on appelle de Port-Royal[1], parce que, dans la version de deux endroits des hymnes, la rime ou la mesure du vers n'avoit pas permis au traducteur de traduire à la lettre le *Christe redemptor omnium*, quoiqu'en plusieurs endroits des *Heures* on eût énoncé en propres termes que Jésus-Christ étoit venu pour sauver tout le monde. Ils n'eurent point de repos qu'ils ne les eussent fait mettre par l'inquisition à l'index, mais si inutilement pour le dessein qu'ils avoient de les décrier, que ces *Heures* depuis ce temps-là n'en ont pas été moins courues de tout le monde, et que c'est encore le livre que presque toutes les personnes de piété portent à l'Église, n'y en ayant point dont il se soit fait tant d'éditions. On sait même qu'elles ne furent point mises à l'index pour cette omission que je viens de dire, autrement il y eût fallu mettre le bréviaire de la révision du pape Urbain VIII, qui, à cause de la quantité et de la mesure du vers, a aussi retranché des hymnes ce même *Christe redemptor omnium*. Mais la cour de Rome, je ne sais pas trop pourquoi, avoit défendu la traduction de l'Office de la Vierge en langue vulgaire, de sorte que les *Heures* de Port-Royal y furent alors censurées, à cause que l'Office de la Vierge y étoit traduit en françois dans le même temps que les jésuites assuroient qu'à Port-Royal on ne prioit point la Vierge.

Mais, pour reprendre le fil de mon discours, les jésuites ne se bornoient pas à décrier leurs adversaires sur la seule doctrine de la grâce ; il n'y avoit d'hérésie ni

---

1. Ces *Heures* ont été composées par Le Maistre de Sacy, à la prière de madame Le Maistre sa mère, morte religieuse à Port-Royal.

sorte d'impiété dont ils ne s'efforçassent de les faire croire coupables ; c'étoient tous les jours de nouvelles accusations; on disoit qu'ils n'admettoient chez eux ni indulgences ni messes particulières ; qu'ils imposoient aux femmes des pénitences publiques pour les péchés les plus secrets, même pour de très-légères fautes; qu'ils inspiroient le mépris de la sainte communion; qu'ils ne croyoient l'absolution du prêtre que déclaratoire; qu'ils rejetoient le concile de Trente; qu'ils étoient ennemis du pape; qu'ils vouloient faire une nouvelle Église; qu'ils nioient jusqu'à la divinité de Jésus-Christ, et une infinité d'autres extravagances, toutes plus horribles les unes que les autres, qui sont répandues dans les écrits des jésuites, et qu'on trouve ramassées tout nouvellement par un de ces pères en un misérable libelle en forme de catéchisme[1], qui se débitoit, il y a près d'un an, dans un couvent de Paris, dont ils sont les directeurs. Aux accusations d'hérésie ils ajoutoient encore celles de crimes d'État, voulant faire passer trois ou quatre prêtres, et une douzaine de solitaires qui ne songeoient qu'à prier Dieu et à se faire oublier de tout le monde, comme un parti de factieux qui se formoit dans le royaume. Ils imputoient à cabale les actions les plus saintes et les plus vertueuses. J'en rapporterai ici un exemple par où on pourra juger de tout le reste.

Feu M. de Bagnols, et quelques autres amis de Port-Royal, ayant contribué jusqu'à une somme de près de quatre cent mille francs pour secourir les pauvres de Cham-

---

[1]. Il y a apparence que le libelle dont l'auteur entend faire mention est l'histoire de Jansénius et de Saint-Cyran, par demandes et par réponses, publiée en 1692. Si cette conjecture est vraie, il en résulte que Racine omposa cette première partie de son *Histoire de Port-Royal* en 1693.

pagne et de Picardie pendant la famine de l'année 1652, la chose ne se put faire si secrètement qu'il n'en vînt quelque vent aux oreilles des jésuites. Aussitôt l'un d'eux, nommé le père d'Anjou, qui prêchoit dans la paroisse de Saint-Benoît, avança, en pleine chaire, qu'il savoit de science certaine que les jansénistes, sous prétexte d'assister les pauvres, amassoient de grandes sommes qu'ils employoient à faire des cabales contre l'État. Le curé de Saint-Benoît ne put souffrir une calomnie si atroce, et monta le lendemain en chaire pour en faire voir l'impudence et la fausseté. Mais l'affaire n'en demeura pas là : Mlle Viole, fille dévote et de qualité, entre les mains de laquelle on avoit remis cette somme, alla trouver le père Vincent, supérieur de la mission, et l'obligea de justifier, par son registre, comme quoi tout cet argent avoit été porté chez lui, et comme quoi on l'avoit ensuite distribué aux pauvres des deux provinces que je viens de dire. Mais une calomnie étoit à peine détruite, que les jésuites en inventoient une autre ; il ne parloient d'autre chose que de la puissante faction des jansénistes; ils mettoient M. Arnauld à la tête de ce parti, et peu s'en falloit qu'on ne lui donnât déjà des soldats et des officiers[1]. Je parlerai ailleurs de ces accusations de cabale, et j'en ferai voir plus à fond tout le ridicule.

Tous ces bruits pourtant, quoique si absurdes, ne laissoient pas que d'être écoutés par les gens du monde, et principalement à la cour, où l'on présume aisément le mal, surtout des personnes qui font profession d'une vie réglée et d'une morale un peu austère. Les jésuites y

---

1. C'est sur ce ton que l'archevêque d'Embrun, d'Aubusson de La Feuillade, en parlait dans une requête présentée à Louis XIV, à laquelle Arnauld fit une réponse vigoureuse, qui fut bien accueillie par le roi.

gouvernoient alors la plupart des consciences : ils n'eurent donc pas de peine à prévenir l'esprit de la reine mère, princesse d'une extrême piété, mais qui avoit été fort tourmentée durant sa régence par des factions qui s'élevèrent, et qu'elle craignoit toujours de voir renaître. Ils prirent surtout soin de lui décrier les religieuses de Port-Royal; et quoiqu'elles fussent encore moins instruites des disputes sur la grâce que des autres démêlés, ils ne laissoient pas de lui représenter ces saintes filles comme ayant part à toutes les factions, et comme entrant dans toutes les disputes.

M. Arnauld n'ignoroit pas tout ce déchaînement des jésuites, mais il ne se donnoit pas de grands mouvements pour le réprimer, persuadé que toutes ces calomnies si extravagantes se détruiroient d'elles-mêmes, et qu'il n'y avoit qu'à laisser parler la vérité. Il ne songeoit donc plus qu'à vivre en repos, et avoit résolu de consacrer désormais ses veilles à des ouvrages qui n'eussent pour but que l'édification de l'Église, sans aucun mélange de ces contestations.

Les jésuites cependant travailloient puissamment à établir la créance du fait, et profitoient de toutes les conjectures qui pouvoient les favoriser dans ce dessein. Le cardinal Mazarin n'avoit pas été d'abord fort porté pour eux, et il étoit même prévenu de beaucoup d'estime pour le grand mérite de leurs adversaires. D'ailleurs il voyoit avec assez d'indifférence toutes ces contestations, et n'étoit pas trop fâché que les esprits en France s'échauffassent pour de semblables disputes, qui les empêchoient de se mêler d'affaires qui lui auroient paru plus graves et plus sérieuses; il n'étoit pas non plus fort porté à faire plaisir au pape Innocent X, qui n'avoit jamais témoigné beaucoup de bonne volonté pour lui, et à qui, de son côté, il avoit donné longtemps tous les dégoûts qu'il avoit pu. Mais depuis l'emprisonnement du cardinal de Retz, qu'il regardoit comme son ennemi capital, il avoit gardé plus de mesures avec ce même pape, de peur qu'il ne voulût prendre connoissance de cette affaire, et qu'il n'en vînt à quelque déclaration qui auroit pu faire de l'embarras.

Là-dessus le père Annat, nouvellement arrivé de Rome pour être confesseur du roi, fit entendre à ce premier ministre que la chose du monde qui pouvoit plus gagner le pape, c'étoit de faire en sorte que sa constitution fût reçue par toute la France, sans aucune explication ni distinction. Le cardinal se résolut donc de faire au saint-père un plaisir qui lui coûteroit si peu. Il assembla au Louvre, en sa présence, trente-huit archevêques ou évêques qui se trouvoient alors à Paris. Quelques jours auparavant, le nonce du pape avoit fait au roi de fort grandes plaintes d'une lettre pastorale que l'archevêque de Sens avoit publiée au sujet de la constitution, et dont la cour de Rome avoit été extrêmement piquée. Le cardinal ne fit aucune mention de cette lettre dans l'assemblée; mais, se plaignant aux prélats de ce qu'on éludoit la constitution par *des subtilités*, disoit-il, *nouvellement inventées*, il les exhorta à chercher les moyens de finir ces divisions, et de donner une pleine satisfaction à Sa Sainteté. Quelques évêques lui voulurent représenter que, tout le monde étant d'accord sur la doctrine, le reste ne valoit pas la peine d'être relevé, ni d'exciter de nouvelles contestations; mais le gros de l'assemblée fut de l'avis du premier ministre, et jugea l'affaire très-importante. On nomma huit commissaires, du nombre desquels étoient

MM. d'Embrun[1] et de Toulouse[2], pour examiner avec soin le livre de Jansénius, et pour en faire leur rapport dans huitaine.

Au bout de ce terme si court, le cardinal donna à toute l'assemblée un festin fort magnifique, et au sortir de table on parla des affaires de l'Église. L'archevêque d'Embrun, portant la parole pour tous les commissaires, fit entendre à messeigneurs, par un discours des plus éloquents, à ce que dit la relation du clergé, non pas qu'ils eussent trouvé dans Jansénius les cinq propositions en propres termes, mais qu'à juger d'un auteur par tout le contexte de sa doctrine, on ne pouvoit pas douter qu'elles n'y fussent, et qu'ils y en avoient trouvé même de plus dangereuses; qu'au reste, il y avoit deux preuves incontestables que les cinq propositions y étoient, et qu'il falloit s'en tenir à ces deux preuves : l'une étoit les termes mêmes de la bulle, qu'on ne pouvoit nier, à moins que d'être très-méchant grammairien, qui ne rapportassent ces propositions à Jansénius. L'autre étoit les lettres des évêques de France écrites à Sa Sainteté avant et après la constitution, par lesquels il paroissoit visiblement qu'ils avoient tous supposé que les cinq propositions étoient en effet de Jansénius. Sur un tel fondement il fut arrêté, à la pluralité des voix, que l'assemblée déclaroit, par un jugement définitif, que le pape avoit condamné ces propositions comme étant de Jansénius et au sens de Jansénius, et qu'elle écriroit à Sa Sainteté et à tous les évêques de France, pour les informer de ce jugement. Quatre prélats de l'assemblée, savoir, l'archevêque de Sens et les évêques de Comminges, de Beauvais et de Valence,

---

1. George d'Aubusson de La Feuillade, archevêque d'Embrun.
2. Pierre de Marca, archevêque de Toulouse.

refusèrent de signer ces lettres, et ne souffrirent qu'on y mît leurs noms qu'après avoir protesté qu'ils n'y consentoient que pour conserver l'union avec leurs confrères.

La lettre au pape lui fut rendue par l'évêque de Lodève[1], depuis évêque de Montpellier, qui étoit alors à Rome. La même relation porte que le pape la baisa avec de grands transports de joie, confessant qu'il n'avoit point reçu un plus sensible plaisir de tout son pontificat. Il y fit aussitôt réponse, par un bref daté du 27 septembre 1654, et adressé à l'assemblée générale du clergé qui se devoit tenir au premier jour. Ce bref étoit succinct, et il n'y étoit pas dit un mot de ce jugement rendu par les évêques; le pape y témoignoit seulement sa joie de la soumission des prélats de France à sa constitution, dans laquelle il avoit, disoit-il, condamné la doctrine de Jansénius. Ce bref étant arrivé en France avec la nouvelle de la mort du pape, le cardinal Mazarin, sans attendre l'assemblée générale, convoqua encore une assemblée particulière de quinze prélats, en présence desquels le bref fut ouvert (le 10 mai 1655), et il fut résolu d'envoyer la constitution et le bref à tous les évêques, qui furent exhortés à les faire souscrire par tous les ecclésiastiques et par toutes les communautés, tant régulières que séculières, de leurs diocèses. C'est la première fois qu'il a été parlé de signature dans cette affaire. Il est assez étrange que quinze évêques aient voulu imposer à toute l'Église de France une loi que le pape n'imposoit pas lui-même, et dont ni aucun pape ni aucun concile ne s'étoient jamais avisés.

1. François Bosquet. Il mourut en 1676.

La cour de Rome, devenue plus hardie par la conduite des prélats de France, fit mettre à l'index non-seulement la lettre pastorale de l'archevêque de Sens[1], mais encore celles de l'évêque de Beauvais[2] et de l'évêque de Comminges[3], quoiqu'elle n'eût d'autre crime à reprocher à ces deux derniers que d'avoir dit que le pape, par sa constitution, n'avoit pas prétendu donner atteinte, ni à la doctrine de saint Augustin, ni au droit qu'ont les évêques de juger au moins en première instance des causes majeures, et de prononcer sur des questions de foi et de doctrine, lorsque ces questions sont nées ou agitées dans leurs diocèses.

M. Arnauld garda un profond silence sur tout ce qui s'étoit passé dans ces assemblées, et se contentoit de gémir en secret des plaies que cette malheureuse querelle faisoit à l'épiscopat et à l'Église. Ce fut vers ce temps-là que lui et ses neveux commencèrent la traduction du Nouveau Testament de Mons, qui n'a été achevée que longtemps depuis. Ils travailloient aussi à de nouvelles Vies des Saints, et préparoient des matériaux pour le grand ouvrage de la *Perpétuité*[4]. Les religieuses de Port-Royal donnèrent occasion à la naissance de cet ouvrage, en priant M. Arnauld de faire un recueil des plus considérables passages des Pères sur l'Eucharistie, et de partager ces passages en plusieurs leçons pour les matines de tous les jeudis de l'année. Ce recueil est ce qu'on appelle l'Office du Saint Sacrement. M. le duc de Luynes, qui depuis sa retraite avoit fort étudié les Pères de

---

1. Louis-Henri de Gondrin-Pardaillan.
2. Nicolas Choart de Buzenval.
3. Gilbert de Choiseul, depuis évêque de Tournay.
1. *La perpétuité de la foi de l'Église catholique touchant l'eucharistie.* 3 vol. in-4°, 1669, 1672 et 1674.

l'Église, et qui avoit un très-beau génie pour la traduction, s'employa aussi à ce travail : c'est à quoi il s'appliquoit dans sa solitude, et non pas à ces occupations basses et serviles que les courtisans lui attribuoient faussement, pour tourner en ridicule une vie très-noble et très-chrétienne qu'ils ne se sentoient pas capables d'imiter.

Ce fut aussi en ce même temps que l'illustre M. Pascal connut Port-Royal et M. Arnauld. Cette connoissance se fit par le moyen de mademoiselle Pascal, sa sœur, religieuse dans ce monastère. Cette vertueuse fille avoit fait beaucoup d'éclat dans le monde par la beauté de son esprit et par un talent singulier qu'elle avoit pour la poésie; mais elle avoit renoncé de bonne heure aux vains amusements du siècle, et étoit une des plus humbles religieuses de la maison. Lorsqu'elle y entra, elle avoit voulu donner tout son bien au couvent; mais la mère Angélique et les autres mères ne voulurent pas le recevoir et obtinrent d'elle qu'elle n'apporteroit qu'une dot assez médiocre. Un procédé si peu ordinaire à des religieuses excita la curiosité de M. Pascal, et il voulut connoître plus particulièrement une maison où l'on étoit si fort au-dessus de l'intérêt. Il étoit déjà dans de grands sentiments de piété, et il y avoit même deux ou trois ans que, malgré l'inclination et le génie prodigieux qu'il avoit pour les mathématiques, il s'étoit dégoûté de ses spéculations pour ne plus s'appliquer qu'à l'étude de l'Écriture et des grandes vérités de la religion. La connoissance de Port-Royal et les grands exemples de piété qu'il y trouva le frappèrent extrêmement : il résolut de ne plus penser uniquement qu'à son salut. Il rompit dès lors tout commerce avec les gens du monde; il renonça même à un mariage très-avantageux qu'il étoit sur le point de conclure, et embrassa une vie très-austère et très-mortifiée, qu'il a continué jusqu'à la mort. Il étoit fort touché du grand mérite de M. Arnauld, et avoit conçu pour lui une estime qu'il trouva bientôt occasion de signaler.

Le silence que ce docteur s'étoit imposé sur les disputes de la grâce ne fut pas de longue durée, et il fut obligé indispensablement de le rompre, par une occasion assez extraordinaire. Un prêtre[1] de la communauté de Saint-Sulpice s'avisa de refuser l'absolution à M. le duc de Liancourt, et lui déclara qu'il lui refuseroit aussi la communion s'il se présentoit à l'autel. Le sujet qu'il allégua d'un refus si injurieux, c'est que ce seigneur retiroit chez lui un ecclésiastique ami de Port-Royal, et que mademoiselle de La Roche-Guyon, sa petite-fille, étoit pensionnaire dans ce monastère. On n'auroit peut-être pas fait beaucoup d'attention à l'entreprise téméraire de ce confesseur; mais ce qui rendit l'affaire plus considérable, c'est qu'il fut avoué par le curé et par les autres supérieurs de ce séminaire, gens très-dévots, mais fort prévenus contre Port-Royal. M. Arnaud écrivit là-dessus une lettre sans nom d'auteur; elle fit beaucoup de bruit. Il se crut obligé d'en écrire une seconde beaucoup plus ample, où il mit son nom, et où il justifioit à fond la pureté de sa foi et l'innocence des religieuses de Port-Royal.

Il y avoit déjà du temps que ses ennemis attendoient avec impatience quelque ouvrage avoué de lui, où ils pussent, soit à droit, soit à tort, trouver une matière de censure. Cette lettre vint très à propos pour eux, et ils prétendirent qu'il y avoit deux propositions erronées. Dans l'une, qui regardoit le fait de Jansénius, M. Arnauld

---

1. Il se nommait Picoté. Ce scandale eut lieu en 1655.

disoit qu'ayant lu exactement le livre de cet évêque, il n'y avoit point trouvé les cinq propositions, étant prêt du reste de les condamner partout où elles seroient, et dans le livre même de Jansénius, si elles s'y trouvoient. L'autre, qui regardoit le dogme, étoit une proposition composée des propres termes de saint Chrysostôme et de saint Augustin, et portoit que les Pères nous montrent en la personne de saint Pierre un juste à qui la grâce, sans laquelle on ne peut rien, avoit manqué. Ces propositions furent déférées à la Faculté par des docteurs du parti des jésuites; et ceux-ci firent si bien, par leurs intrigues, et en Sorbonne et surtout à la cour, qu'ils vinrent à bout de faire censurer la première de ces propositions comme téméraire, et la seconde comme hérétique.

Il n'y eut jamais de jugement moins juridique, et tous les statuts de la faculté de théologie y furent violés. On donna pour commissaires à M. Arnauld ses ennemis déclarés, et l'on n'eut égard ni à ses récusations, ni à ses défenses; on lui refusa même de venir en personne dire ses raisons. Quoique, par les statuts, les moines ne dussent pas se trouver dans les assemblées au nombre de plus de huit, il s'y en trouva toujours plus de quarante; et, pour empêcher ceux du parti de M. Arnauld de dire tout ce qu'ils avoient préparé pour sa défense, le temps que chaque docteur devoit dire son avis fut limité à une demi-heure. On mit pour cela sur une table une horloge de sable, qui étoit la mesure de ce temps : invention non moins odieuse en de pareils occasions que honteuse dans son origine, et qui, au rapport du cardinal Palavicin, ayant été proposée au concile de Trente par quelques gens, fut rejetée avec détestation par tout le concile. Enfin, dans le dessein d'ôter entièrement la liberté des suffrages, le chancelier Séguier[1], malgré son grand âge et ses incommodités, eut ordre d'assister à toutes ces assemblées. Près de quatre-vingts des plus célèbres docteurs, voyant une procédure si irrégulière, résolurent de s'absenter, et aimèrent mieux sortir de la Faculté que de souscrire à la censure. M. de Launoy[2] même, si fameux par sa grande érudition, quoiqu'il fît profession publique d'être sur la grâce d'autre sentiment que saint Augustin, sortit aussi comme les autres, et écrivit contre la censure une lettre où il se plaignoit, avec beaucoup de force, du renversement de tous les priviléges de la Faculté.

Le jour que cette censure fut signée (en février 1656) parut aux jésuites un grand jour pour leur compagnie : non-seulement ils s'imaginoient triompher par là de M. Arnauld et de tous les docteurs attachés à la grâce efficace, mais ils croyoient triompher de la Sorbonne même, et s'être vengés de toutes les censures dont elle avoit flétri les Garasse, les Santarel, les Bauni et plusieurs autres de leurs pères, puisqu'ils l'avoient obligée de censurer, en censurant M. Arnauld, deux Pères de l'Église, dont sa seconde proposition étoit tirée, et de se faire à elle-même une plaie incurable, par la nécessité où ils la mirent de retrancher de son corps ses plus illustres membres. D'ailleurs ils donnoient aussi par là une grande idée de leur pouvoir et du crédit qu'ils avoient à la cour; ils confirmoient le roi et la reine mère dans toutes les préventions qu'ils leur avoient inspirées contre leurs adversaires.

Mais ils songèrent à tirer des fruits plus solides de

---

1. Il n'avait alors que soixante-huit ans, mais il était fort infirme.
2. Jean de Launoy, qu'on appela *le Dénicheur de saints*. Il mourut à Paris, en 1678, âgé de soixante-et quatorze ans.

leur victoire : ils obtinrent un ordre pour casser ces petits établissements que j'ai dit qu'on avoit faits pour l'instruction de la jeunesse, et qu'ils appeloient des écoles de jansénisme. Le lieutenant civil[1] alla à Port-Royal des champs pour en faire sortir les écoliers et les précepteurs, avec tous les solitaires qui s'y étoient retirés. M. Arnauld fut obligé de se cacher; et il y avoit même déjà un ordre signé pour ôter aux religieuses des deux maisons leurs novices et leurs pensionnaires. En un mot, le Port-Royal étoit dans la consternation, et les jésuites au comble de leur joie, lorsque le miracle de la sainte épine arriva.

On a donné au public plusieurs relations de ce miracle; entre autres, feu M. l'évêque de Tournay, non moins illustre par sa piété et par sa doctrine que par sa naissance, l'a raconté fort au long dans un livre[2] qu'il a composé contre les athées, et s'en est servi comme d'une preuve éclatante de la vérité de la religion; mais on pourroit s'en servir aussi comme d'une preuve étonnante de l'indifférence de la plupart des hommes de ce siècle sur la religion, puisque une merveille si extraordinaire, et qui fit alors tant d'éclat, est presque entièrement effacée de leur souvenir. C'est ce qui m'oblige à en rapporter ici

---

1. D'Aubray, lieutenant civil. Il n'y avait point alors de lieutenant de police. Cette exécution eut lieu le 13 mars 1656.
2. Ce livre de M. de Choiseul a pour titre : *Mémoires touchant la Religion*, imprimés chez Bilaine an 1680. « L'innocence de l'enfant, la sincérité, la suffisance et le nombre des témoins, dit cet illustre prélat, page 83, m'assurent tellement de la vérité de ce miracle, que non-seulement se seroit en moi une opiniâtreté, mais une extravagance et une espèce de folie d'en douter... J'entendis dire à Dalencé, page 82, en présence d'un grand prince, que cette guérison si prompte ne lui paroissoit pas un moindre miracle que la résurrection d'un mort, parce que les remèdes les plus efficaces du monde n'auroient pu rien opérer en si peu de temps, etc... » (*Note attribuée à Racine.*)

jusqu'aux plus petites circonstances, d'autant plus qu'elles contribueront à faire mieux connoître tout ensemble, et la grandeur du miracle, et l'esprit et la sainteté du monastère où il est arrivé.

Il y avoit à Port-Royal de Paris une jeune pensionnaire de dix à onze ans, nommée mademoiselle Perrier, fille de M. Perrier, conseiller à la cour des aides de Clermont, et nièce de M. Pascal. Elle étoit affligée depuis trois ans et demi d'une fistule lacrymale au coin de l'œil gauche. Cette fistule, qui étoit fort grosse au dehors, avoit fait un fort grand ravage en dedans : elle avoit entièrement carié l'os du nez, et percé le palais, en telle sorte que la matière qui en sortoit à tout moment lui couloit le long des joues et par les narines, et lui tomboit même dans la gorge. Son œil s'étoit considérablement apetissé; et toutes les parties voisines étoient tellement abreuvées et altérées par la fluxion, qu'on ne pouvoit lui toucher ce côté de la tête sans lui faire beaucoup de douleur. On ne pouvoit la regarder sans une espèce d'horreur; et la matière qui sortoit de cet ulcère étoit d'une puanteur si insupportable que, de l'avis même des chirurgiens, on avoit été obligé de la séparer des autres pensionnaires, et de la mettre dans une chambre avec une de ses compagnes beaucoup plus âgée qu'elle, en qui on trouva assez de charité pour vouloir bien lui tenir compagnie. On l'avoit fait voir à tout ce qu'il y avoit d'oculistes, de chirurgiens, et même d'opérateurs plus fameux; mais les remèdes ne faisant qu'irriter le mal, comme on craignoit que l'ulcère ne s'étendît enfin sur tout le visage, trois des plus habiles chirurgiens de Paris, Cressé, Guillard et Dalencé, furent d'avis d'y appliquer au plus tôt le feu. Leur avis fut envoyé à M. Perrier, qui se mit aussitôt en chemin pour être présent à l'opération : et on attendoit de jour à autre qu'il arrivât.

Cela se passa dans le temps que l'orage dont j'ai parlé étoit tout prêt d'éclater contre le monastère de Port-Royal. Les religieuses y étoient dans de continuelles prières ; et l'abbesse d'alors, qui étoit cette même Marie des Anges qui l'avoit été de Maubuisson ; l'abbesse, dis-je, étoit dans une espèce de retraite, où elle ne faisoit autre chose jour et nuit que lever les mains au ciel, ne lui restant plus aucune espérance de secours de la part des hommes.

Dans ce même temps il y avoit à Paris un ecclésiastique de condition et de piété, nommé M. de la Potterie[1], qui, entre plusieurs saintes reliques qu'il avoit recueillies avec grand soin, prétendoit avoir une des épines de la couronne de Notre-Seigneur. Plusieurs couvents avoient eu une sainte curiosité de voir cette relique. Il l'avoit prêtée, entre autres, aux carmélites du faubourg Saint-Jacques, qui l'avoient portée en procession dans leur maison. Les religieuses de Port-Royal, touchées de la même dévotion, avoient aussi demandé à la voir : et elle leur fut portée le vingt-quatrième de mars 1656, qui se trouvoit alors le vendredi de la troisième semaine de carême, jour auquel l'Église chante à l'introït de la messe ces paroles tirées du psaume LXXXV : *Fac mecum signum in bonum, etc.* « Seigneur, faites éclater un prodige en
« ma faveur, afin que mes ennemis le voient et soient
« confondus ; qu'ils voient, mon Dieu, que vous m'avez
« secouru et que vous m'avez consolé ! »

---

1. Pierre Leroi de la Potterie, mort à Paris en 1670. Son corps fut porté à Port-Royal des Champs.

Les religieuses ayant donc reçu cette sainte épine, la posèrent au dedans de leur chœur sur une espèce de petit autel contre la grille ; et la communauté fut avertie de se trouver à une procession qu'on devoit faire après vêpres en son honneur. Vêpres finies, on chanta les hymmes et les prières convenables à la sainte couronne d'épines et au mystère douloureux de la Passion ; après quoi elles allèrent, chacune en leur rang, baiser la relique : les religieuses professes les premières, ensuite les novices, et les pensionnaires après. Quand ce fut le tour de la petite Perrier, la maîtresse des pensionnaires, qui s'étoit tenue debout auprès de la grille pour voir passer tout ce petit peuple, l'ayant aperçue, ne put la voir défigurée comme elle étoit, sans une espèce de frissonnement mêlé de compassion, et elle lui dit : « Recommandez-vous à Dieu, ma fille, et faites toucher votre œil malade à la sainte épine. » La petite fille fit ce qu'on lui dit, et elle a depuis déclaré qu'elle ne douta point, sur la parole de sa maîtresse, que la sainte épine ne la guérît.

Après cette cérémonie, toutes les autres pensionnaires se retirèrent dans leur chambre ; elle n'y fut pas plutôt, qu'elle dit à sa compagne : « Ma sœur, je n'ai plus de mal, la sainte épine m'a guérie. » En effet, sa compagne l'ayant regardée avec attention, trouva son œil gauche tout aussi sain que l'autre, sans tumeur, sans matière, et même sans cicatrice. On peut juger combien, dans toute autre maison que Port-Royal, une aventure si surprenante feroit de mouvement, et avec quel empressement on iroit en avertir toute la communauté. Cependant parce que c'étoit l'heure du silence, et que ce silence s'observe encore plus exactement le carême que dans les autres temps ; que d'ailleurs toute la maison étoit dans un plus grand recueillement qu'à l'ordinaire, ces deux jeunes filles se tinrent dans leur chambre, et se couchèrent sans dire un seul mot à personne. Le lendemain matin, une des religieuses, employées auprès des pensionnaires, vint pour peigner la petite Perrier; et, comme elle appréhendoit de lui faire du mal, elle évitoit, comme à son ordinaire, d'appuyer sur le côté gauche de la tête; mais la jeune fille lui dit : « Ma sœur, la sainte épine m'a guérie. — Comment, ma « sœur, vous êtes guérie! — Regardez, et voyez », lui répondit-elle. En effet, la religieuse regarda, et vit qu'elle étoit entièrement guérie. Elle alla en donner avis à la mère abbesse, qui vint, et qui remercia Dieu de ce merveilleux effet de sa puissance; mais elle jugea à propos de ne le point divulguer au dehors, persuadée que, dans la mauvaise disposition où les esprits étoient alors contre leur maison, elles devoient éviter sur toutes choses de faire parler le monde. En effet, le silence est si grand dans ce monastère, que, plus de six jours après ce miracle, il y avoit des sœurs qui n'en avoient point entendu parler.

Mais Dieu, qui ne vouloit pas qu'il demeurât caché, permit qu'au bout de trois ou quatre jours, Dalencé, l'un des trois chirurgiens qui avoient fait la consultation que j'ai dite, vînt dans la maison pour une autre malade. Après sa visite il demanda aussi à voir la petite fille qui avoit la fistule. On la lui amena; mais ne la reconnoissant point, il répéta encore une fois qu'il demandoit la petite fille qui avoit une fistule. On lui dit tout simplement que c'étoit celle qu'il voyoit devant lui. Dalencé fut étonné, regarda la religieuse qui lui parloit, et s'alla imaginer qu'on avoit fait venir quelque charlatan qui, avec un palliatif, avoit suspendu le mal. Il examina donc sa malade avec une attention extraordinaire, lui pressa plusieurs fois l'œil pour en faire sortir de la matière, lui regarda dans le nez et dans le palais, et enfin, tout hors de lui, demanda ce que cela vouloit dire. On lui avoua ingénument comme la chose s'étoit passée ; et lui, courut aussitôt, tout transporté, chez ses deux confrères, Guillard et Cressé. Les ayant ramenés avec lui, ils furent tous trois saisis d'un égal étonnement ; et après avoir confessé que Dieu seul avoit pu faire une guérison si subite et si parfaite, ils allèrent remplir tout Paris de la réputation de ce miracle. Bientôt M. de la Potterie, à qui on avoit rendu sa relique, se vit accablé d'une foule de gens qui venoient lui demander à la voir. Mais il en fit présent aux religieuses de Port-Royal, croyant qu'elle ne pouvoit pas être mieux révérée que dans la même église où Dieu avoit fait par elle un si grand miracle. Ce fut donc pendant plusieurs jours un flot continuel de peuple qui abordoit dans cette église, et qui venoit pour y adorer, et pour y baiser la sainte épine : et on ne parloit d'autre chose dans Paris.

Le bruit de ce miracle étant venu à Compiègne, où étoit alors la cour, la reine-mère se trouva fort embarrassée : elle avoit peine à croire que Dieu eût si particulièrement favorisé une maison qu'on lui dépeignoit depuis si longtemps comme infectée d'hérésie, et que ce miracle, dont on faisoit tant de récit, eût même été opéré en la personne d'une des pensionnaires de cette maison, comme si Dieu eût voulu approuver par là l'éducation que l'on y donnoit à la jeunesse. Elle ne s'en fia ni aux lettres que plusieurs personnes de piété lui en écrivoient, ni au bruit public, ni même aux attestations des chirurgiens de Paris : elle y envoya M. Félix, premier chirurgien du roi[1], estimé

---

1. Charles-François Félix, seigneur de Stains, père de celui qui fit à Louis XIV l'opération de la fistule, en 1686.

généralement pour sa grande habileté dans son art, et pour sa probité singulière; et le chargea de lui rendre un compte fidèle de tout ce qui lui paroîtroit de ce miracle. M. Félix s'acquitta de sa commission avec une fort grande exactitude : il interrogea les religieuses et les chirurgiens, se fit raconter la naissance, le progrès et la fin de la maladie, examina attentivement la pensionnaire, et enfin déclara que la nature ni les remèdes n'avoient eu aucune part à cette guérison, et qu'elle ne pouvoit être que l'ouvrage de Dieu seul.

Les grands-vicaires de Paris, excités par la voix publique, furent obligés d'en faire aussi une exacte information. Après avoir rassemblé les certificats d'un grand nombre des plus habiles chirurgiens et de plusieurs médecins, du nombre desquels étoit M. Bouvard, premier médecin du roi[1], et pris l'avis des plus considérables docteurs de Sorbonne, ils donnèrent une sentence qu'ils firent publier, par laquelle ils certifioient la vérité du miracle, exhortoient les peuples à en rendre à Dieu des actions de grâces, et ordonnoient qu'à l'avenir tous les vendredis la relique de la sainte épine seroit exposée dans l'église de Port-Royal à la vénération des fidèles. En exécution de cette sentence, M. de Hodenck, grand-vicaire, célébra la messe dans l'église avec beaucoup de solennité, et donna à baiser la sainte relique à toute la foule qui y étoit accourue.

Pendant que l'Église rendoit à Dieu ses actions de grâces, et se réjouissoit du grand avantage que ce miracle lui donnoit sur les athées et sur les hérétiques, les ennemis de Port-Royal, bien loin de participer à cette joie,

1. Charles-Michel Bouvard, seigneur de Fourqueux, à qui l'on doit l'établissement du Jardin des Plantes.

demeuroient tristes et confondus, selon l'expression du psaume. Il n'y eut point d'efforts qu'ils ne fissent pour détruire dans le public la créance de ce miracle. Tantôt ils accusoient les religieuses de fourberie, prétendant qu'au lieu de la petite Perrier elles montroient une sœur qu'elle avoit, et qui étoit aussi pensionnaire dans cette maison; tantôt ils assuroient que ce n'avoit été qu'une guérison imparfaite, et que le mal étoit revenu plus violent que jamais; tantôt que la fluxion étoit tombée sur les parties nobles, et que la petite fille en étoit à l'extrémité. Je ne sais point positivement si M. Félix eut ordre de la cour de s'informer de ce qui en étoit; mais il paroît, par une seconde attestation signée de sa main, qu'il retourna encore à Port-Royal, et qu'il certifia de nouveau et la vérité du miracle, et la parfaite santé où il avoit trouvé cette jeune demoiselle.

Enfin il parut un écrit, et personne ne douta que ce ne fût du père Annat, avec ce titre ridicule : *Le Rabat-joie des jansénistes, ou Observations sur le miracle qu'on dit être arrivé à Port-Royal, composé par un docteur de l'Église catholique.* L'auteur faisoit judicieusement d'avertir qu'il étoit catholique, n'y ayant personne à qui, à la seule inspection de ce titre, et plus encore à la lecture du livre, ne l'eût pris pour un protestant très envenimé contre l'Église. Il avoit assez de peine à convenir de la vérité du miracle; mais enfin, voulant bien le supposer vrai, il en tiroit la conséquence du monde la plus étrange, savoir, que Dieu voyant les religieuses infectées de l'hérésie des cinq propositions, il avoit opéré ce miracle dans leur maison pour leur prouver que Jésus-Christ étoit mort pour tous les hommes; il faisoit là-dessus un grand nombre de raisonnements, tous plus extravagants les uns que les autres, par où il ôtoit à la véritable religion l'une de ses plus grandes preuves, qui est celle des miracles. Pour conclusion, il exhortoit les fidèles à se bien donner de garde d'aller invoquer Dieu dans l'église de Port-Royal, de peur qu'en y cherchant la santé du corps, ils n'y trouvassent la perte de leurs âmes.

Mais il ne parut pas que ces exhortations eussent fait une grande impression sur le public. La foule croissoit de jour en jour à Port-Royal; et Dieu même sembloit prendre plaisir à autoriser la dévotion des peuples, par la quantité de nouveaux miracles qui se firent en cette église. Non-seulement tout Paris avoit recours à la sainte épine et aux prières des religieuses, mais de tous les endroits du royaume on leur demandoit des linges qui eussent touché à cette relique; et ces linges, à ce qu'on raconte, opéroient plusieurs guérisons miraculeuses.

Vraisemblablement la piété de la reine-mère fut touchée de la protection visible de Dieu sur ces religieuses. Cette sage princesse commença à juger plus favorablement de leur innocence. On ne parla plus de leur ôter leurs novices ni leurs pensionnaires, et on leur laissa la liberté d'en recevoir tout autant qu'elles voudroient. M. Arnauld même recommença à se montrer, ou, pour mieux dire, s'alla replonger dans son désert avec M. d'Andilly son frère, ses deux neveux[1], et M. Nicole, qui depuis deux ans ne le quittoit plus, et qui étoit devenu le compagnon inséparable de ses travaux. Les autres solitaires y revinrent aussi peu à peu, et y recommencèrent leurs mêmes exercices de pénitence.

On songeoit si peu alors à inquiéter les religieuses de

---

1. Antoine Le Maistre et Le Maistre de Sacy.

Port-Royal, que le cardinal de Retz leur ayant accordé un autre supérieur en la place de M. du Saussay, qu'il avoit destitué de tout emploi dans le diocèse de Paris, on ne leur fit aucune peine là-dessus, quoique M. Singlin[1], qui étoit ce nouveau supérieur, ne fût pas fort au goût de la cour, où les jésuites avoient pris un fort grand soin de le décrier. Il y avoit déjà plusieurs années qu'il étoit confesseur de la maison de Paris; et ses sermons y attiroient quantité de monde, bien moins par la politesse de langage que par les grandes et solides vérités qu'il prêchoit. On les a depuis donnés au public sous le nom d'*Instructions chrétiennes*; et ce n'est pas un des livres les moins édifiants qui soient sortis de Port-Royal. Mais le talent où il excelloit le plus, c'étoit dans la conduite des âmes : son bon sens, joint à une piété et à une charité extraordinaires, imprimoient un tel respect, que, bien qu'il n'eût pas la même étendue de génie et de science que M. Arnauld, non-seulement les religieuses, mais M. Arnauld lui-même, M. Pascal, M. Le Maistre, et tous ces autres esprits si sublimes, avoient pour lui une docilité d'enfant, et se conduisoient en toutes choses par ses avis.

Dieu s'étoit servi de lui pour convertir et attirer à la piété plusieurs personnes de la première qualité, et comme il les conduisoit par des voies très-opposées à celles du siècle, il ne tarda guère à être accusé de maximes outrées sur la pénitence. M. de Gondy, qui s'étoit d'abord laissé surprendre à ses ennemis, lui avoit interdit la chaire (en 1649); mais, ayant bientôt reconnu son innocence, il le

---

1. Antoine Singlin, fils d'un marchand de vin de Paris. Il savait peu de latin et de théologie, n'ayant commencé ses études qu'à vingt-deux ans. La piété et le grand sens dont il était doué lui tinrent lieu de savoir. Il fut très-persécuté et mourut en 1664, caché dans la maison de madame Vitart, tante de Racine, où il s'était retiré pour se soustraire à la Bastille.

rétablit trois mois après, et vint lui-même grossir la foule de ses auditeurs. Il vécut toujours dans une pauvreté évangélique, jusque-là qu'après sa mort on ne lui trouva pas de quoi faire les frais pour l'enterrer, et qu'il fallut que les religieuses assistassent de leurs charités quelques-uns de ses plus proches parents qui étoient aussi pauvres que lui. Les jésuites néanmoins passèrent jusqu'à cet excès de fureur, que de lui reprocher dans plusieurs libelles de s'être enrichi aux dépens de ses pénitents, et de s'être approprié plus de huit cent mille francs sur les grandes restitutions qu'il avoit fait faire à quelques-uns d'entre eux; et il n'y a pas eu plus de réparation des outrages faits au confesseur, que des faussetés avancées contre les religieuses. Le cardinal de Retz ne pouvoit donc faire à ces filles un meilleur présent que de leur donner un supérieur de ce mérite, ni mieux marquer qu'il avoit hérité de toute la bonne volonté de son prédécesseur[1].

Comme c'est cette bonne volonté dont on a fait le plus grand crime aux prétendus jansénistes, il est bon de dire ici jusqu'à quel point a été leur liaison avec ce cardinal. On ne prétend point le justifier de tous les défauts qu'une violente ambition entraîne d'ordinaire avec elle ; mais tout le monde convient qu'il avoit de très-excellentes qualités, entre autres une considération singulière pour les gens de mérite, et un fort grand désir de les avoir pour amis : il regardoit M. Arnauld comme un des premiers théologiens de son siècle, étant lui-même un théologien fort habile ; il lui a conservé jusqu'à la mort cette estime qu'il avoit conçue pour lui dès qu'ils étoient en-

1. Le cardinal de Retz avait succédé à son oncle Jean-François de Gondy, premier archevêque de Paris, mort en 1654.

semble sur les bancs; jusque-là qu'après son retour en France, il a mieux aimé se laisser rayer du nombre des docteurs de la Faculté, que de souscrire à la censure dont nous venons de parler, et qui lui parut toujours l'ouvrage d'une cabale.

La vérité est pourtant que, tandis qu'il fut coadjuteur, c'est-à-dire dans le temps qu'il étoit à la tête de la *Fronde*, messieurs de Port-Royal eurent très-peu de commerce avec lui, et qu'il ne s'amusoit guère alors à leur communiquer ni les secrets de sa conscience, ni les ressorts de sa politique. Et comment les leur auroit-il pu communiquer? Il n'ignoroit pas, et personne dès lors ne l'ignoroit, que c'étoit la doctrine de Port-Royal, qu'un sujet, pour quelque occasion que ce soit, ne peut se révolter en conscience contre son légitime prince; que, quand même il en seroit injustement opprimé, il doit souffrir l'oppression, et n'en demander justice qu'à Dieu, qui seul a droit de faire rendre compte aux rois de leurs actions. C'est ce qui a toujours été enseigné à Port-Royal, et c'est ce que M. Arnauld a fortement maintenu dans ses livres, et particulièrement dans son *Apologie pour les catholiques*[1], où il a traité la question à fond. Mais non-seulement messieurs de Port-Royal ont soutenu cette doctrine, ils l'ont pratiquée à la rigueur. C'est une chose connue d'une infinité de gens, que, pendant les guerres de Paris, lorsque les plus fameux directeurs de conscience donnoient indifféremment l'absolution à tous les gens en-

---

[1]. Cet ouvrage est un de ceux qui font le plus d'honneur au talent d'Arnauld, mais il en fait surtout à son âme. Tout esprit de parti y cède au besoin de venger l'innocence. Huit jésuites avaient péri sur l'échafaud, comme complices de la *conspiration papiste* en Angleterre; les autres jésuites étaient persécutés : Arnauld prend la plume pour les défendre, et jamais il n'avait déployé plus d'énergie et d'éloquence.

gagés dans les deux partis, les ecclésiastiques de Port-Royal tinrent toujours ferme à la refuser à ceux qui étoient dans le parti contraire à celui du roi. On sait les rudes pénitences qu'ils ont imposées et au prince de Conti et à la duchesse de Longueville, pour avoir eu part aux troubles dont nous parlons, et les sommes immenses qu'il en a coûté à ce prince pour réparer, autant qu'il étoit possible, les désordres dont il avoit pu être cause pendant ces malheureux temps. Les jésuites ont eu peut-être plus d'une occasion de procurer à l'Église de pareils exemples; mais, ou ils n'étoient pas persuadés des mêmes maximes qu'on suivoit là-dessus à Port-Royal, ou ils n'ont pas eu la même vigueur pour les faire pratiquer.

Quelle apparence donc que le cardinal de Retz ait pu faire entrer dans une faction contre le roi des gens remplis de ces maximes, et prévenus de ce grand principe de saint Paul et de saint Augustin, qu'il n'est pas permis de faire même un petit mal, afin qu'il en arrive un grand bien? On veut pourtant bien avouer que lorsqu'il fut archevêque, après la mort de son oncle, les religieuses de Port-Royal le reconnurent pour leur légitime pasteur, et firent des prières pour sa délivrance. Elles s'adressèrent aussi à lui pour les affaires spirituelles de leur monastère, du moment qu'elles surent qu'il étoit en liberté. On ne nie pas même qu'ayant su l'extrême nécessité où il étoit après qu'il eut disparu de Rome, elles et leurs amis ne lui aient prêté quelque argent pour subsister, ne s'imaginant pas qu'il fût défendu, ni à des ecclésiastiques, ni à des religieuses, d'empêcher leur archevêque de mourir de faim. C'est de là aussi que leurs ennemis prirent occasion de les noircir dans l'esprit du cardinal Mazarin, en persuadant à ce ministre qu'il n'avoit point de plus grands ennemis que les jansénistes ; que le cardinal de Retz n'étoit parti de Rome que pour se venir jeter entre leurs bras ; qu'il étoit même caché à Port-Royal ; que c'étoit là que se faisoient tous les manifestes qu'on publioit pour sa défense ; qu'ils lui avoient déjà fait trouver tout l'argent nécessaire pour une guerre civile, et qu'il ne désespéroit pas, par leur moyen, de se rétablir à force ouverte dans son siége. On a bien vu dans la suite l'impertinence de ces calomnies ; mais pour en faire mieux voir le ridicule, il est bon d'expliquer ici ce que c'étoit que M. Arnauld, qu'on faisoit l'auteur et le chef de toute la cabale.

Tout le monde sait que c'étoit un génie admirable pour les lettres, et sans bornes dans l'étendue de ses connoissances ; mais tout le monde ne sait pas (ce qui est pourtant très-véritable) que cet homme si merveilleux étoit aussi l'homme le plus simple, le plus incapable de finesse et de dissimulation, et le moins propre, en un mot, à former ni à conduire un parti ; qu'il n'avoit en vue que la vérité, et qu'il ne gardoit sur cela aucunes mesures, prêt à contredire ses amis lorsqu'ils avoient tort, et à défendre ses ennemis, s'il lui paroissoit qu'ils eussent raison ; qu'au reste, jamais théologien n'eut des opinions si saines et si pures sur la soumission qu'on doit aux rois et aux puissances ; que non-seulement il étoit persuadé, comme nous l'avons déjà dit, qu'un sujet, pour quelque occasion que ce soit, ne peut point s'élever contre son prince, mais qu'il ne croyoit pas même que dans la persécution il pût murmurer.

Toute la conduite de sa vie a bien fait voir qu'il étoit dans ces sentiments. En effet, pendant plus de quarante ans qu'on a abusé, pour le perdre, du nom et de l'autorité du roi, a-t-il manqué une occasion de faire éclater et son amour pour sa personne, et son admiration pour les grandes qualités qu'il reconnoissoit en lui? Obligé de se retirer dans les pays étrangers pour se soustraire à la haine implacable de ses ennemis, à peine y fut-il arrivé, qu'il publia son *Apologie pour les catholiques;* et l'on sait qu'une partie de ce livre est employée à justifier la conduite du roi à l'égard des huguenots, et à justifier les jésuites mêmes. M. le marquis de Grana, ayant su qu'il étoit caché dans Bruxelles, le fit assurer de sa protection; mais il témoigna en même temps un fort grand désir de voir ce docteur, dont la réputation avoit rempli toute l'Europe. M. Arnauld ne refusa point sa protection; mais il le fit prier de le laisser dans son obscurité, et de ne pas l'obliger à voir un gouverneur des Pays-Bas espagnols, pendant que l'Espagne étoit en guerre avec la France : et M. de Grana fut assez galant homme pour approuver la délicatesse de son scrupule.

Lorsque le prince d'Orange se fut rendu maître de l'Angleterre, les jésuites, qu'on regardoit partout comme les principales causes des malheurs du roi Jacques, ne furent pas, à ce qu'on prétend, les derniers à vouloir se rendre favorable le nouveau roi. Mais M. Arnauld, qui avoit tant d'intérêt à ne pas s'attirer son indignation, ne put retenir son zèle : il prit la plume, et écrivit avec tant de force[1] pour défendre les droits du roi Jacques, et pour exhorter tous les princes catholiques à imiter la générosité avec laquelle le roi l'avoit recueilli en France, que le prince d'Orange exigea de tous ses alliés, et surtout des

---

1. Dans un écrit ayant pour titre : *Le véritable portrait de Guillaume Henri de Nassau, nouvel Absalon, nouvel Hérode, nouveau Cromwell, nouveau Néron.* 1689.

Espagnols, de chasser ce docteur de toutes les terres de leur domination. Ce fut alors qu'il se trouva dans la plus grande extrémité où il se fût trouvé de sa vie, la France lui étant fermée par les jésuites, et tous les autres pays par les ennemis de la France.

On a su de quelques amis, qui ne le quittèrent point dans cette extrémité, qu'un de leurs plus grands embarras étoit d'empêcher que, dans tous les lieux où il cherchoit à se cacher, son trop grand zèle pour le roi ne le fît découvrir : il étoit si persuadé que ce prince ne pouvoit manquer dans la conduite de ses entreprises, que sur cela il entreprenoit tout le monde ; jusque-là que, sur la fin de ses jours, étant sujet à tomber dans un assoupissement que l'on croyoit dangereux pour sa vie, ces mêmes amis ne savoient point de meilleur moyen pour l'en tirer que de lui crier, ou que les François avoient été battus, ou que le roi avoit levé le siége de quelque place ; et il reprenoit toute sa vivacité naturelle pour disputer contre eux, et leur soutenir que la nouvelle ne pouvoit pas être vraie. Il n'y a qu'à lire son testament, où il déclare à Dieu le fond de son cœur : on y verra avec quelle tendresse, bien loin d'imputer au roi toutes les traverses que lui ou ses amis ont essuyées, il plaide, pour ainsi dire, devant Dieu, la cause de ce prince, et justifie la pureté de ses intentions.

Oserai-je parler ici des épreuves extraordinaires où l'on a mis son amour inébranlable pour la vérité ? De grands cardinaux, très-instruits des intentions de la cour de Rome, n'ont point caché qu'il n'a tenu qu'à lui d'être revêtu de la pourpre de cardinal, et que, pour parvenir à une dignité qui auroit si glorieusement lavé tous les reproches d'hérésie que ses ennemis lui ont osé faire, il ne lui en auroit coûté que d'écrire contre les propositions du clergé de France[1] touchant l'autorité du pape. Bien loin d'accepter ces offres, il écrivit même contre un docteur flamand qui avoit traité d'hérétiques ces propositions. Un des ministres du roi, qui lut cet écrit, charmé de la force de ses raisonnements, proposa de le faire imprimer au Louvre; mais la jalousie des ennemis de M. Arnauld l'emporta et sur la fidélité du ministre et sur l'intérêt du roi même. Voilà quel étoit cet homme qu'on a toujours dépeint comme si dangereux pour l'État, et contre lequel les jésuites, peu de temps avant sa mort, firent imprimer un livre avec cet infâme titre : *Antoine Arnauld, fugitif pour se dérober à la justice du roi.*

Je ne saurois mieux finir cette longue digression que par les propres paroles que le cardinal de Retz dit à quelques-uns de ses plus intimes amis, qui, en lui parlant de ses aventures passées, lui demandoient si en effet, en ces temps-là, il avoit reçu quelques secours de la cabale des jansénistes. « Je me connois, leur répondit-il, en cabale, et, pour mon malheur, je ne m'en suis que trop mêlé. J'avois autrefois quelque habitude avec les gens dont vous parlez, et je voulus les sonder pour voir si je les pourrois mettre à quelque usage; mais, vous pouvez vous en fier à ma parole, je ne vis jamais de gens qui, par inclination et par incapacité, fussent plus éloignés de tout ce qui s'appelle cabale. » Ce même cardinal leur avoua aussi qu'il avoit auprès de lui, pendant sa disgrâce, deux théologiens réputés jansénistes, qui ne purent jamais souffrir que, dans l'extrême besoin où il étoit, il prît de l'argent que les Espagnols lui faisoient offrir, et qu'il se vit par là obligé

---

[1]. Les quatre articles de 1682, bases des libertés de l'Église gallicane.

à en emprunter de ses amis. Quelques-uns de ceux à qui il tint ce discours vivent encore, et ils sont dans un telle réputation de probité, que je suis bien sûr qu'on ne récuseroit pas leur témoignage.

Mais pour reprendre le fil de notre narration, le miracle de la sainte épine ne fut pas la seule mortification qu'eurent alors les jésuites; car ce fut dans ce temps-là même que parurent les fameuses *Lettres provinciales*[1], c'est-à-dire l'ouvrage qui a le plus contribué à les décrier. M. Pascal, auteur de ces Lettres, avoit fait les trois premières pendant qu'on examinoit en Sorbonne la lettre de M. Arnauld. Il y avoit expliqué les questions sur la grâce avec tant d'art et de netteté, qu'il les avoit rendues non-seulement intelligibles, mais agréables à tout le monde. M. Arnauld y étoit pleinement justifié de l'erreur dont on l'accusoit; et les ennemis même de Port-Royal avouoient que jamais ouvrage n'avoit été composé avec plus d'esprit et de justesse. M. Pascal se crut donc obligé d'employer ce même esprit à combattre un des plus grands abus qui se soient jamais glissés dans l'Église, c'est à savoir la morale relâchée de quantité de casuistes, et dont les jésuites faisoient le plus grand nombre, qui, sous prétexte d'éclaircir les cas de conscience, avoient avancé dans leurs livres une multitude infinie de maximes abominables qui tendoient à ruiner toute la morale de Jésus-Christ.

On avoit déjà fait plusieurs écrits contre ces maximes, et l'Université avoit présenté plusieurs requêtes au Parlement, pour intéresser la puissance séculière à réprimer l'audace de ces nouveaux docteurs. Cela n'avoit pas

---

1. Les premières parurent en 1656, par feuilles détachées in-4º.

néanmoins produit un fort grand effet : car ces écrits, quoique très-solides, étant fort secs, n'avoient été lus que par très-peu de personnes. On les avoit regardés comme des traités de scolastique, dont il falloit laisser la connoissance aux théologiens; et les jésuites, par leur crédit, avoient empêché toutes les requêtes d'être répondues. Mais M. Pascal venant à traiter cette matière avec sa vivacité merveilleuse, cet heureux agrément que Dieu lui avoit donné fit un éclat prodigieux, et rendit bientôt ces misérables casuistes l'horreur et la risée de tous les honnêtes gens.

On peut juger de la consternation où ces lettres jetèrent les jésuites, par l'aveu sincère qu'ils en font eux-mêmes : ils confessent, dans une de leurs réponses, que les exils, les emprisonnements, et tous les plus affreux supplices, n'approchent point de la douleur qu'ils eurent de se voir moqués et abandonnés de tout le monde ; en quoi ils font connoître tout ensemble, et combien ils craignent d'être méprisés des hommes, et combien ils sont attachés à soutenir leurs méchants auteurs. En effet, pour regagner cette estime du public, à laquelle ils sont si sensibles, ils n'avoient qu'à désavouer de bonne foi ces mêmes auteurs, et à remercier l'auteur des Lettres de l'ignominie salutaire qu'il leur avoit procurée. Bien loin de cela, il n'y a point d'invectives à quoi ils ne s'emportassent contre sa personne quoiqu'elle leur fût alors entièrement inconnue. Le P. Annat disoit que, pour toute réponse à ses quinze premières lettres, il n'y avoit qu'à lui dire quinze fois qu'il étoit un janséniste; et l'on sait ce que veut dire un janséniste au langage des jésuites. Ils voulurent même l'accuser de mauvaise foi dans la citation des passages de leurs casuistes; mais il les réduisit au silence par ses réponses. D'ailleurs il n'y avoit qu'à lire leurs livres pour être convaincu de son exacte fidélité ; et, malheureusement pour eux, beaucoup de gens eurent alors la curiosité de les lire : jusque-là que, pour satisfaire l'empressement du public, il se fit une nouvelle édition de la Théologie morale d'Escobar, laquelle est comme le précis de toutes les abominations des casuistes; et cette édition fut débitée avec une rapidité étonnante.

Dans ce temps-là même il arriva une chose qui acheva de mettre la vérité dans tout son jour. Un des principaux curés de Rouen, qui avoit lu les Petites Lettres, fit, en présence de son archevêque, en un synode de plus de huit cents curés, un discours fort pathétique sur la corruption qui s'étoit depuis peu introduite dans la morale. Quoique les jésuites n'eussent point été nommés dans ce discours, le P. Brisacier, qui étoit alors recteur du collége des jésuites à Rouen, n'en eut pas plutôt avis, que sa bile se réchauffa. Il prit la plume et fit un libelle en forme de requête, où il déchiroit ce vertueux ecclésiastique avec la même fureur qu'il avoit déchiré les religieuses de Port-Royal.

Les autres curés, touchés du traitement indigne qu'on faisoit à leur confrère, eurent soin, avant toutes choses, de s'instruire à fond du sujet de leur querelle. Ils prirent, d'un côté, les *Lettres provinciales*, et, de l'autre, les livres des casuistes; résolus de poursuivre, ou la condamnation de ces Lettres si les casuistes y étoient cités à faux, ou la condamnation des casuistes si ces citations étoient véritables. Ils y trouvèrent non-seulement tous les passages qui étoient rapportés, mais encore un grand nombre de beaucoup plus horribles, que M. Pascal avoit fait scrupule de citer. Ils dressèrent un extrait de tous ces passages, et le présentèrent avec une requête à M. de Harlay, alors leur archevêque, qui a été depuis archevêque de Paris. Mais lui, jugeant que cette affaire regardoit toute l'Église, les renvoya à l'assemblée générale du clergé, et y députa même un de ses grands-vicaires, avec ordre d'y présenter et l'extrait et la requête.

Les curés de Rouen écrivirent aussitôt à ceux de Paris, pour les prier de les aider de leurs lumières et de leur crédit, et même de se joindre à eux dans une cause qui étoit, disoient-ils, la cause de l'Évangile. Les curés de Paris n'avoient pas attendu cette lettre pour s'élever contre la morale des nouveaux casuistes. Ils s'étoient déjà assemblés plusieurs fois sur ce sujet, tellement qu'ils n'eurent pas de peine à se joindre avec leurs confrères. Ils dressèrent aussi de leur côté un extrait de plus de quarante propositions de ces casuistes, et le présentèrent à l'assemblée du clergé pour en demander la condamnation, en même temps que la requête des curés de Rouen y fut présentée.

Comme c'est principalement aux évêques à maintenir dans l'Église la saine doctrine, tout le monde s'attendoit que le zèle des prélats éclateroit encore plus fortement que celui de tous ces curés. Et en effet, quelle apparence que ces mêmes évêques, qui se donnoient alors tant de mouvement pour faire condamner dans Jansénius cinq propositions équivoques qu'on doutoit qui s'y trouvassent, pussent hésiter à condamner dans les livres des casuistes un si grand nombre de propositions, toutes plus abominables les unes que les autres, qui y étoient énoncées en propres termes, et qui tendoient au renversement entier de la morale de Jésus-Christ? A la vérité, il paroît, par les témoignages publics de quelques prélats députés à l'assemblée dont nous parlons, qu'ils ne purent entendre sans horreur la lecture de ces propositions des casuistes, et qu'ils furent sur le point de se boucher les oreilles, comme firent les Pères du concile de Nicée, lorsqu'ils entendirent les propositions d'Arius. Mais les égards qu'on avoit pour les jésuites prévalurent sur cette horreur : l'assemblée se contenta de faire dire aux curés, par les commissaires qu'elle avoit nommés pour examiner leur requête, qu'étant sur le point de se séparer, et l'affaire qu'ils lui proposoient étant d'une grande discussion, elle n'avoit plus assez de temps pour y travailler. Du reste elle ordonna aux agents du clergé de faire imprimer les instructions de saint Charles sur la Pénitence, et de les envoyer dans tous les diocèses, « afin que cet excellent ouvrage servît comme de barrière pour arrêter le cours des nouvelles opinions sur la morale. »

Quoique les jésuites n'eussent pas lieu de se plaindre de la sévérité des prélats, ils furent néanmoins très-mortifiés de la publication de ce livre, sur lequel ils n'ignoroient pas que toute la doctrine du livre de *la Fréquente Communion* étoit fondée; mais ils se plaignirent surtout de l'abbé de Ciron[1], qu'ils accusèrent d'avoir composé la lettre circulaire des évêques qui accompagnoit ce même livre. Et plût à Dieu que leur animosité contre cet abbé se fût arrêtée à sa personne, et ne se fût pas étendue sur un saint établissement de filles (les filles de l'Enfance) dont il avoit dressé les constitutions, et qu'ils ont eu le crédit de faire détruire, au grand regret de la province

---

1. Gabriel de Ciron, chancelier de l'Église et de l'Université de Toulouse.

de Languedoc et de toute l'Église même, qui en recevoit autant d'utilité que d'édification [1] !

Comme tous ces extraits des curés avoient achevé de convaincre tout le monde de la fidélité des citations de M. Pascal, les jésuites prirent un parti tout contraire à celui qu'ils avoient pris jusqu'alors. Ils entreprirent de défendre ouvertement la doctrine de leurs auteurs : c'est ce qui leur fit publier le livre de l'Apologie des casuistes, composé par le P. Pirot, ami du P. Annat, et qui enseignoit la théologie au collège de Clermont[2]. Comme ils n'avoient pu obtenir de privilége pour l'imprimer, on n'y voyoit ni nom d'auteur ni nom d'imprimeur ; mais ils le débitèrent publiquement dans leur collége ; ils en distribuèrent eux-mêmes plusieurs exemplaires aux amis de la Société, tant à Paris que dans les provinces. Le P. Brisacier le fit lire en plein réfectoire dans le collége de Rouen : il avoit plus de raison qu'un autre de soutenir ce bel ouvrage, puisqu'on y renouveloit contre les religieuses de Port-Royal, et contre leurs directeurs, les mêmes impostures dont il pouvoit se dire l'inventeur.

Mais sa Compagnie n'eut pas longtemps sujet de s'applaudir de la publication de ce livre ; jamais ouvrage n'a excité un si grand soulèvement dans l'Église de Paris. Les curés dressèrent d'abord deux requêtes, pour les présenter, l'une au Parlement, l'autre aux grands-vicaires. Le P.

---

1. La véritable histoire de cette congrégation parut en 1687. Elle est intitulée : *Innocence opprimée par la calomnie ;* mais celle que Simon Reboulet publia en 1734 est un libelle diffamatoire dont l'abbé de Juliard, neveu de madame de Mondonville, fondatrice de cette congrégation, obtint du parlement de Toulouse la suppression.

2. Ce scandaleux livre parut en 1657. Les différents factums publiés en 1658, au nom des curés de Paris, contre cette *Apologie des casuistes,* sont attribués à Pascal, Arnauld et Nicole.

Annat, pour parer ce coup, obtint qu'ils fussent mandés au Louvre, pour rendre raison de leur conduite. Mais cela ne fit que hâter la condamnation de cet exécrable livre. En effet, le cardinal Mazarin ayant demandé aux curés, en présence du roi et des principaux ministres de son conseil, pourquoi ils vouloient s'adresser au Parlement au sujet d'un livre de théologie, ils répondirent avec une fermeté respectueuse, qu'il ne s'agissoit point dans ce livre de simples questions de théologie, mais que la doctrine qu'il contenoit ne tendoit pas moins qu'à autoriser les plus grands crimes, tels que le vol, l'usure, le duel, l'adultère et l'homicide; et que la sûreté des sujets du roi, et celle de sa Majesté même, étant intéressée à sa condamnation, ils s'étoient crus en droit de porter leurs plaintes aux mêmes tribunaux qui avoient autrefois condamné les Santarel, les Mariana, et les autres dangereux auteurs de cette même société. On n'eut pas la moindre réponse à leur faire. Le chancelier, qui étoit présent, déclara qu'il avoit refusé le privilége de ce livre. Enfin le roi, après avoir exigé des curés qu'ils se contenteroient de s'adresser aux juges ecclésiastiques, leur promit d'envoyer ses ordres en Sorbonne, pour y examiner l'Apologie. Le roi tint parole, et toutes les brigues des jésuites et des docteurs de leur parti ne purent empêcher que la Faculté ne fît une censure, et que cette censure ne fût publiée. Les grands-vicaires de Paris en publièrent aussi une de leur côté; et, presque en même temps, plus de trente archevêques et évêques, quelques-uns même de ceux que les jésuites croyoient le plus dans leur dépendance, foudroyèrent à l'envi et l'Apologie et la méchante morale des casuistes.

Les jésuites perdoient patience pendant ce soulèvement si universel; mais ils ne purent jamais se résoudre à désavouer l'Apologie. Le P. Annat fit plusieurs écrits contre les curés, et il les traita avec la même hauteur que les jésuites traitent ordinairement leurs adversaires. Mais ceux-ci le réfutèrent courageusement, et le couvrirent de confusion sur tous les points dont on les vouloit accuser. D'autres jésuites s'attaquèrent aux évêques mêmes, et écrivirent contre leurs censures; ils publioient hautement que ce n'étoit point aux évêques à prononcer sur de telles matières, et que c'étoient des causes majeures qui devoient être renvoyées à Rome, comme on y avoit renvoyé les cinq propositions. Ils furent fort mortifiés, lorsqu'au bout de six mois ils virent leur livre condamné par un décret de l'inquisition; ils trouvoient néanmoins encore des raisons de se flatter, disant que l'inquisition n'avoit supprimé l'Apologie que pour des considérations de police. Enfin le pape Alexandre VII, auprès duquel ils avoient toujours été en si grande faveur, frappa d'anathème quarante-cinq propositions de leurs casuistes; quelques années après il condamna encore le livre d'un P. Moya, jésuite espagnol, qui, sous le nom d'Amadæus Guimeneus, enseignoit la même doctrine que l'Apologie, et censura de même le fameux Caramuel, grand défenseur de toutes les méchantes maximes des casuistes.[1] Pour achever de purger l'Église de cette pernicieuse doctrine, le pape Innocent XI, en l'année 1679, fit un décret[2] où il condamnoit à la fois soixante-cinq propositions aussi tirées des casuistes, avec excommunication encourue *ipso facto* par ceux qui, directement ou indirectement, auront la hardiesse de les soutenir.

---

1. Jean Caramuel, évêque de Vigevano, auteur du livre intitulé *Theologia fundamentalis,* imprimé en 1652, où est exposée la doctrine du *probabilisme.*
2. Bulle du 2 mars 1679.

Qui n'eût cru qu'une Compagnie, qui fait un vœu particulier d'obéissance et de soumission aveugle au saint-siége, garderoit du moins le silence sur une doctrine si solennellement condamnée, et feroit désormais enseigner dans ses écoles une morale plus conforme et à l'Évangile, et aux décisions des papes? Mais le faux honneur de la Société l'a emporté encore en cette occasion sur toutes les raisons de religion et de politique, et même sur les constitutions fondamentales de la Société; il ne s'est presque point passé d'années depuis ce temps-là que les jésuites, soit par de nouveaux livres, soit par des thèses publiques, n'aient soutenu les mêmes méchantes maximes. On sait avec combien d'évêques ils se brouillent encore tous les jours sur ce sujet. Peu s'en est fallu enfin qu'ils n'aient déposé leur propre général, pour avoir fait imprimer, avec l'approbation du pape, un livre contre la probabilité, laquelle est regardée à bon droit comme la source de toute cette horrible morale.

Mais pendant que les jésuites soutenoient avec cette opiniâtreté les erreurs de leurs casuistes, et ne se rendoient, ni sur le fait ni sur le droit, aux censures des papes et des évêques, ils ne poursuivoient pas avec moins d'audace la condamnation de leurs adversaires. Ce ne fut pas assez pour le P. Annat d'avoir fait juger dans l'assemblée du Louvre que les propositions étoient dans Jansénius, et d'avoir ensuite fait ordonner, dans l'assemblée des quinze évêques, que la constitution et le bref seroient signés par tout le royaume; il entreprit encore d'établir un formulaire ou profession de foi, qui comprît également la créance du fait et du droit, et d'en faire ordonner la souscription sous les peines portées contre les hérétiques. C'est ce fameux formulaire qui a tant causé de troubles dans l'Église, et dont les jésuites ont tiré un si grand usage pour se venger de toutes les personnes qu'ils haïssoient. Tout le monde convint que ce fut M. de Marca qui dressa ce formulaire avec le P. Annat, et qui le fit recevoir dans l'assemblée générale de 1656.

Ce prélat étoit un homme de beaucoup d'esprit, très habile dans le droit canon, et dans tout ce qui s'appelle la police extérieure de l'Église, sur laquelle il avoit même fait des livres très-savants, et fort opposés aux prétentions de la cour de Rome; mais il savoit fort peu de théologie ne s'étant destiné que fort tard à l'état ecclésiastique, et ayant passé plus de la moitié de sa vie dans des emplois séculiers, d'abord président au parlement de Pau, puis intendant en Catalogne, d'où il avoit été élevé à l'évêché de Couserans[1], et ensuite à l'archevêché de Toulouse. Sa grande habileté, jointe à l'extrême passion qu'il témoignoit contre les jansénistes, lui donnoit un grand crédit dans les assemblées du clergé : il en dressoit tous les actes, et en formoit, pour ainsi dire, toutes les décisions.

M. de Marca et le P. Annat convenoient dans le dessein de faire déclarer hérétiques les défenseurs de Jansénius; mais ils ne convenoient pas dans la manière de tourner la chose. Le P. Annat prétendoit que les papes étant infaillibles aussi bien sur le fait que sur le droit, on ne pouvoit nier, sans hérésie, un fait que le pape avoit décidé. Mais cela n'accommodoit pas M. de Toulouse, qui avoit soutenu très fortement l'opinion contraire dans ses livres; et cela, fondé sur l'autorité de tout ce qu'il y a des plus habiles écrivains, de ceux mêmes qui sont le plus attachés à la cour de Rome, tels que les cardinaux Baro-

---

1. Saint-Lizier de Couserans ou Conserans (Ariége).

nius, Bellarmin, Palavicin, le P. Petau, et plusieurs autres savants jésuites, qui tous ont enseigné que l'Église n'exige point la créance des faits non révélés, et qui n'ont point fait difficulté de contester des faits très-importants, décidés dans des conciles généraux. Les censeurs mêmes de la seconde lettre de M. Arnauld, quelque animés qu'ils fussent contre sa personne, n'avoient qualifié que de téméraire la proposition de ce docteur, où il disoit qu'il n'avoit point trouvé dans Jansénius les propositions condamnées. Les jansénistes donc ne pouvoient, même selon leurs ennemis, être traités tout au plus que de téméraires; et le P. Annat vouloit qu'ils fussent déclarés hérétiques.

Dans cet embarras, M. de Marca s'avisa d'un expédient dont il s'applaudit fort : il prétendit que le fait de Jansénius étoit un fait certain, d'une nature particulière, et qui étoit tellement lié avec le droit, qu'ils ne pouvoient être séparés. « Le pape, disoit ce prélat, déclare qu'il a condamné comme hérétique la doctrine de Jansénius; or les jansénistes soutiennent la doctrine de Jansénius : donc les jansénistes soutiennent une doctrine hérétique. » C'étoit un des plus ridicules sophismes qui se pût faire, puisque le pape n'expliquant point ce qu'il entendoit par la doctrine de Jansénius, la même question de fait subsistoit toujours entre ses adversaires et ses défenseurs, dont les uns croyoient voir dans cette doctrine tout le venin des cinq propositions, et les autres n'y croyoient voir que la doctrine de saint Augustin. Il n'est pas croyable néanmoins combien de gens se laissèrent éblouir à ce faux argument; le P. Annat le répétoit à chaque bout de champ dans ses livres; et ce ne fut qu'après un nombre infini de réfutations qu'il fut obligé de l'abandonner.

Cependant lui et M. de Toulouse ayant préparé tous les matériaux pour faire accepter leur Formulaire dans l'assemblée générale, deux prélats, envoyés par le roi, y vinrent exhorter les évêques, de la part de Sa Majesté, à chercher les moyens d'extirper l'hérésie du jansénisme. En même temps tous les prélats qui se trouvoient alors à Paris (en 1656) eurent aussi ordre de se rendre dans la grande salle des Augustins. Alors M. de Toulouse présenta à l'assemblée une ample relation, qu'il avoit composée à sa mode, de toute l'affaire de Jansénius. Cette relation étant lue, on fit aussi lecture de la constitution et du bref, des déclarations du roi, et de toutes les lettres des assemblées précédentes. M. de Marca fit un grand discours sur l'autorité de la présente assemblée, qu'il égaloit à un concile national. Tout cela, comme on peut le penser, fut long, et occupa presque toutes les deux séances dans lesquelles cette grande affaire fut terminée; en telle sorte que ceux qui y étoient présents n'eurent autre chose à faire qu'à écouter et à signer. Il n'y eut, pour ainsi dire, ni examen ni délibération : ceux qui n'étoient pas de l'avis du Formulaire furent entraînés par le grand nombre. On confirma les délibérations des assemblées précédentes; le Formulaire fut approuvé, et on résolut qu'il seroit envoyé à tous les évêques absents, avec ordre à eux d'exécuter les résolutions de l'assemblée, sous peine d'être exclus de toute assemblée du clergé, soit générale, soit particulière, et même des assemblées provinciales. Tout cela se fit le premier et le deuxième jour de septembre.

En même temps l'assemblée écrivit au nouveau pape, pour lui rendre compte de tout ce qu'elle avoit fait contre les jansénistes. Ce pape, qui s'appeloit auparavant Fabio Chigi, avoit pris le nom d'Alexandre VII. Je ne puis m'empêcher de rapporter à son sujet une chose assez particulière que le cardinal de Retz raconte dans l'histoire qu'il a composée du conclave où ce même pape fut élu. Il dit que le cardinal François Barberin, dont le parti étoit fort puissant dans le conclave, fut longtemps sans se pouvoir résoudre à donner sa voix à Chigi, craignant que son étroite liaison avec les jésuites ne l'engageât, quand il seroit pape, à donner quelque atteinte à la doctrine de saint Augustin, pour laquelle Barberin avoit toujours eu un fort grand respect. Chigi, ajoute le cardinal de Retz, n'ignora pas ce scrupule. Quelques jours après, s'étant trouvé à une conversation où le cardinal Albizzi, passionné partisan des jésuites, parloit de saint Augustin avec beaucoup de mépris, il prit avec beaucoup de chaleur la défense de ce saint docteur, et parla de telle sorte, que non-seulement le cardinal Barberin fut entièrement rassuré, mais qu'on se flatta même que Chigi seroit homme à donner la paix à l'Église.

Il est évident que jamais les jésuites ne furent plus puissants à Rome que sous son pontificat. Il ne tarda guère à publier une constitution[1], où, non content de confirmer la bulle d'Innocent X contre les cinq propositions, il traitoit d'enfants d'iniquité tous ceux qui osoient dire que ces propositions n'avoient point été extraites de Jansénius, ni condamnées au sens de cet évêque : assurant qu'il avoit assisté lui-même au jugement de toute cette affaire, et que l'intention de son prédécesseur avoit été de condamner la doctrine de Jansénius. Il y a de l'apparence qu'il disoit vrai : cependant l'assemblée du clergé rapporte dans son procès-verbal une chose assez

---

1. La bulle *ad Sacram B. Petri sedem*, datée du 17 novembre 1656.

surprenante : c'est que M. l'évêque de Lodève, dans le compte qu'il rendit à messeigneurs d'un entretien qu'il avoit eu avec Innocent X, leur dit que ce pape l'avoit assuré de sa propre bouche que son intention n'avoit point été de toucher ni à la personne ni à la mémoire de Jansénius, ni même précisément à la question de fait.

Mais l'assemblée ne se mit pas fort en peine d'accorder ces contrariétés ; elle ne se plaignit pas même de certains termes de la nouvelle bulle, qui étoient très injurieux à l'épiscopat, et se contenta de les adoucir le mieux qu'elle put dans la version françoise qu'elle en fit faire. Du reste, elle reçut avec de grands témoignages de respect la constitution, en fit faire mention dans le Formulaire, où il ne fut plus parlé du bref d'Innocent X, et résolut de supplier le roi de la faire enregistrer dans son Parlement. On appréhenda que le Parlement ne rejetât cette bulle pour plusieurs raisons, et entre autres, pour les mêmes causes qui avoient empêché qu'on n'y présentât la bulle d'Innocent X, je veux dire parce qu'elle étoit faite par le pape seul, sans aucun concile, sans avoir pris même l'avis des cardinaux, et, comme on dit, *motu proprio* : ce qu'on ne reconnoît point en France. Mais le roi l'ayant lui-même portée au Parlement, sa présence empêcha toutes les oppositions qu'on auroit pu faire. Tous les évêques la firent publier dans leurs diocèses : mais pour le Formulaire, ils en firent eux-mêmes si peu de cas, qu'il ne paroît point qu'aucun d'eux en ait exigé la souscription, non pas même l'archevêque de Toulouse, qu'on en regardoit comme l'inventeur. Ainsi les choses demeurèrent au même état où elles se trouvoient avant l'assemblée ; tout le monde étant d'accord sur le dogme, et ceux qui doutoient du fait ne se croyant pas obligés de reconnoître plus d'infaillibilité sur ce fait dans Alexandre VII que dans son prédécesseur. Le cardinal Mazarin lui-même, soit que les grandes affaires de l'État l'occupassent alors tout entier, soit qu'il ne fût pas toujours d'humeur à accorder aux jésuites tout ce qu'ils lui demandoient, ne donna aucun ordre pour exécuter les décisions de l'assemblée, et parut être retombé pour cette querelle dans la même indifférence où il avoit été dans les commencements.

Les choses demeurèrent en cet état jusque vers la fin de décembre de l'année 1660, auquel temps l'assemblée générale, dont l'ouverture s'étoit faite au commencement de cette même année, eut ordre de remettre sur le tapis l'affaire du jansénisme. Aussitôt tous les prélats de dehors furent mandés pour y travailler, et entre autres l'archevêque de Toulouse, qui n'étoit point de cette assemblée, mais qui y vint plaider avec beaucoup de chaleur la cause de son Formulaire. Il fit surtout de grandes plaintes d'un écrit qu'on avoit fait contre ce Formulaire, dont on avoit renversé tous les principes par les propres principes que M. de Toulouse avoit autrefois enseignés dans ses livres. Cet écrit étoit du même M. de Launoy dont nous avons déjà parlé, qui ne prenoit, comme j'ai dit, aucun intérêt à la doctrine de saint Augustin; mais qui, par la même raison qu'il n'avoit pu souffrir de voir renversés par la censure de la Sorbonne tous les priviléges de la Faculté, n'avoit pu digérer aussi de voir toutes les libertés de l'Église gallicane, et toute l'ancienne doctrine de la France, renversées par le Formulaire du clergé.

Celui qui présidoit à l'assemblée de 1660 étoit M. de Harlay, archevêque de Rouen. On peut juger qu'il ne négligea pas cette grande occasion de se signaler. Il eut plusieurs prises avec les plus illustres députés du premier et du second ordre qui lui sembloient trop favorables aux jansénistes, fit sonner fort haut dans tous ces avis la volonté du roi et les intentions de M. le cardinal Mazarin. Tout cela n'empêcha pas M. l'évêque de Laon, depuis cardinal d'Estrées; M. de Bassompierre, évêque de Xaintes, et d'autres évêques des plus considérables, de s'élever avec beaucoup de fermeté contre le nouveau joug qu'on vouloit imposer aux fidèles, en leur prescrivant la même créance pour les faits non révélés que pour les dogmes. La brigue contraire l'emporta néanmoins sur toutes leurs raisons; et le plus grand nombre fut, à l'ordinaire, de l'avis du président, c'est-à-dire de l'avis de la cour. On enchérit encore sur les résolutions des dernières assemblées : on ordonna de nouvelles peines contre ceux qui refuseroient de se soumettre; on comprit dans le nombre de ceux qui seroient obligés de signer le Formulaire, non-seulement les religieuses, mais même les régents et les maîtres d'école : chose jusqu'alors inouïe dans l'Église catholique et qui n'avoit été pratiquée que par les protestants d'Allemagne.

Le cardinal Mazarin mourut quinze jours après ces délibérations[1]. Les défenseurs de Jansénius s'étoient d'abord flattés que cette mort apporteroit quelque changement favorable à leurs affaires; mais lorsqu'ils virent de quelles personnes le roi avoit composé son conseil de conscience, et que c'étoit M. de Marca et le P. Annat qui avoient la principale autorité, ils jugèrent bien qu'ils ne devoient plus mettre leur confiance qu'en Dieu seul, et que toutes les autres voies pour faire connoître leur innocence leur étoient fermées.

1. A Vincennes, le 9 mars 1661.

SECONDE PARTIE

Nous avons vu jusqu'ici la calomnie employer tous ses efforts pour décrier le monastère de Port-Royal; nous allons voir maintenant tomber sur cette maison l'orage qui se formoit depuis tant d'années, et la passion des jésuites armée, pour la perdre, non plus simplement de l'autorité du premier ministre, mais de toute la puissance royale. Je ne doute pas que la prospérité, qui verra un jour, d'un côté, les grandes choses que le roi a faites pour l'avancement de la religion catholique, et de l'autre, les grands services que M. Arnauld a rendus à l'Église, et la vertu extraordinaire qui a éclaté dans la maison dont nous parlons, n'ait peine à comprendre comment il s'est pu faire que, sous un roi si plein de piété et de justice, une maison si sainte ait été détruite; et que ce même M. Arnauld ait été obligé d'aller finir sa vie dans les pays étrangers. Mais ce n'est pas la première fois que Dieu a permis que de fort grands saints aient été traités en coupables par des princes très-vertueux; l'histoire ecclésiastique est pleine de pareils exemples; et il faut avouer que jamais prévention n'a été fondée sur des raisons plus apparentes que celle du roi contre tout ce qui s'appelle jansénisme.

Car, bien que les défenseurs de la grâce n'eussent jamais soutenu les cinq propositions en elles-mêmes, ni avoué qu'elles fussent d'aucun auteur; bien qu'ils n'eussent, comme j'ai déjà dit, envoyé leurs docteurs à Rome que pour exhorter Sa Sainteté à prendre bien garde, en prononçant sur ces propositions chimériques, de ne point donner d'atteinte à la véritable doctrine de la grâce, le pape néanmoins les ayant condamnées sans aucune explication, comme extraites de Jansénius, il sembloit que les prétendus jansénistes eussent entièrement perdu leur cause ; et la plupart du monde, qui ne savoit pas le nœud de la question, croyoit que c'étoit en effet leur opinion que le pape avoit condamnée. La distinction même du fait et du droit qu'ils alléguoient paroissoit une adresse imaginée après coup pour ne se point soumettre. Il n'est donc pas surprenant que le roi, à qui ses grands emplois ne laissoient pas le temps de lire leurs nombreuses justifications, crût, sur tant de circonstances si vraisemblables et si peu vraies, qu'ils étoient dans l'erreur. D'ailleurs, quelques grands principes qu'on eût à Port-Royal sur la fidélité et sur l'obéissance qu'on doit aux puissances légitimes, quelque persuadé qu'on y fût qu'un sujet ne peut jamais avoir de justes raisons de s'élever contre son prince, le roi étoit prévenu que les jansénistes n'étoient pas bien intentionnés pour sa personne et pour son État ; et ils avoient eux-mêmes, sans y penser, donné occasion à lui inspirer ces sentiments par le commerce, quoique innocent, qu'ils avoient eu avec le cardinal de Retz, et par leur facilité plus chrétienne que judicieuse à recevoir beaucoup de personnes, ou dégoûtées de la cour, ou tombées dans la disgrâce, qui venoient chez eux chercher des consolations, quelquefois même se jeter dans la pénitence. Joignez à cela qu'encore que les principaux d'entre eux fussent fort réservés à parler et à se plaindre, ils avoient des amis zélés et indiscrets, qui tenoient quelquefois des discours très-peu excusables. Ces discours, quoique avancés souvent par un seul particulier, étoient réputés des discours de tout le corps ; leurs adversaires prenoient grand soin qu'ils fussent rapportés au ministre ou au roi même.

On sait que Sa Majesté a toujours un jésuite pour confesseur[1]. Le P. Annat, qui l'a été fort longtemps, outre l'intérêt général de sa Compagnie, avoit encore un intérêt particulier qui l'animoit contre les gens dont nous parlons. Il se piquoit d'être grand théologien et grand écrivain, il entassoit volume sur volume, et ne pouvoit digérer de voir ses livres (malgré tous les mouvements que sa Compagnie se donnoit pour les faire valoir) méprisés du public, et ceux de ses adversaires dans une estime générale. Tous ceux qui ont connu ce père savent qu'étant assez raisonnable dans les autres choses, il ne connoissoit plus ni raison ni équité quand il étoit question des jansénistes. Tout ce qui approchoit du roi, mais surtout les gens d'Église, n'osoient guère lui parler sur ce chapitre que dans les sentiments de son confesseur. Il ne se tenoit point d'assemblées d'évêques où l'on ne fît des délibérations contre la prétendue nouvelle hérésie ; et ils comparoient dans leurs harangues quelques déclarations qu'on avoit obtenues de Sa Majesté contre les jansénistes à tout ce que les Constantin et les Théodose ont fait de plus considérable pour l'Église. Les papes mêmes, dans leurs brefs, excitoient son zèle à exterminer une secte si pernicieuse. C'étoient tous

---

1. Le père Annat, qui était confesseur du roi dès 1654, fut renvoyé en 1670, et remplacé par le jésuite Ferrier, mort en 1674, auquel succéda le jésuite La Chaise. Enfin après celui-ci, mort en 1709, vint le fameux père Tellier, qui survécut à Louis XIV. C'est ce qui explique cette incroyable persécution de cinquante années contre Port-Royal.

les jours de nouvelles accusations. On lui présentoit des livres où on assuroit que, pendant les guerres de Paris, les ecclésiastiques de Port-Royal avoient offert au duc d'Orléans de lever et d'entretenir douze mille hommes à leurs dépens, et qu'on en donneroit la preuve dès que Sa Majesté en voudroit être informée. On eut l'impudence d'avancer dans un de ces livres que M. de Gondrin, archevêque de Sens, qu'on appeloit l'un des apôtres du jansénisme, avoit chargé, l'épée à la main, et taillé en pièces, dans une ville de son diocèse, un régiment d'Irlandois qui étoit au service de Sa Majesté. Tous ces ouvrages se débitoient avec privilége ; et les réponses où l'on couvroit de confusion de si ridicules calomniateurs étoient supprimées par autorité publique, et quelquefois même brûlées par la main du bourreau.

Quel moyen donc que la vérité pût parvenir aux oreilles du roi? Le peu de gens qui auroient pu avoir assez de fermeté pour la lui dire étoient ou retirés de la cour, ou décriés eux-mêmes comme jansénistes. Et qui est-ce qui auroit pu être à couvert d'une pareille diffamation, puisqu'on a vu un pape, pour avoir fait écrire une lettre un peu obligeante à M. Arnauld, diffamé lui-même publiquement comme fauteur de jansénistes[1]?

Ainsi une des premières choses à quoi Sa Majesté se crut obligée, prenant l'administration de ses affaires après la mort du cardinal Mazarin, ce fut de délivrer son État de cette prétendue secte. Il fit donner (le 13 avril 1661)

---

1. Clément X, qui témoignait la plus haute estime pour Arnauld, lui fit demander ses ouvrages, et lui en adressa une lettre de remerciement dans les termes les plus flatteurs. La lettre qu'Innocent XI fit écrire à ce docteur par le cardinal Cibo est également pleine d'estime pour la personne et les ouvrages d'Arnauld.

un arrêt dans son conseil d'État, pour faire exécuter les résolutions de l'assemblée du clergé, et écrivit à tous les archevêques et évêques de France à ce qu'ils eussent à s'y conformer, avec ordre à chacun d'eux de lui rendre compte de sa soumission deux mois après qu'ils auroient reçu sa lettre. Mais les jésuites n'eurent rien plus à cœur que de lui faire ruiner la maison de Port-Royal. Il y avoit longtemps qu'ils la lui représentoient comme le centre et la principale école de la nouvelle hérésie. On ne se donna pas même le temps de faire examiner la foi des religieuses : le lieutenant civil et le procureur du roi eurent ordre de s'y transporter pour en chasser toutes les pensionnaires et les postulantes, avec défense d'en plus recevoir à l'avenir; et un commissaire du Châtelet alla faire la même chose au monastère des Champs. L'abbesse, qui étoit alors la mère Agnès, sœur de la mère Angélique, reçut avec un profond respect les ordres du roi, et, sans faire la moindre plainte de ce qu'on les condamnoit ainsi avant que de les entendre, demanda seulement au lieutenant civil si elle ne pourroit pas donner le voile à sept de ses postulantes qui étoient déjà au noviciat, et que la communauté avoit admises à la vêture. Il n'en fit point de difficulté ; et, sur la parole de ce magistrat, quatre de ces filles prirent l'habit le lendemain, qui étoit le jour de la *Quasimodo*, et les trois autres le prirent aussi le jour suivant, fête de Saint-Marc. Cette affaire fut rapportée au roi d'une manière si odieuse, qu'il renvoya sur-le-champ le lieutenant civil, avec une lettre de cachet, pour faire ôter l'habit à ces novices. L'abbesse se trouva dans un fort grand embarras, ne croyant pas qu'ayant donné à des filles le saint habit à la face de l'Église, il lui fût permis de le leur ôter, sans qu'elles se fussent attiré ce traitement par quelque faute. Elle écrivit au roi une lettre très-respectueuse pour lui expliquer ses raisons, et pour le supplier aussi de vouloir considérer si Sa Majesté, sans aucun jugement canonique, pouvoit en conscience, en leur défendant de recevoir des novices, « supprimer et éteindre un monastère et un institut légitimement établi pour donner des servantes à Jésus-Christ dans la suite de tous les siècles ». Mais cette lettre ne produisit d'autre fruit que d'attirer une seconde lettre de cachet, par laquelle le roi réitéroit ses ordres à l'abbesse d'ôter l'habit aux sept novices, et de les renvoyer dans vingt-quatre heures, sous peine de désobéissance et d'encourir son indignation. Du reste, il lui déclaroit « qu'il n'avoit point prétendu supprimer son monastère par une défense absolue d'y recevoir des novices à l'avenir, mais seulement jusqu'à nouvel ordre, lequel seroit donné par autorité ecclésiastique, lorsqu'il aura été pourvu à votre couvent (ce sont les termes de la lettre) d'un supérieur et directeur d'une capacité et piété reconnues, et duquel la doctrine ne sera point soupçonnée de jansénisme; à l'établissement duquel nous entendons qu'il soit procédé incessamment par les vicaires généraux de l'archevêque de Paris ».

Après une telle lettre on n'osa plus garder les sept novices, et on les rendit à leurs parents; mais on ne put jamais les faire résoudre à quitter l'habit; elles le gardèrent pendant plus de trois ans, attendant toujours qu'il plût à Dieu de rouvrir les portes d'une maison où elles voyoient que leur salut étoit attaché.

L'une de ces novices étoit cette mademoiselle Perrier qui avoit été guérie par la sainte épine; et Dieu a permis qu'elle soit restée dans le siècle, afin que plus de personnes pussent apprendre de sa bouche ce miracle si étonnant. Elle est encore vivante au moment que j'écris ceci ; et sa piété exemplaire, très-digne d'une vierge chrétienne, ne contribue pas peu à confirmer le témoignage qu'elle rend à la vérité[1].

Les pensionnaires et les postulantes chassées, on chassa aussi le supérieur et les confesseurs. Alors M. de Contes, doyen de Notre-Dame, l'un des grands vicaires, amena aux religieuses, par ordre du roi, M. Bail, curé de Montmartre, et sous-pénitencier, pour être leur supérieur et leur confesseur. Celui-ci nomma deux prêtres de Saint-Nicolas-du-Chardonnet pour être leurs confesseurs sous lui. On ne pouvoit guère choisir de gens plus prévenus contre les jansénistes : M. Bail surtout leur étoit fort opposé ; ses cheveux se hérissoient au seul nom de Port-Royal, et il avoit toute sa vie ajouté une foi entière à tout ce que les jésuites publioient contre cette maison ; très-dévot d'ailleurs, et qui avoit fort étudié les casuistes.

Six semaines après qu'il eut été établi supérieur, M. de Contes et lui eurent ordre de faire la visite des deux maisons, et ils commencèrent par la maison de Paris. Ils y trouvèrent la célèbre mère Angélique qui étoit dangereusement malade, et qui mourut même pendant le cours de cette visite. Mais comme cette sainte fille a eu tant de part à tout le bien que Dieu a opéré dans ce monastère, je crois qu'il ne sera pas hors de propos de raconter ici avec quelle fermeté héroïque elle soutint cette désolation de sa maison, et de toucher quelques-unes des principales circonstances de sa mort.

Elle avoit passé tout l'hiver à Port-Royal des Champs,

---

1. Mademoiselle Perrier ne mourut qu'en 1733, à l'âge de quatre-vingt-sept ans. C'est par erreur que Voltaire *(Siècle de Louis XIV)* a daté cette mort de 1728.

avec une santé fort foible et fort languissante, ne s'étant pas bien rétablie d'une grande maladie qu'elle avoit eue l'été précédent. Il y avoit déjà du temps qu'elle exhortoit ses religieuses à se préparer, par beaucoup de prières, aux tribulations qu'elle prévoyoit qui leur devoient arriver. On lui avoit pourtant écrit de Paris que les affaires s'adoucissoient; mais elle n'en avoit rien cru, et disoit toujours que le temps de la souffrance étoit arrivé. En effet, elle apprit dans la semaine de Pâques les résolutions qui avoient été prises contre ce monastère. Malgré ses grandes infirmités et l'amour qu'elle avoit pour son désert, elle manda à la mère abbesse que si l'on jugeoit à Paris sa présence nécessaire dans une conjoncture si importante, elle s'y feroit porter. Elle le fit en effet sur ce qu'on lui écrivit qu'il étoit à propos qu'elle vînt. Elle apprit en chemin que ce jour-là même M. le lieutenant civil étoit venu dans la maison de Paris, et les ordres qu'il y avoit apportés. Elle se mit aussitôt à réciter le *Te Deum* avec les sœurs qui l'accompagnoient dans le carrosse, leur disant qu'il falloit remercier Dieu de tout et en tout temps. Elle arriva avec cette tranquillité dans la maison, et comme elle vit des religieuses qui pleuroient : « Quoi! dit-elle, mes filles, je pense qu'on pleure ici! Et où est votre foi? » Cette grande fermeté cependant n'empêcha pas que les jours suivants ses entrailles ne fussent émues lorsqu'elle vit sortir toutes ces pauvres filles qu'on venoit enlever les unes après les autres, et qui, comme d'innocents agneaux, perçoient le ciel de leurs cris en venant prendre congé d'elle, et lui demander sa bénédiction. Il y en eut trois, entre autres, pour qui elle se sentit particulièrement attendrir : c'étoient mesdemoiselles de Luynes et mademoiselle de Bagnols. Elle les avoit élevées toutes trois presque au sortir du berceau, et ne pouvoit oublier avec quels sentiments de piété leurs parents, qui avoient fait beaucoup de bien à la maison, les lui avoient autrefois recommandées pour en faire des offrandes dignes d'être consacrées à Dieu dans son monastère. Elles étoient sur le point de prendre l'habit, et attendoient ce jour avec beaucoup d'impatience.

L'heure étant venue qu'il falloit qu'elles sortissent, la mère Angélique, qui sentit son cœur se déchirer à cette séparation, et que sa fermeté commençoit à s'ébranler, tout à coup s'adressa à Dieu pour le prier de la soutenir, et prit la résolution de les mener elle-même à la porte, où leurs parents les attendoient. Elle les leur remit entre les mains avec tant de marque de constance, que madame de Chevreuse, qui venoit querir mesdemoiselles de Luynes, ne put s'empêcher de lui faire compliment sur son grand courage. « Madame, lui dit la mère Angélique d'un ton qui acheva de la remplir d'admiration, tandis que Dieu sera Dieu, j'espérerai en lui, et je ne perdrai point courage. » Ensuite, s'adressant à mademoiselle de Luynes l'aînée, qui fondoit en larmes : « Allez, ma fille, lui dit-elle, espérez en Dieu, et mettez en lui votre confiance ; nous nous reverrons ailleurs, où il ne sera plus au pouvoir des hommes de nous séparer. »

Mais dans tous ces combats de la foi et de la nature, à mesure que la foi prenoit le dessus, à mesure aussi la nature tomboit dans l'accablement ; et l'on s'aperçut bientôt que sa santé dépérissoit à vue d'œil. Ajoutez à tous ces déchirements de cœur le mouvement qu'il falloit qu'elle se donnât dans ce temps de trouble et d'agitation, étant obligée à toute heure, tantôt d'aller au parloir, tantôt d'écrire des lettres, soit pour demander conseil, soit pour en donner : il n'y avoit point de jours qu'elle ne reçût des lettres des religieuses des Champs, chez qui il se passoit les mêmes choses qu'à Paris, et qui n'avoient recours qu'à elle dans tout ce qui leur arrivoit. Elle étoit de toutes les processions qu'on faisoit alors pour implorer la miséricorde de Dieu.

La dernière où elle assista, ce fut à celle pour les sept novices, afin qu'il plût à Dieu d'exaucer les prières qu'elles lui faisoient pour demeurer dans la maison. On lui donna à porter une relique de la vraie croix, et elle y alla nu-pieds comme toutes les autres religieuses; elle se traîna, comme elle put, le long des cloîtres dont on faisoit le tour; mais en rentrant dans le chœur, elle tomba en foiblesse, et il fallut la reporter dans sa chambre et dans son lit, d'où elle ne se releva plus. Il lui prit une fort grande oppression, accompagnée de fièvre; et cette oppression, qui étoit continuelle, avoit des accès si violents, qu'on croyoit à tout moment qu'elle alloit mourir : en telle sorte que, dans l'espace de deux mois, on fut obligé de lui apporter trois fois le saint viatique.

Mais la plus rude de toutes les épreuves, tant pour elle que pour toute la communauté, ce fut l'éloignement de M. Singlin et des autres confesseurs, du nombre desquels étoient M. de Sacy et M. de Sainte-Marthe, deux des plus saints prêtres qui fussent alors dans l'Église. Il y avoit plus de vingt ans que la mère Angélique se confessoit à M. Singlin, et l'on peut dire qu'après Dieu elle avoit mis en lui toute l'espérance de son salut. On peut juger combien il lui fut sensible d'être privée de ses lumières et de ses consolations, dans un temps où elles lui étoient si nécessaires, surtout sentant approcher l'heure de sa mort. Cependant elle supporta cette privation si douloureuse avec la même résignation que tout le reste; et voyant ses religieuses qui s'affligeoient de n'avoir plus personne pour les conduire, et qui se regardoient comme des brebis sans pasteur : « Il ne s'agit pas, leur disoit-elle, de pleurer la perte que vous avez faite en la personne de ces vertueux ecclésiastiques, mais de mettre en œuvre les saintes instructions qu'ils vous ont données. Croyez-moi, mes filles, nous avions besoin de toutes les humiliations que Dieu nous envoie. Il n'y avoit point de maison en France plus comblée des biens spirituels que la nôtre, ni où il y eût plus de connoissance de la vérité; mais il eût été dangereux pour nous de demeurer plus longtemps dans notre abondance; et si Dieu ne nous eût abaissées, nous serions peut-être tombées. Les hommes ne savent pas pourquoi ils font les choses; mais Dieu, qui se sert d'eux, sait ce qu'il nous faut. » Mais tous ces sentiments, dont son cœur étoit si rempli, paroîtront encore mieux dans une lettre qu'elle écrivit alors à un des amis de la maison, très vivement touché de tout ce qui se passoit. Voici cette lettre :

« Enfin, monsieur, Dieu nous a dépouillées de pères, de sœurs et d'enfants : son saint nom soit béni ! La douleur est céans, mais la paix y est aussi dans une soumission entière à sa divine volonté. Nous sommes persuadées que cette visite est une grande miséricorde de Dieu sur nous, et qu'elle nous étoit absolument nécessaire pour nous purifier et nous disposer à faire un saint usage de ses grâces que nous avons reçues avec tant d'abondance : car, croyez-moi, si Dieu daigne avoir sur nous de plus grands desseins de miséricorde, la persécution ira plus avant. Humilions-nous de tout notre cœur pour nous rendre dignes de ses faveurs, si véritables et si inconnues aux hommes.

Pour vous, je vous supplie d'être le plus solitaire que vous pourrez, et de parler fort peu, surtout de nous. Ne racontez point ce qui se passe, si l'on ne vous en parle; écoutez, et répondez le moins que vous pourrez. Souvenez-vous de cette excellente remarque de M. de Saint-Cyran, que l'Évangile et la passion de Jésus-Christ est écrite dans une très-grande simplicité et sans aucune exagération. L'orgueil, la vanité, l'amour-propre se mêlent partout; et puisque Dieu nous a unies par sa sainte charité, il faut que nous le servions dans l'humilité. Le plus grand fruit de la persécution, c'est l'humiliation; et l'humilité se conserve dans le silence; gardons-le donc aux pieds de Notre-Seigneur, et attendons de sa bonté notre force et notre soutien. »

C'est dans ce même esprit qu'elle répondit un jour à quelques sœurs, qui lui demandoient ce qu'elle pensoit qu'elles deviendroient toutes, et si on ne leur rendroit point leurs novices et leurs pensionnaires :

« Mes filles, ne vous tourmentez point de tout cela : je ne suis pas en peine si on vous rendra vos novices et vos pensionnaires; mais je suis en peine si l'esprit de la retraite, de la simplicité et de la pauvreté, se conservera parmi vous. Pourvu que ces choses subsistent, moquez-vous de tout le reste. »

Il n'y avoit presque point de jour qu'on ne lui vînt annoncer quelque nouvelle affligeante : tantôt on lui disoit que le lieutenant civil étoit dans la clôture avec des maçons pour faire murer jusques aux portes par où entroient les charrois pour les nécessités du jardin et de la maison; tantôt que ce même magistrat faisoit, avec des archers, des perquisitions dans les maisons voisines, pour voir si quelques-uns des confesseurs n'y seroient point cachés ; une autre fois, qu'on viendroit enlever et disperser toutes les religieuses. Mais elle demeuroit toujours dans le calme, ne permettant jamais qu'on se plaignît même des jésuites, et disant toujours : « Prions Dieu et pour eux et pour nous. » Cependant comme il étoit aisé de juger par tous ces traitements si extraordinaires qu'il falloit qu'on eût étrangement prévenu l'esprit du roi contre la maison, on crut devoir faire un dernier effort pour détromper Sa Majesé. Toute la communauté s'adressa donc à la mère Angélique, et on l'obligea d'écrire à la reine-mère, dont elle étoit plus connue que du roi, et qui avoit toujours conservé beaucoup de bonté pour M. d'Andilly, son frère. Comme cette lettre a été imprimée, je n'en rapporterai ici que la substance. Elle y représentoit une partie des bénédictions que Dieu avoit répandues sur son monastère, et entre autres, le bonheur qu'elle avoit eu d'avoir saint François de Sales pour directeur, et la bienheureuse mère de Chantal pour intime amie. Elle rappeloit ensuite toutes les calomnies dont on l'avoit déchirée et ses religieuses ; la protection que leur innocence avoit trouvée auprès de feu M. de Gondy, leur archevêque et leur supérieur, et les censures dont il avoit flétri les infâmes libelles de leurs accusateurs, qui n'avoient pas laissé de continuer leurs impostures. Elle rapportoit les témoignages que ce prélat, et tous les supérieurs qu'il leur avoit donnés, avoient rendus de la pureté de leur foi, de leur soumission au pape et à l'Église, et de l'entière ignorance où on les avoit toujours entretenues touchant les matières contestées : jusque-là qu'on ne leur laissoit pas lire le livre de *la Fréquente Communion* même, à cause des disputes auxquelles il avoit donné occasion. Elle faisoit souvenir la reine de la manière miraculeuse dont Dieu s'étoit déclaré pour elle, et la supplioit enfin de leur accorder la même protection que Philippe II, roi d'Espagne, son aïeul, avoit accordée à sainte Thérèse, qui, malgré son éminente sainteté, s'étoit vue calomniée aussi bien que les pères de son ordre, et noircie auprès du pape par les mêmes accusations d'hérésie dont on chargeoit les religieuses de Port-Royal, et leurs directeurs.

La mère Angélique dicta cette lettre à plusieurs reprises, étant interrompue presque à chaque ligne par des syncopes et des convulsions violentes que causoit sa maladie. La lettre étant écrite, elle ne voulut plus entendre parler d'aucune affaire, et ne songea plus qu'à l'éternité. Bien qu'elle eût passé sa vie dans des exercices continuels de pénitence, et n'eût jamais fait autre chose que de travailler à son salut et à celui des autres, elle était si pénétrée de la sainteté infinie de Dieu, et de sa propre indignité, qu'elle ne pouvoit penser sans frayeur au moment terrible où elle comparoîtroit devant lui. La sainte confiance qu'elle avoit en sa miséricorde gagna pourtant enfin le dessus. Son extrême humilité la rendit fort attentive, dans les derniers jours de sa vie, à ne rien dire, à ne rien faire de trop remarquable, ni qui donnât occasion de parler d'elle avec estime après sa mort. Et sur ce qu'on lui représentoit un jour que la mère Marie des Anges, qu'elle estimoit, et qui étoit morte il y avoit trois ans, avoit dit, avant que de mourir, beaucoup de choses dont on se souvenoit avec édification, elle répondit brusquement : « Cette mère étoit fort simple et fort humble, et je ne la suis pas. »

Quelque cinq semaines avant sa mort, ses oppressions diminuèrent tout à coup, et on la crut presque hors de péril; mais bientôt les jambes lui enflèrent, et ensuite tout le corps; et tous ses maux se changèrent en une hydropisie qui fut jugée sans remède.

Dans ce temps, le même M. de Contes et M. Bail, qui commençoient leur visite, étant entrés dans sa chambre, et M. de Contes lui ayant demandé comment elle se trouvoit, elle lui répondit d'un fort grand sang-froid : « Comme une fille, monsieur, qui va mourir. — Hé quoi! ma mère, s'écria M. de Contes, vous dites cela comme une chose indifférente! La mort ne vous étonne-t-elle point? — Monsieur, lui dit-elle, je suis venue ici pour m'y préparer à mourir, mais je n'y étois pas venue pour y voir tout ce que j'y vois. » M. de Contes, à ces mots, haussant les épaules sans rien répliquer : « Monsieur, lui dit la mère, je vous entends : voici le jour de l'homme; mais le jour de Dieu viendra, qui découvrira bien des choses. »

Il est incroyable combien ses souffrances augmentèrent dans les trois dernières semaines de sa maladie, tant par les douleurs de son enflure que parce que son corps s'écorcha en plusieurs endroits; ajoutez à cela un si extrême dégoût, que la nourriture lui étoit devenue un supplice. Elle enduroit tout ces maux avec une paix et une douceur étonnante, et ne témoigna jamais d'impatience que du trop grand soin qu'on prenoit de chercher des moyens de la mettre plus à son aise. « Saint Benoît nous ordonne, disoit-elle, de traiter les malades comme Jésus-Christ même; mais cela s'entend des soulagements nécessaires; et non par des raffinements pour flatter la sensualité. » On la voyoit dans un recueillement continuel, toujours les yeux levés vers le ciel, et n'ouvrant la bouche que pour adresser à Dieu des paroles courtes et enflammées, la plupart tirées des psaumes et des autres livres de l'Écriture.

La veille de sa mort, les médecins jugeant qu'elle ne pouvoit plus aller guère loin, on lui apporta, pour la troisième fois, comme j'ai dit, le saint viatique. Bien loin de se plaindre de n'être pas secourue en cette occasion par les ecclésiastiques en qui elle avoit eu tant de confiance, elle remercia Dieu de ce qu'elle mouroit pauvre de tout point, et également privée des secours spirituels et des temporels. Elle reçut le viatique avec tant de marques de paix, de ferveur, et d'anéantissement, que, longtemps après sa mort, les religieuses disoient que, pour s'exciter à communier dignement, elles n'avoient qu'à se bien représenter la manière édifiante dont leur sainte mère avoit communié devant elles. Bientôt après, elle entra dans l'agonie, qui fut d'abord très-douloureuse; mais enfin toutes ses souffrances se terminèrent en une espèce de léthargie, pendant laquelle elle s'endormit du sommeil des justes, le soir du sixième d'août 1661, jour de la Transfiguration, âgée de soixante-dix ans moins deux jours : fille véritablement illustre, et digne, par son ardente charité envers Dieu et envers le prochain, par son extrême amour pour la pauvreté et pour la pénitence, et enfin par les grands talents de son esprit, d'être comparée aux plus saintes fondatrices.

Le bruit de sa mort s'étant répandu, et son corps ayant été le lendemain, vers le soir, exposé à la grille, selon la coutume, l'Église fut en un moment pleine d'une foule de peuple, qui venoit bien moins en intention de prier Dieu pour elle que de se recommander à ses prières. Ils demandoient tous avec instance qu'on fît toucher à cette mère, les uns leur chapelet et leurs médailles,

les autres leurs Heures, quelques-uns même leurs mouchoirs, qu'ils présentoient tout trempés de leurs larmes. On en fit d'abord quelque difficulté; mais, ne pouvant résister à leur empressement, deux sœurs ne firent autre chose tout ce soir, et le lendemain depuis le point du jour jusqu'à son enterrement, que de recevoir et de rendre ce qu'on passoit; et l'on voyoit ce peuple baiser avec transport les choses qu'on leur rendoit, l'appelant, les uns leur bonne mère, les autres la mère des pauvres. Il n'y eut pas jusqu'aux ecclésiastiques, qui entrèrent pour l'enterrer, qui ne purent s'empêcher, quoiqu'ils ne fussent point de la maison, de lui baiser les mains comme celles d'une sainte. Dieu a bien voulu confirmer cette sainteté par plusieurs miracles; et l'on en pourroit rapporter un grand nombre sans le soin particulier que les religieuses de Port-Royal ont toujours eu, non-seulement de cacher le plus qu'elles peuvent leur vie austère et pénitente aux yeux des hommes, mais de leur dérober même la connoissance des merveilles que Dieu a opérées de temps en temps dans leur monastère.

Revenons maintenant à la visite. Elle dura près de deux mois, et pendant tout ce temps, M. de Contes et M. Bail visitèrent exactement les deux maisons, et interrogèrent toutes les religieuses les unes après les autres, même les converses. M. Bail surtout y apportoit une application extraordinaire, fort étonné de trouver les choses si différentes de ce qu'il s'étoit imaginé; il tendoit même des piéges à la plupart de ces filles dans les questions qu'il leur faisoit, comme s'il eût été bien aise de les trouver dans quelque opinion qui eût quelque apparence d'hérésie. Il y en eut à qui il demanda, puisqu'elles croyoient que Jésus-Christ étoit mort pour tous les hommes, si elles ne croyoient pas aussi qu'il fût mort pour le diable. Enfin, ne pouvant résister à la vérité, il leur rendit justice, et signa, avec M. de Contes, la carte de visite, dont j'ai cru devoir rapporter cet article tout entier :

« Ayant trouvé, par la visite, cette maison en un état régulier, bien ordonné, une exacte observance des règles et des constitutions, une grande union et charité entre les sœurs, et la fréquentation des sacrements digne d'approbation, avec une soumission due à notre saint père le pape et à tous ses décrets, par une foi orthodoxe et une obéissance légitime, n'ayant rien trouvé ni reconnu en l'un et l'autre monastère qui soit contraire à ladite foi orthodoxe et à la doctrine de l'Église catholique, apostolique et romaine, ni aux bonnes mœurs, mais plutôt une grande simplicité, sans curiosité dans les questions controversées dont elles ne s'entretiennent point, les supérieures ayant eu soin de les en empêcher; nous les exhortons toutes, par les entrailles de Jésus-Christ, d'y persévérer constamment, et la mère abbesse d'y tenir la main. »

Voilà, en peu de mots, l'apologie des religieuses de Port-Royal; les voilà reconnues très-pures dans leur foi et dans leurs mœurs, très-soumises à l'Église, et très-ignorantes des matières contestées; et voilà par conséquent les jésuites déclarés de très-grands calomniateurs par l'homme même que les jésuites avoient fait nommer pour examiner ces filles.

Vraisemblablement on se garda bien de montrer au roi cette carte de visite, qui auroit été capable de lui donner, contre les persécuteurs de ces religieuses, toute l'indignation qu'ils lui avoient inspirée contre elles. Je ne sais point si M. Bail prit, pour les justifier, les soins que sa conscience l'obligeoit de prendre. La vérité est que depuis ce temps-là il les traita assez doucement : il faisoit même assez volontiers ce qu'il pouvoit pour les consoler dans l'affliction où il les voyoit, et pour cela il leur apportoit quelquefois des cantiques spirituels dont il avoit fait les airs et les paroles, et vouloit les leur faire chanter à la grille.

Cependant le Formulaire commençoit à exciter beaucoup de troubles. Plusieurs évêques refusèrent de le faire signer dans leurs diocèses, et écrivirent au roi pour se plaindre des entreprises de l'assemblée du clergé, qui, méritant à peine le nom de simple synode, prétendoit s'ériger en concile national, prescrivoit des formules de foi, et décernoit des peines contre les prélats qui refuseroient de se soumettre à ses décisions. Le premier qui écrivit fut messire Nicolas Pavillon, évêque d'Aleth, qui étoit alors regardé comme le saint Charles de l'Église de France. Il y avoit vingt-deux ans qu'il étoit évêque, et depuis ce temps-là il n'étoit jamais sorti de son diocèse que pour assister aux états de la province.

Ce grand amour pour la résidence, joint à la sainteté extraordinaire de sa vie et à un zèle ardent pour la discipline, le faisoit dès lors traiter de janséniste ; il avoit été néanmoins au commencement dans l'opinion qu'on devoit aux constitutions une soumission pleine et entière, sans aucune distinction du fait et du droit. Mais il rapporte lui-même dans une lettre qu'il écrivit à M. de Péréfixe, qu'ayant examiné à fond la matière, et demandé à Dieu, par beaucoup de prières, qu'il voulût l'éclairer, il avoit reconnu qu'il s'étoit trompé, et que le fait de Jansénius étoit de telle nature qu'on n'en pouvoit exiger par autorité ni la créance ni la souscription. Ce fut donc dans ce même sens qu'il écrivit au roi et aux prélats de l'assemblée. Son exemple fut suivi par les évêques de Comminges, de Beauvais, d'Angers et de Vence. Ce dernier représentoit avec beaucoup de douleur qu'on avoit surpris la piété de Sa Majesté, en lui faisant croire qu'il y avoit dans son royaume une nouvelle hérésie; ajoutant que le Formulaire avoit été regardé par la plupart des prélats, même de l'assemblée, comme une semence malheureuse de troubles et de divisions. Tous ces évêques que je viens de nommer écrivirent aussi au pape, pour lui faire les mêmes plaintes contre le Formulaire, et pour lui demander la conduite qu'ils devoient tenir en cette rencontre.

Mais rien ne fit mieux connoître combien tout le monde étoit soumis sur la doctrine, que tous les applaudissements qu'on donna au mandement des grands-vicaires de Paris, où la distinction du droit et du fait étoit établie. On couroit en foule le signer : déjà même plusieurs prélats de l'assemblée déclaroient tout haut qu'ils n'avoient jamais prétendu exiger d'autre signature. Les jésuites virent avec douleur cette soumission universelle, et que dans deux mois, si le mandement subsistoit, il n'y auroit plus de janséniste dans le royaume. Le père Annat alla trouver ses bons amis, M. de Marca, auteur du Formulaire, et M. l'archevêque de Rouen[1], président de l'assemblée. Ceux-ci firent aussitôt parler les agents du clergé : on fit entendre au roi que le mandement des grands-vicaires avoit excité un fort grand scandale, qu'il éludoit le sens des constitutions, et rendoit inutiles toutes

---

1. François de Harlay, depuis archevêque de Paris.

les délibérations des prélats et les arrêts de Sa Majesté. Là-dessus les grands-vicaires sont mandés à Fontainebleau, où étoit la cour, et où étoient aussi en grand nombre messieurs les prélats.

M. de Marca, toujours entêté de sa prétendue inséparabilité du fait et du droit, fit un grand discours pour persuader aux grands-vicaires qu'ils n'avoient point dû séparer ces deux questions. Après qu'il eut fini, ils lui demandèrent par grâce qu'il voulût mettre ses raisons par écrit, afin qu'ils les pussent examiner plus à loisir. M. de Marca, de concert avec le père Annat, fit l'écrit qu'on lui demandoit; et le lendemain les grands-vicaires apportèrent leurs observations, où toutes ses raisons étoient détruites de fond en comble. Il voulut leur répliquer par un autre écrit; mais en moins de vingt-quatre heures cet écrit fut encore réfuté par de nouvelles observations, plus foudroyantes que les premières.

Alors messieurs les prélats, reconnoissant qu'ils ne pouvoient l'emporter par la raison, eurent recours à la force; ils firent casser et déclarer nul, par un arrêt du conseil, le mandement des grands-vicaires, avec défense à tout le monde de le signer. En même temps le mandement fut envoyé à Rome, et le roi écrivit au pape pour le faire révoquer. Les grands-vicaires, de leur côté, écrivirent au pape une grande lettre, où ils lui rendoient compte de leur mandement, « qui, en faisant rendre, disoient-ils, aux constitutions tout le respect qui leur étoit dû, auroit mis le calme dans l'Église, s'il n'avoit été traversé par des gens ennemis de la paix, et par des évêques trop amoureux de leur formule de foi, qu'ils s'étoient avisés de proposer à tout le royaume, et dans laquelle ils avoient ajouté aux constitutions des choses qui n'y étoient pas. » Cette lettre étoit accompagnée d'un acte signé par tous les curés de Paris, qui déclaroient que le mandement, bien loin d'avoir excité le scandale, avoit été d'une fort grande édification pour tout le diocèse, et étoit regardé de tous les gens de bien comme l'unique moyen de pacifier l'Église. On peut dire que la politique de l'Église de Rome ne parut jamais mieux qu'en cette occasion : elle étoit bien éloignée d'approuver que des évêques s'ingérassent de faire des professions de foi pour les faire signer à tous leurs confrères; mais elle étoit trop éclairée sur ses intérêts pour ne pas appuyer la conduite de ces évêques, qui donnoient par là au pape une infaillibilité sans bornes. Sa Sainteté écrivit aux grands-vicaires un bref extrêmement sévère, les traitant d'enfants de Bélial, mais sans dire un mot ni du Formulaire, ni des décisions de l'assemblée : il les exhortoit, en termes généraux, à revenir à résipiscence, et à imiter l'obéissance des évêques et la piété du roi; après quoi il leur donnoit sa bénédiction. Il ne fit réponse ni à l'évêque d'Angers, ni aux autres prélats qui s'étoient adressés à lui pour le consulter. Il se contenta de faire écrire au nonce par le cardinal Chigi; et ce nonce avoit ordre de renvoyer tous ces évêques au bref que Sa Sainteté avoit écrit aux grands-vicaires de Paris, et de leur dire de s'y conformer. Ces prélats demeurèrent fermes dans la résolution qu'ils avoient prise de ne point déférer aux décisions de l'assemblée. Mais les grands-vicaires firent un autre mandement, par lequel ils révoquoient le premier, et ordonnoient la signature pure et simple du Formulaire. En même temps ils eurent ordre de le faire signer aux religieuses de Port-Royal.

Le premier mandement avoit déjà causé beaucoup de

trouble parmi ces filles qui appréhendoient, en le signant, de blesser la vérité. Mais comme c'est cette crainte, et, si l'on veut, ce scrupule qui leur a dans la suite attiré tant de persécutions, et qui a, en quelque sorte, causé la ruine de leur maison, il est bon de dire ici d'où venoit en elles une si grande délicatesse de conscience.

Les religieuses de Port-Royal, comme j'ai dit, et comme il paroît par la carte de visite que j'ai rapportée, n'avoient originairement aucune connoissance des matières contestées : leurs directeurs ne les en entretenoient point, et ne leur en avoient appris que ce qui étoit absolument nécessaire pour leur salut. Mais en récompense ils les avoient instruites à fond des devoirs de leur profession et des maximes de l'Évangile; on leur avoit fortement imprimé dans l'esprit ces grands principes de saint Paul et de saint Augustin, « qu'il n'est point permis de pécher pour quelque occasion que ce soit; qu'il vaudroit mieux s'exposer à tous les plus grands supplices que de faire un léger mensonge; que Dieu et la vérité n'étant qu'un, on ne sauroit la blesser sans le blesser lui-même, qu'on ne peut point déposer d'un fait dont on n'est point instruit; et que d'attester qu'on croit ce qu'on ne croit pas est un crime horrible devant Dieu et devant les hommes ». Surtout on leur avoit inspiré une extrême horreur pour toutes ces restrictions mentales, et pour toutes ces fausses adresses inventées par les casuistes modernes, dans la vue de pallier le mensonge et d'éluder la vérité. Cela étant, on peut aisément concevoir d'où venoit la répugnance de ces filles à signer le Formulaire. La nécessité où on les réduisoit les avoit enfin obligées, malgré elles, de s'instruire de la contestation qui faisoit tant de bruit dans l'Église, et qui les jetoit dans de si grands embarras. Elles avoient appris que deux papes, à la sollicitation des jésuites et de plusieurs évêques, avoient condamné, comme extraites de Jansénius, évêque d'Ypres, cinq propositions très-abominables; que tout le monde avouoit que ces propositions étoient bien condamnées; mais qu'un grand nombre de docteurs distingués par leur piété et par leur mérite, au nombre desquels étoient les directeurs de leur maison, soutenoient qu'elles n'étoient point dans le livre de cet évêque, où ils offroient même d'en faire voir de toutes contraires; qu'il s'étoit fait sur cela de part et d'autre quantité de livres, où ceux-ci paroissoient avoir eu tout l'avantage. Il y avoit donc lieu de douter, et elles doutoient effectivement que ces propositions fussent dans le livre de cet évêque, mort en odeur de sainteté, et qui, dans son ouvrage même, paroissoit soumis jusqu'à l'excès au saint-siége. Ainsi, soit qu'elles se trompassent ou non, pouvoient-elles en sûreté de conscience signer le Formulaire? N'étoit-ce pas attester qu'elles croyoient le contraire de ce qu'en effet elles pensoient? On répondoit qu'elles devoient s'en fier à la décision des deux papes; mais elles avoient appris de toute l'Église que les papes, ni même les conciles, ne sont point infaillibles sur des faits non révélés. Et y a-t-il quelqu'un, si ce n'est les jésuites, qui le puisse soutenir? Le contraire n'est-il pas aujourd'hui avoué de toute la terre? Et n'étoit-il pas alors aussi vrai qu'il l'est maintenant? Il est donc constant que ces filles ne refusoient de signer que parce qu'elles craignoient de faire un mensonge. Mais leur délicatesse sur cela étoit si grande, que, quelque tour que les grands-vicaires eussent donné à leur premier mandement, plusieurs religieuses néanmoins, sur la seule peur d'être obligées de le signer, tombèrent malades; et il prit à la sœur de M. Pascal, qui s'appeloit en religion sœur Euphémie, et qui étoit alors sous-prieure à Port-Royal des Champs, une fièvre dont elle mourut. Les autres ne consentirent à signer qu'après avoir mis à la tête de leurs souscriptions deux ou trois lignes qui portoient qu'elles embrassoient absolument et sans réserve la foi de l'Église catholique, qu'elles condamnoient toutes les erreurs qu'elle condamne, et que leur signature étoit un témoignage de cette disposition.

On peut juger par là de l'effet que fit sur elles le second mandement. « Que veut-on de nous davantage? disoient-elles aux grands-vicaires. N'avons-nous pas rendu un témoignage sincère de notre soumission pour le saint-siége? veut-on que nous portions témoignage d'un livre que nous n'entendons point, et que nous ne pouvons entendre? » Là-dessus elles prenoient à témoin M. de Contes[1] de la pureté de leur foi, et de l'ignorance où il les avoit trouvées sur toutes ces contestations. Les grands-vicaires étoient fort fâchés de les voir dans cette agitation, et de leur persévérance dans un refus qui alloit vraisemblablement attirer la ruine de l'une des plus saintes communautés qui fût dans l'Église : ils épuisoient leur esprit à chercher des tempéraments qui pussent sauver ces filles; ils les conjuroient de s'aider un peu elles-mêmes, et de faire quelque chose qui leur donnât occasion de les servir. A la fin elles offrirent de signer avec cette espèce de préambule : « Nous, abbesses, prieures et religieuses des deux monastères de Port-Royal de Paris et des

---

1. L'un des deux grands-vicaires.

Champs, etc., considérant que, dans l'ignorance où nous sommes de toutes les choses qui sont au-dessus de notre profession et de notre sexe, tout ce que nous pouvons faire est de rendre témoignage de la pureté de notre foi, nous déclarons très-volontiers, par notre signature, qu'étant soumises avec un très-profond respect à notre saint-père le pape, et n'ayant rien de si précieux que la foi, nous embrassons sincèrement et de cœur tout ce que Sa Sainteté et le pape Innocent X en ont déjà décidé, et rejetons toutes les erreurs qu'ils ont jugées y être contraires. »

Les grands-vicaires portèrent à la cour cette déclaration, et employèrent tous leurs efforts pour l'y faire approuver. Ils y apportèrent en même temps une déclaration à peu près semblable, que les religieuses du Val-de-Grâce et celles de quelques autres couvents leur avoient aussi présentée, et sans laquelle elles refusoient de signer. On ne leur parla point de ces autres religieuses; mais ils eurent ordre de ne point admettre l'explication de celles de Port-Royal, et d'exiger d'elles une souscription pure et simple. Mais sur ces entrefaites, le cardinal de Retz ayant donné sa démission de l'archevêché de Paris (en février 1662), et le roi ayant nommé un autre archevêque, il ne fut plus question du mandement de ces grands-vicaires.

Cependant les jésuites, pour autoriser toutes ces violences, s'opiniâtroient à vouloir de plus en plus faire du fait de Jansénius un dogme de foi. Comme ils voyoient avec quelle facilité leurs adversaires avoient ruiné toutes les frivoles raisons sur lesquelles M. de Marca avoit voulu fonder ce nouveau dogme, ils crurent que tout le mal venoit de ce que ce prélat biaisoit trop, et ne parloit pas assez nettement. Pour y remédier, ils firent soutenir publiquement, dans leur collége de Clermont, une thèse, où ils avancèrent en propres termes cette proposition : « Que Jésus-Christ, en montant au ciel, avoit donné à saint Pierre et à ses successeurs la même infaillibilité et dans le fait et dans le droit qu'il avoit lui-même. » D'où ils concluoient très-naturellement que « le pape ayant décidé que les cinq propositions étoient dans Jansénius, on ne pouvoit nier, sans hérésie, qu'elles y fussent ». C'est ainsi que ces pères, dans la passion de rendre hérétiques leurs adversaires, se rendoient eux-mêmes coupables d'une très-dangereuse hérésie, et non-seulement d'une hérésie, mais d'une impiété manifeste, en égalant à Dieu la créature, et voulant qu'on rendît à la simple parole d'un homme mortel le même culte que l'on doit rendre à la parole éternelle. Mais ils n'étoient pas moins criminels envers le roi et envers l'État, par les avantages que la cour de Rome pouvoit tirer de cette thèse, plus préjudiciable à la souveraineté des rois que toutes les opinions des Mariana et des Santarel, tant condamnées par le clergé de France, par le Parlement et par la Sorbonne. Aussi excita-t-elle un fort grand scandale. Voici ce que le célèbre M. Godeau, évêque de Vence, en écrivoit à un de ses amis : « Où est l'ancienne Sorbonne qui a foudroyé par avance cette proposition? Où sont les Servin, les Marion[1], et les Harlay? Où sont les évêques de l'assemblée de Melun? Où est enfin notre honneur et notre conscience, de nous taire quand il y a un si grand sujet de parler? Qu'il est fâcheux de vivre en un si mauvais temps! Et à quoi, mon Dieu, nous réservez-vous? Mais espérons en celui qui mortifie et qui vivifie : il laisse

---

1. Simon Marion, avocat général au Parlement de Paris, était l'aïeul du célèbre Arnauld.

aujourd'hui prévaloir les ténèbres, mais il saura en tirer la lumière. »

Cependant (le pourra-t-on croire?) les évêques, la Sorbonne et le Parlement gardèrent sur cette thèse un profond silence; les jansénistes seuls se remuèrent, et il n'y eut que ces prétendus ennemis de l'Église et de l'État qui, joints aux curés de Paris, eurent assez de courage pour défendre alors l'État et l'Église. Ils dénoncèrent la thèse à tous les évêques; ils s'adressèrent au Parlement même, et découvrirent, par un excellent écrit, les conséquences de cette pernicieuse doctrine; encore le crédit des jésuites fut-il assez grand pour faire brûler cet écrit par la main du bourreau.

Ils eurent dans ce temps-là un nouveau sujet de triomphe par la nomination que le roi fit de M. de Marca à l'archevêché de Paris. Pouvoit-on douter qu'étant, comme nous avons vu, le principal auteur du Formulaire, il n'en exigeât la signature avec toute la rigueur imaginable? Déjà même les nouveaux grands-vicaires que le chapitre avoit nommés comme pendant la vacance, s'empressant à lui faire leur cour, avoient publié un troisième mandement qui jetoit la terreur dans tout le diocèse de Paris : ils y réformoient tout ce qui leur sembloit de trop modéré dans les précédents, réputoient nulles toutes les signatures faites avec restriction ou explication, et déclaroient suspens et interdits *ipso facto* tous les ecclésiastiques qui, dans quinze jours, n'auroient pas signé leur ordonnance. Mais ce zèle précipité n'eut aucune suite; on leur prouva leur incompétence par de bonnes raisons, et leur mandement tomba de lui-même. Si l'on en croit de fort grands prélats, qui ont très-particulièrement connu M. de Marca, cet archevêque étoit fort changé sur le sujet de son Formulaire ; ils prétendent même qu'il étoit sérieusement touché du trouble que cette affaire avoit excité, et qu'il n'attendoit que ses bulles pour essayer tous les moyens de terminer les choses par la douceur. Quelles que fussent ses intentions, Dieu ne lui permit pas de les exécuter, et il mourut le jour même que ses bulles arrivèrent (le 29 juin 1662).

Sa mort fut suivie de près de celle de l'illustre M. Pascal[1]. Il n'étoit âgé que de trente-neuf ans ; mais, quoique encore jeune, ses grandes austérités et son application continuelle aux choses les plus relevées l'avoient tellement épuisé, qu'on peut dire qu'il mourut de vieillesse, et laissa imparfait un grand ouvrage qu'il avoit entrepris contre les athées. Les fragments qu'on en trouva dispersés dans ses papiers, et qui ont été donnés au public sous le nom de *Pensées de M. Pascal,* peuvent faire juger et du mérite qu'auroit eu tout l'ouvrage, s'il eût eu le temps de l'achever, et de l'impression vive que les grandes vérités de la religion avoient faite sur son esprit. On publia que sur la fin de sa vie il avoit rompu tout commerce avec messieurs de Port-Royal, parce qu'il ne les trouvoit pas, disoit-on, assez soumis aux constitutions ; et on citoit là-dessus le témoignage du curé de Saint-Étienne-du-Mont, qui lui avoit administré dans sa maladie les derniers sacrements.

La vérité est qu'un peu avant sa mort M. Pascal eut quelque dispute avec M. Arnauld sur le sujet des constitutions ; mais, bien loin de prétendre qu'on se devoit soumettre aveuglément aux constitutions, il trouvoit, au contraire, qu'on s'y soumettoit trop : car, appréhendant,

---

1. Pascal mourut le 19 août 1662, âgé de trente-neuf ans et deux mois.

comme on peut le voir dans *les Provinciales*, que les jésuites n'abusassent un jour, contre la doctrine de saint Augustin, de la condamnation des cinq propositions, il vouloit non-seulement qu'en signant le Formulaire on fît la distinction du fait et du droit, mais qu'on déclarât qu'on ne prétendoit en aucune sorte donner atteinte à la grâce efficace par elle-même, parce qu'à son avis, plutôt que de laisser flétrir une si sainte doctrine, il falloit souffrir tous les mauvais traitements, et même l'excommunication. M. Arnauld soutenoit, au contraire, que c'étoit faire injure à la véritable doctrine de la grâce de témoigner quelque défiance qu'elle eût pu être condamnée, et qu'elle étoit assez à couvert, et par la déclaration d'Innocent X, et par le consentement de toute l'Église; qu'au reste, le schisme étoit le plus grand de tous les maux; que l'ombre même en étoit horrible, et qu'il falloit sur toutes choses éviter d'y donner occasion. Ces deux grands hommes écrivirent sur cela l'un et l'autre, mais sans sortir des bornes de la charité, et sans blesser le moins du monde l'estime mutuelle dont ils étoient liés, et qu'ils ont conservée jusqu'au dernier soupir. M. Pascal mourut entre les bras de M. de Sainte-Marthe, ami intime de M. Arnauld, et l'un des plus zélés défenseurs des religieuses de Port-Royal. Mais voici ce qui a donné lieu à croire le contraire de ce que nous disons :

M. Pascal, dans quelques entretiens qu'il eut avec le curé de Saint-Étienne, lui toucha quelque chose de cette dispute, sans lui particulariser de quoi il s'agissoit; de sorte que ce bon curé, qui ne supposoit pas que M. Arnauld eût pu pécher par trop de déférence aux constitutions, s'imagina que c'étoit tout le contraire. Non-seulement il le dit ainsi à quelques-uns de ses amis,

mais il l'attesta même par écrit. Mais les parents de
M. Pascal, touchés du tort que ce bruit faisoit à la vérité,
allèrent trouver ce bon homme, lui montrèrent les écrits
qui s'étoient faits sur cette dispute, et le convainquirent
si bien de sa méprise, qu'il rétracta aussitôt sa déposition par des lettres qu'il leur permit de rendre publiques.

Après la mort de M. de Marca, il se passa près de dix-huit mois pendant lesquels on ne pressa point la signature ; on crut même un temps que les affaires alloient changer de face : car la cour de Rome, pendant qu'on élevoit en France son autorité, outragea le roi en la personne du duc de Créqui, son ambassadeur. Le roi ressentit vivement cette offense, et résolut d'en tirer raison. Comme la querelle pouvoit aller loin, par l'opiniâtreté du pape à soutenir les auteurs de cet attentat, le Parlement et les ministres du roi commencèrent à ouvrir les yeux sur le trop grand cours qu'ils avoient laissé prendre à tout ce qu'on appelle en France les opinions des ultramontains. On ne dit pourtant rien aux jésuites ; mais sur l'avis qu'on eut d'une thèse qu'un bachelier breton se préparoit à soutenir, où il y avoit des propositions moins exorbitantes, à la vérité, que celles du collége de Clermont, mais qui étoient contraires aux libertés de l'Église gallicane, et qui, en donnant au pape une autorité souveraine sur l'Église, établissoient son infaillibilité, et détruiroient la nécessité des conciles, le Parlement prit cette occasion d'agir. Il manda le syndic de la Faculté qui avoit signé la thèse, le bachelier qui la devoit soutenir, et le docteur qui devoit y présider ; et, après leur avoir fait les réprimandes qu'ils méritoient, il donna un arrêt par lequel la thèse étoit supprimée, avec défense d'enseigner, lire et soutenir dans les écoles et ailleurs aucune proposition de cette nature; et il étoit ordonné que cet arrêt seroit lu en pleine assemblée de la Faculté, et inséré dans ses registres.

A peine cet arrêt venoit d'être rendu, qu'on eut avis d'une autre thèse à peu près semblable, qui avoit été soutenue au collége des Bernardins, signée encore du même syndic de la Faculté. Le Parlement donna un second arrêt plus sévère que le premier, contre le répondant et le président; et, par cet arrêt, le syndic fut suspendu pour six mois des fonctions de son syndicat.

Ce syndic étoit le docteur Grandin, fameux moliniste, et qui avoit eu la principale part à tout ce qui s'étoit fait en Sorbonne contre M. Arnauld. Lui et les autres partisans des jésuites souffrirent beaucoup de voir ainsi attaquer la doctrine de l'infaillibilité, qui étoit leur doctrine favorite. Ils firent même, quoique inutilement, plusieurs efforts pour empêcher la Faculté d'enregistrer ces arrêts; mais la plus saine partie des docteurs saisit cette occasion de laver la Faculté du reproche qu'on lui faisoit publiquement d'avoir abandonné son ancienne doctrine. Ils travaillèrent avec tant de succès, que la Faculté dressa la fameuse déclaration de ses sentiments, contenus en six articles, dans lesquels elle exposoit combien elle étoit éloignée d'enseigner, ni que le pape eût aucune autorité sur le temporel des rois, ni qu'il fût infaillible et supérieur aux conciles. Elle présenta elle-même ces six articles au roi, et ensuite au Parlement, qui la félicita d'être rentrée dans ses véritables maximes, et de s'être assurée contre toutes ces nouveautés dangereuses, que la cabale des moines et de quelques particuliers, liés d'intérêt avec eux, avoit depuis vingt ans introduites dans les écoles.

Presque en même temps il y eut un autre arrêt pour réduire, selon l'ancien usage, le nombre des docteurs mendiants à deux de chaque ordre dans les assemblées de théologie. Quelques moines voulurent protester contre cet arrêt, et l'un d'entre eux eut l'audace de reprocher à la Faculté que, sans leur grand nombre, on ne seroit jamais venu à bout de condamner les jansénistes. Le roi publia une déclaration, par laquelle il ordonnoit que les six articles seroient enregistrés dans tous les parlements et dans toutes les universités du royaume, avec défense d'enseigner d'autre doctrine que celle qui y étoit contenue. Ils le furent sans aucune opposition : il y eut seulement un jésuite à Bordeaux, nommé le père Camin, qui se démena fort pour empêcher l'université de cette ville de les recevoir. Quelque remontrance que le recteur lui pût faire, il persista toujours dans son opposition; et il est marqué au bas de l'acte d'enregistrement que le père Camin a refusé de le signer.

Ce jésuite ne faisoit en cela que suivre l'esprit de sa Compagnie : car dans le même temps que l'on prenoit en France ces précautions contre les entreprises des ultramontains, les jésuites du collége de Clermont, à l'occasion d'une thèse de mathématique, soutinrent publiquement une proposition où ils donnoient en quelque sorte au tribunal de l'inquisition la même infaillibilité qu'ils avoient donnée au pape dans leur thèse du mois de décembre 1661; et ce qu'il y eut de singulier, c'est qu'ils la firent soutenir par le fils de M. de Lamoignon, premier président. La proposition fut aussitôt déférée à la Faculté, qui se préparoit à la condamner; mais le premier président, pour ne pas vraisemblablement voir flétrir une thèse que son fils avoit soutenue, empêcha la censure, et fit donner, sur la requête du syndic, un arrêt qui imposoit silence à la Faculté.

Pendant que ces choses se passoient, il y avoit eu un projet d'accommodement pour terminer l'affaire et la querelle du jansénisme; les premières propositions en furent jetées par le P. Ferrier, jésuite de Toulouse. Ce jésuite, homme très-fin, et qui songeoit à se faire connoître à la cour, crut ne pouvoir mieux y réussir qu'en se mêlant d'une querelle si célèbre. Il le fit trouver bon au P. Annat, qui avoit une grande idée de lui, et qui ne croyoit pas que la cause des jésuites pût péricliter en de si bonnes mains. Le P. Ferrier donc s'adressa à M. de Choiseul, évêque de Comminges, et s'offrit d'entrer en conférence avec les défenseurs de Jansénius sur les moyens de donner la paix à l'Église. Ce prélat en écrivit aussitôt à M. Arnauld. Quelque défiance que ce docteur et les autres théologiens qui étoient dans la même cause eussent de la bonne foi de ces pères, dans l'envie néanmoins d'assurer la paix de l'Église, ils offrirent de conférer, à condition qu'il ne seroit point fait mention du Formulaire, et qu'on n'exigeroit rien d'eux dont leur conscience pût être blessée. Le P. Ferrier parut approuver cette condition; et bientôt après M. de Comminges reçut ordre du roi de se transporter à Paris, où le P. Ferrier s'étoit déjà rendu.

Lalane et Girard, deux célèbres docteurs, se trouvèrent aux conférences, au nom des défenseurs de Jansénius, et le P. Ferrier, au nom des jésuites (1663). Ces deux docteurs présentèrent cinq articles, qui contenoient toute leur doctrine sur la matière des cinq propositions. Ce sont ces mêmes articles que les docteurs de Louvain ont encore, depuis quelques années, présentés au pape, et qui ont eu l'approbation de toute l'Église. Le P. Ferrier n'osa pas nier qu'ils ne fussent très-catholiques, bien que très-opposés à la doctrine de Molina, disant qu'il importoit peu à l'Église que ses enfants fussent de l'opinion des thomistes ou de celle des jésuites. Il y eut seulement un endroit de l'un de ces articles où il souhaita quelque adoucissement, qui lui fut aussitôt accordé[1]. Ainsi, tout le monde étant d'accord sur la doctrine, l'évêque de Comminges jugea l'affaire terminée, et il le fit ainsi entendre au roi. Mais ce P. Ferrier, qui, comme nous l'avons dit, ne pensait à rien moins qu'à un accommodement, trouva bientôt moyen de le rompre, et, contre la parole donnée, déclara qu'il falloit encore convenir que la doctrine condamnée dans les cinq propositions étoit celle de Jansénius. On eut beau s'écrier qu'on avoit stipulé, avant toutes choses, qu'on ne parleroit point de cet article, il soutint hardiment que cela n'étoit point véritable ; de sorte que ces conférences n'aboutirent qu'à un nouveau démêlé avec ce jésuite. Il écrivit, et on fit contre lui quantité d'ouvrages pleins de raisons très-convaincantes, auxquelles il répondit sur le ton ordinaire de sa Société, c'est-à-dire avec beaucoup d'injures.

L'évêque de Comminges, fort irrité de la tromperie qu'on lui avoit faite, songea néanmoins à accommoder l'affaire par une autre voie. Il se fit mettre entre les mains un écrit signé par les principaux défenseurs de Jansénius, par lequel ils lui donnoient plein pouvoir d'envoyer en leur nom au pape les cinq articles dont nous avons parlé, déclarant qu'ils les soumettoient de bonne foi à son jugement ; qu'au reste, ils supplioient

1. Ici commencent, dans le manuscrit de la Bibliothèque nationale, trois feuillets écrits de la main de Boileau.

très-humblement Sa Sainteté de croire qu'ils avoient une véritable douleur de toutes les fâcheuses et importunes disputes qui troubloient depuis si longtemps l'Église ; qu'ils n'avoient jamais eu la moindre pensée de blesser en rien l'autorité du saint-siége, pour lequel ils avoient toujours eu et auroient toute leur vie un entier dévouement ; que, bien loin de s'opposer aux deux dernières constitutions, ils étoient prêts d'y déférer avec tout le respect et la soumission que demandoit la majesté et la souveraine autorité du saint-siége apostolique ; enfin, que si Sa Sainteté vouloit encore exiger d'eux une plus grande preuve de la sincérité avec laquelle ils adhéroient à la foi établie par ces constitutions, ils consentoient de la lui donner. Les principaux défenseurs de Jansénius avoient eu assez de peine à souscrire à ce dernier article, qui mettoit le pape en droit, pour ainsi dire, de leur imposer telle loi qu'il voudroit. Cependant l'évêque de Comminges ne laissa pas d'envoyer cet écrit à Sa Sainteté, avec une lettre très-respectueuse qu'il lui écrivoit sur ce sujet. Il y avoit apparence que cela seroit reçu très-agréablement à Rome.

En effet, que pouvoit-on exiger de plus précis des défenseurs de Jansénius, qu'une explication si orthodoxe de leur doctrine, et une soumission si sincère aux constitutions du saint-siége ? Il arriva néanmoins tout le contraire de ce qu'on espéroit : car dans ce temps-là même le P. Ferrier ayant aussi envoyé à Rome une relation fausse et très-odieuse de tout ce qui s'étoit passé dans les conférences, le pape, prévenu contre l'évêque de Comminges, qu'il regardoit comme un des chefs du jansénisme, crut que toutes ces soumissions n'avoient en effet rien de sincère. Au lieu donc de faire réponse à ce prélat, il se contenta d'écrire un bref aux évêques de France en général, où, sans leur parler du Formulaire, il les louoit fort de leur zèle à faire exécuter en France les constitutions du saint-siége, reconnoissant que c'étoit par leurs soins et leur bonne conduite que les principaux d'entre les jansénistes, revenus enfin à une plus saine doctrine, avoient tout nouvellement offert de se soumettre à tout ce que le saint-siége voudroit leur prescrire. Il les exhortoit donc à poursuivre un ouvrage si bien commencé, et à chercher les moyens les plus propres pour obliger les fidèles à exécuter de bonne foi les deux dernières constitutions.

L'évêque de Comminges fut fort piqué du mépris que le pape lui avoit témoigné en ne daignant pas lui faire réponse. Pour justifier donc, et sa conduite dans toute cette affaire, et le procédé des défenseurs de Jansénius, il apporta au roi un nouvel acte signé d'eux, qui contenoit des protestations encore plus humbles et plus soumises que celles qu'ils avoient envoyées au pape : car ils déclaroient par cet acte qu'ils condamnoient sincèrement les cinq propositions, et qu'ils ne les soutiendroient jamais, sous prétexte de quelque sens et de quelque interprétation que ce fût; qu'ils n'avoient point d'autres sentiments sur ces propositions que ceux qui étoient exprimés dans les cinq articles qu'ils avoient soumis à Sa Sainteté, et dont, par son bref, elle témoignoit n'être pas mécontente; qu'à l'égard des décisions de fait, comprises dans la constitution d'Alexandre VII, ils auroient toujours pour ces décisions toute la déférence que l'Église exige des fidèles en de pareilles rencontres ; avouant de bonne foi qu'il n'appartenoit pas à des théologiens particuliers de s'élever contre les décisions du saint-siége, de les combattre ou d'y résister; enfin qu'ils étoient dans une ferme résolution de ne jamais contribuer à renouveler ces sortes de disputes, dont ils voyoient avec regret l'Église agitée depuis si longtemps. Le roi fut assez satisfait de cette déclaration, mais il ne voulut rien ordonner de son chef sur une matière purement ecclésiastique; il renvoya tout à l'assemblée du clergé, qui se tenoit alors à Paris ; c'étoit tout ce que demandoit le P. Annat. En effet, comme cette assemblée étoit composée de personnes entièrement opposées à Jansénius, le bref y fut reçu avec un applaudissement général, et regardé comme une tacite approbation du Formulaire. Au contraire, la déclaration des défenseurs de Jansénius fut jugée captieuse, conçue en des termes pleins d'artifices, et cachant, sous l'apparence d'une soumission en paroles, tout le venin de l'hérésie. Il fut donc arrêté que, suivant les exhortations du saint-père, on chercheroit les voies les plus propres pour extirper entièrement cette hérésie; et, n'y en ayant point de plus courte que la signature du Formulaire, il fut résolu qu'on la poursuivroit de nouveau plus fortement qu'on n'avoit fait jusqu'alors. On écrivit pour cela une nouvelle lettre circulaire à tous les évêques de France, et le roi fut très-humblement supplié de convertir les arrêts de son conseil, qui ordonnoient cette signature, en une déclaration authentique. En effet, peu de jours après, le roi apporta lui-même au Parlement cette déclaration : on la fit publier dans toutes les provinces du royaume; mais on songea surtout à la faire exécuter dans le diocèse de Paris.

Hardouin de Péréfixe avoit tout nouvellement reçu ses bulles, et venoit d'y être installé archevêque : c'étoit un prélat beaucoup plus instruit des affaires de la cour que des matières ecclésiastiques, mais au fond très-bon homme, fort ami de la paix, et qui eût bien voulu, en contentant les jésuites, ne point s'attirer les défenseurs de Jansénius sur les bras. Il chercha donc des biais pour satisfaire les uns et les autres, et entra même sur cela en quelque pourparler avec ces derniers. La dispute, comme nous l'avons dit, avoit alors changé de face; l'opinion de M. de Marca sur l'inséparabilité du fait et du droit avoit été en quelque sorte abandonnée, et on convenoit que c'étoit du fait dont il étoit question; mais les ennemis de Jansénius persistoient à soutenir que l'Église, en quelques occasions, pouvoit ordonner la créance des faits, même non révélés, et obliger les fidèles non-seulement à condamner les erreurs enseignées par les hérétiques, mais à reconnoître que ces hérétiques les avoient enseignées; quelques-uns même osoient encore avancer qu'on devoit croire, de foi intérieure et divine, les faits décidés par les papes, à qui, disoient-ils, l'inspiration du Saint-Esprit ne manquoit jamais. Mais cette opinion n'étant pas soutenable, les plus sensés se contentoient de dire qu'à la vérité on devoit une foi à ces décisions, mais une foi simplement humaine et naturelle, fondée sur la vraisemblance de la chose. Cette distinction plaisoit merveilleusement au nouvel archevêque; il se flatta qu'en la bien établissant il accommoderoit sans peine toutes choses, et engageroit tout le monde à signer. Il fit donc un mandement, par lequel il ordonnoit de nouveau à tous doyens, etc., de souscrire dans un mois le Formulaire de foi mis au bas de son ordonnance, etc., à faute de quoi, etc. Mais dans ce même mandement il déclaroit qu'à l'égard du fait, non-seulement il n'exigeoit pas une foi divine, mais qu'à moins d'être ignorant ou malicieux, on ne pouvoit dire que ni les constitutions du pape, ni le Formulaire des évêques, l'eussent jamais exigée; demandant seulement une foi humaine et ecclésiastique, qui obligeoit à soumettre son jugement à celui de ses supérieurs. C'étoient ses termes.

Les défenseurs de Jansénius triomphèrent fort de cette ordonnance, qui établissoit si nettement la distinction du fait et du droit, et traitoit d'ignorante ou de malicieuse une doctrine tant de fois avancée par leurs adversaires, et que les jésuites avoient soutenue dans des thèses publiques. Mais en même temps ils firent paroître quantité d'écrits, où ils montroient invinciblement que l'Église ni les papes n'étant point infaillibles sur les faits non révélés, on n'étoit pas plus obligé de croire ces faits de foi humaine que de foi divine; et qu'en un mot, personne n'étant obligé de croire de foi humaine que les cinq propositions fussent dans Jansénius, ceux qui n'étoient pas persuadés qu'elles y fussent ne pouvoient, sans blesser leur conscience, et sans rendre un faux témoignage, reconnoître qu'elles y étoient, c'est-à-dire signer le Formulaire. Et, à dire vroi, si les défenseurs de la grace s'étoient un peu moins attachés aux règles étroites de leur dialectique, et à la sévérité de leur morale, il étoit aisé de voir que, par cette foi humaine, l'archevêque n'exigeoit guère autre chose d'eux que cette même soumission de respect et de discipline qu'ils avoient tant de fois offerte. Mais ils vouloient qu'il le dît en termes précis; et ni l'archevêque ne vouloit entièrement s'expliquer là-dessus, ni les défenseurs de Jansénius entièrement l'entendre.

Celles pour qui l'ordonnance avoit été faite, et qui s'accommodoient le moins de ces distinctions, c'étoient les religieuses de Port-Royal, persuadées qu'il ne falloit point biaiser avec Dieu, et qu'on ne pouvoit trop nettement dire sa pensée. L'archevêque se flattoit pourtant de les réduire : aussitôt après la publication de son ordonnance, il s'étoit transporté lui-même chez elles, et n'avoit rien oublié[1], tant que dura sa visite, pour les engager à se soumettre à son mandement sur le Formulaire[2].

Sa première entrée dans cette maison fut fort pacifique : il en admira la régularité ; et, non content d'en témoigner sa satisfaction de vive voix, il le fit même par un acte signé de sa main ; en un mot il déclara aux religieuses qu'il ne trouvoit à redire en elles que le refus qu'elles faisoient de signer le Formulaire; et, sur ce qu'elles lui représentèrent que ce refus n'étoit fondé que sur la crainte qu'elles avoient de mentir à Dieu et à son Église, en attestant un fait dont elles n'avoient aucune connoissance, il leur répéta plusieurs fois une chose qu'il s'est bien repenti de leur avoir dite ; c'est à savoir : « Qu'elles feroient un fort grand péché de signer ce fait, si elles ne le croyoient pas; mais qu'elles étoient obligées d'en avoir la créance humaine, qu'il exigeoit par son mandement. » Là-dessus il les quitta, en leur disant qu'il leur donnoit un mois pour faire leurs réflexions, et pour profiter des avis de deux savants ecclésiastiques qu'il leur donnoit pour les instruire.

Ces deux ecclésiastiques étoient M. Chamillard[3], vicaire de Saint-Nicolas-du-Chardonnet, qu'il leur donna même pour être leur confesseur, et le P. Esprit, prêtre de l'Oratoire. Il ne pouvoit guère choisir deux hommes

1. Ici s'arrête le manuscrit de Boileau.
2. Ce mandement est du 7 juin 1664. Dès le 9, l'archevêque se transporta à Port-Royal.
1. Celui dont il est question dans les *Lettres à l'auteur des Imaginaires*.

moins propres à travailler de concert dans cette affaire : car M. Chamillard, convaincu que le pape ne peut jamais errer sur quelque matière que ce soit, étoit si attaché à cette doctrine de l'infaillibilité, qu'il en fut même le martyr dix-huit ans après, ayant mieux aimé se faire exiler que de consentir en Sorbonne à l'enregistrement des propositions de l'assemblée de 1682. Le P. Esprit étoit au contraire là-dessus dans les sentiments où a toujours été l'Église de France; mais comme c'étoit un bon homme, plein d'une extrême vénération pour ces filles, il eût bien voulu qu'elles se fussent un peu accommodées au temps, et qu'elles eussent signé par déférence pour leur archevêque. Cette diversité de sentiments étoit cause que ces deux messieurs se contredisoient assez souvent l'un l'autre en parlant aux religieuses. Enfin, après plusieurs conférences, ils se réduisirent à leur proposer de signer avec de certaines expressions générales, qui, sans blesser, disoient-ils, leur conscience, pourroient contenter M. l'archevêque, et ôter à leurs ennemis tout moyen de leur nuire. Mais elles persistèrent toujours à ne vouloir point tromper l'Église par des termes où il pourroit y avoir de l'équivoque; et de quelque grand péril qu'on les menaçât, elles ne purent jamais se résoudre à offrir autre chose à M. l'archevêque que la même signature à peu près qu'elles avoient offerte aux grands-vicaires du cardinal de Retz, c'est-à-dire un entier acquiescement sur le droit; et, pour ce qui regardoit le fait, un respect et un silence convenable à leur ignorance et à leur état.

L'archevêque, fort surpris de la fermeté de ces filles, vit bien qu'il s'étoit engagé dans une affaire d'autant plus fâcheuse, que les monastères de religieuses n'ayant point été compris dans la dernière déclaration du roi sur le

Formulaire, il n'étoit pas en droit de les forcer à signer; mais, excité par les instances continuelles du P. Annat, qui ne cessoit de lui reprocher sa trop grande indulgence, et d'ailleurs justement rempli de la haute idée qu'il avoit de sa dignité, il crut qu'il y alloit de son honneur de n'avoir pas le démenti. Il résolut donc d'en venir à tout ce que l'autorité peut avoir de plus terrible. Il se rendit à Port-Royal[1]; et, ayant fait venir à la grille toute la communauté, comme il vit leur résolution à ne rien changer à la signature qu'elles lui avoient fait offrir, il ne garda plus aucunes mesures; il les traita de rebelles et d'opiniâtres, et leur dit cette parole qu'il a depuis répétée en tant de rencontres : « Qu'à la vérité elles étoient pures comme des anges, mais qu'elles étoient orgueilleuses comme des démons »; et sa colère s'échauffant à mesure qu'on lui alléguoit quelques raisons, il descendit jusqu'aux injures les plus basses et les moins séantes à un archevêque, et finit en leur défendant d'approcher des sacrements : après quoi il sortit brusquement, pour n'être pas témoin de leurs larmes et de leurs gémissements, en leur faisant entendre qu'elles auroient bientôt de ses nouvelles.

Il leur tint parole : et huit jours après il revint, accompagné du lieutenant civil, du prévôt de l'Ile, du guet, de plusieurs tant exempts que commissaires, et de plus de deux cents archers, dont une partie investit la maison, et l'autre se rangea, le mousquet sur l'épaule, dans la cour. En cet équipage il se fit ouvrir les portes du monastère, et alla droit au chapitre, où il avoit fait venir toutes les religieuses. Là, après leur avoir tout de nouveau reproché

1. Le 21 août 1664.

leur désobéissance, il tira de sa poche et lut tout haut une liste des douze principales religieuses, au nombre desquelles étoit l'abbesse, qu'il avoit résolu de disperser en différentes maisons. Il leur commanda de sortir sur-le-champ de leur monastère, et d'entrer dans les carrosses qui les attendoient pour les mener dans les couvents où elles devoient être renfermées. Ces douze victimes obéirent sans qu'il leur échappât la moindre plainte, et firent seulement leurs protestations contre la violence qui les arrachoit de leur couvent; et tout le reste de la communauté fit les mêmes protestations. Il n'y a point de termes qui puissent exprimer l'extrême douleur de celles qui demeuroient : les unes se jetoient aux pieds de l'archevêque, les autres se jetoient au cou de leurs mères, et toutes ensemble citoient M. l'archevêque au tribunal du souverain juge, puisque tous les autres tribunaux leur étoient fermés. Elles s'attendrissoient surtout à la vue de la mère Agnès de Saint-Paul, qu'on enlevoit ainsi à l'âge de soixante-treize ans, accablée d'infirmités et qui avoit eu tout nouvellement trois attaques d'apoplexie[1]. Tout ce qu'il y avoit là de gens qui étoient venus avec l'archevêque ne pouvoient eux-mêmes retenir leurs larmes. Mais l'objet, à mon avis, le plus digne de compassion, c'étoit l'archevêque lui-même, qui, sans avoir aucun sujet de mécontentement contre ces filles, et seulement pour contenter la passion d'autrui, faisoit en cette occasion un personnage si peu honorable pour lui, et même si opposé à sa bonté naturelle.

1. Elle mourut le 19 février 1671. Quand elle demanda au lieutenant civil (d'Aubray) ce qui pouvait motiver des ordres si violents, le magistrat lui répondit par cette ironie froide et cruelle : *Tous les saints, ma mère, ont été persécutés; ne voulez-vous pas bien l'être aussi comme eux?* (Nécrologe de Port-Royal, p, 88.)

Quelques-uns de ces ecclésiastiques le sentirent, et ne purent même s'en taire à des religieuses qu'ils voyoient fondre en larmes auprès d'eux. Pour lui, il étoit, au milieu de cette troupe de religieuses en larmes, comme un homme entièrement hors de lui ; il ne pouvoit se tenir en place et se promenoit à grands pas, caressant hors de propos les unes, rudoyant les autres sans sujet, et de la plus grande douceur passant tout d'un coup au plus violent emportement. Au milieu de tout ce trouble, il arriva une chose qui fit bien voir l'amour que ces filles avoient pour la régularité. Elles entendirent sonner none, et, en un instant, comme si leur maison eût été dans le plus grand calme, elles disparurent toutes du chapitre, et allèrent à l'église, où elles prirent chacune leur place, et chantèrent l'office à leur ordinaire.

Au sortir de none, elles furent fort surprises de voir entrer dans leur monastère six religieuses de la Visitation, que M. l'archevêque avoit fait venir pour remettre entre leurs mains la conduite de Port-Royal. La principale d'entre elles étoit une mère Eugénie[1], qui, étant une des plus anciennes de son ordre, avoit été témoin de l'étroite liaison qu'il y avoit eu entre la mère Angélique et la mère de Chantal. Mais les jésuites, à la direction de qui cette mère Eugénie s'étoit depuis abandonnée, avoient pris grand soin d'effacer de son esprit toutes ces idées, et lui avoient inspiré, et à tout son couvent, qui étoit celui de la rue Saint-Antoine, autant d'éloignement pour Port-Royal que leur saint fondateur et leur bienheureuse mère avoient eu d'estime pour cette maison. Les religieuses de Port-Royal ne les virent pas plus tôt, qu'elles se crurent

---

1. Elle se nommait Louise-Eugénie de Fontaine.

obligées de recommencer leurs protestations, représentant que c'étoit à elles à se nommer des supérieures, et que ces religieuses, étant étrangères et d'un autre institut que le leur, n'étoient point capables de les gouverner. Mais M. l'archevêque se moqua encore de leurs protestations; ensuite il fit la visite des cloîtres et des jardins, accompagné du chevalier du guet, et de tous les autres officiers de justice qu'il avoit amenés. Comme il étoit sur le point de sortir, les religieuses se jetèrent de nouveau à ses pieds, pour le conjurer de permettre au moins qu'elles cherchassent dans la participation des sacrements la seule consolation qu'elles pouvoient trouver sur la terre; mais il leur fit réponse qu'avant toute choses il falloit signer, leur donnant à entendre que, jusqu'à ce qu'elles l'eussent fait, elles étoient excommuniées. Cependant, comme si Dieu l'eût voulu démentir par sa propre bouche, en les quittant, il se recommanda avec instance à leurs prières.

Quoique les religieuses ne fussent guère en état d'espérer aucune justice de la part des hommes, elles se crurent néanmoins obligées, pour leur propre justification, et pour empêcher, autant qu'elles pourroient, la ruine de leur monastère, d'appeler comme d'abus de toute la procédure de M. l'archevêque. A la vérité, il n'y en eut jamais de moins régulière ni de plus insoutenable : il interdisoit les sacrements à des filles dont il reconnoissoit lui-même que la foi et les mœurs étoient très-pures; il leur enlevoit leur abbesse et leurs principales mères, introduisoit dans leur maison des religieuses étrangères; sans parler du scandale que causoit cette troupe d'archers et d'officiers séculiers dont il se faisoit accompagner, comme s'il se fût agi de détruire quelque maison diffamée par les plus grands désordres et par les plus énormes excès; tout cela sans aucun examen juridique, sans plainte et sans réquisition de son official, et sans avoir prononcé aucune sentence; et le crime pour lequel il les traitoit si durement étoit de n'avoir pas la créance humaine que des propositions étoient dans un livre qu'elles n'avoient point lu et qu'elles n'étoient point capables de lire, et qu'il n'avoit vraisemblablement jamais lu lui-même. Elles dressèrent donc, dès le lendemain de l'enlèvement de leurs mères, un procès-verbal fort exact de tout ce qui s'étoit passé dans cette action; elles en avoient déjà dressé un autre de la visite où M. l'archevêque leur avoit interdit les sacrements. Elles signèrent ensuite une procuration pour obtenir en leur nom un relief d'appel comme d'abus. Elles l'obtinrent en effet, et le firent signifier à M. l'archevêque, qui fut assigné à comparoître au Parlement. Il ne fut pas difficile à ce prélat, comme on peut penser, d'évoquer toute cette affaire au conseil, où il les fit assigner elles-mêmes. Mais comment auroient-elles pu se défendre? Il y avoit des ordres très-sévères pour leur interdire toute communication avec les personnes du dehors, et on mit même à la Bastille un très-honnête homme, qui, depuis plusieurs années, prenoit soin, par pure charité, de leurs affaires temporelles. Ainsi il ne leur restoit d'autre parti que celui de souffrir et de prier Dieu. Il arriva néanmoins que, sans leur participation, quelques copies de leurs procès-verbaux tombèrent entre les mains de quelques personnes, et furent bientôt rendues publiques. Ce fut une très-sensible mortification pour M. l'archevêque : en effet, rien ne pouvoit lui être plus désagréable que de voir ainsi révéler tout ce qui s'étoit passé en ces occasions. Comme il n'y eut jamais d'homme moins maître de lui quand il étoit une fois en colère, et que d'ailleurs il n'avoit pas cru devoir être beaucoup sur ses gardes en traitant avec de pauvres religieuses qui étoient à sa merci, et qu'il pouvoit, pour ainsi dire, écraser d'un seul mot, il lui étoit échappé, dans ces deux visites, beaucoup de paroles très-basses et très-peu convenables à la dignité d'un archevêque, et même très-puériles, dont il ne s'étoit pas souvenu une heure après; tellement qu'il fut fort surpris, et en même temps fort honteux de se voir, dans ces procès-verbaux, jouant, pour ainsi dire, le personnage d'une petite femmelette, pendant que les religieuses, toujours maîtresses d'elles-mêmes, lui parloient avec une force et une dignité toute édifiante. Il fit partout des plaintes amères contre ces deux actes, qu'il traitoit de libelles pleins de mensonges, et en parla au roi avec un ressentiment qui fit contre ces filles, dans l'esprit de Sa Majesté, une profonde impression qui n'est point encore effacée. Il se flatta néanmoins qu'elles n'auroient jamais la hardiesse de lui soutenir en face les faits avancés dans ces pièces; et il ne douta même pas qu'il ne leur en fît faire une rétractation authentique. Il les fit venir à la grille, et leur tint tous les discours qu'il jugea les plus capables de les effrayer. Mais, pour toute réponse, elles se jetèrent toutes à ses pieds, et, avec une fermeté accompagnée d'une humilité profonde, lui dirent qu'il ne leur étoit pas possible de reconnoître pour fausses des choses qu'elles avoient vues de leurs yeux et entendues de leurs oreilles. Cette réponse si peu attendue lui causa une telle émotion, qu'il lui prit un saignement de nez, ou plutôt une espèce d'hémorrhagie si grande, qu'en très-peu de temps il remplit de sang jusqu'à trois serviettes qu'on lui passa l'une sur l'autre. Les religieuses, de leur côté, étoient plus mortes que vives; et même il y en eut une, nommée sœur Jeanne de la Croix, qui mourut presque subitement de l'agitation que cette affaire lui avoit causée. Elles ne furent pas longtemps sans recevoir de nouvelles marques du ressentiment de M. l'archevêque; et dès l'après-dînée du jour dont nous parlons, il fit ôter le voile aux novices qui restoient dans la maison, et les fit mettre à la porte. Il destitua toutes les officières qui avoient été nommées par l'abbesse, et mit, de son autorité, dans les charges toutes celles qui avoient commencé à se laisser gagner par M. Chamillard, et fit encore enlever cinq ou six religieuses qu'il croyoit les plus capables de fortifier les autres.

De toutes les afflictions qu'eurent alors les religieuses, il n'y en eut point qui leur causa un plus grand déchirement de cœur que celle de se voir abandonnées par cinq ou six de leurs sœurs, qui commencèrent, comme je viens de dire, à se séparer du reste de la communauté, et à rompre cette heureuse union que Dieu y entretenoit depuis tant d'années. Elles furent surtout étonnées au dernier point de la défection de la sœur Flavie : cette fille, qui autrefois avoit été religieuse dans un autre couvent, avoit désiré avec une extrême ardeur d'entrer à Port-Royal, et y avoit été reçue avec une fort grande charité. Comme elle étoit d'un esprit fort insinuant, et qu'elle témoignoit un fort grand zèle pour la régularité, elle avoit trouvé moyen de se rendre très-considérable dans la maison; il n'y en avoit point qui parut plus opposée à la signature, jusque-là qu'elle ne pouvoit souffrir qu'on se soumît pour le droit, sans faire quelque restriction qui marquât qu'on ne vouloit point donner atteinte à la grâce efficace : là-dessus elle citoit les écrits que nous avons dit que M. Pascal avoit faits pour combattre le sentiment de M. Arnauld, et elle citoit même de prétendues révélations, où elle assuroit que l'évêque d'Ypres lui étoit apparu. Ce zèle si immodéré, et ces révélations auxquelles on n'ajoutoit pas beaucoup de foi, commencèrent à ouvrir les yeux aux mères, qui, reconnoissant beaucoup de légèreté dans cet esprit, l'éloignèrent peu à peu de leur confiance. Ce fut pour elle une injure qui lui parut insupportable; et, voyant qu'elle n'avoit plus la même considération dans la maison, elle songea à se rendre considérable à M. Chamillard. Non-seulement elle prit le parti de signer, mais elle se joignit même à ce docteur et à la mère Eugénie pour leur aider à persécuter ses sœurs, dont elle se rendit l'accusatrice, donnant des mémoires contre elles, et leur reprochant, entre autres, certaines dévotions qui étoient très-innocentes dans le fond, et à la plupart desquelles elle-même avoit donné lieu. Nous verrons dans la suite l'usage que les ennemis des religieuses voulurent faire de ces mémoires, et la confusion dont ils furent couverts, aussi bien que la sœur Flavie[1].

Revenons maintenant aux religieuses qui avoient été enlevées. Dans le moment de l'enlèvement, M. d'Andilly, qui étoit dans l'église, s'approcha de la mère Agnès, qui pouvoit à peine marcher, et lui fit ses adieux. Il vit aussi ses trois filles, les sœurs Angélique de Saint-Jean, Marie de Sainte-Thérèse, et Marie de Sainte-Claire, qui sortirent l'une après l'autre. Elles se jetèrent à ses pieds, et lui

---

1. Catherine de Sainte-Flavie Passart. Elle avait été quinze ans maîtresse des novices. L'histoire de ses petites intrigues dans le couvent, et de la correspondance qu'elle entretenait avec Desmarêts de Saint-Sorlin, le plus fougueux ennemi de Port-Royal, se trouve racontée fort au long dans la *quatrième* et la *cinquième Visionnaire* de Nicole.

demandèrent sa bénédiction qu'il leur donna avec la tendresse d'un bon père et la constance d'un chrétien plein de foi. Il les aida à monter en carrosse : l'archevêque voulut lui en faire un crime auprès du roi, l'accusant d'avoir voulu exciter une sédition ; mais la reine-mère assura que M. d'Andilly n'en étoit pas capable. En dispersant ainsi ces religieuses, il espéroit les affoiblir, en les tenant dans une dure captivité, privées de tout conseil et de toute communication.

Pendant qu'on tourmentoit ainsi les religieuses de Port-Royal de Paris pour la signature, on fut trois mois entiers sans rien dire à celles des Champs, quoiqu'elles eussent déclaré par divers actes qu'elles étoient dans les mêmes sentiments que leurs sœurs, et qu'elles eussent même appelé comme d'abus de tout le traitement qu'on avoit fait à leurs mères. Quelques personnes crurent que l'archevêque les ménageoit à cause du cardinal de Retz, dont la nièce[1] étoit supérieure de ce monastère ; mais il y a plus d'apparence que, comme elles n'avoient point eu de part aux procès-verbaux, ce prélat, à qui tout le reste étoit indifférent, ne se pressoit pas de leur faire de la peine. A la fin cependant il leur fit signifier une sentence par laquelle il les déclaroit désobéissantes, et, comme telles, les privoit des sacrements, et de toute voix active et passive dans les élections. Sur cette sentence, elles se crurent obligées de lui présenter une requête, pour le

___

1. Henriette d'Angennes du Fargis, dite la mère Marie de Sainte-Madeleine, morte le 3 juin 1691. Elle était fille de Charles d'Angennes du Fargis, et de Madeleine de Silly, comtesse de la Rochepot, laquelle était sœur de Françoise-Marguerite de Silly, dame de Commerci, femme de Philippe-Emmanuel de Gondi, et mère du cardinal de Retz. Ainsi, la mère du Fargis, supérieure du monastère des champs en 1664, était cousine germaine, et non pas nièce du cardinal de Retz.

supplier de vouloir leur expliquer en quoi consistoit la désobéissance qu'il leur reprochoit, et qu'il punissoit si sévèrement ; car si, en exigeant la signature, il exigeoit la créance intérieure du fait, elles le prioient de se souvenir qu'il leur avoit fait entendre lui-même qu'elles feroient un fort grand crime de signer ce fait sans le croire ; et il étoit à souhaiter pour elles que toute l'Église sût que la seule raison pour laquelle on leur interdisoit les sacrements, c'étoit pour avoir obéi à leur archevêque, en ne voulant pas faire un mensonge. Si au contraire, comme il l'avoit déclaré depuis peu à plusieurs personnes, et comme il l'avoit dit même expressément dans sa lettre à l'évêque d'Angers, il ne demandoit, par la signature, que le silence et le respect sur le fait, elles étoient toutes prêtes de signer en ce sens, pourvu qu'il eût la bonté de leur marquer qu'il n'avoit point d'autre intention que celle-là.

Cette requête fut fort embarrassante pour l'archevêque, qui dans le fond ne tenoit pas toujours un langage fort uniforme sur la signature, disant aux uns qu'il en falloit croire la décision du pape ; et aux autres, qu'il savoit bien que l'Église n'avoit jamais exigé la décision des faits non révélés. Il y eut même quelques-unes des religieuses de Paris qui ne s'engagèrent à signer que parce qu'il leur déclara qu'il leur permettoit de demeurer dans leur doute, et qu'il ne leur demandoit leur souscription que comme une marque de la déférence et du respect qu'elles avoient pour l'autorité de leur supérieur. L'archevêque, dans cet embarras, crut devoir prendre le parti de ne point répondre à cette requête, et il fit semblant qu'il ne l'avoit point reçue. Mais les religieuses des Champs n'en demeurèrent pas là ; et ne pouvant supporter, sans une extrême peine, d'être privées des sacrements, surtout à la fête de Noël, qui étoit proche, elles lui écrivirent lettre sur lettre, pour le conjurer de les mettre en état de lui obéir. Enfin il leur écrivit; mais au lieu de leur donner l'explication qu'elles lui demandoient, il se contenta de leur reprocher en termes généraux leur orgueil et leur opiniâtreté, les traitant de demi-savantes qui avoient l'insolence de demander à leur archevêque des explications sur des choses si faciles à entendre, et qu'elles entendoient aussi bien que lui. Mais cette réponse ne le tira point encore d'affaire : elles lui présentèrent une seconde requête, plus pressante que la première, le conjurant, au nom de Jésus-Christ, de ne les point séparer des sacrements, sans leur expliquer le crime pour lequel on les en séparoit. Ces requêtes firent grand bruit; et l'archevêque, qui vit que la demande des religieuses paroissoit raisonnable à tout le monde, conçut bien qu'il ne lui étoit pas permis de demeurer plus longtemps dans le silence. Il écrivit donc aux religieuses qu'il étoit juste de les satisfaire sur les difficultés qu'elles lui proposoient, et qu'il y satisferoit dès que les grandes affaires de son diocèse lui en donneroient le loisir. Mais cet éclaircissement ne vint point, non plus que les réponses qu'il avoit promis de faire à l'évêque d'Aleth et à d'autres prélats qui lui avoient écrit sur la même affaire; et cependant les religieuses des Champs demeurèrent séparées des sacrements, aussi bien que leurs sœurs de Paris.

L'archevêque sentoit bien, par toutes les raisons qu'on objectoit tous les jours contre son mandement, et par la nécessité où il étoit de se contredire lui-même en mille rencontres, que sa foi humaine n'étoit pas si claire qu'il s'étoit imaginé, et il eut le déplaisir de la voir en peu de temps aussi décriée que la foi divine de M. de Marca, son prédécesseur. Pas un évêque en France ne s'avisa de la demander, ou, pour mieux dire, il n'y avoit guère que le diocèse de Paris où l'on fût inquiété pour le Formulaire. Le P. Annat crut enfin que tout le mal venoit de ce qu'on ne vouloit point reconnoître l'autorité des assemblées qui en avoient ordonné la souscription, et jugea qu'il falloit s'adresser au pape pour lui demander qu'il confirmât le Formulaire, ou qu'il en fît un autre qui contînt les mêmes choses.

Le roi fit donc prier le pape, par son ambassadeur, qu'il lui plût d'envoyer un Formulaire qui contînt le fait et le droit comme celui de l'assemblée, et d'obliger tous les ecclésiastiques du royaume, tant séculiers que réguliers, même les religieuses et les maîtres d'école, de le signer, sous les peines que les canons ordonnent contre les hérétiques. Nous avons déjà dit que le pape n'avoit jamais approuvé que les évêques s'ingérassent de dresser des formules de foi, ni d'en exiger la souscription, et que dans tous les brefs qu'il avoit écrits aux assemblées du clergé pour les louer du grand zèle qu'elles apportoient à faire exécuter sa constitution et celle de son prédécesseur, il s'étoit bien gardé de leur dire un mot de leur Formulaire. Ce fut donc pour lui un fort grand sujet de joie que, regardant comme inutile cet ouvrage qui avoit occupé tant d'assemblées, on eût enfin recours à l'autorité du saint-siége.

La cour de Rome ne pouvoit surtout se lasser d'admirer qu'après tout l'éclat qu'on venoit de faire en France contre l'infaillibilité du pape, même dans les choses de foi, après qu'on avoit fait enregistrer dans tous les Parlements et dans toutes les universités les articles de la Sorbonne sur cette matière, on en vint à supplier le pape d'établir cette même infaillibilité dans les faits non révélés, et d'obliger toute la France à reconnoître cette doctrine, sous peine d'hérésie. Le pape envoya le Formulaire tel qu'on lui demandoit, c'est-à-dire tout semblable à celui des évêques, excepté que, pour en rendre la signature plus authentique, il y ajouta un serment par lequel ceux qui signoient prenoient Dieu à témoin de la sincérité de leur souscription; et ce Formulaire fut inséré dans un bref que Sa Sainteté adressoit au roi[1].

Mais ce bref étant arrivé, on s'aperçut tout à coup qu'on n'en pouvoit faire aucun usage, à cause que le Parlement, où on vouloit le faire enregistrer, ne reconnoissoit d'autre expédition de Rome que ce qu'on appelle des *constitutions plombées*. Il fallut donc renvoyer le bref, et prier le pape de le changer en une bulle. Le roi porta lui-même cette bulle au Parlement, et y joignit une déclaration, la plus foudroyante que l'on put faire, pour obliger tout le monde à la signature. Cette déclaration enchérissoit beaucoup sur la bulle : on y défendoit toutes sortes d'explications et de restrictions, sous les mêmes peines qui étoient portées contre ceux qui refuseroient de souscrire. Tous les ecclésiastiques y étoient obligés par la privation de leurs bénéfices, les évêques eux-mêmes par la saisie de leur temporel; et personne ne pouvoit plus être reçu au sous-diaconat sans avoir signé.

Cependant toutes ces précautions n'empêchèrent pas qu'il n'y eût beaucoup de diversité dans la manière dont les évêques exigeoient les signatures dans leurs diocèses :

1. Alexandre VII, le 15 février 1665, changea ce bref en une bulle dans laquelle il inséra son Formulaire.

plusieurs d'entre eux reçurent les restrictions et les explications sur le fait; il y en eut un grand nombre qui déclarèrent de bouche à leurs ecclésiastiques que, l'Église ne demandant sur les faits que le simple respect, on ne s'obligeoit point à autre chose par les souscriptions. Il y en eut même qui insérèrent cette déclaration dans des procès-verbaux qui demeurèrent dans leurs greffes; et enfin quatre évêques, les plus célèbres qui fussent en France pour leur piété, je veux dire les évêques d'Aleth, de Beauvais, d'Angers et de Pamiers, firent ces déclarations par des mandements qu'ils firent publier dans leurs diocèses. L'évêque de Noyon [1] fit aussi la même chose. Nous verrons dans la suite l'effet que produisirent ces mandements [2]. L'archevêque de Paris ne fut pas peu embarrassé sur la manière dont il tourneroit le sien : il n'avoit garde d'exiger la même créance sur le fait que sur le droit, après avoir accusé d'extravagance ou de malice ceux qui confondoient ces deux choses; il n'osoit point non plus reparler de sa foi humaine, qu'il voyoit abandonnée de tout le monde. Voici l'expédient qu'il prit pour essayer de se tirer d'affaire : il distingua le fait et le droit dans son ordonnance; mais il se servit pour cela de termes si obscurs, qu'on ne savoit précisément ce qu'il demandoit, disant qu'il falloit une soumission de foi divine pour les dogmes; et, quant au fait, une véritable soumission par laquelle on acquiesce [3].

L'obscurité de cette ordonnance, et le serment dont

1. François de Clermont-Tonnerre.
2. L'auteur n'a pas continué cette histoire assez loin pour que nous voyons ces suites, ou du moins cette continuation serait perdue.
3. Nicole composa une *Requête des religieuses de Port-Royal à M. l'archevêque de Paris*, pour lui demander la signification du mot *acquiescement*.

j'ai parlé, rendirent aux religieuses de Port-Royal la signature de ce second Formulaire bien plus difficile que celle du premier. Mais avant que de passer plus loin, il est bon de dire ici en quel état étoient ces filles quand la nouvelle arriva en France.

Nous avons vu que l'archevêque en avoit fait enlever jusques au nombre de dix-huit, qu'il avoit dispersées en différents couvents. L'abbesse fut conduite à Meaux par l'évêque de Meaux, son frère, à qui on l'avoit confiée, et qui la mit dans le couvent de la Visitation qui est dans cette ville. La mère Agnès fut renfermée dans le couvent de la Visitation du faubourg Saint-Jacques, avec une de ses nièces qu'on voulut bien laisser auprès d'elle pour la servir. Les autres furent séparées en différents monastères, tant à Paris qu'à Saint-Denis, et principalement dans les couvents d'Ursulines, de Célestes ou Filles-Bleues, et de la Visitation. On les avoit voulu loger dans d'autres maisons, entre autres chez les Carmélites ; mais comme on savoit l'intention de l'archevêque, qui étoit de tenir ces filles dans une très-dure captivité, on avoit fait de grandes difficultés, dans la plupart de ces maisons, de les recevoir, et de contribuer aux mauvais traitements qu'on leur vouloit faire. Il y eut, entre autres, une abbesse à qui on en voulut donner une ; mais elle déclara, en la recevant, qu'elle prétendoit lui donner la même liberté qu'elle auroit pu avoir à Port-Royal, et la traiter comme une de ses filles. Elle tint parole, et fit tant d'honneurs à cette religieuse, que l'archevêque la lui ôta au bout de deux jours. On ne peut aussi s'empêcher de

1. C'était Madeleine de Sainte-Agnès de Ligny-Séguier, sœur de Dominique de Ligny, évêque de Meaux. Elle mourut à Port-Royal en 1675.

rendre justice à la mère de La Fayette[1], supérieure de Chaillot, qui, ayant été obligée de recevoir une de ces religieuses, la traita avec une charité extraordinaire tout le temps qu'elle fut dans son monastère. Il n'en fut pas de même des autres maisons où ces religieuses furent enfermées : on peut voir, dans la relation de la sœur Angélique Arnauld[2], la manière dont elle fut traitée chez les Filles-Bleues de Paris. La plupart des autres le furent à peu près de la même sorte[3].

La signature de ce second Formulaire fut même, à quelques-unes qui avoient signé, une occasion de comprendre la faute qu'elles avoient faite, et de la réparer. Ainsi, tout ce que fit l'archevêque pour engager ces saintes filles à signer son nouveau mandement et le Formulaire d'Alexandre VII, fut inutile.

Le très-grand nombre, tant de celles qui furent dispersées, que de celles qui demeurèrent dans leur monastère, se soutint au milieu de cette violence et de cette séduction. La sagesse et le courage que montrèrent ces religieuses est un miracle de la main du Tout-Puissant, qui a peu d'exemples dans l'histoire de l'Église. Elles avoient dressé diverses relations[4] de ce qui se passa dans cette persécution; on y voit les attaques qu'elles ont eu à soutenir, les situations étranges où se sont trouvées celles qui étoient captives dans différents couvents, les sentiments et les lumières par lesquelles Dieu les soutenoit dans leur affliction. C'étoit par obéissance à leurs supérieures qu'elles avoient dressé ces relations, qui contiennent un portrait bien naturel de leur esprit et de leur cœur. On y trouve, avec une simplicité et une

1. Louise de La Fayette, qui avait été fille d'honneur d'Anne d'Autriche.
2. Angélique de Saint-Jean Arnauld, seconde fille d'Arnauld d'Andilly, abbesse en 1678, morte en 1684, âgée de cinquante-neuf ans.
3. Ici s'arrête le manuscrit de la Bibliothèque nationale. Ce qui suit est donné par l'édition de 1767. On peut douter que Racine en soit l'auteur.
4. Toutes ces relations ont été réunies et imprimées en 1724.

candeur inimitables, une sublimité de vues, une générosité, une sagesse, une piété, une lumière, qui feroient presque douter que ce fût l'ouvrage de ces filles, à ceux qui ne connoîtroient pas l'esprit de Port-Royal, et qui ne feroient pas réflexion que Dieu se plaît souvent à faire éclater la force de sa grâce dans ce qu'il y a de plus foible.

Une société d'hommes superbes osoit disputer à Dieu sa toute-puissance sur les cœurs; il étoit digne de Dieu d'en donner une preuve éclatante, en remplissant de simples filles, persuadées de leur néant, et qui attendoient tout de la grâce, d'une sagesse et d'une magnanimité qui fait encore le sujet de l'admiration et de la confusion des hommes les plus forts et les plus éclairés. Ce que nous venons de dire ne paroîtra pas exagéré à quiconque lira les relations de Port-Royal, ou seulement celle de la mère Angélique de Saint-Jean, fille de M. d'Andilly.

Dieu soutenoit et conduisoit par lui-même ces admirables vierges. Les grands hommes qui auroient pu les éclairer et les encourager étoient eux-mêmes obligés de se cacher pour éviter les violences que l'on vouloit exercer contre eux. Ainsi ils ne pouvoient que rarement, et avec une extrême difficulté, faire parvenir leurs avis jusques à ces religieuses; et ils ne le pouvoient en aucune sorte, à l'égard de celles qui étoient captives en différents couvents. Dans le peu de commerce qu'ils avoient avec les deux monastères de Port-Royal, ils étoient plus occupés à modérer leur courage qu'à leur en inspirer. Elles avoient en effet une peine infinie à entrer dans les condescendances et les tempéraments que ces théologiens croyoient permis. On peut voir dans l'apologie de Port-Royal quelle peine elles eurent de signer le premier mandement des grands-vicaires du cardinal de Retz : tant elles craignoient tout ce qui sembloit leur faire prendre quelque part à l'espèce de conspiration formée contre la vérité.

Quelques-unes cédèrent : on ne doit point en être surpris. Ce qui est étonnant, c'est qu'il y en ait eu si peu qui aient succombé à une si terrible tentation. Parmi quatre-vingts religieuses de chœur qui étoient dans les deux maisons quand la persécution commença, en 1661, il étoit difficile qu'il ne s'en trouvât pas quelqu'une, ou qui n'eût pas une vertu solide, ou qui ne l'eût pas à l'épreuve d'une telle tempête. Dans la privation totale de tout conseil, quelques-unes des captives se déterminèrent à signer, parce qu'on s'étudia à embrouiller cette affaire par des subtilités qu'elles ne pouvoient démêler, et qui leur cachoient le véritable état des choses : l'archevêque même, pour les porter à la signature, leur déclaroit verbalement qu'il ne demandoit pas d'elles la créance du fait. Mais quelque pardonnable que fût leur faute, elles en conçurent une vive douleur dès qu'elles connurent l'état des choses, et que le trouble où elles s'étoient trouvées se fut dissipé. Il y en eut deux dans la maison de Paris, les sœurs Flavie et Dorothée[1], dont la chute fut bien plus funeste, parce que l'ambition en fut le principe. Elles signèrent le Formulaire, et contribuèrent à séduire huit ou dix de leurs sœurs qui étoient des esprits foibles, et dont il y en avoit deux imbéciles. Elles agirent ensuite de concert avec M. l'archevêque et les filles de la Visitation, pour tourmenter celles qui demeuroient fidèles à leurs devoirs et à leur conscience. Cependant la cause de ces saintes religieuses, ou plutôt celle de l'Église, étoit défendue par des écrits lumineux. M. Arnauld, aidé de M. Nicole, entreprit de faire connoître leur innocence : l'Apologie de Port-Royal, les Imaginaires, et tant d'autres ouvrages solides et convaincants, manifestoient à toute la terre l'injustice de cette persécution. Mais, comme on ne pouvoit montrer l'innocence des religieuses sans dévoiler la turpitude de leurs persécuteurs, ces mêmes écrits, qui justifioient les religieuses opprimées, mettoient en fureur leurs ennemis, qui les persécutoient avec encore plus de chaleur.

Au reste, M. de Peréfixe lui-même faisoit leur apologie, en avouant qu'il n'avoit rien trouvé que de regulier et d'édifiant dans la visite qu'il avoit faite. Il publioit souvent, dans le temps même qu'il les traitoit avec la plus grande rigueur, que « ces filles étoient pures comme des anges : » mais il ajoutoit « qu'elles étoient orgueilleuses comme des démons », parce qu'il lui plaisoit

---

1. Flavie Passart, et Dorothée Perdreau, qui fut ensuite élue abbesse par les religieuses signataires restées dans la maison de Paris. « La dispersion des religieuses, dit Voltaire *(Siècle de Louis XIV)*, intéressa tout Paris. Sœur Perdreau et sœur Passart, qui signèrent et en firent signer d'autres, furent l'objet des plaisanteries et des chansons.

de traiter d'orgueil insuportable le refus d'obéir à un commandement qu'il n'auroit pas dû leur faire, qui, quand il auroit été juste, n'étoit d'aucune utilité, et auquel elles ne pouvoient se soumettre sans blesser la sincérité. D'ailleurs, il avouoit qu'elles n'étoient attachées à aucune erreur, et se trouvoit quelquefois embarrassé quand elles le pressoient d'expliquer nettement ce qu'il leur demandoit : c'est ce que nous avons vu en parlant des requêtes que lui présentèrent les religieuses du monastère des Champs.

SUPPLÉMENT

A L'HISTOIRE DE PORT-ROYAL

CONTENANT

LE PRÉCIS DES ÉVÉNEMENTS QUI ONT SUIVI JUSQU'A LA DESTRUCTION DE CETTE ABBAYE EN 1710[1].

Au mois de juillet 1665, les religieuses qui avaient été enlevées de la maison de Paris en août et novembre précédents, sont amenées à Port-Royal des champs. On renferme avec elles, dans le même monastère, celles de la maison de Paris qui avaient refusé de signer. Au moyen de cette réunion, les religieuses se trouvent au nombre de soixante et onze religieuses de chœur et dix-sept converses. A l'exil succède alors la captivité la plus dure. L'exempt Saint-Laurent, à la tête de quatre gardes, s'empare des clefs, même de celles de la clôture, et s'établit en garnison dans le couvent. On interdit aux religieuses toute com-

1. Ce supplément est tiré de l'édition de La Harpe ; il est l'ouvrage des éditeurs : mais il est ici augmenté de cinq lettres de Racine à sa tante, abbesse de Port-Royal des champs, et du Mémoire qu'il fit pour cette maison, et qui fut présenté à l'archevêque de Paris.

munication avec leurs parents et leurs amis, même par écrit; il est défendu aux ouvriers et aux domestiques de remettre des lettres, sous peine d'être jugés prévôtalement à Saint-Germain, et pendus dans les vingt-quatre heures.

A ce premier genre de persécutions l'autorité ecclésiastique joint aussi les siennes. Les sacrements sont refusés même aux mourantes. Après la mort, elles sont privées des prières et des bénédictions de l'Église. On défend aux religieuses de psalmodier, de sonner leurs offices, de former chœur, etc., sous peine d'excommunication. Chamillard établit dans la maison, sous le titre de confesseur et de chapelain, un nommé Du Sauget, qui s'applique à harceler la patience des religieuses, et à les tourmenter par des contrariétés dans tous leurs exercices de piété.

Vainement voudraient-elles invoquer les tribunaux, et y faire parvenir leur réclamations. Un arrêt du conseil, du 12 février 1666, défend à tous juges de connaître de leur cause. Il leur est signifié par un huissier qui a ordre de ne recevoir aucune réponse.

Tant de violence et d'injustice porte ces malheureuses filles au dernier degré d'exaltation. Opprimées par l'autorité, persécutées par leur archevêque, repoussées par tous les tribunaux, elles espèrent que le ciel va prendre leur défense. Le 31 juillet 1666, elles rédigent un appel au tribunal de Jésus-Christ. A cette époque il meurt une d'entre elles, qui doit être enterrée, comme toutes les réfractaires, sans messe, sans chant, sans prière, sans assistance de prêtres. On porte ce corps au chapitre. Là les religieuses signent toutes une procuration à la défunte, pour relever au tribunal de Jésus-Christ l'appel qu'elles y ont porté, et elles l'ensevelissent après lui avoir placé ce papier entre les mains [1].

Tandis que ces choses se passaient à Port-Royal des champs,

---

1. Cette étrange pièce existe en manuscrit à la bibliothèque nationale. La défunte y est chargée de dire à Jésus-Christ, de la part de toutes les captives : « Seigneur, il est temps que vous agissiez, car ils ont dissipé votre loi. Repoussées par tous les juges de la terre, nous avons appelé au souverain juge, et jusqu'ici il a demeuré dans le silence. Il semble qu'il méprise nos prières. Nous craignons qu'à la fin le monde ne dise, en insultant à nos malheurs : Où est donc leur Dieu ? »

l'archevêque de Paris avait fait élire une abbesse, dans la maison de Paris, par neuf ou dix religieuses qui y étaient restées. Cette élection, à laquelle il avait présidé lui-même, s'était faite le 16 novembre 1665, et le choix était tombé sur la sœur Marie-Dorothée Perdreau. Cette sœur eut, trois ans après, le même titre par nomination royale. le roi ayant déclaré, par lettres patentes du mois de mai 1668, qu'il voulait rentrer dans le droit de nomination à l'abbaye de Port-Royal.

Cependant la paix de l'Église se négocie, et, malgré la vive opposition des jésuites, les religieuses de Port-Royal y sont comprises. En conséquence de l'arrêt du conseil du 23 octobre 1668, rendu sur le bref de Clément IX du 28 septembre précédent, les querelles du Formulaire sont assoupies par la signature d'une adhésion pure et simple à la constitution, sans aucune mention, soit explicative, soit restrictive, du *fait de Jansénius*. Le 3 décembre, les religieuses donnent à l'archevêque une nouvelle déclaration conforme à celle dont Sa Sainteté s'était trouvée satisfaite, et qui est telle qu'elles l'avaient toujours offerte. Sur cette déclaration, l'archevêque rend son ordonnance le 17 février 1669; il reconnaît la pureté de leurs sentiments et la sincérité de leur soumission, les restitue à la participation des sacrements, et les déclare capables de former corps de communauté avec plein exercice de voix active et passive.

Trois mois après, un arrêt du conseil sépare les deux maisons en deux abbayes totalement indépendantes l'une de l'autre : la première sous le titre de Port-Royal de Paris, à nomination royale; la seconde sous celui de Port-Royal des champs, élective et triennale. Par suite de cette séparation des deux abbayes, on partage les biens. Le partage se fait dans les conditions qu'on verra ci-après exposées par Racine en son *Mémoire*. Ces opérations sont confirmées par une bulle de Clément X, du 23 septembre 1671, fulminée par l'archevêque le 20 avril 1672, et sur laquelle sont données des lettres patentes enregistrées au grand conseil le 22 décembre 1672.

Malgré ces désavantages, la maison de Port-Royal des champs, qui n'avait besoin que de calme, refleurit bientôt avec plus d'éclat que jamais. Une foule de personnes pieuses, distinguées par le mérite et la naissance, viennent y prendre retraite. Ses ennemis sont contenus par la puissante protection de la duchesse de Longueville (Anne-Geneviève de Bourbon, sœur du grand Condé), qui s'était fait bâtir un château près du monastère.

Mais le 15 avril 1679, la mort de cette princesse enlève aux religieuses leur premier appui. Un mois après cet événement, Harlay de Chanvallon, archevêque de Paris, qui avait succédé à Péréfixe en 1671, se transporte à Port-Royal des champs, en fait sortir les pensionnaires et les personnes qui s'y étaient retirées, et signifie aux religieuses une défense verbale de recevoir des novices jusqu'à ce que la communauté, qui était alors composée de soixante et treize religieuses, fût réduite, par les décès, au nombre de cinquante, prétextant que la volonté du roi était de réduire à ce nombre toutes les communautés du royaume. Mais quand les religieuses se trouvèrent par la suite réduites à ce nombre, et qu'elles demandèrent à l'archevêque de leur rendre la permission de recevoir des novices, on prétendit que les sœurs converses étaient aussi comprises dans le nombre de cinquante ; et la permission leur fut refusée.

Cependant Harlay de Chanvallon meurt en 1695, et madame de Maintenon lui fait nommer pour successeur Louis-Antoine de Noailles, évêque de Châlons, qui depuis fut cardinal.

Racine, dévoué à Port-Royal des champs, met tous ses soins à obtenir pour les religieuses la protection du nouvel archevêque, en reçoit de lui les assurances les plus marquées, et dont il fait part à la mère Agnès de Sainte-Thècle Racine, sa tante, abbesse de cette maison, par la lettre suivante, en date du 30 août 1695 :

« J'ai eu l'honneur de voir, ma très-chère tante, M. l'archevêque de Paris, de l'assurer de vos très-humbles respects et de ceux de votre maison. Je lui ai dit même toutes les actions de grâces que vous aviez rendues à Dieu, pour avoir donné à son Église un prélat selon son cœur. Il a reçu tout cela avec une bonté extraordinaire. Il m'a chargé d'assurer votre maison qu'il l'estimoit très-particulièrement, me répétant plusieurs fois qu'il espéroit vous en donner des marques dans tout ce qui dépendroit de lui. Ensuite je lui ai rendu compte de toutes les démarches que vous aviez faites auprès de son prédécesseur pour obtenir de lui un supérieur. Je ne lui ai rien caché de tous les entretiens que j'avois eus avec lui sur ce sujet, et du dessein que vous aviez eu enfin de lui demander M. le curé de Saint-Séverin : il me dit que le choix étoit très-bon, et que c'étoit un très-vertueux ecclésiastique. Je lui ai demandé là-dessus son conseil sur la conduite que vous aviez à tenir en cette occasion, et lui ai dit que, comme vous aviez une extrême confiance en sa justice et en sa bonté, vous pensiez ne devoir rien faire sans son avis; que d'ailleurs n'étant pas tout à fait pressées d'avoir un supérieur, vous aimeriez bien autant attendre qu'il eût ses bulles, s'il le jugeoit à propos, afin de vous adresser à lui-même. Il m'a répondu en souriant qu'il croyoit que vous feriez bien de ne vous point presser, et de demeurer comme vous étiez, en attendant qu'il pût lui-même suppléer aux besoins de votre maison. Je lui témoignai l'appréhension où vous étiez que des personnes séculières ne prissent ce temps-ci pour obtenir des permissions d'entrer chez vous. Il loua extrêmement votre sagesse dans cette occasion, et m'assura qu'il seconderoit de tout son pouvoir votre zèle pour la régularité, laquelle ne s'accordoit pas avec ces sortes de visites. Je lui demandai s'il ne trouvoit pas bon, au cas qu'on importunât MM. les grands-vicaires pour de semblables permissions, que vous vous servissiez de son nom, et que vous fissiez entendre à ces messieurs que ce n'étoit point son intention qu'on en donnât à personne. Il répondit qu'il vouloit très-bien que vous fissiez connoître ses sentiments là-dessus, si vous jugiez qu'il en fût besoin. Je lui dis enfin que vous aviez dessein de lui envoyer M. Eustace, votre confesseur. Il me dit que cela étoit inutile; qu'il étoit persuadé de tout ce que je lui avois dit de votre part; il ajouta encore une fois, en me quittant, *que votre maison seroit contente de lui*. Je crois en effet, ma très-chère tante, que vous avez tout lieu d'être en repos. Je sais même, par des personnes qui connoissent à fond ses sentiments, qu'il est très-résolu de vous rendre justice; mais ces personnes vous conseillent de le laisser faire, et de ne point témoigner au public une joie et un empressement qui ne serviroient qu'à le mettre hors d'état d'exécuter ses bonnes intentions. Je sais qu'il n'est pas besoin de vous donner de tels avis, et qu'on peut s'en reposer sur votre extrême modération. Mais on craint avec raison l'indiscrète joie de quelques-uns de vos amis ou de vos amies, à qui on ne peut trop recommander de garder un profond silence sur toutes vos affaires. »

La mère Racine était abbesse élective et triennale de Port-Royal des champs, depuis six ans, au mois de février 1696. Son temps étant terminé à cette époque, elle fut continuée; mais comme il fallait alors, dans l'absence d'un supérieur, quelqu'un de la part de l'archevêque de Paris, pour présider cette élection, on désira que ce fût M. Roynette, l'un de ses grands-vicaires. Racine se chargea d'en parler à l'archevêque, qui agréa aussitôt la proposition. Ensuite il vit M. Roynette, le 30 janvier de cette année 1696, et écrivit aussitôt à l'abbesse sa tante le résultat de cet entretien.

« Je sors, dit-il, de chez M. Roynette, avec qui j'ai été près de deux heures. C'est une de mes plus anciennes connoissances, que j'ai vu dès ma jeunesse chez M. du Gué de Bagnols. Il m'a parlé avec un grand sentiment d'estime et de vénération de votre maison, et pour toutes les personnes dont la mémoire y est chère. J'ai tout lieu de croire que vous serez aussi satisfaite de lui qu'il espère être édifié de toute la communauté[1]. »

Ce grand-vicaire se rendit, le 4 février suivant, à Port-Royal. On procéda à l'élection où la mère Racine fut nommée pour un troisième triennal. Elle écrivit ensuite à son neveu que toute la communauté et elle avaient été si édifiées et si satisfaites de M. Roynette, qu'après tout le bien qu'on leur en avait dit, elles ne croyaient pas pouvoir faire un meilleur choix pour remplacer leur supérieur; qu'elles le priaient de s'employer auprès de l'archevêque qu'elles n'osaient importuner d'une lettre pour l'obtenir.

Le mercredi 15 février, Racine fit la réponse suivante :

« J'ai eu l'honneur de voir M. l'archevêque, samedi dernier, tout au soir. Il me parut très-content de ce qui s'étoit passé à l'élection, et des témoignages avantageux que M. le grand-vicaire lui a rendus de la maison. Il me demanda si l'on étoit aussi con-

1. Dom Clémencet, qui mentionne cette lettre dans l'*Histoire générale de Port-Royal* (t. VII, p. 320), ne fait que la résumer et ne donne comme textuelles que les quatre dernières lignes, depuis le mot *parlé* jusqu'à la fin.

tent de M. le grand-vicaire qu'il l'étoit de vous. Je lui fis réponse qu'on ne pouvoit pas être plus édifié de lui qu'on l'avoit été ; et je le priai même de lire la lettre que vous m'aviez écrite là-dessus, par où il connoîtroit mieux vos sentiments que par tout ce que je pourrois lui dire ; qu'en un mot toute la maison le demandoit pour supérieur. M. l'archevêque me dit qu'il liroit votre lettre, et qu'il y feroit ses réflexions ; il ne voulut pas dire positivement qu'il vous accordoit votre demande, parce qu'il vouloit vraisemblablement en parler auparavant à M. le grand-vicaire, lequel, de son côté, est venu me chercher à Paris pendant que j'étois à Versailles; et ne m'ayant pas trouvé, il voulut voir ma femme, et lui parla de toute votre communauté avec les termes du monde les plus remplis d'estime et de vénération ; vous devez vous assurer qu'il a toute l'intention possible de vous servir ; et je ne doute pas qu'il ne consente très-volontiers à être votre supérieur. Je n'ai encore pu lui rendre sa visite, mais je l'irai chercher au plus tard après-demain. Je vous rendrai compte de toutes choses. »

Dès le dimanche suivant, 19 février, Racine manda à sa tante : « J'ai vu M. Roynette ; il fait des vœux pour le rétablissement de la maison, et croit que le bien de l'Église voudroit qu'on y élevât la jeunesse comme autrefois ; il déplore la manière peu chrétienne dont elle est élevée dans la plupart des maisons religieuses ; il est cependant un peu sensible à cette terreur universelle qui fait craindre de passer pour favorable à une maison qui a des ennemis si puissants ; je lui ai persuadé, autant que j'ai pu, qu'on pouvoit prendre des biais qui le mettroient à couvert de tout soupçon, comme par exemple d'être nommé par M. l'archevêque, pour lui rendre compte de l'état où se trouve la communauté, et de ses besoins, en attendant que M. l'archevêque pût s'y transporter et en prendre connoissance par lui-même, ce qu'il ne pouvoit pas s'empêcher de faire, et qu'il fera infailliblement[1]. »

1. Cette lettre n'est également que résumée et analysée dans l'*Histoire générale de Port-Royal*. Les éditeurs l'ont faite avec les extraits de Dom Clémencet.

Le temps étant enfin venu, Port-Royal des champs eut un supérieur, et M. Roynette agréa cette place, vacante depuis dix-huit mois. On en fut informé à Port-Royal par la lettre suivante de Racine, du 5 mars :

« Je ne doute pas, ma chère tante, que vous n'ayez déjà appris que M. l'archevêque vous a enfin donné le supérieur que vous lui avez demandé. Je lui avois fait présenter, il y a cinq à six jours, par madame la duchesse de Noailles, sa belle-sœur, un mémoire que j'avois écrit à Marly, dans lequel je lui marquois que la communauté persévéroit à lui demander M. Roynette pour supérieur, ou du moins qu'il lui ordonnât d'en faire les fonctions, sans en avoir le titre, si l'on jugeoit que ce titre pût lui faire tort dans l'esprit des gens prévenus contre votre maison ; qu'il suffisoit que M. Roynette fût chargé de prendre connoissance de vos besoins et de l'état de votre communauté, pour en rendre compte à M. l'archevêque, et que ce fût aussi par lui que M. l'archevêque vous fît connoître ses volontés : qu'on ne prétendoit point exposer la santé de M. le grand-vicaire, en l'obligeant de faire de fréquents voyages à Port-Royal; que ce seroit assez qu'il en fît un présentement pour prendre une connoissance exacte de la maison, ensuite de quoi, il pourroit, s'il vouloit, n'y point aller qu'à la première élection, c'est-à-dire apparemment dans trois ans, si pourtant on pouvoit supposer que cette pauvre communauté, qui n'est plus, à proprement parler, qu'une infirmerie, dureroit encore trois années. Voilà à peu près ce que contenoit mon mémoire ; et j'ai mis ces dernières paroles, parce que je savois de bonne part qu'on avoit ouï dire à M. l'archevêque que ce seroit dommage de laisser périr une maison où la jeunesse étoit autrefois si bien instruite dans les principes du christianisme. M. Roynette chargea avant-hier M. Willard de me dire que M. l'archevêque l'avoit en effet pressé de consentir à être votre supérieur, et qu'après avoir représenté au prélat les raisons qu'il avoit de refuser cette commission, fondées principalement sur son peu de capacité, car c'est ainsi que son humilité le fait parler, et encore sur ses infirmités, voyant que M. l'archevêque persistoit à l'en presser, il l'avoit acceptée, et qu'il feroit de son mieux pour s'en bien acquitter. Il ne reste donc plus qu'à prier Dieu qu'il entretienne dans le cœur de ce nouveau supérieur les bons sentiments que je lui vois pour votre maison. Ce qui est certain, c'est qu'il me revient de toutes parts qu'il est très-sage, très-doux, et tout plein de justice et de probité. »

Après avoir réussi dans les démarches qu'il avait faites pour obtenir aux religieuses de Port-Royal le supérieur qu'elles désiraient, Racine les défendit contre les injustes réclamations des religieuses de Paris. Celles-ci, peu satisfaites du partage fait en 1669, quoique tout entier à leur avantage, voulurent le faire annuler, et achever la ruine de Port-Royal des champs; mais elles ne furent point écoutées. On eut égard au mémoire suivant, fait par Racine pour les religieuses des Champs, qui, cette fois, l'emportèrent sur celles de Paris.

MÉMOIRE

POUR LES RELIGIEUSES DE PORT-ROYAL DES CHAMPS[1].

« Le monastère de Port-Royal des champs et celui de Port-Royal de Paris ne faisoient originairement qu'une seule communauté, dont tous les revenus et les intérêts étoient unis et confondus, et qui étoit gouvernée par une même abbesse, laquelle étoit élective et triennale. Mais la division s'y étant mise (en 1664) pour les raisons qui sont connues de tout le monde, et la plus grande partie des religieuses ayant été transférée et renfermée dans le Port-Royal des champs, celles qui étoient restées à Paris, quoiqu'elles ne fussent que sept du chœur et trois converses, élurent entre elles (le 16 novembre 1665) une abbesse, nommée sœur Marie-Dorothée; et cette élection fut autorisée par M. de Péréfixe, alors archevêque de Paris, et par un arrêt du conseil (en 1666) qui débouta ces religieuses des Champs des oppositions qu'elles crurent devoir faire à cette

---

1. Le brouillon de ce Mémoire, écrit de la main de Racine, avec beaucoup de ratures chargées de corrections de la même main, existe à la Bibliothèque nationale. Une copie au net, d'une authenticité incontestable, donne le texte que nous reproduisons.

nouveauté. M. de Péréfixe rendit même celles de Paris entièrement maîtresses de tous les biens des deux monastères, à condition qu'elles donneroient vingt mille livres par an pour la subsistance de ce grand nombre de religieuses qu'il tenoit, comme nous l'avons dit, renfermées dans la maison des Champs. Toutefois les religieuses de Paris ne jouirent pas longtemps de leur prétendu droit d'élection ; car le roi ayant cru devoir rentrer dans son droit de nomination à l'égard de leur maison, sœur Marie-Dorothée lui remit entre les mains sa démission, au moyen de quoi elle fut continuée par la nomination de Sa Majesté, qui obtint (en 1668) des bulles du pape pour cette nouvelle abbesse.

Enfin, les religieuses des Champs ayant été comprises dans la paix de l'Église, et rétablies dans leur liberté et dans leurs droits, sans que leur archevêque leur demandât autre chose que ce qu'elles lui avoient tant de fois offert, le roi, jugeant à propos que les deux maisons demeurassent séparées comme elles étoient, ordonna qu'on fit la distraction des revenus qu'elles avoient possédés en commun, et nomma pour cela des commissaires, du nombre desquels étoit M. Pussort, qui fut chargé de faire son rapport au conseil de tout ce qui se passeroit dans cette affaire.

Les revenus des deux monastères montoient alors à vingt-neuf mille cinq cents livres, sur quoi il falloit déduire environ sept mille livres qu'ils étoient chargés de payer tous les ans.

Les religieuses de Paris n'étoient que dix, comme nous avons dit, en comptant trois converses ; et celles des Champs étoient au nombre de soixante-neuf professes du chœur et de vingt-cinq ou trente converses, tant professes que postulantes. Cependant on donna aux religieuses de Paris dix mille livres de rente, tant en fonds de terre qu'en rentes et en pensions, c'est-à-dire plus du tiers des revenus, sans compter tous les grands corps de logis bâtis dans le dehors de leur maison, et dont elles furent bientôt en état de tirer de grands loyers, par la mort ou par la retraite des personnes qui les avoient fait bâtir. On leur laissa aussi toute l'argenterie de la sacristie, et elles retinrent plus des deux tiers des meubles, quoique l'arrêt de partage ne leur en eût attribué que le tiers. Les dix-neuf mille cinq cents livres restantes furent données aux religieuses des Champs, et les charges furent partagées à proportion des revenus.

L'arrêt portoit que, moyennant ce partage, les deux maisons demeureroient à perpétuité divisées, séparées, indépendantes l'une de l'autre, sans qu'à l'avenir aucune pût rien prétendre sur ce qui seroit attribué à l'autre, sous quelque cause ou prétexte que ce fût, et cette clause fut insérée principalement pour prévenir les justes plaintes que les religieuses des Champs pourroient faire contre la lésion qu'elles souffroient dans un partage si inégal. L'arrêt leur fut signifié (7 juin 1669) par ordre exprès du roi, et elles n'eurent d'autre parti à prendre que celui de la soumission et du silence. Le tout fut enregistré au Parlement, et Sa Majesté se chargea de le faire approuver à Rome.

On ne sait pas en quel état sont maintenant les revenus de la maison de Paris : ce qu'on peut dire, c'est qu'ayant toujours eu la liberté de recevoir des pensionnaires et des novices, les biens de cette maison auroient dû considérablement augmenter.

Il n'en est pas de même des religieuses des Champs. Il y a dix-sept ans qu'on leur donna ordre de renvoyer leurs novices et leurs pensionnaires, et qu'on leur fit défendre de recevoir des novices, jusqu'à ce qu'elles fussent réduites à cinquante professes du chœur. Ainsi leur communauté n'ayant reçu aucun nouveau secours depuis ce temps-là, il n'est pas étrange que leurs revenus soient diminués, comme ils le sont en effet, d'autant plus qu'il leur a fallu emprunter plus de quarante mille livres pour les seuls amortissements qu'elles ont été obligées de payer.

Quoi qu'il en soit, il est aisé de justifier qu'en déduisant les charges à quoi elles sont tenues, leur revenu ne monte pas présentement à plus de neuf mille cinq cents livres, sans y comprendre deux fermes qu'elles font valoir par leurs mains, et qui coûtent autant que le produit qui en revient, à cause de la mauvaise qualité des terres.

Sur cette somme il faut qu'elles vivent, et elles sont encore quarante religieuses du chœur et quatorze converses. Il leur faut de plus nourrir et entretenir quantité de filles qu'elles sont obligées de prendre pour leur aider à faire les ouvrages nécessaires de la maison. Comme elles sont la plupart âgées et infirmes, elles ne peuvent plus guère faire autre chose que de vaquer à l'office du chœur, qu'elles n'ont point encore interrompu, non plus que les veilles devant le saint sacrement. Au lieu qu'autrefois les ecclésiastiques, les médecins et les autres personnes qui desservoient leur maison, bien loin de leur être à charge, leur payoient même pension la plupart, il faut qu'elles paient aujourd'hui tous ceux qui les servent. Il y a plus de cinq ans qu'elles n'ont chez elles ni médecin ni chirurgien, se contentant d'envoyer chercher du secours ou à Paris, ou ailleurs, le plus rarement qu'elles peuvent, et dans leurs plus pressantes nécessités. Ajoutez à cela le grand nombre de bâtiments et fermes qu'elles sont obligées d'entretenir, et ceux qu'elles ont été obligées de faire construire au dedans de leur maison, qui ne suffisoit pas pour loger un si grand nombre de religieuses.

C'est à monseigneur l'archevêque à juger si, étant chargées de tant de dépenses inévitables, on peut retrancher sur un revenu si modique sans les réduire à la dernière nécessité. Elles ont lieu d'espérer que, s'il n'est pas en état de leur faire le bien que sa charité voudroit peut-être leur faire, du moins il ne voudroit pas achever de les accabler : *Arundinem quassatam non confringet et linum fumigans non extinguet*[1]. »

Ce mémoire produisit donc l'effet qu'on en espérait, ainsi qu'on l'a dit plus haut, page 165. Le roi ayant chargé l'archevêque de nommer des commissaires pour examiner les revenus des deux maisons, ces commissaires en font conjointement la visite, dressent leurs procès-verbaux au mois de mars 1697, et les présentent à l'archevêque. Celui-ci fait son rapport au roi, qui juge les prétentions des religieuses de Port-Royal de Paris mal fondées, et n'y a aucun égard. Les choses en restent là jusqu'en 1702. Elles font assigner au mois de juillet de cette année les religieuses de Port-Royal des champs, au grand conseil, pour les obliger de leur remettre tous leurs titres, papiers, etc., et à se contenter d'une pension viagère de deux cents livres; mais elles sont encore déboutées de leur demande, et condamnées aux dépens, par arrêt rendu à l'audience du 22 février 1703. Ces moyens sont donc insuffisants pour parvenir à la des-

---

1. « Il ne brisera pas le roseau battu des vents et n'éteindra pas la mèche qui fume encore. » Isaïe, chap. XLII, ɣ 3.

truction de la maison des champs; mais on en emploie d'autres qui réussissent, comme on le verra par la suite. Reprenons notre récit à l'année 1702.

On s'avise à cette époque de proposer en Sorbonne un cas de conscience, qui consiste à savoir si l'ecclésiastique qui ne croit pas à un fait contenu dans une constitution apostolique peut, lors de son adhésion à cette constitution, faire une restriction mentale, et si un silence respectueux sur le fait est une soumission suffisante. Quarante docteurs décident pour l'affirmative; d'autre part on crie au jansénisme. Le cardinal de Noailles exige que ces docteurs se rétractent. On dispute de nouveau, et la guerre recommence.

A l'instigation de Godet Desmarais, évêque de Chartres, le roi sollicite de Clément XI une bulle qui prononce sur la suffisance ou l'insuffisance du silence respectueux à l'égard des points de fait renfermés dans les constitutions apostoliques. Le 15 juillet 1705, Clément XI donne sa bulle commençant par ses mots : *Vineam Domini Sabaoth;* mais, fidèle au système de la cour de Rome, il se garde bien de distinguer les points de foi d'avec ceux qui ne sont que de fait, quoique cette distinction fût le pivot sur lequel roulaient, depuis cinquante ans, ces querelles théologiques.

La bulle fut publiée en France; mais le pape ni les évêques n'en ordonnèrent la signature. Toutefois le cardinal de Noailles exige celle des religieuses de Port-Royal. Celles-ci se soumettent à l'ordre de leur archevêque, en ajoutant seulement cette réserve : « Sans déroger à ce qui s'est passé à notre égard à la paix de l'Église sous Clément IX. » Cette clause déplut à la cour de France, mais ne fut point désapprouvée par celle de Rome, malgré toutes les intrigues qu'on y fit jouer.

Au défaut des foudres de l'Église, on recourut donc aux coups d'autorité. En avril 1706, on signifie aux religieuses un arrêt du conseil portant défense de recevoir des novices, défense sous laquelle ces religieuses gémissaient depuis vingt-sept ans, quoique jusque-là elle n'eût été que verbale.

Dans ce même mois meurt leur abbesse, Élisabeth de Sainte-Anne Boulard, qui avait succédé à la mère Agnès de Sainte-Thècle Racine. Les religieuses sollicitent vainement de leur archevêque la permission de procéder à l'élection d'une autre abbesse.

Enfin on se prépare à porter les derniers coups. Le Port-Royal de Paris demande la révocation de l'arrêt de partage de 1669, la suppression de l'abbaye des champs, et la réunion de tous ses biens à la maison de Paris. Le conseiller d'État Voysin est commis par le roi pour prendre connaissance de l'état temporel des deux maisons, mais la séparation des deux abbayes avait été faite avec le concours de la puissance ecclésiastique. On recourt donc au pape; on sollicite une bulle, et on la sollicite de la part du roi. Elle est accordée le 27 mars 1708.

Vainement les malheureuses victimes adressent leurs réclamations au cardinal de Noailles, au cardinal d'Estrées, au nonce, au pape, au roi, au Parlement. Leur perte, jurée depuis soixante ans, est consommée le 15 décembre 1708, par l'enregistrement des lettres patentes rendues sur la bulle qui autorisait la suppression. En conséquence le cardinal de Noailles fait procéder à l'enquête *de commodo et incommodo*. Les témoins entendus dans cette information sont les curés de quelques paroisses voisines, tout prêts à régler leur témoignage sur les intentions de leur archevêque. Le décret de suppression de l'abbaye de Port-Royal des champs et de réunion de ses biens à l'abbaye de Paris est rendu le 11 juillet 1709. Les religieuses des Champs appellent de ce décret à la primatie de Lyon : l'official refuse de recevoir leur appel. Elles se pourvoient au Parlement par appel comme d'abus de ce déni de justice. La cour craignit les suites du procès qui allait s'engager au Parlement sur cet appel ; elle eut recours à des voies plus promptes et plus efficaces.

Le samedi 26 octobre 1709, le conseil du roi rend un arrêt qui ordonne la perquisition de tous les papiers qui se trouvent à Port-Royal, la saisie et transport de tout le mobilier, et enfin l'enlèvement des religieuses, et leur dispersion dans différentes maisons hors du diocèse de Paris; le tout, dit l'arrêt, pour des raisons mûrement délibérées, et pour le bien de l'État.

Le mardi suivant 29, le lieutenant de police d'Argenson, muni de cet arrêt, porteur de vingt-deux lettres de cachet, accompagné de deux commissaires du Châtelet et d'un greffier, escorté du prévôt de la maréchaussée et de trois cents archers, se transporte, à sept heures du matin, au couvent de Port-Royal. Il investit la maison, s'empare des portes, consigne les domestiques, se fait d'abord remettre les titres et tous les papiers, pose des scellés partout, et, quand cette première partie de sa commission est remplie, il annonce aux religieuses les autres ordres dont il est chargé. Elles étaient en tout quinze religieuses du chœur, y compris la prieure [1], et sept converses. Sans résistance, sans protestations, sans murmures, toutes se résignent à leur sort en récitant leur office accoutumé au milieu des archers qui les conduisent. Il y en avait quelques-unes si vieilles et si infirmes qu'on ne put les transporter que sur les litières. Elles furent conduites chacune dans autant de maisons différentes, à Nevers, Autun, Moncénis, Rouen, Amiens, Compiègne, Blois, Chartres, etc., afin qu'il n'en restât pas deux réunies pour se consoler ensemble.

Quand elles sont toutes en marche, d'Argenson envoie un courrier à la cour pour annoncer le succès de son expédition.

Un mois après, l'abbesse de Port-Royal de Paris [2] se rend au monastère des champs, accompagnée de ses gens d'affaires, et emmène avec elle plus de cent voitures chargées de meubles, effets, ornements d'église et provisions de toutes sortes. Une partie fut vendue sur les lieux.

Mais les implacables persécuteurs de Port-Royal n'oubliaient pas que, quarante ans auparavant, ils avaient vu cette maison presque anéantie, et que, peu de temps après, elle s'était relevée plus triomphante. Pour ôter aux exilées et à leurs amis tout espoir de retour, ils résolurent de faire disparaître les bâtiments; c'est ce qui fut ordonné par un autre arrêt du conseil du

---

1. Elle se nommait Claude-Louise de Sainte-Anastasie du Mesnil de Courtiaux. Elle fut exilée à Blois chez les Ursulines. C'est là qu'elle mourut le 13 mars 1716, persévérant dans les sentiments qui avaient attiré la persécution, ou plutôt qui en avaient été le prétexte. A sa mort, l'évêque de Blois, *Bertier,* lui refusa impitoyablement les sacrements et la sépulture des catholiques, parce que cette vertueuse fille refusait une signature que sa conscience aurait démentie. On dira qu'il y avait des deux parts puérilité et sottise : soit; mais, ce point accordé, on verra aussi d'un autre côté la malice et la rage des démons, et de l'autre la constance des héros et la pureté des anges.

2. Louise-Françoise Rousselet de Château-Renaud, qui venait de succéder à madame Harlay de Chanvallon.

22 janvier 1710, dont l'exécution fut prompte. Le vénérable monastère fut démoli, ainsi que tous les édifices qui y avaient été successivement ajoutés. On vendit les matériaux, et on tâcha d'effacer jusqu'aux vestiges des constructions.

Ce sol nu était encore une terre sacrée; il renfermait les dépouilles des Le Maistre, des Arnauld, des Racine et de tant d'illustres personnages dont les malheurs de Port-Royal relevaient encore la mémoire. En 1711, on ouvrit les sépultures, on exhuma ces morts qui avaient voulu être éternellement réunis, et on les dispersa dans les églises de Paris et dans les cimetières des villages voisins.

FRAGMENTS SUR PORT-ROYAL

Les Constitutions de Port-Royal sont de la mère Agnès, excepté l'institution des novices, qui étoit de la sœur Gertrude. M. de Pontchâteau les fit imprimer en Flandre.

Les deux volumes des Traités de piété sont de M. Hamon, excepté le Traité de la charité, qui est à la tête du premier volume. M. Fontaine prit soin de l'impression de ce premier volume, et M. Nicole du second, qui est beaucoup plus exact.

La Religieuse parfaite a été recueillie par la sœur Euphémie, sous la mère Agnès, lorsque celle-ci étoit maîtresse des novices. M. Nicole a fait toutes les préfaces des Apologies des religieuses de Port-Royal, et, de plus, en commun la première et la deuxième partie; M. Arnauld a fait la troisième, c'est-à-dire les lettres de M. d'Angers, et toute la quatrième, hormis les deux chapitres[2] où est l'histoire de Théodoret, etc.

---

1. Ces fragments, écrits de la main de Racine, sont à la Bibliothèque nationale. Ils paraissent être le résultat d'entretiens particuliers avec Nicole. Racine a écrit en tête du manuscrit, en marge : M. Nicole.
2. Il faut encore interroger là-dessus M. Nicole. *(Note de Racine.)*

M. Nicole a fait les trois volumes de la Perpétuité, hormis un chapitre dans la première partie, qu'y fourra M. Arnauld, et qui donna le plus de peine à défendre. M. Arnauld ne lut pas même le deuxième volume : il étoit occupé alors à faire des mémoires pour des évêques.

M. d'Aleth lui demanda un Rituel ; mais M. Arnauld n'étant pas assez préparé sur cette matière, M. Nicole persuada à M. d'Aleth de s'adresser à M. de Saint-Cyran[1], et de lui écrire pour cela une lettre pleine d'estime. M. de Saint-Cyran prit cette lettre pour une vocation, et fit le livre. M. Arnauld le revit avec M. Nicole, et adoucit plusieurs choses qui auroient paru excessives : entre autres M. de Saint-Cyran avoit écrit un peu librement sur l'abstinence de la viande pendant le carême, et prétendoit que l'Église ne pouvoit pas faire des règles qui obligeassent sous peine de péché mortel.

Le Nouveau Testament de Mons a été l'ouvrage de cinq personnes : M. de Sacy, M. Arnauld, M. Le Maistre, M. Nicole et M. le duc de Luynes. M. de Sacy faisoit le canevas, et ne le reportoit presque jamais tel qu'il l'avoit fait ; mais il avoit lui-même la principale part aux changements, étant assez fertile en expressions. M. Arnauld étoit celui qui déterminoit presque toujours le sens. M. Nicole avoit devant lui saint Chrysostôme et Bèze, ce dernier afin de l'éviter : ce qu'on a fait tout le plus qu'on a pu. M. de Sacy a fait les préfaces, aidé par des vues et par des avis que lui avoient donnés M. Arnauld et M. Nicole.

Depuis peu, quelqu'un a fait des Remarques sur cette traduction, et M. Arnauld en a pris ce qu'il croyoit le meilleur, ce qu'il a toujours fait très-volontiers. M. de Sacy étoit moins souple : témoin sa roideur sur les remarques du P. Bouhours, dont il n'a jamais voulu suivre aucune. M. Nicole, au contraire, a profité, dans ses Essais de morale, de celles qui lui ont paru bonnes.

Il n'a plus osé écrire contre M. Jurieu, depuis qu'il a vu M. de Meaux aux mains avec lui, ne voulant pas donner d'ombrage à ce prélat. M. de Sacy n'avoit de déférence au monde

---

1. Martin-Barcos, qui fut abbé de Saint-Cyran après son oncle du Verger de Hauranne.

que pour M. Singlin, homme en effet merveilleux pour le droit sens et le bon esprit. Celui-ci avoit de grands égards pour M. de Saint-Cyran-Barcos, qui étoit son directeur, homme pur dans sa vie, et d'un grand savoir, mais qui avoit souvent des opinions très-particulières, et toujours très-attaché à ses opinions.

Un jour, entre autres, il vouloit opiniâtrément que, pour défendre Jansénius, on avançât que cet auteur ayant suivi pied à pied saint Augustin, et n'étant que l'historien de sa doctrine, il lui avoit été impossible de s'en écarter. M. Arnauld fit un écrit où il renversoit entièrement cette opinion, c'est-à-dire montrant que cette défense auroit été tournée en ridicule, n'étant pas impossible que Jansénius n'eût pris un sens pour l'autre, et ne se fût trompé, comme le prétendoient le pape et les évêques. M. de Saint-Cyran fit une réponse, où il traitoit ces démonstrations de simples difficultés, qui ne devoient pas empêcher qu'on ne se soumît à son avis. M. Pascal leva l'embarras : il prit le mémoire de M. de Saint-Cyran, alla trouver M. Singlin, et lui dit que jamais il ne rendroit ce Mémoire, qu'il traita de ridicule.

M. Pascal étoit respecté parce qu'il parloit fortement, et M. Singlin se rendoit dès qu'on lui parloit avec force.

La mère Angélique de Saint-Jean faisoit, en quelque sorte, sa cour à M. Pascal, et vouloit se servir de lui pour mettre de la division entre M. Arnauld et M. Nicole; car, ni elle, ni beaucoup d'autres, ne pouvoient souffrir cette liaison, ni que M. Nicole gouvernât M. Arnauld.

Ils furent tous deux cachés pendant cinq ans à l'hôtel de Longueville, et, excepté les six premiers mois, y vécurent toujours à leurs dépens. Madame de Longueville étoit alors occupée de ses restitutions, et peut-être n'eût pas été bien aise de cette nouvelle dépense. Ils l'entretenoient tous les jours des cinq ou six heures. M. Arnauld s'endormoit souvent, après avoir roulé ses jarretières devant elle : ce qui la faisoit un peu souffrir. M. Nicole étoit le plus poli des deux, et étoit plus à son goût. Madame de Longueville se dégoûtoit fort aisément; et, d'une grande envie de voir les gens, passoit tout à coup à une fort grande peine de les voir.

DE PORT-ROYAL.

M. Nicole fut toujours bien avec elle : elle trouvoit qu'il avoit raison dans toutes les disputes. Il dit qu'à sa mort il perdit beaucoup de considération : « J'y perdis même, dit-il, mon abbaye, car on ne m'appeloit plus M. l'abbé Nicole, mais M. Nicole tout simplement. »

Elle étoit quelquefois jalouse de mademoiselle de Vertus, qui étoit plus égale et plus attirante.

Grand différend contre M. Pascal. Il vouloit qu'on défendît toujours les propositions par le bon sens qu'elles avoient, et qu'on n'en signât point la condamnation. M. Arnauld et M. Nicole étoient d'avis contraire. M. Arnauld, entre autres, fit un écrit où il terrassoit M. Pascal, qui étoit petit devant lui. C'est ce qui a donné lieu au bruit qui se répandit que M. Pascal avoit abjuré le jansénisme. Celui-ci, dans sa dernière maladie, ayant lâché quelques mots de ce différend au curé de Saint-Étienne, qui comprit que puisque M. Pascal avoit été de contraire avis avec ces messieurs, il avoit été d'avis de l'entière soumission au Formulaire. Feu M. de Paris en tira avantage, fit signer cette déposition par le curé, qui, ayant été depuis convaincu du contraire, voulut en vain revenir contre sa signature. M. l'archevêque se moqua de lui[1].

M. Nicole appelle tout cela les guerres civiles de Port-Royal.

La mère Angélique de Saint-Jean étoit entêtée aussi qu'elles ne devoient signer en aucune sorte; et quand l'accommodement fut fait, elle persistoit toujours dans son opinion. M. d'Aleth lui écrivit, M. Arnauld, M. de Sacy : tout cela inutilement. M. Nicole eut ordre de faire un écrit pour la convaincre. Enfin elle se rendit, il ne sait comment, en disant qu'elle n'étoit nullement convaincue.

Il estime qu'elle avoit plus d'esprit même que M. Arnauld; très-exacte à ses devoirs, très-sainte, mais naturellement un peu scientifique, et qui n'aimoit pas à être contredite. Madame de Longueville ne l'aimoit pas, et pourtant convenoit de toutes ses

---

1. Voyez l'*Histoire de Port-Royal*, seconde partie.

bonnes qualités. Elle avoit plus de goût pour la mère du Fargis, qui savoit beaucoup mieux vivre.

Deux partis dans la maison : l'un, la mère Angélique, la sœur Briquet, et M. de Sacy; l'autre, la mère du Fargis, M. de Sainte-Marthe, et M. Nicole, Ces derniers avoient toujours raison ; mais, pour l'union, M. de Sainte-Marthe cédoit toujours.

M. Nicole dit que c'est le plus saint homme qu'il ait vu à Port-Royal. Il sautoit par-dessus les murs, pour aller porter la communion aux religieuses malades, et cela de l'avis de M. d'Aleth : en sorte qu'il n'en est pas mort une sans sacrements. Cependant la mère Angélique de Saint-Jean n'avoit nul goût pour lui; et, quoiqu'il le sût, il n'en étoit pas moins prêt à se sacrifier pour la maison.

M. Arnauld, le plus souvent, n'avoit nulle voix en chapitre. On le croyoit trop bon : et c'étoit assez qu'il dît du bien d'une religieuse, pour que l'on n'en fît plus de cas. Ainsi il prônoit fort la sœur Gertrude; et la mère Angélique de Saint-Jean se retiroit d'elle.

Cette mère Angélique, à force de se confier à la sœur Christine, et de la vouloir former aux grandes choses, comme une abbesse future, lui inspira un peu trop de mépris pour les autres mères : en telle sorte qu'elle étoit en grande froideur pour la mère du Fargis, et mourut sans lui en demander pardon. Madame de Fontpertuis contribuoit un peu à tout cela : bonne femme, bonne amie, mais un peu portée à l'intrigue, et ne haïssant pas à se faire de fête, surtout avec les grands seigneurs.

M. de Pompone demandoit un jour à M. Nicole : « Tout de bon, croyez-vous que ma sœur ait autant d'esprit que madame du Plessis-Guénégaud? » M. Nicole traita d'un grand mépris une pareille question.

On subsistoit comme on pouvoit des livres et des écrits qu'on faisoit. Les Apologies des religieuses valurent cinq mille francs; les Imaginaires, cinq cents écus. Bien des gens croyoient que M. Nicole, en tirant quelque profit de la Perpétuité, s'enrichissoit du travail de M. Arnauld, et il souffroit tout cela. On tira de Traités de piété seize cents francs. M. Nicole les fit donner à M. Guelphe; et celui-ci, y ayant joint quelque trois ou quatre mille francs de M. Arnauld, les prêta à un nommé Martin, qui leur a fait banqueroute.

Lorsque les religieuses étoient renfermées au Port-Royal de Paris, elles trouvoient moyen de faire tenir tous les jours de leurs nouvelles à M. Arnauld, et d'en recevoir. M. Nicole dit que c'étoient des lettres merveilleuses et toutes pleines d'esprit. La sœur Briquet y avoit la principale part. La sœur de Brégy vouloit aussi s'en mêler : elle avoit quelque vivacité, mais son tour d'esprit étoit faux, et n'avoit rien de solide.

Elles confièrent deux ou trois coffres de papiers à M. Arnauld, lorsqu'elles furent dispersées. C'est par ce moyen qu'on a eu les Constitutions de Port-Royal, et d'autres traités qu'on a imprimés.

M. Nicole a travaillé seul aux préfaces de la Logique et à toutes les additions. La première, la deuxième et la troisième partie ont été composées en commun. M. Arnauld a fait toute la quatrième.

FRAGMENTS

ET

NOTES HISTORIQUES

Le pensionnaire Wit pressoit avec impatience la conclusion de ce traité. C'étoit sur lui que rouloit alors la principale conduite des affaires des états : homme zélé pour sa république, et ennemi de la maison d'Orange, qu'il tenoit le plus bas qu'il pouvoit. Il avoit hérité ces sentiments de son père, vieux magistrat de Dort, qu'on regardoit autrefois comme le chef du parti opposé au prince Guillaume. Ce prince, jeune et entreprenant, fier de l'alliance du roi d'Angleterre, qui lui avoit donné sa fille, regardoit le titre de gouverneur et de capitaine général des états comme trop au-dessous de lui, et aspiroit assez ouvertement à la monarchie. Il fit arrêter Wit dans son hôtel à la Haye, et l'envoya prisonnier, avec cinq des principaux de ce parti, dans son château de Louvestein. En même temps il marcha vers Amsterdam, qu'il avoit fait investir, et ne manqua que de quelques heures la prise de cette grande ville. On peut dire avec assez de certitude qu'il n'y avoit plus de république de Hollande, si la mort de ce prince, qu'on croit même avoir été avancée par quelque breuvage, n'eût interrompu tous ses desseins. Il laissa sa femme enceinte du prince qui vit aujourd'hui, dont elle accoucha deux mois après la mort de son mari. La Zélande et quelques autres provinces vouloient qu'il succédât à toutes les dignités de son père; mais la province de Hollande, où la faction d'Wit étoit la plus forte, empêcha que cette bonne volonté n'eût aucun effet. La charge de gouverneur et de capitaine général ne fut point remplie; et les états s'emparèrent et de la nomination des magistrats et de tous les autres priviléges attachés à cette charge. On prétend que le vieil Wit, avant que mourir, ne cessoit d'encourager son fils à l'abaissement de cette maison, dont il regardoit l'élévation comme la ruine de la liberté, et qu'il répétoit souvent ces paroles : « Souviens-toi, mon fils, de la prison de Louvestein. »

II

Pendant que les armes du Roi prospéroient ainsi en Allemagne, ses forces maritimes s'accroissoient considérablement, jusqu'à donner déjà de l'inquiétude à ses alliés. Ils s'étoient moqués de tous les projets qu'on faisoit en France pour se rendre puissant sur la mer, s'imaginant qu'on se rebuteroit bientôt par les difficultés qui se rencontreroient dans l'exécution et par les horribles dépenses qu'il falloit faire. Ils ne voyoient dans les ports que deux galères et une douzaine de vaisseaux de guerre, dont plus de la moitié tomboient, pour ainsi dire, par pièces; les arsenaux et les magasins entièrement dégarnis.

III

Catherine de Médicis étoit fille de Laurent de Médicis, duc d'Urbin, et de Madeleine de la Tour, de la maison de Boulogne. Le pape Clément VIIe, son oncle, la dota, en la mariant, d'une somme de cent mille écus comptant, et Magdeleine de la Tour déclara dans le contrat de mariage qu'elle lui donnoit et substituoit son droit de succession aux comtés d'Auvergne et de Lauraguais, baronnie de la Tour, et autres terres possédées alors par Anne de la Tour, sa sœur aînée, laquelle n'avoit point d'enfants.

En effet, après la mort d'Anne de la Tour, Catherine, comme unique héritière de la maison de Boulogne, entra en possession de toutes ses terres. En l'année 1559, le roi Henri II, son mari, étant mort, le duché de Valois lui fut assigné. En 1582, elle détacha de cette duché la terre de la Ferté-Milon, et l'engagea à madame de Sauve, depuis marquise de Noirmoustier, pour une somme de dix mille écus d'or, que la reine Catherine lui avoit accordée pour récompense de services. Le roi Henri III, son fils, continua depuis et la donation et l'engagement. Catherine mourut en 1589, et le roi Henri III lui survécut de huit ou neuf mois. Ainsi ce prince a été, ou a dû être son héritier. Il est vrai que Catherine fit don, par son testament, des comtés d'Auvergne et de Lauraguais, etc., à feu M. le duc d'Angoulême, qui en prit même alors le nom de comte d'Auvergne. Mais, en 1606, la fameuse reine Marguerite, restée seule des enfants, fit déclarer ce testament nul; et, en vertu de la donation par forme de substitution stipulée dans le contrat de mariage de Catherine, se fit adjuger par le parlement de Paris et par le parlement de Toulouse toutes les terres que la reine sa mère avoit possédées, et aussitôt en fit présent au dauphin, qui depuis a été Louis XIII, père de Sa Majesté; de telle façon que ces comtés et cette baronnie ont été réunis à la couronne.

IV

Le cardinal de Richelieu se fit donner la commission de chef et surintendant de la marine, parce que le duc de Guise, comme gouverneur de Provence, prétendoit être amiral de Levant, et ne point céder à l'amiral dans la Méditerranée. Il y a même encore des ancres à la porte de l'hôtel de Guise. Le gouverneur de Bretagne a aussi des droits de naufrage, etc.; mais le cardinal de Richelieu avoit ce gouvernement.

Le cardinal Mazarin avoit recommandé au Roi trois hommes : Colbert, Lescot, joaillier, et Ratabon des bâtiments.

Deux jours avant sa mort, il vit Monsieur le Prince, M..., leur parla fort longtemps et fort affectueusement, et ils reconnurent après qu'il ne leur avoit pas dit un mot de vrai.

La Reine mère dit un jour à la Chastre, qui revenoit d'Anet, et qui disoit qu'il avoit vu M. de Beaufort : « Vous avez vu le plus galant homme du monde. » Beaufort se donna à Mme de Monbazon, et de là les haines contre lui.

Le Roi, peu avant le jugement de M. Foucquet, dit à

la Reine, dans son oratoire, qu'il vouloit qu'elle lui promît une chose qu'il lui demandoit : c'étoit, si Foucquet étoit condamné, de ne point lui demander sa grâce. Le jour de l'arrêt, il dit chez Mlle de la Valière : « S'il eût été condamné à mort, je l'aurois laissé mourir. »

Il dit aussi à M. de Turenne très-fortement de ne plus se mêler de cette affaire. M. de Turenne espéroit gagner à la disgrâce de Foucquet, et se flattoit d'être chef du conseil des affaires étrangères, comme Villeroi des finances; et, voyant qu'il n'en étoit rien, ne le pardonna jamais à M. le Tellier.

Un peu avant la guerre de Lille[1], on ôta à la charge de colonel général de la cavalerie légère la nomination de toutes les charges; et Turenne n'osa souffler, de peur de dégoûter le Roi de lui, et qu'on ne fît point la guerre. Un peu après la revue de Mouchy, le Roi dit à Turenne : « On « compte à Paris que voilà la soixantième (ou la soixante-« deuxième) revue. »

On pensa commencer la guerre dès le commencement de 1666, mais il n'y avoit rien de prêt. Le Roi en avoit fort envie. Lorsqu'on la commença, l'artillerie n'étoit pas prête, et ce fut une des raisons qui fit qu'on s'arrêta à réparer Charleroi, où les Espagnols avoient laissé des demi-lunes entières. De là le Roi alla à Avesnes, où on fit venir la Reine et Mme de Montespan. Feu Madame persuada à Mlle de la Valière, qui étoit à Mouchy, de suivre la Reine, et lui prêta un carrosse. Monsieur l'amiral étoit de cette année-là. On auroit pu prendre Gand et Ypres; mais M. de Turenne eut peur d'attirer les Anglois et les Hollandois, et que la guerre ne finît. Il étoit haï de tout

1. En 1667.

le monde, surtout des ministres, qu'il insultoit tous les jours. M. le Tellier envoyoit toujours demander à Humières où on alloit camper. Il avoit décrié dans l'esprit du Roi tous les maréchaux, surtout le maréchal de Gramont, qui étoit au désespoir, et qui monta la tranchée à la tête des gardes. Il poussoit Duras, et le favorisoit en toutes rencontres; [il] voulut faire attaquer le château de Tournay par Lauzun, déjà favori, quoique Humières fût de jour. Bellefonds étoit aussi fort favorisé du Roi et de M. de Turenne. Bellefonds ne voulut point du gouvernement de Lille, pour ne pas quitter la cour; et Turenne le fit donner à Humières, qui se remit en grâce avec lui. Humières se plaignoit aussi de Duras, à qui, au siége de Tournay, on avoit donné une brigade fort bonne qui étoit au quartier d'Humières, et qui ne voulut pas laisser aller la brigade de la Vallette, et les garda toutes deux.

Pradelle servoit aussi de lieutenant général, brave homme, mais pas plus capable qu'il est aujourd'hui. Le Roi l'aimoit assez.

Après la paix, Turenne eut bien du dessous. Il demanda quartier au comte de Gramont, qui l'accabloit de plaisanteries. Un jour le Roi pensa dire des rudesses là-dessus à ce comté, à ce que disoit Turenne.

Monsieur le Prince entend bien mieux les siéges que M. de Turenne.

Le marquis de Créqui ne parut que sur la fin de la campagne, à l'affaire de Marsin. On ne fortifia point Alost, place importante, et qui auroit coupé tous les Pays-Bas, parce qu'on avoit trop peu de troupes pour en mettre dans tant de places. M. de Turenne auroit bien voulu aller reconnoître Termonde, avant que de l'attaquer; mais le Roi vouloit être partout. On y alla donc avec l'armée.

La Reine mère savoit qu'on arrêteroit M. Foucquet. On l'avoit dit à Laigue, pour le dire à Mme de Chevreuse, afin qu'elle y disposât la Reine : ce qui se fit à Dampierre. Villeroy le sut aussi. Le Roi vouloit l'arrêter dans Vaux, mais la Reine dit : « Voulez-vous l'arrêter au milieu d'une fête qu'il vous donne? »

On n'a jamais conçu l'état des places du Pays-Bas aussi pitoyable qu'il étoit, même à ce dernier voyage.

En Hongrie[1], Coligni écrivoit en cour tous les jeudis, et donnoit ses lettres au courrier ordinaire de l'armée, pour les porter à Vienne. La Feuillade écrivoit tous les samedis, et les faisoit porter par un homme exprès. Il feignoit de prévoir tout ce que les Turcs avoient fait depuis le jeudi jusqu'au samedi.

Si[2], avant la guerre de Flandres, on eût donné au Roi Cambray ou même Bergue, il se seroit peut-être contenté. Lionne surtout étoit au désespoir de la guerre.

Le[3] cardinal Mazarin avoit connu le Tellier en Piémont, et le mit à la place de des Noyers. Le Tellier devoit donner deux cent mille francs, le Roi cent mille. Des Noyers voulut un évêché pour sa démission, et mourut. Le Tellier eut les cent mille écus.

Le cardinal de Richelieu avoit des traits de folie. Un jour, Schomberg dit à Villeroy, au sortir de sa chambre : « Le Cardinal voudroit pour cent mille écus que nous ne l'eussions pas vu ce matin. » Il s'étoit fort emporté.

Le cardinal Mazarin dit à Villeroy, quatre jours avant sa mort : « On fait bien des choses en cet état, qu'on ne fait pas se portant bien. »

---

1. Racine écrit en marge : *Dang.* (Sans doute Dangeau.)
2. En marge : *Hum.* (Sans doute Humières.)
3. En marge : *le M. de Villeroy.*

Celui qui a les finances peut toujours tromper quand il veut. On a beau tenir des registres.

V

Extrait du XVIe volume manuscrit de Siri. — Il traite de l'autorité du Parlement; il dit que les décrets, les actes et les délibérations des états généraux même, quoiqu'ils aient le pouvoir d'élire un roi, au cas que la race royale finît, n'ont aucune force, s'ils ne sont vérifiés au Parlement, lequel les modère, les corrige et les réforme, et même les annule pendant la tenue des états, comme il annula les délibérations des états tenus pendant la Ligue pour élire un roi, ce qui contribua le plus à conserver à Henri IV et aux Bourbons la succession à la couronne.

Il prétend que les deux premières races ont disposé de l'État comme de leur patrimoine, l'aliénant et le partageant entre leurs enfants, et admettant leurs bâtards à portion égale avec les fils légitimes, en telle sorte que dans leurs apanages ils étoient souverains et indépendants comme les autres. Ainsi Théodoric, bâtard de Clovis, partagea également avec ses autres enfants, et eut la Lorraine. Un autre Théodoric, fils puîné de Clotaire, fut préféré aux aînés. Pepin égala son fils bâtard, Charles Martel, avec ses autres enfants. Il ajoute que les Mérovingiens ont été aussi cruels à leurs parents que le sont les Othomans. Les impositions sur le peuple ont été excessives et entièrement arbitraires pendant ces deux races.

Nota. Les Capétiens, *come usurpatori dello scettro reale contra Carlo*, y procédèrent avec plus de précaution, jusqu'à Philippe le Bel, qui foula beaucoup le peuple, imité en cela par Philippe le Long et par Charles le Bel. Et c'est à quoi on a imputé la ruine de leur maison.

Les dignités de ducs, de comtes et de barons étoient à vie et amovibles sous les Mérovingiens. Mais pendant les révoltes qui s'élevèrent sous le règne de Clotaire IIIe, les ducs, comtes et barons, dans l'Aquitaine, le Périgord et l'Auvergne, changèrent leurs gouvernements en seigneuries. Et de là vinrent les fiefs, les droits de *vassellaggio* et les justices subalternes, sans que les Pepins et les Carlovingiens, qui se regardoient comme usurpateurs, osassent s'y opposer. Au contraire, pour se faire des créatures, ils exemptèrent plusieurs familles *dell' ordine popolare*. Philippe-Auguste sut peu à peu s'assujettir les États et les terres dont les grands seigneurs jouissoient *come in sovranità*.

Les maires du palais font bien voir que les François sont toujours prêts à subir le joug de quiconque ose leur commander, pourvu qu'il ait en sa main la disposition des grâces.

Il remarque que les François, si hardis et si prêts à exposer leur vie dans les batailles, tremblent à l'aspect d'un homme de justice; et que les rois n'ont jamais mieux fait que d'établir ainsi entre eux et les grands un juge qui, sans qu'ils s'en mêlassent, pût châtier les grands et protéger les petits.

Ce fut le Coadjuteur qui porta le prince de Conti, le duc et la duchesse de Longueville à se mettre du parti du Parlement : celle-ci irritée contre Monsieur le Prince, qui désapprouvoit hautement sa conduite; le prince de Conti dépendant absolument de Mme de Longueville; et le Duc possédé de l'envie d'avoir le Pont-de-l'Arche, qu'il espéroit obtenir par le moyen du Parlement. Cette résolution fut prise à Noisy, maison de l'archevêque de Paris, où se trouva le duc de Longueville avec le Coadjuteur et le duc de Retz.

Le Cardinal fit tout son possible pour engager le duc de Bouillon dans les intérêts de la cour, et lui promit les récompenses du monde les plus avantageuses en échange de Sedan ; mais ce duc étoit gouverné absolument par la duchesse sa femme, qui étoit gagnée par Mme de Longueville. La duchesse de Bouillon étoit aussi zélée catholique que Mlle de Bouillon, sa belle-sœur, étoit zélée huguenote. Celle-ci, extrêmement fière, ne pouvoit digérer de voir sa maison dépouillée de la principauté de Sedan, et vouloit toujours marcher d'égale avec les maisons souveraines. Aussi fut-elle une des principales causes de tous les partis que le duc de Bouillon et Turenne, son frère, prirent contre la cour.

La verita si era ancora que les deux frères, Bouillon et Turenne, tous deux grands maîtres en fait de guerre, et le premier principalement joignant aux qualités militaires celles de fin courtisan et de très-habile politique, avoient hérité *la torbidezza dell' animo* du père, chef de la faction huguenote, *pieno di rigiri e d'intrighi et in tutte le fattioni e partiti della Francia ò capo ò direttore, come anco precipuo sommovitore dell' elettore Palatino*, à recevoir des rebelles de Bohême la couronne qui a été si funeste à lui et à toute sa maison : de sorte qu'ayant sucé tous deux avec le lait un esprit de faction et d'ambition, il ne falloit pas grand art ni grande rhétorique pour les engager dans un parti d'où ils attendoient des avantages, comme *la riscossa di Sedano*, et beaucoup d'autres qu'ils espéroient pêcher en eau trouble.

Le Cardinal avoit fait pressentir si Turenne voudroit se faire catholique, auquel cas il lui destinoit les plus grands emplois et les premières dignités du royaume, avec une de ses nièces. Mais Mlle de Bouillon, que la conversion de son frère aîné avoit mortellement affligée, fit son possible pour traverser cette seconde conversion; et elle auroit mieux aimé voir Turenne sur un échafaud que devenu catholique.

VI

Extrait du... volume de Siri. — Il traite fort au long l'origine de la paulette et tous les mouvements qu'elle a excités pendant la régence de Marie de Médicis par la peur que les parlements et les autres corps avoient qu'elle ne fût supprimée.

Il traite aussi de l'origine des parlements et de leur autorité.

Émeri Particelli étoit de Lucques et avoit une grande habileté pour les finances. Le cardinal Mazarin ne devoit jamais l'abandonner.

Chavigny avoit été l'ami intime du cardinal Mazarin, qui lui faisoit bassement sa cour sous le ministère du cardinal de Richelieu. Puis il vit que Chavigny vouloit partager la faveur avec lui, et il le trompa, lui faisant pourtant de grandes caresses. Chavigny fut averti par Seneterre que Mazarin le jouoit, et pour se venger chercha à précipiter dans des conseils violents qui fissent enfin chasser le Cardinal. Il conseilla l'emprisonnement de Broussel, et en même temps il assistoit à des conférences secrètes avec les frondeurs chez Pierre Longuëi.

La raison pourquoi le Cardinal différoit tant à accorder les grâces qu'il avoit promises, c'est qu'il étoit persuadé que l'espérance est bien plus capable de retenir les hommes dans le devoir que non pas la reconnoissance.

VII

CARDINAL MAZARIN.

Siri[1], en cherchant les raisons pourquoi le Cardinal abandonna le duc de Guise, dit que peut-être ce cardinal songeoit à se faire roi de Naples. Cela est d'autant plus vraisemblable qu'il avoit quelque pratique pour se faire roi de Sicile : témoin une lettre qu'un certain Antoine d'Aglié lui écrivoit de Rome, le 1er juin 1648, qui lui mandoit qu'on avoit fort délibéré en Sicile de mettre la couronne de ce royaume sur la tête ou du prince Thomas, ou du connétable Colonne, mais que le Cardinal avoit été préféré à tout autre ; que, sans partir de Paris, il n'avoit qu'à envoyer une armée pour donner cœur au peuple et à la noblesse, et qu'on lui enverroit aussitôt des ambassadeurs pour le couronner ; que s'il ne vouloit point quitter la France, il pourroit laisser en Sicile ou son frère, ou le cardinal Grimaldi, avec la qualité de vice-roi.

L'auteur croit, pour lui, que le Cardinal avoit dessein d'envoyer à Naples Monsieur le Prince, afin de l'éloigner de France, avec tous les petits-maîtres, et quantité d'autres gens capables de remuer[2]. Cela est si vrai, qu'après

---

1. Tome XI, p. 587. (*Renvoi de la main de Racine.*)
2. Tome XI, p. 588.

la disgrâce et l'emprisonnement du duc de Guise, le Cardinal envoya l'abbé Bentivoglio en Flandres, à l'armée de Monsieur le Prince, un peu devant qu'il assiégeât Ypres, pour le tâter, non pas en traitant directement avec lui, mais avec Châtillon, la Moussaye et les autres petits-maîtres, qui l'écoutèrent fort volontiers, se remplissant déjà l'esprit d'idées, l'un se flattant de se faire duc de Calabre, l'autre prince de Tarente. Le Cardinal offroit à Monsieur le Prince tous les régiments de Condé et de Conti, et de sa maison, avec une armée navale équipée aux dépens du Roi. Mais les cabales commençoient déjà à éclore ; et Monsieur le Prince, se défiant et de la proposition et de celui qui la faisoit, ne put se résoudre à quitter Paris et la cour [1].

Le même auteur dit que le Cardinal étoit maître de toutes ses passions, excepté de l'*avarice* [2].

Le cardinal de Sainte-Cécile, son frère, étant en mauvaise humeur contre lui, disoit à tous les gens de la cour qui venoient lui recommander leurs intérêts que le moyen le plus sûr d'obtenir de son frère tout ce qu'on vouloit, c'étoit de faire du bruit, parce que son frère étoit un coyon [3].

Ces paroles, dit Siri, ne tombèrent pas à terre ; et bien des courtisans se résolurent dès lors de le prendre de hauteur avec le Cardinal, et commencèrent à le menacer pour obtenir de lui ce qu'ils vouloient.

Ce cardinal de Sainte-Cécile s'en alla à Rome au sortir de son gouvernement de Catalogne, plein de mauvaise volonté contre son frère, et résolu d'embrasser les inté-

1. Tome XI, p. 589.
2. Racine indique ici le tome XII, p. 924.
3. Tome XII, p. 925.

rêts des Espagnols, qui ne manquoient pas de leur côté de lui faire des offres avantageuses. Il mourut peu de jours après qu'il fut arrivé à Rome, où il tomba malade d'une grosse fièvre que lui avoient causé la fatigue du chemin et les grandes chaleurs de l'automne.

Les secrets du Cardinal étoient[1] souvent trahis et révélés aux ennemis par des domestiques infidèles et intéressés. Le Cardinal fermoit les yeux pour ne pas voir leur friponnerie; et c'étoit là la plus grande récompense dont il payoit leurs services, comme il punissoit leurs infidélités en ne les payant point de leurs gages.

Il ne donna pas un sou au courrier qui apporta la nouvelle de la paix de Munster, et ne lui paya pas même son voyage, là où l'Empereur donna un riche présent et mille écus de pension à celui qui la lui apporta. La reine de Suède fit noble son courrier. Servien étoit au désespoir de cette vilenie.

Le même Siri, tome XIII, p. 930, dit que ce cardinal avoit l'artifice de trouver toujours quelque défaut aux plus belles actions des généraux d'armée, non pas tant pour les rendre plus vigilants à l'avenir, que pour diminuer leurs services, et délivrer le Roi de la nécessité de les récompenser. Il dit cela à l'occasion de la prise de Tortose par le maréchal de Schomberg.

VIII

Dans[2] la cession que l'Empereur et l'Empire faisoient du landgraviat de l'Alsace à la France, on n'exceptoit

1. Tome XIII, p. 866. (*Note de Racine.*)
2. Siri, tome XIII, p. 136. (*Note de Racine.*)

d'abord que le droit de l'évêque de Strasbourg. La ville ne se contenta pas de cette exception de l'évêque, mais voulut y être aussi comprise. On n'eut pas grand'peine à lui accorder une demande si juste, dans laquelle le roi de France ne prenoit aucun intérêt, n'ayant nulle prétention sur la ville de Strasbourg. Et il seroit arrivé même que le moindre refus ou le moindre doute qu'on auroit proposé là-dessus auroit suffi pour irriter toutes les villes impériales, et pour les aliéner entièrement de la France.

Cession de l'Empereur et des États de l'Empire[1]. Dans cet acte il paroît que le landgraviat d'Alsace et les deux Suntgaw ont été cédés à la France de la même manière que les trois évêchés de Lorraine. Il y a pourtant une parenthèse qui comprend l'exception des évêchés et États, singulièrement exceptés dans le traité.

IX

M. DE SCHOMBERG[2].

Son grand-père amena des troupes au service de Henri IV, lorsque le prince Casimir en amena; et M. de Schomberg prétend qu'il lui en est encore dû de l'argent.

Son père fut gouverneur de l'électeur Palatin, depuis roi de Bohême; ce fut lui qui alla en Angleterre négocier le mariage avec la princesse Élisabeth. Le roi d'Angleterre lui donna une pension de dix mille écus, dont il fut payé toute sa vie. Il eut beaucoup de part aux partis qui se

---

1. Siri, tome XIII, p. 124. (Lisez 223.)
2. Frédéric-Armand de Schomberg, tué au combat de la Boyne, en Irlande, en 1690.

formèrent en Bohême pour l'Électeur, et mourut âgé de trente-trois ans, avant que ce prince fût élu roi.

M. de Schomberg n'avoit que sept ou huit mois à la mort de son père. Il dit que l'Électeur voulut être son tuteur, et nomma quatre commissaires pour administrer son bien. Il prétend de grandes sommes de Monsieur l'électeur Palatin pour cette administration, dont on ne lui a pas rendu compte.

Il se trouva, âgé de seize ans, à la bataille de Nortlingue, où le duc de Veymar fut défait. Il se trouva aussi à la fameuse retraite de Mayence.

M. de Rantzau lui donna une compagnie d'infanterie dans son régiment. Il se trouva à la retraite de devant Dôle, sous le même M. de Rantzau.

Il fut fait commandant dans Verdun-sur-Saône, avec un bataillon, et se trouva au secours de Saint-Jean-de-Laune, assiégé par Galas, la même année du siége de Dôle.

Hermenstein ayant été pris par les ennemis, le cardinal de Richelieu, piqué au vif de cette perte, donna ordre à M. de Rantzau de lever en Allemagne douze mille hommes. Rantzau fit cette levée fort lentement, s'amusa vers Hambourg, et se maria à sa cousine, et se laissa enlever un quartier. Pour avoir sa revanche, il envoya Schomberg avec des troupes pour enlever un quartier des ennemis qui étoient dans Northausen. Il tomba sur une garde de dragons qui étoient hors de la place, et entra dedans pêle-mêle avec les fuyards. Il étoit alors major du régiment de cavalerie de Rantzau, et avoit, outre cela, une compagnie franche de dragons. Vers ce temps-là, le cardinal de Richelieu, mécontent de Rantzau, le congédia.

Schomberg se maria; et parce que l'Empereur avoit fait confisquer tous ses biens, il quitta le service de la France.

Ennuyé d'être sans rien faire, il alla en Hollande, où le prince Henri-Federic[1] lui donna une compagnie de cavalerie. M. de Turenne avoit alors un régiment d'infanterie. Il entra dans la confidence du prince Guillaume, malgré l'aversion de la princesse douairière, fille du prince de Solms, que le père de Schomberg refusa d'épouser, et qui étoit venue en Hollande avec la reine de Bohême, dont elle étoit fille d'honneur.

Le prince Guillaume lui communiqua son dessein sur Amsterdam, qui fut entrepris de concert avec la France et la Suède. Schomberg donnoit avis de toutes choses à Servien. Ce fut lui qui arrêta dix ou douze des états, du nombre desquels étoit le père de d'Wit, et il les remit entre les mains du capitaine des gardes du prince.

Le prince de Galles, peu de temps après, avoit résolu de faire une descente à Yarmout, et Schomberg le devoit suivre. Le prince d'Orange avoit préparé pour cela des troupes et des vaisseaux. Mais le prince de Galles n'osa exécuter ce dessein, de peur d'irriter le Parlement, qui tenoit le Roi prisonnier dans l'île d'Wigt. Le prince d'Orange, épuisé, et par la dépense qu'il avoit faite pour cette entreprise, et par l'argent qu'il envoyoit souvent à la Reine mère, réfugiée à Paris, déclara au Prince qu'il ne pouvoit plus se mêler de ses affaires.

Le prince Guillaume mourut peu de temps après. Schomberg avoit promis de mener des troupes en Écosse au service du roi d'Angleterre; mais ce prince, ayant perdu la bataille de Vorcester, vint à Paris, où il conseilla à Schomberg, qu'on regardoit comme Anglois, et dont la mère étoit Angloise en effet, d'acheter la compagnie des

---

1. Frédéric-Henri de Nassau, prince d'Orange.

gardes écossoises du comte de Grey. Schomberg en donna vingt mille francs, avec six cents écus de pension viagère à ce comte.

Au commencement des guerres civiles, le cardinal Mazarin l'envoya en Poitou avec trois régiments de cavalerie et quelques compagnies franches, pour dissiper les levées que le prince de Tarante assembloit dans cette province; de là il vint au siége de Rethel, où M. de Turenne lui donna le commandement de l'infanterie, en l'absence des officiers généraux, qui n'étoient pas encore arrivés.

Lorsque Monsieur le Prince eut passé la Somme et vint jusqu'à Montdidier, Schomberg eut ordre d'aller se jeter dans Corbie avec quatre cents chevaux, chacun un fantassin en croupe : ce qu'il fit, et passa pour cela derrière l'armée ennemie. Il eut quelque rencontre auprès d'Ancre.

Au secours d'Arras, il commandoit la gendarmerie. Ensuite le Cardinal le choisit pour aller surprendre Gueldres, que Plettemberg promettoit de livrer au Roi. Schomberg avoit ordre d'aller faire des levées en Westphalie, et de se venir jeter dans cette place. Mais Plettemberg, mal satisfait du Cardinal, qui ne lui donnoit pas assez d'argent, voulut livrer Schomberg aux Espagnols. Schomberg échappa, alla faire ses levées, et les amena à Thionville.

L'Archiduc s'étant plaint aux Hollandois de ce qu'une partie de ces levées s'étoit faite dans leur pays, les états cassèrent la compagnie de cavalerie que Schomberg avoit à leur service, et qu'il avoit toujours conservée jusqu'alors, comme Estrade a toujours conservé sa compagnie d'infanterie jusqu'à la dernière guerre.

Le Cardinal lui avoit donné une commission de lieutenant général pour cette expédition de Gueldres. Il servit en cette qualité au siége de Landrecies, puis au siége de Saint-Guilain, où le Roi se trouva au camp. Schomberg fut blessé à ce siége, et eut le gouvernement de la place.

Il servit encore au siége de Valenciennes en qualité de lieutenant général. Son fils aîné fut tué tout roide dans la tranchée, à sa vue, et comme il lui commandoit de poser une fascine à un endroit découvert. Il commanda qu'on l'emportât, et continua à donner ses ordres.

Il étoit de jour lorsque Monsieur le Prince attaqua les lignes; il pensa être prisonnier, et fit enfin sa retraite jusqu'au Quesnoy, avec un bon nombre de régiments, M. de Turenne n'ayant donné aucun ordre pour la retraite.

Monsieur le Prince vint se présenter à la vue du Quesnoy. M. de Turenne ne doutant point qu'il ne s'allât jeter sur Condé ou sur Saint-Guilain, mais plutôt sur Condé, Schomberg fut détaché avec six cents chevaux, pour porter des sacs de farine dans ces deux places; ce qu'il exécuta à la vue de l'armée ennemie. Il revint dans Saint-Guilain. Après la prise de Condé, Monsieur le Prince ne manqua pas d'assiéger Saint-Guilain; la place étoit dépourvue de tout, par la faute du cardinal Mazarin, qui se fioit à de mauvais avis que lui donnoit Navarre, secrétaire à Bruxelles pour les affaires de la guerre, gagné par le Cardinal. Entre le peu de troupes qu'il y avoit à Saint-Guilain, il y avoit un régiment irlandois qui s'entendoit avec le roi d'Angleterre, alors dans l'armée d'Espagne, et qui livra aux ennemis une redoute et une demi-lune.

L'année suivante, on assiégea Montmédy, contre l'intention des Anglois, qui vouloient qu'on fît des siéges sur la côte. De là on prit Saint-Venant, puis Mardik. L'hiver, Schomberg eut ordre de se tenir dans Bourbourg. Il boucha deux fois le canal par où Marsin entreprit [de faire passer] des vivres dans Gravelines.

A la bataille des Dunes, il commandoit la seconde ligne de l'aile gauche. Comme il vit que les Anglois de la première ligne étoient maltraités sur les dunes par les Espagnols, il vint prendre le second bataillon des Anglois dans la seconde ligne, et les mena au secours des autres, qui chassèrent et défirent les Espagnols.

Ensuite on assiégea Bergues, dont il eut le gouvernement; de là il fut encore commandé pour le siége d'Oudenarde, ensuite pour le siége de Gravelines. Il employoit volontiers Vauban dans tous ces siéges, parce que le chevalier de Clerville n'alloit point lui-même voir les travaux, et que Vauban se trouvoit partout.

Après la défaite du prince de Ligne, Schomberg eut ordre de marcher vers la Knoque, et d'investir Ypres. On lui avoit promis que toutes les places qu'on prendroit de ce côté-là seroient de son gouvernement de Bergues. Cependant M. de Turenne fit donner Ypres à M. de Humières, qui étoit fort dans ses bonnes grâces. Schomberg sut encore que M. de Turenne avoit écrit à la cour pour faire que M. de Lillebonne commandât en qualité de capitaine général : ainsi il n'auroit été que subalterne. Voilà les premiers sujets de mécontentement qu'il eut de M. de Turenne.

Durant qu'on traitoit la paix aux Pyrénées, quelques Anglois de Dunquerque s'offrirent de lui donner les clefs d'une des portes de la ville, comme en effet ils les lui mirent entre les mains. Il en écrivit au Cardinal, qui rejeta cette affaire, de peur de se brouiller avec les Anglois, quoique Cromwell fût mort. Schomberg proposa la chose au roi d'Angleterre, qui n'y voulut point entendre, parce qu'il étoit alors d'accord avec Monk.

X

En 1663, le commandeur Pol[1] alla faire mettre le feu à deux vaisseaux amarrés à la forteresse de la Goulette, et la chose fut exécutée par vingt mousquetaires du Roi, Moissat entre autres. Béthomas les commandoit.

Le même attaqua, lui quatrième dans une chaloupe, une chaloupe pleine de Mores, au nombre de trente.

XI

En 1667, on effaça toutes les couleuvres ou serpents des ornements qui étoient au Louvre.

En 1672, le Roi vouloit que MM. de Malte se déclarassent aussi contre les Hollandois. Ils dirent qu'ils ne se déclaroient jamais que contre le Turc. Néanmoins l'ambassadeur demandoit qu'on les comprît dans le traité qu'on pensa faire à Utrecht.

On prétend que M. de Lauzun avoit eu une extrême passion d'avoir le régiment des gardes, mais qu'à cause du maréchal de Gramont il eût bien voulu que le Roi l'en eût pressé. On dit donc qu'il en parla à Mme de Montespan, et qu'ensuite il se cacha pour voir comme elle en parleroit au Roi; qu'ayant vu qu'elle s'étoit moquée de lui, il lui chanta pouille et la menaça[2].

---

1. Paul de Saumur.
2. Voy. les *Mémoires de Saint-Simon*, année 1669.

XII

Le puits de Besançon, j'entends de la citadelle, a soixante-six toises deux pieds de profondeur.

On a creusé de douze pieds tout le terrain de la citadelle, pour se couvrir des deux montagnes qui la commandoient.

XIII[1]

Brie.
Nangis.
Provins.
Sezane. On y séjourna deux jours.
Fère Champenoise.
Vitry. Affection des habitants; feux de joie, lanternes à toutes les fenêtres. Ils arrachèrent de l'église où le Roi devoit entendre la messe la tombe d'un de leurs gouverneurs, qui avoit été dans le parti de la Ligue, de peur que le Roi ne vît dans leur église le nom et l'épitaphe d'un rebelle.
Sermaise, vilain lieu, où le Roi avoit une chambre où son fauteuil ne pouvoit presque tenir.
Bar-le-Duc.
Commercy. Le bruit de la cour, ce jour-là, étoit qu'on retournoit à Paris.

1. Itinéraire du roi, en février et mars 1678.

Toul. On séjourna un jour. Le Roi fit le tour de la ville, visita les fortifications, et ordonna deux bastions du côté de la rivière.

Pont-à-Mousson.

Metz. On séjourna deux jours. Le maréchal de Créqui s'y rendit, et eut ordre d'en partir le lendemain. Quantité d'officiers eurent ordre de marcher vers Thionville. Le Roi visita encore les fortifications, qu'il fait réparer. Grand zèle des habitants de Metz pour le Roi.

Fresne.

Verdun. Le Roi y trouva Monsieur, qui avoit une grosse fièvre. Il alla visiter la citadelle, où l'on travaille, du côté de la prairie.

Stenay. Le Roi y arriva devant la Reine, et alla voir les fortifications de la citadelle, qui est assez bonne, mais un peu commandée par la hauteur. Le bas de la ville, c'est-à-dire le côté de la Meuse, est inondé. Le Roi quitta la Reine et partit le matin à cheval. Il ne trouva point son dîné en chemin; il mangea sous une halle, et but le plus mauvais vin du monde.

Aubigny, méchant village. Le Roi coucha dans une ferme; il vouloit aller le lendemain à Landrecies, mais tout le monde s'écria qu'il y avoit trop loin. Il envoya les maréchaux des logis à Guise. Il dîna le lendemain à une abbaye, et fit jaser un moine pour se divertir.

Guise. Grand nombre de charités que le Roi faisoit en chemin. A une lieue de Guise, une vieille demanda où étoit le Roi; on lui montra : « Je vous ai déjà vu une fois, dit-elle, et vous êtes bien changé. »

Le Roi, approchant de Valenciennes, reçut nouvelle que Gand étoit investi, et qu'il n'y avoit dans la ville et dans le château que cent cinquante hommes d'infanterie et cinq cents chevaux. Grand zèle des paysans de cette frontière. Férocité des paysans à Cateau-Cambrésis.

Le sot de la ville vint à une lieue de Valenciennes au-devant du Roi. Le Roi nous montra, au sortir des portes, le côté de l'attaque et les dehors qui furent emportés. A une lieue de Valenciennes, il m'avoit montré sept villes tout d'une vue, qui sont maintenant à lui; il dit : « Vous verrez Tournay, qui vaut bien que je hasarde quelque chose pour le conserver. »

Saint-Amand. Le Roi, en arrivant, se trouva si las, qu'il ne pouvoit se résoudre à monter jusqu'à la chambre.

Oudenarde.

Gand, 4ᵉ mars. Le Roi, en arrivant, à onze heures du matin, trouva Gand investi par le maréchal d'Humières. Il dîna, et alla donner les quartiers, et faire le tour de la place. Le quartier du Roi étoit depuis le petit Escaut jusqu'au grand Escaut; M. de Luxembourg, depuis le grand Escaut jusqu'au canal du Sas-de-Gand : la Durme, petite rivière, passoit au travers de son quartier; M. de Schomberg, entre le canal du Sas-de-Gand et le canal de Bruges; M. de Lorges, entre le canal de Bruges et le petit Escaut : la Lys passoit au travers de son quartier. M. le maréchal d'Humières étoit dans le quartier du Roi. Les lignes de circonvallation étoient commencées, et le Roi commanda qu'on les achevât : elles étoient de sept lieues de tour. On travailla dès le soir à préparer la tranchée. M. de Maran avec les fuseliers fit faire un boyau, dont on s'est servi depuis, et qui a été l'attaque de la droite, qu'on a appelée *l'attaque de Navarre*. Le lendemain, 5ᵉ mars, la tranchée fut ouverte sur la gauche par le régiment des gardes, et fut conduite jusqu'auprès d'un fort.

Le Roi a dit, après la prise de Gand, qu'il y avoit plus de trois mois que le roi d'Angleterre avoit mandé à Villa-Hermosa qu'il avoit surtout à craindre pour Gand.

Misérable état des troupes espagnoles : ils se sont rendus faute de pain. Le gouverneur, vieil et barbu, ne dit au Roi que ces paroles : « Je viens rendre Gand à Votre Majesté; c'est tout ce que j'ai à lui dire. »

XIV

MORT DE M. COLBERT.

On prétend qu'il est mort malcontent; que le Roi lui ayant écrit peu de jours avant sa mort, pour lui commander de manger et de prendre soin de lui, il ne dit pas un mot après qu'on lui eut lu cette lettre. On lui apporta un bouillon là-dessus, et il le refusa. Mme Colbert lui dit : « Ne voulez [-vous] pas répondre au roi? » Il lui dit : « Il est bien temps de cela. C'est au Roi des rois qu'il faut que je songe à répondre. » Comme elle lui disoit une autre fois quelque chose de cette nature, il lui dit : « Madame, quand j'étois dans ce cabinet à travailler pour les affaires du Roi, ni vous ni les autres n'osiez y entrer; et maintenant qu'il faut que je travaille aux affaires de mon salut, vous ne me laissez point en repos. »

M. Mansard prétend qu'il y a trois ans qu'il étoit à charge au Roi pour les bâtiments, jusque-là que le Roi lui dit une fois : « Mansard, on me donne trop de dégoûts, je ne veux plus songer à bâtir. »

Le vicaire de Saint-Eustache dit à M. Colbert qu'il avertiroit les paroissiens au prône de prier Dieu pour sa santé. « Non, pas cela, dit M. Colbert, mais bien qu'ils prient Dieu de me faire miséricorde. »

On dit que la veille de sa mort il signa le contrat d'acquisition de la terre de...

Deux jours après sa mort, les bouchers de Paris et les marchands forains avoient abandonné Seaux et alloient à Poissy : lettre de cachet, puis arrêt du conseil pour les obliger de retourner à Seaux.

TAILLES.

En 1658. . . . . 56 millions.
En 1678. . . . . 40 millions.
En 1679. . . . . 34 millions.
En 1680. . . . . 32 millions.
En 1681. . . . . 35 millions.
En 1685. . . . . 32 millions.

XV

La dépense des bâtiments en 1685 a monté à seize millions.

XVI

La France a cent soixante lieues de côtes sur l'Océan, trois bons ports, Brest, Rochefort et le Port-Louis[1].

1. Port-Louis, dans le Morbihan.

XVII

1685.

Juillet. — Nouvelles des honnêtetés du prince Charles envers Messieurs les princes[1], leur donnant la main, et plus encore qu'ils n'auroient demandé, une garde à l'armée plus grosse que la sienne; leur voulant céder son logis, et leur déclarant qu'il avoit ordre de l'Empereur d'empêcher qu'ils ne s'exposent trop.

Monsieur de Bavière les avoit aussi traités de même. On dit que l'Empereur a offert de les faire traiter comme on traite des électeurs.

XVIII.

1691.

Un officier espagnol, à qui Beauregard avoit demandé quartier quand on fut repoussé de l'ouvrage à corne de Mons, non-seulement le lui donna, mais le défendit l'épée à la main contre des Brandebourgs qui le vouloient tuer, se fit blesser pour lui, et, l'ayant mis dans la ville, mit une garde devant la maison. Cet officier sorti de Mons dans une litière, à cause du coup qu'il avoit reçu dans cette dispute.

Le comte de la Motte, lieutenant général, ne voulut

---

1. Princes de Conti et de la Roche-sur-Yon, dans la campagne contre les Turcs en 1685.

jamais quitter le service de Monsieur le Prince ; et quand M. de Louvois lui fit entendre, pour le débaucher, qu'il pourroit même dans la suite être maréchal de France, il fit réponse « que d'être à Monsieur le Prince, ce n'est pas un titre pour être maréchal de France ».

Bombe qui tomba au siége de Charleroy[1] sur un petit endroit où Monsieur le Duc[2] donnoit à dîner à plus de quarante personnes. Il n'y eut que deux verres de cassés, et tout le dîné gâté de la terre qui retomba en un nuage de poussière.

XIX

Traité de neutralité avec le roi de Danemarc, du 27e mars 1691, par lequel on lui accordoit.... pour subsides ordinaires.

Autre traité particulier, du 5e avril 1693, par lequel on promettoit de lui payer des subsides extraordinaires au cas qu'il attaquât Ratzebourg lorsque le roi auroit commencé à faire agir ses armées en Flandres et sur le Rhin.

Incident qu'on fait naître au roi de Danemarc sur ce qu'il n'a commencé les hostilités que le 20e août.

Néanmoins on est convenu que les cent mille francs qu'il a déjà touchés pour cette affaire lui demeureront. On veut remettre à lui payer après la paix les deux cent mille francs restants, et à lui faire un double payement prochain au cas qu'on le voye engagé en guerre avec la maison d'Hanovre (10 septembre). Le roi de Danemarc se plaint que c'est l'abandonner et menace de s'accom-

---

1. 9 sept. au 11 oct. 1693.
2. Louis III.de Bourbon, petit-fils du grand Condé.

moder. Le Roi, de son côté, craint que le roi de Danemarc, après avoir reçu son argent, ne s'accommode.

XX

1693.

Depuis l'année 1689 jusqu'au dixième octobre 1693, on a fait pour quatre cent soixante et dix millions d'affaires extraordinaires.

Le clergé, entre autres, dans ces quatre années, a donné soixante et cinq millions.

Le Roi avoit cette année près de cent mille chevaux et quatre cent cinquante mille hommes de pied. C'étoit quarante mille chevaux de plus qu'il n'avoit dans la guerre de Hollande.

M. de Feuquières avoit parlé tout l'hiver à M. de Pomponne de l'avantage qu'on trouveroit à porter le fort de la guerre en Allemagne. Lorsqu'on fut arrivé au Quesnoy, et qu'on sut la prise de Heidelberg, ces discours furent remis sur le tapis. Le Roi demanda à Chamlay un mémoire où il expliquât les raisons pour la Flandre et pour l'Allemagne. Chamlay avoue qu'il appuya un peu trop pour l'Allemagne. Ainsi on résolut dès lors de pousser de ce côté-là ; et le détachement de Monseigneur[1] fut résolu. On espéroit en quelques négociations avec les princes d'Allemagne. Le Roi apprit cette résolution à M. de Luxembourg près de Mons.

On compte trente-six mille paroisses en France.

1. Le Dauphin.

Au siége de Cambray[1], Vauban n'étoit pas d'avis qu'on attaquât la demi-lune de la citadelle avant qu'il eût bien assuré cette attaque. Du Mets, brave homme, mais chaud et emporté, persuadoit au Roi de ne pas différer davantage. Ce fut dans cette contestation que Vauban dit au Roi : « Vous perdrez peut être à cette attaque tel homme qui vaut mieux que la place. » Du Mets l'emporta, la demi-lune fut attaquée et prise ; mais les ennemis y étant revenus avec un feu épouvantable, ils la reprirent, et le Roi y perdit plus de quatre cents hommes et quarante officiers. Vauban, deux jours après, l'attaqua dans les formes, et s'en rendit maître, sans y perdre que trois hommes. Le Roi lui promit qu'une autre fois il le laisseroit faire.

C'étoit M. d'Espenan que Monsieur le Prince et M. de Turenne firent gouverneur de Philisbourg, et qui, dans le temps même qu'ils lui déclaroient qu'ils l'avoient choisi pour cela, et qu'ils lui recommandoient de bien faire son devoir, les interrompit pour aller chasser une chèvre qui mangeoit des choux sur un bastion.

XXI

1693, 21 MAI.

M. le maréchal de Lorges dit qu'il avoit proposé tout l'hiver le siége de Mayence, l'estimant beaucoup plus important et plus aisé même que celui de Heidelberg.

Il prétend aussi que Monseigneur lui ayant demandé,

---

1. En 1677.

en arrivant au delà du Rhin, ce qu'il y avoit à faire, il lui répondit qu'il falloit faire ce que César avoit fait en Espagne contre les lieutenants de Pompée : c'est-à-dire faire périr l'armée de Monsieur de Bade, en lui coupant les vivres et les fourrages. M. de Boufflers fut de son avis. M. de Choiseul dit : « Cela me passe. » La chose auroit pourtant pu être exécutée, mais les nouvelles d'Italie firent prendre d'autres résolutions.

Il assure que les prisonniers ont dit que si on eût pris le parti de bloquer Monsieur de Bade dans Hailbron, ce général avoit résolu de commencer par égorger tous les chevaux de son armée.

On[1] avoit fort négligé Brest sur de faux avis du roi d'Angleterre. Cependant l'armée navale y étoit en fort grand péril. Vauban représenta ce danger au Roi, après le départ de M. de Tourville, lequel de son côté demandoit au moins vingt mille hommes pour le garder. On résolut donc de l'en faire sortir, et de l'envoyer au cap Saint-Vincent.

XXII

1694

Négociation de Piémont. C'est Monsieur de Savoye qui le premier a fait des propositions d'accommodement. Et l'on dit que c'étoit pour sauver son pays, qui alloit être ravagé.

1. A la marge : *M. de Croissy.*

XXIII

MAI (1697)

Armement à Brest et à Rochefort, que doit commander le marquis de Nesmond pour Terreneuve et la Nouvelle Angleterre, où les ennemis envoyent aussi une escadre. Ils ont 70 vaisseaux de ligne pour la Manche.

De Gennes est arrivé, et n'a rien fait.

Des Augers a dissipé l'armadille des Espagnols, qui sert à assurer la navigation du Mexique à Saint-Domingue. Il a pris un vaisseau estimé onze à douze cent mille francs.

XXIV

MM. de Bouillon sont princes par brevet, mais le brevet ne fut point enregistré, comme l'échange l'a été.

Ce fut depuis ce brevet que M. de Turenne ne voulut plus prendre la qualité de maréchal de France; et ce fut Mlle de Bouillon, sa sœur, qui l'en détourna. Il ne se trouva plus aux assemblées des maréchaux, et envoyoit même leur recommander les affaires pour lesquelles on le sollicitoit. Les maréchaux furent sur le point de le citer, mais n'osèrent.

Affaire du cardinal de Bouillon avec Mme de Soubize. Elle a désiré que l'abbé de Rohan fût traité de *Sérénissime Prince*, et fût dispensé d'enseigner un cours de philosophie. Sur les difficultés de l'archevêque de Rheims, elle a écrit au cardinal de Bouillon pour lui demander ce qui s'étoit passé à son égard. Le cardinal a dit qu'il ne s'en souvenoit pas bien, que ces titres étoient ici dans une armoire, où étoient tous ses papiers de la plus grande conséquence. Le Roi lui a fait écrire qu'il eût à dire la vérité. Le Cardinal l'a écrite, mais en même temps a mandé qu'il y avoit grande différence entre les Bouillons et les Rohans, alléguant entre autres une souveraineté subsistante. Le prince de Turenne, son neveu, fut assis devant Alexandre VIII (Ottobon).

Quand le cardinal Mazarin sortit de France, il demanda à M. le Tellier un homme en qui il pût se confier, et celui-ci lui donna Colbert. Il pria même Monsieur le Cardinal que, quand il recevroit de lui des lettres secrètes, il ne les gardât point, mais les rendît à Colbert. Un jour le Cardinal en voulut garder une ; Colbert lui résista jusqu'à le mettre en colère. Ensuite le Cardinal le prit pour son intendant.

XXV

BONS MOTS DU ROI

Le Nonce lui dit que si le Doge et quatre des principaux sénateurs venoient, la République demeureroit sans chef pour la gouverner ; il répondit : « Il n'est pas mal à propos qu'ils les envoyent ici pour apprendre à gouverner mieux qu'ils ne font. »

L'évêque de Metz, revenant, disoit-il, d'un séminaire, où il étoit demeuré dix jours, parloit avec exagération du désintéressement de tous ces ecclésiastiques, qui ne faisoient aucun cas ni de bénéfices, ni de richesses, et s'en moquoient même. Le Roi dit : « Ils s'en moquent, vous vous moquez donc bien d'eux. »

L'archevêque d'Ambrun louoit fort, au lever, la harangue de l'abbé Colbert.[1] Le roi dit à M. de Maulevrier : « Promettez-moi de ne pas dire un mot à M. Colbert de tout ce que va dire l'archevêque d'Ambrun; » et ensuite il dit à l'archevêque : « Continuez tant qu'il vous plaira. »

Lorsque le chevalier de Lorraine fut obligé un jour de se retirer, il dit au Roi, en prenant congé de lui, qu'il ne vouloit plus songer qu'à son salut. Quand il fut sorti, le roi dit : « Le Chevalier songe à faire une retraite, et emmène avec lui le père Nantouillet ». [2]

Quand je lui eus récité mon discours, il me dit devant tout le monde : « Je vous louerois davantage si vous ne me louiez pas tant. »

Le Roi reconnut dans le régiment de Hautefeuille un passe-volant qui étoit valet de chambre de M. de Hautefeuille, et le Roi le reconnut à ses souliers que son maître avoit portés.

En donnant l'agrément et la dispense d'âge à M. Chopin pour la charge de lieutenant criminel, le Roi lui dit : « Je vous exhorte à suivre plutôt les maximes de vos ancêtres que les exemples de vos prédécesseurs. »

M. Colbert disoit qu'au commencement que le Roi prit connoissance de ses affaires, ce prince lui dit et aux autres ministres : « Je vous avoue franchement que j'ai un fort grand penchant pour les plaisirs; mais si vous vous apercevez qu'ils me fassent négliger mes affaires, je vous ordonne de m'en avertir. »

---

1. Prononcée à l'Académie française, 31 oct. 1678.
2. François du Prat, chevalier de Nantouillet.

PATIENCE DU ROI

Comme il se nettoyoit les pieds, un valet de chambre qui tenoit la bougie lui laissa tomber sur le pied de la cire toute brûlante; le Roi répondit froidement : « Tu aurois aussi bien fait de la laisser tomber à terre. »

A un autre valet de chambre, qui, en hiver, apporta la chemise toute froide, il dit encore, sans gronder : « Tu me la donneras brûlante à la canicule. »

Un portier du parc qui avoit été averti que le Roi devoit sortir par la porte où il étoit, ne s'y trouva pas, et se fit longtemps chercher. Comme il venoit tout en courant, c'étoit à qui le gronderoit et lui diroit les injures; le Roi dit : « Pourquoi le grondez-vous? Croyez-vous qu'il ne soit pas assez affligé de m'avoir fait attendre? »

XXVI

NOUVELLES

Neuf hommes qui travailloient à tirer de la marne auprès de Château-du-Loir ont été accablés de la terre qui s'est éboulée. Ils ont trouvé moyen de se retirer sous une petite caverne creusée dans la terre, où ils ont demeuré huit jours entiers sans boire ni manger, en attendant qu'on les ait déterrés.

XXVII

STRASBOURG

V. Lotychius, p. 514. Un édit de Ferdinand II, qui ordonne aux magistrats et aux habitants de Strasbourg, *senatui populoque Argentinensi*, de restituer l'église cathédrale et toutes les églises parochiales, qu'eux ou leurs pères ont usurpées sur les catholiques, et de restituer aussi tous les revenus, décimes, droits, priviléges, meubles, ornements, et généralement toutes choses appartenant légitimement à l'Évêque ou aux ecclésiastiques, de rétablir les catholiques dans le droit de bourgeoisie et tous leurs autres droits et honneurs.

L'archiduc Léopold, fils de Ferdinand, étoit alors évêque de Strasbourg et de Passau.

Il paroît, par cet édit, que dans les premiers troubles d'Allemagne, causés par l'hérésie de Luther, ceux de Strasbourg, ayant de bonne heure embrassé la religion protestante, s'étoient emparés des églises et de la maison épiscopale, avoient ensuite privé les catholiques de tous droits de bourgeoisie, et usurpé tous les biens et revenus ecclésiastiques dans leur ville.

Par l'édit de pacification de Passau, en 1550,[1] il étoit ordonné que les deux religions seroient librement exercées dans toutes les villes, tant libres qu'impériales, et que les protestants ne troubleroient et n'offenseroient en aucune sorte les catholiques. Il étoit même arrivé qu'en l'an 1529 et en l'an 1549, les catholiques à Strasbourg avoient commencé de se remettre en possession de ce qui leur appartenoit. Mais depuis, sans avoir égard à l'édit de Passau, les protestants, en 1559 et 1561, s'emparèrent tout de nouveau de l'église et de la maison épiscopale, et de toutes les autres paroisses, y mettant des ministres de leur religion; en un mot, défendirent absolument l'usage de la religion catholique, et exclurent

---

1. En 1552.

tous les catholiques du droit de bourgeoisie et de l'entrée aux charges.

L'édit de Ferdinand est de 1627, au mois d'avril. L'auteur parle de grands troubles excités vers l'an 1600, entre les chanoines de Strasbourg, catholiques et protestants, pour l'église cathédrale, jusqu'à l'an 1604, qu'on fit une transaction par laquelle toutes choses demeuroient suspendues pour quinze ans. En 1620, cette transaction fut encore prolongée à Haguenau pour sept ans, lesquels étant expirés, le grand vicaire, le doyen et le chapitre de Strasbourg, en l'absence de l'archiduc leur évêque, présentèrent une requête à l'Empereur, en conséquence de laquelle il leur fit intimer l'édit dont il est question.

XXVIII

ALLEMAGNE.

La Transylvanie est divisée en sept comtés, sept villes et sept siéges. Les sept comtés sont les Saxons, qui se prétendent originaires de Saxe, et suivent les mêmes coutumes et les mêmes changements de religion ; les sept villes sont les originaires du pays ; les sept siéges sont les Seclers, ainsi appelés de *chek*, qui, en langue du pays, signifie « siége ». Quelques-uns les font mal à propos descendre des Siciliens qui vinrent en Hongrie avec un roi de Naples.

Le Grand Seigneur prétendoit nommer lui seul à la principauté de Transylvanie ; mais lui et l'Empereur renoncèrent par le dernier traité de 1664 au droit qu'ils prétendoient avoir d'y nommer, et il fut dit que les états du pays nommeroient leur prince.

Solyman fut appelé en Hongrie par Jean Zapolia, qui s'étoit fait élire par les peuples, malgré les prétentions de Ferdinand, qui prétendoit succéder au droit de Ladislas. Solyman vint en Hongrie, la conquit, et la rendit tout entière à Zapolia. Mais comme ce Zapolia étoit encore opprimé par l'Empereur, Solyman vint, qui s'empara de toute la haute Hongrie, la retint pour lui, et investit Zapolia de la principauté de Transylvanie, qui faisoit partie du royaume de Hongrie, et qui étoit gouvernée par un vayvode qu'y mettoient les rois de Hongrie.

L'Allemagne,[1] par la paix de Munster, a logé deux puissances formidables à ses deux extrémités : les Suédois dans la Poméranie, et les François dans l'Alsace : dangereux voisins qui balancent à la vérité la maison d'Autriche, mais qui épuisent aussi la plupart des princes de l'Empire, par l'inquiétude que leur cause un voisinage si redoutable.

V.[2] la cession de l'Alsace, du Suntgau, etc., à la France par l'Empereur et les États de l'Empire.

Tous les États de l'Empire louoient le procédé franc et sincère de la France, et au contraire blâmoient le procédé artificieux et intéressé des Suédois.

Avantages de la paix de Munster pour la France. Elle est signée le 24 octobre.

Dans toute la guerre d'Allemagne, la France et la Suède ont plus combattu l'Empire avec des soldats allemands qu'avec leurs propres soldats.

---

1. Siri, tome XIII, p. 5. (*Note de Racine*.)
2. V. signifiant *Voyez*, Racine renvoie au tome XIII de Siri, p. 223.

Et du temps même de Charles-Quint, tout grand et puissant qu'il étoit, François Ier avoit dans ses troupes tout autant d'Allemands qu'il vouloit. Car, outre l'argent que la France peut répandre en abondance, les Allemands s'accommodent mieux avec les François qu'avec les Espagnols.

Le titre d'Excellence étoit inconnu en Allemagne avant l'assemblée de Munster, et les Allemands ne vouloient point l'introduire, comme étranger et qui sonnoit mal en leur langue. Mais comme ils virent que les étrangers se le donnoient les uns et les autres, ils souhaitèrent d'être traités comme eux pour ne leur paroître pas inférieurs en rien. Les ambassadeurs de l'Empereur le prirent, et eurent ordre de le donner à ceux des électeurs. Le seul électeur de Saxe défendit à ses ministres de le prendre, et leur ordonna de laisser aux étrangers leurs cérémonies. Les ministres des princes d'Allemagne non électeurs, jaloux de ce qu'on le donnoit aux députés des électeurs, et non point à eux, évitoient avec soin de le donner à personne, et mirent au nombre de leurs griefs cette nouvelle coutume, comme contraire à l'usage de l'empire germanique. (Siri, tome V, partie II, p. 346.)

XXIX

ANGLETERRE.

M. Arbert chez M. de Mont.[1]

Il n'y a pas plus de cinquante millions d'argent en

---

[1]. Probablement Milord de Montaigu, ambassadeur d'Angleterre.

Angleterre, soit dans le commerce, soit dans les coffres des particuliers.

La France tire tous les ans quelque douze millions d'Angleterre, tant par les vins que par les toiles de Bretagne, etc.; et l'Angleterre ne tire pas de France plus de quatre millions.

La milice d'Angleterre, appelée *Trainbans,* peut faire quelque cent cinquante mille hommes. Chacun les paye à proportion de ses biens. Un homme qui a huit cents pièces de revenus entretient un cavalier; et ainsi du reste. Ces milices ne peuvent être assemblées et demeurer armées plus de six semaines, pour remédier aux invasions ou aux rébellions, et donner temps au Roi d'assembler son parlement. On en fait des revues quatre fois l'an.

ESPAGNE

V. dans Siri, XIIIe vol., p. 920, le siége et la prise de Tortose sur l'Èbre. L'Évêque y fut pris, la demi-pique à la main, aussi bien que tous les prêtres et les moines.

Embarras de l'armée de France en Catalogne après la prise de cette place.[1] Elle fut quatre mois entiers sans recevoir un sou. L'auteur prend de là un sujet de faire une très-belle réflexion sur la patience et sur la fidélité du soldat françois, capable de vivre sans paye, et de vendre jusqu'à ses habits pour subsister, bien différent en cela des Espagnols, avares, glorieux, impatients, et qui par leurs fréquentes révoltes ont mis la monarchie d'Espagne à deux doigts de sa perte.

---

1. Siri, tome XIII, p. 941. (*Renvoi de Racine.*)

XXX

TURCS.

Négociations de Noailles, évêque d'Ax.

Saint Louis fut le premier qui traita et prit des sûretés pour le commerce avec le soudan d'Égypte, et fit établir des consuls à Alexandrie en Égypte, et à Tripoli de Sorie.[1] Les Circasses et Mamelus étoient bien plus traitables et moins injustes que les Turcs. Depuis ce temps-là, les rois de France ont toujours eu un ambassadeur ou un agent à la Porte, et pour l'intérêt du commerce, et pour détourner les Turcs d'attaquer les terres de l'Église.

Tous les chrétiens d'Europe, que depuis saint Louis on a appelés Francs dans le Levant, y ont négocié sous la bannière de France. Les Ragusains sont les premiers qui s'en sont tirés, se prétendant sujets ou sous la protection du Grand Seigneur; les autres ont tâché successivement de faire leurs affaires à part.

Le roi Charles IX pria la Porte d'envoyer recommander en Pologne les intérêts du duc d'Anjou. Le premier bassa y envoya un chiaoux pour recommander publiquement ce prince, et secrètement un grand seigneur polonois, parent du bassa, au cas que la chose pût réussir; sinon, ordre à lui d'appuyer de tout son pouvoir le duc, et de menacer même de la guerre, si on élisoit un Moscovite ou un Autrichien.

L'évêque de Noailles, ambassadeur à la Porte, écrivoit

---

1. *Sorie* ou Syrie.

ainsi à Monseigneur, car on appeloit de la sorte le duc d'Anjou : « Ramenez bientôt les François voir les Palus-Méotides, d'où ils sortirent lorsqu'ils vinrent s'établir en Franconie avant que de passer le Rhin. »

Cet évêque conseilloit fortement à Charles IX de ne point faire de ligue avec les Espagnols et les Vénitiens contre le Turc, mais bien plutôt d'entretenir avec lui bonne correspondance, afin de reprendre sur les Espagnols ce qu'ils avoient pris à la France.

Le duc d'Anjou avoit eu dessein de se faire roi d'Alger, à quoi les Turcs ne voulurent point entendre; mais au lieu de cela offroient à la France, si elle se vouloit joindre à eux, de donner au duc tout ce qu'ils prendroient en Italie; et l'évêque d'Ax étoit de cet avis.

Les Turcs disoient que le duc d'Anjou ne voudroit jamais être leur tributaire; car ils appellent tribut les présents que l'Empereur leur fait, et ceux que la Pologne leur faisoit encore.

VENISE.

Candie[1] fut assiégée et la tranchée ouverte le 2ᵉ mai 1648 par Ussaim Bacha, qui commandoit l'armée des Turcs en Candie, homme d'une fort grande valeur.

Les Turcs prirent le temps que l'armée navale des Vénitiens venoit de faire un grand naufrage, le 18 mars, devant l'île de Psara.[2] Ils perdirent dix-sept galères, douze vaisseaux et deux mille[3] tant soldats que forçats, avec leur général Grimani, qui alloit boucher aux Turcs le passage des Dardanelles.

1. A la marge : Siri, tome XII, p. 960.
2. La *Gazette* dit : devant Scio (*Racine*).
3. La *Gazette* dit : sept à huit mille hommes. (R.)

Avant ce naufrage, leurs affaires étoient en très-bon état en Candie, et ils y avoient pris le château de Mirabel, d'où les Turcs commandoient tous les environs de Spina-Longa et de Sitia. Gildhas commandoit les troupes allemandes, et le chevalier de Gremonville les françoises.

En[1] janvier 1649, le baïle de Venise offroit au nouveau visir (car Ibrahim venoit d'être étranglé, et Mahomet mis sur le trône), il offroit, dis-je, de partager avec les Turcs l'île de Candie; et se cachoit de l'ambassadeur de France pour faire cette offre.

La Haye avoit des ordres exprès de ne point tremper dans une paix si honteuse, et dans un traité par lequel les chrétiens abandonneroient un royaume tout entier aux infidèles.

XXXI

Vessellini étoit d'abord chef des mécontents; après lui Teleki, premier ministre de Transylvanie; puis celui-ci s'étant tiré adroitement d'affaire, Tekeli prit sa place : homme de fort bonne maison, seigneur d'Huniade, et des descendants du fameux Huniade. Son père étoit chevalier de la Toison. Il étoit tout jeune quand on fit le procès à Nadasti et au comte de Serin, et s'enfuit de Vienne pour se retirer en Transylvanie.

Le Grand Seigneur ne songeoit rien moins qu'à la réduction des Cosaques, quand ils lui envoyèrent demander sa protection. Il étoit à la chasse à Larisse, vers la fin du siége de Candie. Ce fut le général Tetera, chef des

---

[1] A la marge : Siri, tome XIII, page 706.

Cosaques, qui s'y en alla, pour se venger des Polonois, qui avoient pris le parti de..., son secrétaire, qui s'étoit révolté contre lui. Le Grand Seigneur leur donna un étendard, pour marque qu'il les prenoit sous sa protection. Nointel et M^r.....

Vers le même temps, les Hongrois, irrités de la mort du comte de Serin, etc., envoyèrent aussi demander au Grand-Seigneur sa protection.

L'Empereur,[1] pour ramener les mécontents, leur écrivoit pour les exhorter à venir partager avec lui les grands butins qu'il faisoit en France.

XXXII

POLOGNE

Les Cosaques commencèrent à se soulever en 1648, un peu avant la mort du roi Ladislas.

Ce prince avoit dessein de faire la guerre aux Tartares, jusque dans leur pays de Crim, et vouloit mettre à la tête de l'armée des Cosaques Kmielnischi. La République n'approuva point cette guerre, et le Roi fut obligé de licencier, malgré lui, ses troupes. Il en eut tant de dépit qu'on prétend qu'il excita en secret Kmielnischi de faire révolter les Cosaques, afin d'obliger la République d'avoir, malgré elle, sur pied une armée, et de lui en donner le commandement, bien résolu de se joindre avec les Cosaques quand il seroit proche d'eux, et de marcher

---

1. Léopold Ier.

ET NOTES HISTORIQUES. 223

non-seulement contre les Tartares, mais même contre les Turcs. Kmielnischi, se voyant sans emploi, et de plus ayant été maltraité dans un grand procès qu'il avoit eu pour des terres qui lui appartenoient, commença à cabaler parmi les Cosaques, à qui la paix étoit insupportable, et surtout au peuple de Russie, à cause des duretés et des vexations de la noblesse polonoise. Kmielnischi étoit fils d'un noble Polonois, et dans sa jeunesse s'étoit enrôlé dans la milice cosaque, où il s'étoit distingué et étoit monté à la charge de capitaine. (Voir son portrait dans Siri, tome XII, p. 987; voir l'origine des Cosaques dans le *Voyage de la reine de Pologne*, p. 225, et Siri, au même tome et au même endroit.)

C'étoient des brigands sans loi et sans discipline, qui s'amassoient sur les frontières de Russie, pour faire des courses sur les Turcs par la mer Noire. Étienne Battori leur donna des lois, pour s'en servir dans le besoin de la guerre et pour garder les avenues de la Russie. Il les plaça dans les îles du Boristène : ce qui les a fait appeler Cosaques Zaporouschi. *Kosa* signifie « chèvre », et *porohi*, en langage sclavon, signifie « écueils », à cause du grand nombre d'écueils qui sont dans le lit du Boristène, et qui le séparent en plusieurs petits bras.

Voy. aussi *Henricus I* de Fredro, p. 269, où est l'origine et les mœurs des Cosaques.

V. au même endroit, p. 275, la manière de combattre des Tartares.

V. la harangue des ambassadeurs de Pologne au roi Henri IIIe, où sont exprimés tous les droits, les avantages et les revenus du roi de Pologne, [page] 119.

XXXIII[1]

Ragotski fut obligé d'abandonner Cracovie, pressé par les Polonois, qui avoient reçu du secours de l'Empereur; tandis que le roi de Suède, de son côté, avoit été obligé de courir dans ses États de Brême, attaqués par les Danois. Ragotski, en se retirant de Pologne, fut battu par les Polonois, qui l'attendoient dans de certains défilés, d'où il ne put sortir qu'à force d'argent et en signant une paix honteuse. Il n'en fut pas quitte pour cela. Car, dans sa retraite, il fut encore chargé par les Tartares, eut bien de la peine à se sauver de leurs mains, son général étant demeuré prisonnier avec la meilleure partie de son armée. Il revint donc dans ses États, détesté à cause de tant de malheurs dont il avoit été cause, et ne songea plus qu'à fléchir par beaucoup de soumissions et les Turcs et le conseil de l'Empereur, également indignés de l'irruption qu'il avoit faite dans la Pologne, malgré les avis de l'un et sans la permission des autres. Mais surtout le grand visir Kuperli le haïssoit mortellement, parce qu'autrefois Ragotski lui avoit rendu, à la Porte, de fort mauvais offices, et même lui avoit pensé faire perdre la tête.

Le visir prit donc l'occasion de se venger en l'accusant d'avoir osé, sans la permission du Sultan, faire alliance avec des étrangers, entreprendre la guerre, et se retirer de l'obéissance qu'il devoit à la Porte.

Le conseil de Vienne, appréhendant qu'en voulant

---

1. Extrait de Nani, *Historia della Republica Veneta*, 1679.

perdre Ragotski les Turcs ne s'emparassent de la Transylvanie, faisoit les derniers efforts pour apaiser le Visir; mais inutilement; car le Visir refusoit argent, emprisonnoit tous les envoyés de Ragotski, et menaçoit les Transylvains d'une entière ruine s'ils ne lui envoyoient la tête de leur prince. Le Visir destitua les princes de Valachie et de Moldavie, amis de Ragotski. L'Empire étoit alors vacant, et le roi de Hongrie étoit à la Diète de Francfort.

Ligue du Rhin. P. 478.

Le Visir, vers le temps du couronnement de l'Empereur, se met en campagne, joint les bassas de Bude et de Temisvar. Ragotski, ayant ramassé ce qu'il put trouver de troupes, et entre autres trois ou quatre mille Allemands, qui fut tout ce qu'il put obtenir de l'Empereur, attaque et défait un grand corps de Turcs proche d'Arad, et leur tue quelque six mille hommes avec bon nombre d'officiers prisonniers. P. 479.

Néanmoins le Visir, poursuivant sa pointe, attaque et prend Jenò (*Janos*), place importante qui couvroit les villes des montagnes, environnée d'un grand marais, et oblige les états à déposer Ragotski. Jenò se rendit au mois de septembre, et Ragotski fit couper la tête au gouverneur. Acace Bachiani (*Bardaï*), avec le consentement de la Porte, à laquelle il promettoit un grand tribut, fut substitué à la place de Ragotski.

Il a dit[1] plus haut que Francisco Redey (*Redeii Ferens*) avoit été élu à la place de Ragotski, de son consentement même, et que, l'hiver suivant, comme il avoit des places, beaucoup d'argent et de partisans, se voyant pour

1. Nani.

un temps hors des appréhensions des Tartares et des Turcs, il avoit repris le nom et l'autorité de prince. Tout cela s'étoit passé avant que le Visir se fût mis en campagne.

Bien que Ragotski eût donc fait un traité avec Bachiani, et qu'il ne se fût réservé que ses biens et deux comtés dans la Hongrie, néanmoins le Visir demandoit toujours sa tête. P. 492.

XXXIV

La Valaquie est contiguë à la Pologne, et les géographes appellent mal à propos Moldavie ce qui est proprement la Valaquie. Les Polonois ne font souvent de ces deux pays qu'un seul pays, nommant l'un simplement Valaquie, et l'autre tantôt la Valaquie de delà les monts, *Transalpinam Valachiam*, et tantôt Moldavie.

Le[1] courrier de l'évêque de Marseille, Fourbin, qui apporta en France la nouvelle de l'élection de Sobieski pour roi de Pologne, alla descendre chez M. le Tellier, et fut renvoyé en Pologne avec une lettre du cardinal de Bonzy pour la Reine. Ce cardinal lui mandoit que si le Roi son mari vouloit, on lui donneroit cent mille écus pour nommer au cardinalat un sujet qui auroit tout l'appui qu'on pouvoit désirer pour faire réussir cette nomination : et ce sujet étoit Monsieur l'archevêque de Reims.[2]

Le[3] roi de Pologne Sobieski ne songeoit point à recon-

---

1. En marge : *M. de Torcy.*
2. Charles-Maurice le Tellier
3. En marge : *Bonrep.* (Sans doute *Bonrepaux.*)

noître le prince d'Orange pour roi d'Angleterre, n'ayant ni besoin de lui, ni affaire à lui. Un Polonois, qui avoit besoin en Hollande d'une recommandation auprès du prince d'Orange, donna trois cents pistoles à un jésuite allemand qui étoit auprès du roi de Pologne; et le Roi se laissa gagner par ce jésuite.

XXXV

VIENNE

Comme le roi de Pologne fut monté à cheval pour aller secourir Vienne, la Reine le regardoit en pleurant, et, embrassant un jeune fils qu'elle avoit, le Roi lui dit : « Qu'avez-vous à pleurer, Madame? » Elle répondit : « Je pleure de ce que cet enfant n'est pas en état de vous suivre comme les autres. » Le Roi s'adressant au Nonce lui dit : « Mandez au Pape que vous m'avez vu à cheval et que Vienne est secourue. »

Après la levée du siége, il a écrit au Pape : « Je suis venu, j'ai vu, et Dieu a vaincu. »

Il avoit mandé à l'Empereur, lorsqu'il étoit encore en chemin, qu'il n'y avoit qu'à ne point craindre les Turcs et aller à eux.

J'ai ouï dire à Monsieur le Prince, aux premières nouvelles de ce siége, que si la tête n'avoit point entièrement tourné aux Allemands, le plus grand bonheur du monde pour l'Empereur étoit que les Turcs eussent assiégé Vienne.

La première nouvelle de la levée du siége a été que

les Turcs avoient été battus. Le jour d'après, on dit qu'ils s'étoient retirés.

Insolence des bourgeois d'Anvers à leur feu d'artifice. Ils ont représenté le Grand Turc, un prince d'Europe[1] et le diable, ligués tous trois, qu'on a fait sauter, disent-ils, en l'air, avec l'applaudissement de tous les spectateurs.

Les cardinaux ont envoyé à l'Empereur cent mille écus, les dames romaines autant, et le Pape deux fois autant.

Le Roi, dès qu'il eut nouvelle du siége levé, l'envoya dire au Nonce.

Le roi de Pologne joue presque tous les soirs à colin-maillard : on dit qu'on le fait jouer de peur qu'il ne s'endorme.

XXXVI

HOLLANDE

Celui[2] qui contribua le plus à séparer la Hollande des intérêts de la France, en 1648, ce fut un député de Hollande à Munster, nommé Knut. La France lui avoit promis une pension de deux mille écus en 1635, et il n'en toucha jamais que la première année. C'est ce qui l'irrita contre la France, dont il ruina les affaires autant qu'il put; et il goûta, dit Siri, la vengeance la plus douce qu'un particulier puisse goûter, qui est de se venger d'un grand prince qui l'a offensé.

On manqua aussi de payer à la princesse d'Orange quelques sommes promises à son mari, qui les lui avoit

---

1. Louis XIV.
2. Siri, tome XI, p. 839. (*Renvoi de la main de Racine.*)

cédées; et de là vint cette inimitié qu'elle eut toujours depuis contre la France.

La duchesse de Mantoue en usa de même, parce qu'on ne lui paya plus sa pension.

Ces sortes de manquements de parole que les rois font à des particuliers leur sont quelquefois rendus avec de grosses usures.

Les Hollandois[1] n'ont aucune religion, et ne connoissent de dieu que leur intérêt. Leurs propres écrivains confessent que dans le Japon, où l'on punit des plus cruels supplices tout ce qu'on y trouve de chrétiens, il suffit de se dire Hollandois pour être en sûreté; et lorsqu'ils approchoient des côtes de ce royaume, le premier soin de leurs capitaines de vaisseau étoit de cacher jusqu'aux monnoies où la croix étoit empreinte.

La ville d'Amsterdam étoit celle qui avoit le plus conspiré à faire un traité séparé avec l'Espagne, dans l'envie d'attirer à elle tout le commerce d'Espagne durant la guerre entre les deux couronnes, et d'en priver les marchands françois; et ce fut là le principal but des Hollandois.

Les priviléges dont les Hollandois jouissoient en France n'étoient fondés que sur les traités de confédération qu'ils avoient violés.

La haine qu'ils avoient contre les Portugais, et les hostilités mêmes qui s'exerçoient de part et d'autre dans le Brésil, n'avoient pu faire résoudre les états à rompre ouvertement avec le Portugal, pour n'être pas privés du commerce de ce royaume, qui auroit passé en d'autres mains. En ce temps-là même, c'est-à-dire en 1648, ils apprirent la défaite entière de leurs troupes dans le Brésil.

---

1. Siri, tome XIII, p. 345. (*Racine.*)

Brasset, dans ce même temps, négocie à la Haye pour la paix entre le Portugal et les états. La compagnie des Indes, insolente dans la prospérité et basse dans l'adversité, demande la paix; mais les états croient qu'il y va de leur honneur.

La France avoit intérêt à cette paix dans le Brésil, afin que les Portugais n'eussent plus d'ennemis que les Espagnols.

Les Hollandois, aussitôt après qu'ils eurent traité avec l'Espagne, envoyèrent des ministres dans les terres qui leur étoient cédées, et en firent chasser rigoureusement les ecclésiastiques, sans que les Espagnols osassent protéger le moins du monde les catholiques.

Brasset, après le traité des Hollandois avec l'Espagne, leur déclara, de la part de la Reine, qu'elle ne pouvoit plus observer le traité de marine fait avec eux en 1646, par lequel ils pouvoient porter sur leurs vaisseaux des blés et autres denrées aux Espagnols.

Ils auroient voulu que toute l'Europe fût en guerre lorsqu'ils se virent en paix avec l'Espagne; et quelques-uns d'entre eux n'osèrent accepter la commission de plénipotentiaires à Munster, de peur que si la paix générale venoit à se faire, ils n'en fussent blâmés par les états.

Le commandeur de Souvray vint en ce temps-là[1] à la Haye en qualité d'ambassadeur extraordinaire du grand maître de Malte, pour demander la restitution des commanderies usurpées par les Hollandois. Les états déclarèrent qu'ils ne reconnoissoient point le grand maître, et par conséquent qu'ils ne reconnoissoient point Souvray pour ambassadeur. Grand nombre de chevaliers vouloient

---

1. 19 sept. 1648. (*Note de Racine.*)

qu'on s'emparât des vaisseaux hollandois qu'on trouveroit dans la Méditerranée. Mais les autres, plus modérés, furent d'avis de remettre à un autre temps à prendre leur résolution, pour ne pas s'engager dans une guerre dont ils ne sortiroient pas quand ils voudroient.

Charnacé[1] fut le premier qui traita d'Altesse le capitaine général des Provinces-Unies.

D'Avaux et la Thuillerie étant à Venise ne donnèrent jamais l'Excellence aux ambassadeurs des états, quoiqu'ils leur donnassent la main chez eux.

Plaintes[2] des plénipotentiaires de France contre les demandes des Hollandois, qui vouloient qu'on les traitât de pair avec Venise. V. leur naissance et leur élévation.[3]

Il y a dans les traités de confédération une lettre du comte d'Estrade aux états, 17 février 1645, par laquelle il les assure que le Roi consent que leurs ambassadeurs soient traités comme ceux de Venise.

Les plénipotentiaires, dans le traité de 1644, ne vouloient point mettre « les *Seigneurs* états généraux ». Mais voyant qu'il en faudroit venir à une rupture, ils consentirent de le mettre en deux endroits, d'autant plus qu'il étoit dans le traité de 1634 et dans celui de 1610, où même ils sont qualifiés *hauts et puissants Seigneurs* dans une déclaration où le Roi parle. Dans d'autres traités, on dit : *Messieurs*. Il n'y avoit point *Seigneurs* en aucun endroit du traité de 1635.

Le droit de cinquante francs par tonneau, autrement appelé droit de fret, est un droit que tout vaisseau étranger paye au sortir des ports de France, soit qu'il sorte

---

1. Siri, tome IV, p. 70. (*Racine.*)
2. *Ibid.*, p. 78 (*R.*)
3. A la marge : *Nota.*

chargé ou à vide. On jauge le vaisseau et on voit combien de tonneaux il peut contenir. Chaque tonneau paye cinquante francs; et cela sans compter le droit que payent les marchandises. Car ce droit de fret, c'est le maître du vaisseau qui le paye.

Dikfeld[1] a avoué à un Danois, nommé M. Schell, que ce Grandval, qui fut exécuté en Hollande, pour avoir voulu assassiner le prince d'Orange, avoit déclaré en mourant que jamais le roi de France n'avoit eu aucune connoissance de son dessein; et que s'étant même voulu adresser à M. de Louvois, celui-ci lui dit que si le Roi savoit qu'il eût une pareille pensée, il le feroit pendre.

XXXVII

PORTUGAL

En 1500, les Portugais découvrirent le Brésil, distant de la Guinée environ quatre cent cinquante lieues. Peralverez Cabral, capitaine du roi de Portugal, en prit possession pour le Roi son maître, sept ans après la découverte du nouveau monde par Christophe Colomb. « Le Pape, pour conserver la paix entre les couronnes de Castille et de Portugal, ordonna que chacune jouiroit des terres qu'elle pourroit découvrir, en tirant une ligne d'un pôle à l'autre, qui les séparât des îles Açores et des îles du Cap-Vert, à la distance de cent lieues.[2] »

1. En marge : *Bonrep.* (c'est-à-dire *Bonrepaux*).
2. En marge : Herrera, tome I, p. 109.

Les Castillans se rendirent maîtres du Brésil lorsque le Portugal tomba sous la puissance de Philippe IIe, et tuèrent tout ce qui leur osa faire résistance.

Les Hollandois, vers l'an 1623, non contents de faire la guerre en Europe au roi d'Espagne, voulurent encore la lui faire dans le nouveau monde. Ils passèrent la ligne, et, étant abordés au Brésil, s'emparèrent de Fernambouc, du Récif, du cap de Saint-Augustin, en un mot, de toute la côte, depuis Ciara jusqu'à la Baye de tous les Saints, qui demeura toujours aux Castillans. Cette conquête s'étoit faite aux dépens de quelques particuliers, et non point de l'État. Ces particuliers, voyant les grandes richesses qu'ils pouvoient tirer du Brésil, tant par le débit du sucre que par le débit du bois de Brésil, demandèrent aux états qu'il leur fût permis d'établir une compagnie, avec pouvoir de nommer des officiers de justice, guerre et marine, dans les Indes, pour trente ans; après quoi, tout ce pays qu'ils auroient conquis appartiendroit aux états, auxquels cependant la Compagnie prêteroit serment de fidélité. Cela fut approuvé; et ainsi fut établie la compagnie des Indes occidentales, en 1624. Elle composa un conseil de directeurs, au nombre de dix-neuf, entre lesquels ils mirent par honneur le prince d'Orange.

Cette compagnie ne tarda guère à étendre ses conquêtes, et ils s'emparèrent de toute la côte qui est depuis la capitainerie de Siara jusqu'à la Baye de tous les Saints, c'est-à-dire de plus de trois cents lieues de côtes. Ils établirent un conseil politique, qui résidoit au Récif, qui jugeoit souverainement de toutes les affaires. Ils exigeoient de grands tributs des Portugais, leurs vassaux, qui travailloient à faire le sucre, descendus de ces premiers Portugais qui découvrirent le Brésil; et de crainte qu'ils ne se révoltassent contre eux, ils leur ôtèrent toutes les armes à feu.

En 1641, la Baye de tous les Saints suivit la révolution de Portugal : les Castillans en furent chassés, et on y reconnut don Jean IVe. Le gouverneur fit part de ce changement aux Hollandois dans le Récif, avec promesse de bien vivre avec eux. Les Hollandois furent bien aises de la perte que les Castillans faisoient, et cette même année ils firent un traité de trêve pour dix ans avec les Portugais; et la compagnie des Indes voulut que le Brésil fût compris dans ce traité. Dès qu'il fut signé, ils envoyèrent des vaisseaux dans le Brésil, qui, au lieu d'aller droit au Récif pour y faire publier la trêve, allèrent en Guinée, et se saisirent d'Angola,[1] de Loanda et de quelques autres places des Portugais. Ils crièrent contre cette mauvaise foi; et, voyant qu'on ne leur en faisoit point de justice, ils résolurent de s'en venger à la première occasion.

Le vice-roi de la Baye de tous les Saints commença à faire des pratiques parmi ceux de sa nation qui étoient au Récif, à Fernambouc et aux autres places de la domination des Hollandois. Il gagna surtout Jean-Fernandez Viera, Portugais, qui, de simple garçon boucher, s'étant mis au service des Hollandois, s'étoit extrêmement enrichi, et qui avoit grand nombre d'esclaves sous lui, qu'il faisoit travailler au sucre, dans plusieurs ingénions[2] ou manufactures de sucre qui lui appartenoient. Cet homme, qui avoit beaucoup d'esprit, conspira avec ceux de sa nation pour

---

1. Mai 1642. Angola est une forteresse et une grande province sur la côte d'Afrique, un peu au delà du Congo. (*Note de Racine.*)

2. Moulins à sucre.

secouer le joug des Hollandois. Ils gardèrent longtemps
ce dessein sans en rien faire paroître. Au contraire, ils
flattoient plus que jamais les Hollandois par leur extrême
soumission, s'endettant exprès envers eux de grosses sommes, achetant cher toutes les choses que les Hollandois
leur vendoient, comme les viandes et l'eau-de-vie. Enfin
ils firent si bien, qu'ils persuadèrent aux Hollandois de
leur donner des armes, qu'ils achetoient bien cher, pour
se défendre, disoient-ils, contre les Tapoios et les Brésiliens, qui les haïssoient naturellement, parce qu'ils les
avoient autrefois traités avec beaucoup de dureté. Les
Hollandois se laissent endormir par leurs belles paroles,
et surtout par les artifices de ce Viera, qui se rendoit fort
nécessaire à la Compagnie par son intelligence dans le
commerce, et par les grands services qu'il leur rendoit.

Enfin, toutes choses étant préparées, et les Portugais
étant convenus du jour qu'ils devoient faire éclater leur
conspiration, et assassiner les chefs du conseil, les Hollandois en eurent avis de plusieurs endroits, et envoyèrent
des gardes pour arrêter Viera, qui, s'étant sauvé dans les
bois, amassa autour de lui grand nombre de Portugais,
s'empara de quelques places qui n'étoient point en défense.
Les Hollandois, qui ne s'attendoient point à cette révolte,
et qui, au contraire, pour s'épargner de la dépense, avoient
renvoyé en Hollande la meilleure partie de leurs garnisons, avec les officiers et le comte de Nassau, se trouvèrent fort embarrassés. Ils envoyèrent à la Baye, se plaindre
au Vice-Roi de la révolte de ceux de sa nation. Le Vice-Roi, feignant de la désapprouver, envoya un grand vaisseau, chargé de deux cents hommes qui mirent pied à
terre, et se joignirent aux révoltés. Le fort Saint-Augustin
leur fut rendu pour de l'argent; ils prirent aussi Fernam-

bouc, et il ne restoit presque plus que le Récif, qu'ils assiégèrent. Les Hollandois, qui n'avoient que peu de vivres, envoyèrent porter ces tristes nouvelles à la Haye, et demander du secours.

Les états firent grand bruit, ne menaçant pas moins que d'exterminer le roi de Portugal. Le peuple de la Haye se voulut jeter sur l'ambassadeur de ce prince, et le prince d'Orange eut beaucoup de peine à le sauver de leurs mains. Les ministres de France voulurent s'entremettre d'accommodement, disant que les Hollandois et les Portugais ne devoient point rompre pour cela, mais imiter les François et les Anglois, qui ne laissoient pas d'être en bonne intelligence en Europe, quoiqu'ils fussent presque toujours aux mains à Terre-Neuve en Amérique.

Les Hollandois envoient une flotte au Brésil, au commencement de 1646, sous la conduite de Baucher, amiral de Zélande, qu'ils déclarèrent amiral des mers de Brésil et d'Angola. Cette flotte ne fit pas grand'chose, quoiqu'elle fût de cinquante-deux vaisseaux. La plupart de ceux qui étoient dessus périrent de chaud et de maladie sous la ligne, où ils furent retenus par un calme de six jours. Baucher, l'amiral, fut contremandé peu de temps après son arrivée ; et les états, voyant que la Compagnie étoit désormais trop foible pour soutenir cette grande guerre, entreprirent eux-mêmes de la soutenir en leur nom et aux dépens du public.

Cependant l'ambassadeur de Portugal tâchoit à la Haye, par ses négociations, de les amuser, et d'empêcher qu'une nouvelle flotte ne mît à la voile. Il faisoit plusieurs offres, qui toutes furent refusées. Cette guerre du Brésil fut une des principales raisons qui déterminèrent les états à faire leur paix avec l'Espagne. En effet, ils firent comprendre dans leur traité avec les Espagnols toutes les places que les Portugais avoient prises sur eux dans le Brésil, parmi les places qui appartenoient aux états.

La flotte partit; et les Hollandois, assiégés dans le Récif, pour faire diversion, envoyèrent le colonel Scop s'emparer de la Taparica, île à trois lieues de la Baye. Il s'y fortifia, et s'y défendit longtemps; mais enfin il fut obligé de l'abandonner, sur la fin de 1647, après y avoir perdu beaucoup de monde. La flotte portugaise arriva en ce même temps à la Baye. La flotte de Hollande, forte de trente-deux vaisseaux et de quatre mille soldats, arrive au Récif, le 18 mars 1648. Après s'être rafraîchis un mois, les Hollandois se mettent en campagne, au nombre de six mille hommes. Les Portugais révoltés, commandés par Jean Viera et André Vidal, les attendent de pied ferme, quoiqu'ils ne fussent que deux mille hommes. Le combat se donne le 19e avril; les Portugais gagnent la bataille, avec un grand butin. Les Hollandois y perdent douze cents hommes; leur général Scop, autrement dit Sigismond, y est blessé d'un coup de mousquet à la cuisse. Les Portugais continuent à les tenir enfermés dans le Récif, étant maîtres de tous les forts qui étoient au-dessus et au-dessous. D'un autre côté, la flotte hollandoise, commandée par l'amiral Witten-Wittens, tenoit la flotte portugaise enfermée dans le port de la Baye; mais, vers le mois d'août, cette flotte trouve moyen de sortir à l'insu des Hollandois.

Sur la fin de la même année 1648, les Portugais reprennent Angola sur les Hollandois, le roi de Portugal feignant de désapprouver le gouverneur de la rivière de Janeïro, dans le Brésil, qui a fait cette entreprise dans un temps où l'on négocioit un accommodement entre les deux nations pour les affaires du Brésil;[1] car quelque sujet de plainte que les Hollandois eussent contre les Portugais, ils ne pouvoient pourtant se résoudre à une guerre ouverte, tant ils avoient peur de perdre les avantages que leur rapportoit leur commerce avec ce royaume. Surtout la province de Hollande insistoit à ne point rompre avec le Portugal, et ne vouloit point qu'on exerçât d'hostilités dans les ports de ce royaume, mais seulement en pleine mer. Mais enfin, les affaires n'ayant pu s'accommoder, et la trêve de dix ans expirant l'onzième juin 1651, l'ambassadeur de Portugal s'en retourne, et on se prépare à la guerre des deux côtés.

Néanmoins toute l'année 1652 et celle de 1653 se passent sans aucune hostilité en Europe, et sans aucune expédition considérable dans le Brésil. Enfin, au mois de janvier de 1654. François Beretto, qui commandoit les Portugais révoltés de Fernambouc, ayant reçu quelque petit renfort de la flotte de la compagnie de Lisbonne, qui vint mouiller auprès du Récif, attaque l'un après l'autre tous les forts qui étoient au-devant du Récif, attaque enfin le Récif même, qui lui est rendu avec toutes les places que les Hollandois occupoient sur les côtes du Brésil; et ils s'en retournent en Hollande avec les meubles et les autres choses que les Portugais leur avoient permis d'emporter, par la capitulation du 16 janvier 1654.

---

1. Les Portugais gagnent encore une bataille en 1649, près de Fernambouc, où plus de deux mille Hollandois restent sur la place. (*Note de Racine.*)

XXXVIII

PORTUGAL[1]

V. un mémoire présenté au Roi de la part du roi de Portugal, en 1648, par un François qui servoit en Portugal.[2]

L'état où étoit alors le Portugal est dépeint dans ce mémoire, et surtout le grand besoin qu'ils avoient d'un secours de cavalerie.

« Le roi de Portugal, depuis les cinq dernières années, a fait une distraction de cinq ou six mille chevaux, et de quinze ou vingt mille hommes de pied, que les Espagnols auroient envoyés contre la France, et qui ont été occupés sur les frontières de Portugal. »

« Il me souvient, dit celui qui présente le mémoire, qu'en 1638, lorsque j'apportai au feu roi Louis XIII la nouvelle de l'intention des Portugais, il me commanda d'envoyer un homme exprès, pour les assurer que s'ils vouloient s'aider eux-mêmes et faire roi le duc de Bragance, la France leur enverroit cinq cents cavaliers bien montés et tout armés, mille autres avec selles, brides, armes et pistolets, et dix ou douze mille fantassins. Sur cette parole, qui leur fut portée par Tillac, ils m'écrivirent, au commencement de novembre 1640, qu'ils étoient prêts à se déclarer, et qu'il étoit temps de faire souvenir le Roi de sa promesse. Je mis cette lettre à Ruel, entre

---

1. En marge : « Siri, tome XII, p. 932. »
2. Ce mémoire est dans Siri, à l'endroit cité en marge.

les mains de M. des Noyers, sur les dix heures du soir. Des Noyers la fit voir au Cardinal duc, qui le lendemain, de grand matin, la porta au Roi à Saint-Germain, qui l'a toujours gardée depuis; et il commanda au Cardinal d'assurer les Portugais de toute sorte de secours, quand il devroit engager la moitié de son royaume. Les Portugais ne manquèrent pas de se déclarer au bout d'un mois, c'est-à-dire au commencement de décembre, etc.; et le Roi promit que jamais il ne feroit de traité avec les Espagnols que le Portugal n'y fût compris. »

Les Portugais, durant qu'on étoit assemblé à Munster, s'étoient bien gardés de presser les Espagnols avec toutes leurs forces, de peur qu'ils ne fissent leur traité avec la France, et qu'ils ne retombassent sur le Portugal.

XXXIX

Un peu avant que la reine de Portugal[1] se séparât du Roi son mari, elle avoit oublié sous son chevet une longue lettre du comte de Schomberg, où étoit tout le projet de la révolution qui se devoit faire. Elle se souvint de sa lettre à la messe, fit l'évanouie, et se fit reporter sur son lit, où elle retrouva sa lettre.

Toute l'affaire fut entreprise et conduite par le P. Lami, jésuite, son confesseur.

Un peu avant la séparation, elle avoit écrit à Mme de Vendôme qu'elle étoit grosse. Celle-ci en montra la lettre

---

1. Marie-Élisabeth-Françoise d'Aumale, princesse de Savoie Nemours, mariée en 1666 au roi Alphonse VI.

à l'ambassadeur de Savoie, afin qu'il fît part de la bonne nouvelle en son pays.

On fait en Portugal des comtes pour la vie, quelquefois pour deux races, quelquefois pour tous les aînés. M. de Schomberg a été fait comte pour tous les aînés qui descendront de lui.

Trois François de Mello : le premier, celui qui perdit la bataille de Rocroy; le second qui, en 1661, fit le mariage du roi d'Angleterre, et qui fut ensuite assassiné; le troisième, qui a été depuis en ambassade aussi en Angleterre. Ils n'étoient point parents : le premier, Portugais de grande maison; les deux autres, de médiocre noblesse.

XL

C'est dans le premier volume des *Memorie recondite*, p. 434, que Siri charge Frà Polo de n'avoir pas été bon catholique.

J'ai relu avec attention cet endroit de son histoire. Sa narration m'a paru fort embarrassée; et de tout ce qu'il dit, je ne vois pas qu'on puisse tirer aucune démonstration contre la pureté de la foi de F. Polo.

Siri dit deux choses qui semblent même se contredire.

L'une, que F. Polo, dans le cœur, étoit luthérien; l'autre, qu'il entretenoit commerce avec des huguenots de France.

Il avance le premier fait sur un simple ouï-dire. Il appuie le second sur des dépêches de M. Brulart, ambassadeur de France à Venise, qui sont dans la bibliothèque du Roi.

« Ces dépêches portent, dit Siri, que le nonce du Pape en France, ayant surpris des lettres de F. Polo à des huguenots, forma le dessein de le déférer à l'inquisition de Venise, afin qu'on lui fît son procès, et en même temps de donner avis de la chose au sénat, afin que la République connût de quel théologien elle se servoit ; car F. Polo avoit la qualité de théologien de la République. Mais le Nonce ayant fait réflexion qu'étant ministre du Pape, le sénat n'auroit pas grand égard à son témoignage, il s'adressa à M. Brulart, pour le prier de se charger de la chose, et de se plaindre, tant au nom du Roi son maître que pour l'intérêt de la religion, des cabales que F. Polo faisoit avec les calvinistes de France. M. Brulart, connoissant à quel point la République étoit prévenue pour F. Polo, jugea à propos de ne point intenter cette accusation, qui, au lieu de perdre F. Polo, ne serviroit qu'à rendre sa personne et son mérite plus recommandables en ce pays-là. Du reste, M. Brulart savoit, il y a longtemps, ce prétendu commerce, qui lui avoit été révélé en France par un lieutenant de Laval, nommé la Motte. » Siri ajoute que cet ambassadeur, en arrivant à Venise, eut la curiosité de connoître un homme si fameux, et voulut lui rendre visite ; mais que F. Polo, qui étoit devenu fort circonspect, et se tenoit sur ses gardes, fit dire à l'ambassadeur qu'étant théologien de la République, il ne lui étoit pas permis d'avoir commerce avec les ministres des princes sans permission de ses supérieurs, c'est-à-dire le sénat ; que l'ambassadeur sachant d'ailleurs que c'étoit un homme sans foi, sans religion, sans conscience, et qui ne croyoit pas l'immortalité de l'âme, ne se soucia pas trop de faire habitude avec lui ; et que la chose en demeura là. Siri dit encore que l'ambassadeur avoit apporté à F. Polo des lettres de M. de Thou et de M. l'Échassier, avocat au Parlement, comme voulant insinuer que c'étoient des calvinistes; mais que F. Polo, qui se croyoit épié, ne leur fit point de réponse.

Tout cela, ce me semble, ne prouve pas grand'chose contre F. Polo. Il faudroit avoir rapporté quelques-unes de ces lettres pour juger si elles étoient hérétiques. Un homme peut écrire à des huguenots sans être huguenot lui-même : d'autant plus que Siri, comme j'ai déjà remarqué, l'accuse d'avoir été de la confession d'Augsbourg. Siri auroit mieux fait, ou de bien prouver la chose, ou de ne pas noircir légèrement la mémoire d'un homme qui vaut infiniment mieux que lui; et qui peut-être avoit plus de religion que Siri même. Je ne sais si ce n'est pas même faire quelque tort à la religion de dire qu'un homme si généralement estimé des hommes n'a point eu de religion. Les impies peuvent abuser de cet exemple.

XLI

CARDINAUX

M. le comte de Soissons ne vouloit point aller voir le cardinal de Richelieu, parce que ce ministre, suivant l'usage de Rome, ne vouloit point donner chez lui la main aux princes du sang. Enfin le comte fut obligé d'y aller.

Henri IIIe, en haine du cardinal de Guise, ôta aux cardinaux la possession où ils étoient de précéder les princes du sang. (Siri, *Memorie recondite,* tome VIII, p. 207.)

M. le cardinal de Bouillon n'a point marié M. de Bourbon, parce qu'il prétendoit se mettre à table à dîner avec Messieurs les princes du sang. On envoya au plus vite querir Monsieur l'évêque d'Orléans.

XLII

ROME[1]

Alexandre VIII n'étant encore que Monsignor Ottobon, et ayant grande envie d'être cardinal sans qu'il lui en coûtât rien, avoit un jardin près duquel la dona Olympia venoit souvent. Il avoit à la cour de cette dame un ami, par le moyen duquel il obtint d'elle qu'elle viendroit un jour faire collation dans son jardin. Il l'attendit en effet avec une collation fort propre, et un très-beau buffet tout aux armes d'Olympia. Elle s'aperçut bientôt de la chose, et compta déjà que le buffet étoit à elle; car c'étoit la mode de lui envoyer des fleurs ou des fruits dans des bassins de vermeil doré, qui lui demeuroient aussi. Au sortir de chez Ottobon, l'ami commun dit à ce prélat qu'Olympia étoit charmée, et qu'elle avoit bien compris le dessein galant d'Ottobon. Celui-ci mena son ami dans son cabinet, et lui montra un très-beau fil de perles, en disant : « Ceci ira encore *avec la credenza*, » c'est-à-dire avec le buffet. Quinze jours après il y eut une promotion dans laquelle Ottobon fut nommé; et il renvoya le fil de perles chez l'orfévre, avec la vaisselle, d'où il fit ôter les armes d'Olympia.

1. Racine a écrit en marge : *le nonce*, et en marge du paragraphe suivant : *le même nonce.*

M. Pignatelli, maintenant pape, au retour de sa nonciature de Pologne, n'étoit guère mieux instruit des affaires de ce pays-là que s'il n'eût jamais sorti de Rome. Un jour qu'on parloit du siége de Belgrade, le pape Innocent XI, qui avoit fort à cœur la guerre du Turc, dit à M. Pignatelli qu'il vînt l'après-dînée l'entretenir sur le siége et la situation de Belgrade. Le bon prélat, fort embarrassé, se confia à un capitaine suisse de la garde du Pape, qui avoit servi quelques années en Hongrie. Ce capitaine fit ce qu'il put pour lui faire comprendre la situation de cette place; et, lui ouvrant les deux doigts de la main, lui disoit : *Eccovi la Sava, ecco il Danubio;* et dans la fourche des deux doigts, *ecco Belgrada.* Pignatelli s'en alla à l'audience, tenant ses deux doigts ouverts, et répétant la leçon du Suisse; mais sur le point d'entrer, il oublia lequel de ses deux doigts étoit la Save ou le Danube, et revint au Suisse lui redemander la position de ces deux rivières. Du reste, homme de grande piété, et aimant l'Église.

XLIII

Le Parlement complimenta par députés le roi Henri IV sur la mort de Mme Gabrielle. Le premier président de Harlay, rendant compte de sa députation, dit : *Laqueus contritus est, et nos liberati sumus.*

XLIV

Plusieurs choses extravagantes trouvées après la mort de Mezerai dans son inventaire, entre autres ce billet :

« C'est ici le dernier argent que j'ai reçu du Roi ; aussi, depuis ce temps-là, n'ai-je jamais dit de bien de lui. »

Dans un sac d'écus d'or il y avoit un écu d'or enveloppé seul dans un papier où étoit écrit : « Cet écu d'or est du bon roi Louis XII ; et je l'ai gardé pour louer une place d'où je puisse voir pendre le plus fameux financier de notre siècle. » On lui trouva plus de cinquante mille francs en argent derrière des livres et de tous côtés. Il fit un cabaretier de la Chapelle son légataire universel.

XLV

M. Feuillet regardoit Monsieur faire collation en carême. Monsieur, en sortant de table, lui montra un petit biscuit qu'il prit encore sur la table en disant : « Cela n'est pas rompre le jeûne, n'est-il pas vrai ? » Feuillet lui répondit : « Mangez un veau et soyez chrétien. »

XLVI

Le nonce Roberti disoit : *Bisogna infarinarsi di teologia, e farsi un fondo di politica.*

Le même nonce disoit à M. l'abbé le Tellier, depuis archevêque de Reims, qui lui soutenoit l'autorité du concile au-dessus du Pape : « Ou n'ayez qu'un bénéfice, ou croyez à l'autorité du Pape. »[1]

---

1. La pluralité des bénéfices, interdite par les conciles, n'était tolérée en France qu'en vertu des dispenses du pape.

XLVII

Monsieur l'archevêque de Reims répondit à l'évêque d'Autun, qui lui montroit un beau buffet d'argent en lui disant qu'il étoit pour les pauvres : « Vous pouviez leur en épargner la façon. »

Quand il fut coadjuteur, sous le titre de Naziance, les révérends pères... lui vinrent demander sa protection ; il leur dit : « Je n'ai point de pouvoir à Reims ; mais à Naziance, tant que vous voudrez. »

On dit qu'à Strasbourg, quand le Roi y fit son entrée, les députés des Suisses l'étant venus voir, l'archevêque de Reims, qui vit parmi eux l'évêque de Bâle, dit à son voisin : « C'est quelque misérable apparemment que cet évêque ? — Comment ! lui dit l'autre, il a cent mille livres de rentes. — Oh, oh ! dit l'archevêque, c'est donc un honnête homme ! » Et il lui fit mille caresses.

XLVIII

Milord Roussel, qui a eu depuis peu le cou coupé à Londres, en montant à l'échafaud donna sa montre au ministre qui l'exhortoit à la mort : « Tenez, dit-il, voilà qui sert à marquer le temps ; je vais compter par l'éternité. » Ce ministre étoit M. Burnet.

XLIX

PIERRE DE MARCA

Il fut nourri de lait de chèvre les quatre premiers mois. Il se maria, eut plusieurs enfants, et demeura veuf en 1632. Il étoit alors conseiller au conseil de Pau ; et lorsqu'en 1640[1] Louis XIII érigea ce conseil en parlement, il fit Marca président.

On disoit que le cardinal de Richelieu, dans le dessein de se faire patriarche en France, avoit fait faire par M. Dupuy le livre des *Libertés de l'Église gallicane*. Il parut un livre intitulé *Optatus Gallus,* contre le livre de M. Dupuy. Marca répondit à ce livre par ordre du Cardinal, et ce fut le sujet qui lui fit faire son livre *de Concordia sacerdotii et imperii,* l'an 1641. La même année, le Roi le nomma à l'évêché de Conserans. On lui refusa assez longtemps ses bulles, à cause de ce livre, dont plusieurs endroits avoient choqué la cour de Rome. Après la mort d'Urbain VIII, Innocent X fit encore examiner ce livre, et apportoit bien des longueurs aux bulles de Marca, qui en ce temps-là même fit un écrit pour expliquer son dessein sur la publication du livre *de Concordia,* etc., le soumettre à l'autorité et à la censure du saint-siége, et prouver que les rois étoient les défenseurs, et non pas les auteurs des canons; que les libertés de l'Église gallicane consistoient dans la pratique des canons et des décrétales, et beaucoup d'autres choses peu avantageuses aux rois. Il

---

1. Erreur de date : cette érection eut lieu en 1620.

envoya ce dernier livre à Innocent X, avec une lettre où il désavouait beaucoup de choses qu'il avoit avancées dans le premier, demandoit pardon des fautes où il y étoit tombé, et déclaroit qu'à l'avenir il soutiendroit de toute sa force les droits de l'Église : tout cela, comme il l'avouoit lui-même dans une autre lettre, pour avoir ses bulles, qu'il eut en 1647. Il n'étoit que tonsuré ; il se fit ordonner prêtre après avoir reçu ses bulles à Barcelone, où autrefois saint Paulin fut ordonné prêtre, mais malgré lui.

Peu de temps après, il écrivit *de singulari Primatu Petri*, pour faire plaisir à Innocent X, ensuite une lettre de l'autorité des papes envers les conciles généraux.

En 1644, il avoit été fait visiteur général de la Catalogne, avec une juridiction sur les troupes, et avec le soin des finances. En 1651, il partit de Barcelone, et fit son entrée à Conserans. L'année d'après, il fut nommé à l'archevêché de Toulouse. Il écrivit fort humblement à Innocent X pour avoir ses bulles, et se comparoit à Exupère, qui, ayant été président en Espagne, fut élevé par Innocent Ier à l'évêché de Toulouse. Sur quoi Baluze remarque que son Mécénas (car c'est ainsi qu'il appelle toujours Marca) fit un mensonge de dessein formé pour chatouiller les oreilles du Pape; car l'Exupère qui fut évêque de Toulouse n'étoit point l'Exupère qui exerça la magistrature en Espagne. Baluze rapporte qu'ayant appris qu'un auteur l'avoit accusé de s'être trompé sur ce fait d'histoire, il rioit de la simplicité de cet auteur, qui n'avoit pas pris garde qu'il s'agissoit d'avoir ses bulles, et qu'il falloit tromper le Pape, qui ne lui étoit pas d'ailleurs fort favorable.

Le Pape le soupçonnoit fort mal à propos d'être janséniste, et ne lui envoyoit point ses bulles; mais heureusement ce pape ayant publié alors sa constitution contre

Jansénius, et Marca l'ayant reçue avec grande joie, on lui envoya ses bulles.

En 1656, il fut député à l'assemblée du clergé, où il soutint si vigoureusement les intérêts du saint-siége, que le pape Alexandre VII l'en remercia par un bref. C'étoit lui qui écrivoit toutes les lettres du clergé au pape.

Comme il avoit honte d'être si longtemps absent de son diocèse, pour lever son scrupule, on le fit ministre d'État. Durant les conférences de la paix, il fut un des commissaires pour régler les limites des deux royaumes du côté des Pyrénées. Ses décisions furent suivies, c'est-à-dire que les comtés de Roussillon, de Conflans, le Capsir et le Val-de-Quérol, avec une grande partie de la Cerdagne, demeurèrent à la France. Après la mort du cardinal, le Roi le mit de son conseil de conscience, avec l'archevêque d'Auch,[1] l'évêque de Rhodez[2] et le P. Annat. Peu de temps après, il fit un traité de l'infaillibilité du Pape, qui est son dernier ouvrage.

Le 25 février 1662, la duchesse de Retz apporta au Roi la démission du cardinal de Retz pour l'archevêché de Paris, qu'il avoit signée à Commercy le 13 février. Le jour même, le Roi appela Marca dans son cabinet, lui dit qu'il le faisoit archevêque de Paris, et écrivit lui-même au Pape pour avoir ses bulles. Marca tomba malade le 10 mai suivant, reçut le 12 juin des lettres de Rome qui l'assuroient de sa translation à l'archevêché de Paris, en témoigna une grande joie, et mourut le 29 juin, laissant un fils, qui avoit sa charge de premier président, et l'abbaye de Saint-Aubin d'Angers. Marca mourut à soixante-

---

1. Henri de La Mothe Houdancourt.
2. Hardouin de Péréfixe, depuis archevêque de Paris.

neuf ans, et fut enterré dans le chœur de Notre-Dame, au-dessous du trône archiépiscopal.

L

Prédictions de CAMPANELLA *sur la grandeur future du Dauphin,*[1] page 489. — *Présages sur la même chose,* GROTIUS, page 485.

La constellation du Dauphin, composée de neuf étoiles, les neuf Muses, comme l'entendent les astrologues ; environnée de l'Aigle, grand génie ; du Pégase, puissant en cavalerie ; du Sagittaire, infanterie ; de l'Aquarius, puissance maritime ; du Cygne, poëtes, historiens, orateurs, qui le chanteront. Le Dauphin touche l'équateur, justice. Né le dimanche, jour du soleil. *Ad solis instar, beaturus suo calore ac lumine Galliam Galliæque amicos. Jam nonam nutricem sugit : aufugiunt omnes quod mammas carum male tractet.*[2] 1ᵉʳ janvier 1639.

---

1. Depuis Louis XIV.
2. « Le Dauphin, comme le soleil, par sa chaleur et sa lumière, fera le bonheur de la France et des amis de la France. Déjà il tette sa neuvième nourrice : elles le fuient toutes, parce qu'il maltraite leurs mamelles. » (G.)

EXPLICATIONS DE MÉDAILLES

I

LA PRISE DE MARSAL.

(Extrait du registre de l'Académie des inscriptions.)

Charles I,[1] duc de Lorraine, célèbre par sa valeur et par son habileté pour la guerre, l'est encore plus par son inconstance et par la légèreté de son esprit, qui enfin l'ont conduit à sa ruine. Il n'est pas croyable combien de différents traités il avoit faits avec la France, qu'il avoit tous également violés. Le Roi néanmoins, peu de temps après la paix des Pyrénées, lui rendit gracieusement ses États, mais aux conditions qui furent jugées nécessaires pour s'assurer contre son peu de bonne foi. A peine il fut rétabli, qu'il proposa de lui-même au Roi le fameux traité par lequel il lui cédoit la Lorraine, et lui remettoit d'abord Marsal pour sûreté de sa parole. Mais le traité ne fut pas plus tôt signé qu'il chercha tous les moyens d'en éluder l'exécution. Il fit travailler en hâte aux fortifica-

---

1. Dans l'Histoire métallique, aussi bien que dans le registre de l'Académie des inscriptions, on lit *Charles I,* au lieu de *Charles IV.* Cette faute ainsi répétée est difficile à expliquer. On avait, il est vrai, coutume en France de dire simplement « le duc de Lorraine », ou « Charles de Lorraine »; et non « Charles IV ». Mais ses prédécesseurs n'y étaient pas inconnus. (P. M.)

tions de Marsal, y jeta une garnison nombreuse, et recommença ses anciennes pratiques avec les ennemis de la France. Le Roi, justement indigné de ce manquement de parole, fit aussitôt investir Marsal, et, voulant faire ce siége en personne, se rendit en deux jours à Metz avec toute sa cour. Alors le Duc, dont cette extrême diligence avoit rompu toutes les mesures, vit bien qu'il ne lui restoit d'autre parti que de se remettre entre les mains du Roi. En effet il vint le trouver à Metz, et, après avoir signé un nouveau traité, qui étoit le troisième depuis trois ans, envoya ses ordres pour faire rendre Marsal à Sa Majesté.

C'est le sujet de cette médaille. Le duc de Lorraine y est représenté sous la forme du dieu Protée, qui, comme on sait, se changeoit en toutes sortes de figures, et qu'il falloit enchaîner pour le faire parler. Ces mots : MARSALIUM CAPTUM, et ces autres : PROTEI ARTES DELUSÆ, font entendre que toutes les ruses du nouveau Protée furent déconcertées par la prise de Marsal.

MÊME SUJET

(Extrait de l'Histoire métallique.)

Charles I, duc de Lorraine, célèbre par sa valeur et par sa grande capacité pour la guerre, l'est aussi par son inconstance et par la légèreté de son esprit, qui enfin le conduisirent à sa perte. Il n'est pas croyable combien de différents traités il avoit faits avec la France, qu'il avoit tous également violés. Le Roi néanmoins, peu de temps après la paix des Pyrénées, lui rendit généreusement ses États. A peine fut-il rétabli, qu'il proposa de lui-même le fameux traité par lequel il cédoit au Roi la Lorraine, et remettoit d'abord Marsal, pour sûreté de sa parole. Dès que le traité fut signé, il chercha tous les moyens d'en éluder l'exécution, recommença ses anciennes pratiques avec les ennemis de la France, fit fortifier Marsal, et y jeta une garnison nombreuse. Le Roi, justement irrité, fit investir Marsal, dont il vouloit faire le siége en personne, se rendit à Metz en quatre jours, et s'avança à Nomeny, où il fit la revue de ses troupes. Alors le Duc, dont cette extrême diligence avoit rompu toutes les mesures, prit le parti de se mettre à la merci du Roi. Il vint trouver Sa Majesté à Metz, envoya ordre de remettre Marsal aux troupes du Roi, et signa un nouveau traité, qui étoit le troisième depuis trois ans.

C'est le sujet de cette médaille. Le duc de Lorraine est représenté sous la forme du dieu Protée, qui, selon la fable, se changeoit en toute sorte de figures, et qu'on ne pouvoit fixer que par la force. La légende : PROTEI ARTES DELUSÆ, signifie *Les artifices du nouveau Protée rendus inutiles;* l'exergue : MARSALIUM CAPTUM. M.DC.LXIII, *Prise de Marsal.* 1663.

II

LA VILLE D'ERFORD

RENDUE A L'ARCHEVÊQUE DE MAYENCE

(Extrait du registre de l'Académie des inscriptions.)

Quoique par la paix de Munster l'archevêque et l'Église de Mayence eussent été rétablis dans leur droit de souveraineté sur la ville d'Erford, cette grande ville néanmoins, qui étoit presque toute luthérienne, prétendoit toujours demeurer libre et indépendante, et par son opiniâtreté avoit enfin obligé l'Empereur à la mettre au ban de l'Empire. Mais l'Empereur n'étoit guère en état de faire exécuter ce décret, étant lui-même assez embarrassé à se défendre contre le Turc : d'autant plus qu'on appréhendoit que tout le parti protestant ne se déclarât pour Erford. Dans cette extrémité, l'archevêque eut recours au Roi, comme au protecteur des traités de Westphalie. Aussitôt le Roi lui envoya un corps de six mille hommes commandés par Pradel, lieutenant général, qui eut ordre de passer le Rhin en diligence, et de marcher droit à Erford. Ces troupes, auxquelles se joignirent quelques régiments de l'Électeur, s'emparèrent d'abord d'un fort dont la ville étoit commandée, et se préparoient à emporter la ville même; mais les habitants effrayés offrirent de se soumettre, et en effet jurèrent à l'Électeur et à son Église la fidélité qu'ils leur devoient.

C'est le sujet de cette médaille. On y voit la France qui présente à la Religion la ville d'Erford, aisée à connoître à l'écusson de ses armes gravé sur son bouclier. Les mots latins de la légende : ERFORDIA ECCLESIÆ MOGUNTINÆ RESTITUTA, signifient *Erford restituée à l'Église de Mayence;* et ceux de l'exergue : GALLIA VINDEX, veulent dire *La protection de la France.* 1664.

MÊME SUJET

(Extrait de l'Histoire métallique.)

Quoique par la paix de Munster l'archevêque et l'Église de Mayence eussent été rétablis dans leur droit de souveraineté sur la ville d'Erford, cette grande ville néanmoins, presque toute luthérienne, prétendoit toujours demeurer indépendante, et par son opiniâtreté elle avoit enfin obligé l'Empereur à la mettre au ban de l'Empire. Mais l'Empereur, assez embarrassé lui-même à se défendre contre le Turc, se trouvoit d'autant moins en état de faire exécuter ce décret, qu'il avoit sujet d'appréhender que tout le parti protestant ne se déclarât pour Erford. Dans cette extrémité, l'Archevêque eut recours au Roi, comme au protecteur des traités de Westphalie. Aussitôt Sa Majesté lui envoya six mille hommes commandés par le lieutenant général Pradel, qui eurent ordre de passer le Rhin en diligence, et de marcher droit à Erford. Ces troupes, auxquelles se joignirent quelques régiments de l'Électeur, s'emparèrent d'un fort qui commandoit la ville, et se préparoient à emporter la ville même ; mais les habitants effrayés offrirent de se soumettre, et jurèrent à l'Électeur et à son Église la fidélité qu'ils leur devoient.

C'est le sujet de cette médaille. On y voit la France qui présente à la Religion la ville d'Erford. Les mots de la légende : GALLIA VINDEX, signifient *La France protectrice ;* ceux de l'exergue : ERFORDIA ECCLESIÆ MOGUNTINÆ RESTITUTA. M.DC.LXIV, *Erford rendue à l'Église de Mayence.* 1664.

III

DUNKERQUE FORTIFIÉE.

(Extrait du registre de l'Académie des inscriptions.)

DUNKERQUE passoit déjà pour une des plus considérables places des Pays-Bas, lorsque le Roi la retira des mains des Anglois ; mais il trouva tant de défauts dans son port et dans ses fortifications qu'il se crut obligé de la renouveler presque tout entière. En effet, outre la construction d'une citadelle à cinq bastions et du fort Louis, qui en a quatre, il est incroyable combien de nouveaux ouvrages on a élevés, tant du côté de la mer que de celui de la campagne, combien de bastions on a revêtus, combien d'autres on a rebâtis. Ses dehors, qui n'étoient partout que de terre, sont maintenant de grosse maçonnerie. Il a fallu nettoyer et creuser les fossés, et, pour empêcher qu'ils ne fussent comblés à l'avenir, on a rasé quantité de dunes fort élevées, dont les sables y étoient à toute heure portés par les vents. On n'a pas moins travaillé à creuser et à nettoyer son canal, en telle sorte qu'au lieu qu'il n'y pouvoit entrer que des barques de pêcheurs, les plus grands vaisseaux y entrent très-facilement. On a fait aussi des jetées de pierre, qui s'avancent fort loin dans la mer, avec des forts et des batteries; et on a coupé un grand banc de sable qui fermoit presque entièrement l'entrée du port. En un mot, à comparer l'état où le Roi a trouvé Dunkerque avec celui où on la voit aujourd'hui, on peut dire que d'une place très-foible, il en a fait la plus formidable de ses places.

C'est le sujet de cette médaille. On y voit le plan exact de Dunkerque, du port et de ses fortifications. Sur le devant de la médaille est la ville de Dunkerque, sous la figure d'une Femme couronnée de tours. Elle est assise, et tient d'une main un gouvernail, et de l'autre une ancre. Les mots de la légende : FRETI GALLICI DECUS ET SECURITAS, font entendre que cette place fait la sûreté et l'ornement de la côte de France. Il y a à l'exergue : DUNKERCA MUNITA ET AMPLIATA, *Dunkerque augmentée et fortifiée.* 1671.

MÊME SUJET

(Extrait de l'Histoire métallique.)

Le Roi, lorsqu'il eut retiré Dunkerque des mains des Anglois, trouva de si grands défauts dans les fortifications qu'il jugea d'une absolue nécessité de les refaire presque entièrement. Dès l'année 1665, on commença par le château, et on changea tous les dehors. Ce travail fut continué en 1671 par trente mille hommes que le Roi y employa. Il n'est pas croyable combien il y a eu de nouveaux ouvrages élevés et du côté de la mer et du côté de la terre ; combien de bastions revêtus, changés ou refaits. On a rasé plusieurs dunes qui dominoient la place, et dont les sables étoient portés par les vents dans les canaux et dans les fossés. La citadelle a été perfectionnée, et le fort Louis achevé; et pour rétablir le port, on a coupé un banc de sable de cinq à six cents toises, qui fermoit l'entrée. Au lieu du canal de Mardik, que les sables combloient, on a fait le nouveau canal, par où en tout temps peuvent entrer et sortir des vaisseaux de soixante pièces de canon. Ce canal est soutenu par deux jetées de charpente, qui s'avancent fort loin dans la mer, et dont les approches sont défendues par deux risbans, ou forts de maçonnerie, et par deux batteries. On a creusé dans la ville un bassin qui peut toujours tenir à flot trente vaisseaux de guerre et plusieurs autres bâtiments. En un mot, à comparer l'état où le Roi a trouvé Dunkerque avec celui où elle est aujourd'hui, on peut dire que d'une place très-foible, il en a fait la plus forte de ses places.

C'est le sujet de cette médaille. Elle représente le plan exact de Dunkerque; la ville, sous la figure d'une Femme couronnée de tours, tient un *(sic)* ancre et un gouvernail. La légende : Freti gallici decus et securitas, signifie *L'ornement et la sûreté de la côte de France dans la Manche;* l'exergue : Dunquerca munita et ampliata. m.dc.lxxi, *Dunkerque agrandie et fortifiée.*

IV

WOERDEN SECOURU.

(Extrait du registre de l'Académie des inscriptions.)

Le duc de Luxembourg, qui commandoit dans Utrecht, n'eut pas plus tôt appris que Woërden étoit assiégé par le prince d'Orange, qu'il y courut avec environ trois mille hommes qui se trouvèrent en état de marcher, laissant ordre au reste de ses troupes de le suivre en diligence. La place étoit fort pressée, et il n'y avoit pas de temps à perdre pour la secourir; mais la difficulté étoit de pouvoir aborder les quartiers des ennemis, tout le pays étant inondé, à la réserve d'une digue, où ils avoient cinq ou six retranchements les uns sur les autres, bordés de canon et d'infanterie. Toutefois le duc de Luxembourg ne balança pas à les attaquer. Il entra dans l'inondation l'épée à la main, et, les prenant par le front et par les flancs, pendant que la garnison de la place les chargeoit aussi de son côté, il les força et tailla en pièces tout ce qui osa lui résister. Le prince d'Orange n'eut que le temps de mettre des canaux entre lui et les François, leur abandonnant six pièces de canon et une partie de son bagage, quantité de prisonniers, et plus de deux mille morts, entre lesquels étoit le comte de Zuylestain, oncle naturel de ce prince et général de l'infanterie hollandoise. Cette action se passa le onzième octobre 1672.

C'est le sujet de cette médaille. La Victoire présente une couronne d'herbes verdoyantes et fleuries sur une colonne plantée au milieu d'un marais, et à laquelle est attaché un bouclier aux armes de Hollande. Cette couronne marque la levée du siége. Il y a à la légende : Batavorum castris captis et direptis, *Le camp des Hollandois pris et pillé* ; à l'exergue : Wurda obsidione liberata, *Woërden secouru et le siége levé.* 1672.

MÊME SUJET

(Extrait de l'Histoire métallique.)

Le duc de Luxembourg, qui commandoit pour le Roi dans la province d'Utrecht, n'eut pas plus tôt appris que Woërden étoit assiégé par le prince d'Orange, qu'il y courut avec environ trois mille hommes qui se trouvèrent en état de marcher, et laissa ordre au reste des troupes de le suivre en diligence. Les ennemis pressoient fort la place, et il n'y avoit pas de temps à perdre pour la sauver. La difficulté étoit d'aborder leurs quartiers dans un pays tout inondé, à la réserve d'une digue, où ils avoient cinq ou six retranchements l'un sur l'autre, bordés de canon et d'infanterie. Le onze d'octobre, à deux heures après minuit, le duc de Luxembourg, avec ses trois mille hommes, arriva à la vue des retranchements. Il attendit jusqu'à cinq heures le reste de son infanterie; mais, craignant que s'il attendoit plus longtemps, il ne pourroit cacher le petit nombre de ses troupes aux ennemis, et perdroit l'occasion de se battre, il ne balança point. Il passa l'inondation sur la glace, et, les attaquant de front et en flanc, pendant que la garnison de la place les chargeoit aussi de son côté, il força et tailla en pièces tout ce qui lui résista. Le prince d'Orange n'eut que le temps de mettre des canaux entre lui et les François. Il abandonna six pièces de canon et une partie de son bagage. On fit un grand nombre de prisonniers, et on tua plus de deux mille hommes, entre lesquels se trouva le comte de Zuilestain, oncle naturel de ce prince et général de l'infanterie hollandoise.

C'est le sujet de cette médaille. On voit au milieu d'un marais une colonne, à laquelle on a attaché un bouclier. La Victoire pose sur le haut de ce bouclier une couronne d'herbes verdoyantes et fleuries. La légende : CASTRIS BATAVORUM CAPTIS ET DIREPTIS, signifie *Le camp des Hollandois pris et pillé;* l'exergue : WURDA OBSIDIONE LIBERATA, M.DC.LXXII, *Woërden secouru.* 1672.

V

LA TRÊVE.

(Extrait du registre de l'Académie des inscriptions.)

Après la conquête de Luxembourg, le Roi se trouvoit en état d'emporter sans résistance le reste des Pays-Bas catholiques. Il avoit en Flandre deux armées de quarante mille hommes chacune, et non loin de là, les troupes de l'électeur de Cologne, son allié, montoient à près de vingt mille hommes, commandés par un de ses lieutenants généraux. Les Espagnols, qui lui avoient déclaré la guerre, n'avoient ni argent ni troupes. Toutes leurs places étoient en fort mauvais état. L'Empereur, occupé contre le Turc, ne pouvoit de longtemps les secourir ; et les Hollandois, divisés entre eux par des factions, étoient à la veille d'une guerre civile. Le Roi, persistant dans le dessein de donner la paix à la chrétienté, ne changea rien néanmoins aux conditions auxquelles, avant la prise de Luxembourg, il avoit promis de poser les armes. Il offrit toujours de rendre à l'Espagne Courtray et Dixmude rasés, et de faire avec elle, et en même temps avec l'Empereur et avec l'Empire, ou la paix ou une trêve de vingt années. Les Hollandois, malgré les oppositions du prince d'Orange, embrassèrent avec joie la trêve, qui bientôt après fut aussi acceptée de tous les princes de l'Empire, et de l'Empereur même. Les Espagnols, demeurés seuls, enfin, après bien des plaintes, renvoyèrent aux commissaires de l'Empereur tous leurs différends pour être terminés à Ratisbonne. Ils espéroient faire comprendre dans le traité la république de Gênes, qui s'étoit nouvellement mise sous leur protection ; mais le Roi voulut absolument se réserver la liberté de châtier cette république, si elle n'avoit recours à sa clémence. Ainsi la trêve fut signée et ratifiée pour vingt ans.

C'est le sujet de cette médaille. Pallas, qui représente la prudence et la valeur du Roi, y est assise à l'ombre d'un laurier, sur un monceau d'armes, tenant sa lance d'une main, et s'appuyant de l'autre sur son bouclier, dont elle cache l'égide. Les mots de la légende : INDUCIÆ AD

VIGINTI ANNOS DATÆ, signifient *La trêve accordée pour vingt ans;* et ceux de l'exergue : VIRTUTE ET PRUDENTIA PRINCIPIS, veulent dire que cette trêve est également l'ouvrage de la valeur et de la prudence du Roi. 1684.

MÊME SUJET

(Extrait de l'Histoire métallique.)

Depuis la conquête de Luxembourg, le Roi se voyoit en état de conquérir le reste des Pays-Bas catholiques. Il avoit en Flandre deux armées de quarante mille hommes chacune; et un de ses lieutenants généraux commandoit dans le pays de Liége les troupes de l'électeur de Cologne, son allié. Les Espagnols n'avoient ni troupes ni argent, et toutes leurs places étoient en fort mauvais état. L'Empereur, occupé contre le Turc, ne pouvoit de longtemps les secourir; et les Hollandois, divisés entre eux par des factions, étoient à la veille d'une guerre civile. Le Roi, constant dans la résolution de donner la paix à la chrétienté, ne changea rien aux propositions qu'il avoit faites avant la prise de Luxembourg. Il offrit toujours de rendre à l'Espagne Courtray et Dixmude rasés, et de faire avec elle, et en même temps avec l'Empereur et avec l'Empire, ou la paix ou une trêve de vingt années. La Hollande, malgré les oppositions du prince d'Orange, embrassa avec joie la trêve, qui fut aussi bientôt acceptée de tous les princes de l'Empire, et de l'Empereur même. L'Espagne demeura seule; et, après bien des plaintes, elle renvoya enfin aux commissaires de l'Empereur tous ses différends pour être terminés à Ratisbonne, où la trêve fut signée et ratifiée.

C'est le sujet de cette médaille. Pallas, assise sur un monceau d'armes, à l'ombre d'un laurier, tient sa lance d'une main, et s'appuie de l'autre sur son égide, qu'elle cache. La légende : VIRTUS ET PRUDENTIA PRINCIPIS, signifie *Valeur et sagesse du Roi;* l'exergue : INDUCIÆ AD VIGINTI ANNOS DATÆ. M.DC.LXXXIV, *Trêve accordée pour vingt ans.* 1684.

RÉFLEXIONS PIEUSES

SUR

QUELQUES PASSAGES DE L'ÉCRITURE SAINTE

Ps. LXXVII. *Adhuc escæ eorum erant in ore ipsorum; et ira Dei ascendit super eos.*[1] Combien de gens, ayant travaillé toute leur vie pour parvenir à quelque fortune, à une charge, etc., meurent dans le moment qu'ils espèrent en jouir, ayant encore le morceau dans la bouche!

Ps. CV. *Et dedit eis petitionem ipsorum,* etc.[2] C'est dans sa colère que Dieu accorde la plupart des choses qu'on désire dans ce monde avec passion.

Isaïe, c. LV. *Quare appenditis argentum non in panibus,* etc.[3] Pourquoi se donner tant de peine pour des choses qui nous rassasient si peu, et qui nous laissent mourir de faim ? L'enfant prodigue souhaitoit au moins pouvoir se rassasier de gland, et encore ne peut-on parvenir à avoir de ce gland. *Venite emite absque argento,*

---

1. « Les viandes étaient encore dans leur bouche, lorsque la colère de Dieu s'éleva contre eux. »
2. « Il leur accorda leur demande, etc. »
3. « Pourquoi employez-vous votre argent à ce qui ne peut vous nourrir? etc. »

RÉFLEXIONS SUR L'ÉCRITURE SAINTE. 265

etc.,[1] dit Isaïe. Nous n'avons qu'à nous tourner vers Dieu, il nous donnera de quoi nous nourrir en abondance.

Filius hominis non venit ministrari, sed ministrare.[2] Matth., xx. Belle leçon pour nous faire souffrir toutes les négligences de nos domestiques. Il n'y a qu'à se bien mettre dans l'esprit qu'on n'est point né pour être servi, mais pour servir.

Jean, cap. xi, v. 9. *Nonne duodecim sunt horæ diei*, etc. ?[3] Jésus-Christ entend parler du temps que son père a prescrit à sa vie mortelle, et la compare à une journée, comme s'il disoit : « Tant que le jour luit, on peut marcher sans péril; mais quand la nuit est venue, on ne peut marcher sans tomber. Ainsi les Juifs ont beau me vouloir perdre, ils n'ont aucun pouvoir de me faire du mal, jusqu'à ce que la nuit, c'est-à-dire le temps des ténèbres, soit venue. »

Idem, c. xviii, v. 1. *Trans torrentem Cedron.*[4] Grotius croit qu'il étoit ainsi nommé à cause qu'il y avoit eu des cèdres dans cette vallée. En grec, c'est le *torrent des cèdres*. Jésus-Christ accomplit ici ce qui le figura en la personne de David, quand ce roi, fuyant Absalon, passa ce torrent, étant trahi par Achitophel.

Abierunt retrorsum,[5] idem, v. 6 ; David a dit, ps. xxxiv, *avertantur retrorsum* ;[6] et Isaïe, c. xxviii, *cadant retrorsum.*[7] Quelle terreur n'imprimera-t-il point quand il vien-

---

1. « Venez, achetez sans argent, etc. »
2. « Le Fils de l'homme n'est pas venu pour être servi, mais pour servir. »
3. « N'y a-t-il pas douze heures au jour? »
4. « Au delà du torrent de Cédron. »
5. « Ils furent renversés. »
6. « Qu'ils soient renversés. »
7. « Qu'ils tombent en arrière. »

dra juger, s'il a été si terrible étant près d'être jugé !

Jean, c. xix, v. 9. *Responsum non dedit ei.*[1] Il lui en avoit assez dit, en lui disant que son royaume n'étoit pas de ce monde ; et d'ailleurs Pilate, en faisant maltraiter un homme qu'il croyoit innocent, s'étoit rendu indigne qu'on l'éclaircît davantage : ne s'étoit-il pas même rendu indigne que Jésus-Christ lui répondît maintenant, lui qui, lui ayant demandé ce que c'étoit que la vérité, n'avoit pas daigné attendre la réponse ? Les gens qui ont négligé de savoir la vérité, quand ils la pouvoient apprendre, ne retrouvent pas toujours l'occasion qu'ils ont perdue.

Nescis quia potestatem habeo, etc.,[2] id., ibid., v. 10. Puisqu'il est en son pouvoir de le sauver, il se reconnoît donc coupable de sa mort, à laquelle il ne souscrit que par une lâche complaisance.

Non habemus regem, etc.,[3] idem, v. 15. Les Juifs reconnoissent donc que le temps du Messie est venu, puisque le sceptre n'est plus dans Juda ; et en même temps ils renoncent à la promesse du Messie.

Quod scripsi, scripsi.[4] Id., v. 22. C'étoit comme la sentence du juge, à laquelle on ne pouvoit plus rien changer. D'ailleurs Philon a remarqué que Pilate étoit d'un esprit inflexible. Dieu se sert de tout cela pour faire triompher la vérité en dépit des Juifs.

Miserunt sortem in vestem meam.[5] Id., v. 24. Cette tunique qui n'est point déchirée, est l'unité qu'on ne doit jamais rompre.

---

1. « Jésus ne lui fit aucune réponse. »
2. « Ne savez-vous pas que j'ai le pouvoir, etc. »
3. « Nous n'avons plus de roi, etc. »
4. « Ce qui est écrit est écrit. »
5. « Ils ont tiré ma robe au sort. »

Stabat,[1] Jean, c. XIX, v. 25. La sainte Vierge étoit debout, et non pas évanouie, comme les peintres la représentent. Elle se souvenoit des paroles de l'ange, et savoit la divinité de son fils. Et dans le chapitre suivant, ni dans aucun évangéliste, elle n'est point nommée entre les saintes femmes qui allèrent au sépulcre : elle étoit assurée que Jésus-Christ n'y étoit plus.

Separatim involutum.[2] Id., c. XX, v. 7. Les linges ainsi placés et séparés les uns des autres marquoient que le corps n'avoit point été enlevé par des voleurs. Ceux qui volent font les choses plus tumultuairement.

Vade autem ad fratres meos.[3] Id., v. 17. Il les appelle frères, pour les consoler du peu de courage qu'ils ont témoigné. *Narrabo nomen tuum fratribus meis :*[4] Il semble que Jésus-Christ ait eu ce verset en vue en les appelant ses frères, comme tout ce qui précède dans ce même psaume a été une prédiction de ses souffrances.

---

1. « Elle était debout. »
2. « Plié à part. »
3. « Mais allez trouver mes frères. »
4. « Je ferai connaître votre nom à mes frères. » (Ps. XXI, v. 23.)

ÉPITAPHE

DE C. F. DE BRETAGNE

DEMOISELLE DE VERTUS

Ici repose Catherine-Françoise de Bretagne, demoiselle de Vertus.[1] Elle passa sa plus tendre jeunesse dans le desir de se donner à Dieu, pratiquant dès lors, avec un goût particulier, la règle de saint Benoît dans un monastère. Mais, engagée dans le monde par ses parents, les flatteries des gens du siècle, et cette estime dangereuse que lui attiroient les graces de sa personne et les agréments de son esprit, l'emportèrent bientôt sur ses premiers sentiments, dont elle ne laissoit pas d'être toujours combattue. Pour surcroît de malheur, se trouvant mêlée fort avant dans les cabales qui divisoient alors la cour, elle prit, hélas ! trop de part aux plaisirs et aux intrigues que dans son ame elle condamnoit. Mais Dieu, qui ne

---

1. Mlle de Vertus, descendue des anciens ducs de Bretagne, jetée par les circonstances dans les intrigues de la Fronde et dans les plaisirs de la cour, fut un rare exemple du pouvoir de la religion. Moins fameuse que la duchesse de Longueville, elle eut un caractère plus ferme et des vertus plus solides. (G.)

vouloit pas qu'elle pérît, jeta une amertume salutaire sur ses vaines occupations, et permit que, rebutée de leur mauvais succès, elle en connût mieux le néant, et qu'elle lui rendît tout son cœur. Elle eut le bonheur, dans les premiers temps de sa conversion, de fortifier, par son exemple et par ses conseils, la duchesse de Longueville dans le dessein qu'elle forma aussi de se convertir, et fut l'ange visible dont Dieu se servit pour aider à cette princesse à trouver la voie étroite du salut. Catherine, malgré ses continuelles infirmités, affligeoit son corps par des austérités continuelles, goûtoit une paix profonde et une solitude intérieure au milieu des troubles et des orages dont elle voyait avec douleur l'Église agitée, veillant sans cesse à tous les besoins de cette épouse de J.-C. et de ses membres, surtout de ceux qui souffroient pour la défense des vérités chrétiennes ; et elle fut rendue digne, par cette charité si compatissante, de contribuer à la paix qui calma pour un temps toutes ces tempêtes. Alors, persuadée qu'elle n'avoit plus autre chose à faire que de consommer sa pénitence, elle se retira dans cette maison,[1] dont elle embrassa toutes les pratiques, et où ses violentes maladies, qui l'attachèrent au lit pendant les onze dernières années de sa vie, l'empêchèrent seules de faire profession. Mais elles n'empêchèrent pas sa régularité à réciter tous les jours l'office aux mêmes heures de la communauté, son attention aux nécessités du prochain, sa charité pour toutes les sœurs, et surtout son attention à Dieu dans une adoration perpétuelle au milieu de tous ses maux, qu'elle souffrit avec une extrême humilité et avec une patience incroyable. Enfin, âgée de soixante-

---

1. Port-Royal.

quatorze ans, après avoir laissé ce qui lui restoit de biens aux pauvres, et vécu en pauvre elle-même, elle rendit son âme à Dieu, munie de tous les sacrements des mourants, au milieu de toutes les sœurs le.....[1]

1. Le 21 novembre 1692.

ŒUVRES DIVERSES EN PROSE

ATTRIBUÉES A RACINE

PRÉCIS HISTORIQUE

DES

CAMPAGNES DE LOUIS XIV

DEPUIS 1672 JUSQU'EN 1678

Avant que le Roi déclarât la guerre aux états des Provinces-Unies, sa réputation avoit déjà donné de la jalousie à tous les princes de l'Europe. Le repos des peuples affermi, l'ordre rétabli dans ses finances, ses ambassadeurs vengés, Dunkerque retiré des mains des Anglois, et l'Empire si glorieusement secouru, étoient des preuves illustres de sa sagesse et de sa conduite; et par la rapidité de ses conquêtes en Flandres et en Franche-Comté, il avoit fait voir qu'il n'étoit pas moins excellent capitaine que grand politique.

Ainsi révéré de ses sujets, craint de ses ennemis, admiré de toute la terre, il sembloit n'avoir plus qu'à jouir en paix d'une gloire si solidement établie, quand la Hollande lui offrit encore de nouvelles occasions de se signaler, et ouvrit le chemin à des actions dont la mémoire ne sauroit jamais périr parmi les hommes.

Cette petite république, si foible dans ses commencements, s'étant un peu accrue par le secours de la France et par la valeur des princes de la maison de Nassau, étoit montée à un excès d'abondance et de richesses qui la rendoient formidable à tous ses voisins. Elle avoit plusieurs fois envahi leurs terres, pris leurs villes et ravagé leurs frontières; elle passoit pour le pays qui savoit le mieux faire la guerre; c'étoit une école où se formoient les soldats et les capitaines. Les étrangers y alloient apprendre l'art d'assiéger les places et de les défendre. Elle faisoit tout le commerce des Indes orientales, où elle avoit presque entièrement détruit la puissance des Portugais ; elle traitoit d'égale avec l'Angleterre, sur qui elle avoit même remporté de glorieux avantages, et dont elle avoit tout fraîchement brûlé les vaisseaux dans la Tamise ; et enfin, aveuglée de sa prospérité, elle commença à méconnoître la main qui l'avoit tant de fois affermie et soutenue. Elle prétendit faire la loi à l'Europe ; elle se ligua avec les ennemis de la France, et se vanta qu'elle seule avoit mis des bornes aux conquêtes du Roi. Elle opprima les catholiques dans tous les pays de sa domination, et s'opposa aux commerces des François dans les Indes. En un mot, elle n'oublia rien de tout ce qui pouvoit attirer sur elle l'orage qui la vint inonder.

Le Roi, las de souffrir ses insolences, résolut de les prévenir. Il déclara la guerre aux Hollandois sur le commencement du printemps, et marcha aussitôt contre eux. Le bruit de sa marche les étonna. Quelque criminels qu'ils fussent, ils ne pensoient pas que la punition dût suivre de si près l'offense. Ils avoient peine à s'imaginer qu'un prince jeune, né avec toutes les grâces de l'esprit et du corps, dans l'abondance de toutes choses, au milieu des plaisirs et des délices, qui sembloient le chercher en foule, pût s'en débarrasser si aisément pour aller, loin de son royaume, s'exposer aux périls et aux fatigues d'une guerre longue et fâcheuse, et dont le succès étoit incertain. Ils se rassuroient pourtant sur le bon état où ils croyoient avoir mis leurs places.

En effet, comme le tonnerre avoit grondé longtemps ils avoient eu le loisir de les remplir d'hommes, de munitions et de vivres ; ils avoient fortifié tous les bords de l'Issel. Le prince d'Orange, pour défendre ce passage, s'y étoit campé avec une armée nombreuse. Le Rhin, de tous les autres côtés, couvroit leur pays. L'Europe étoit dans l'attente de ce qui alloit arriver. Ceux qui connoissoient les forces de la Hollande et la bonté des places qui la défendoient, ne pensoient pas qu'on la pût seulement aborder ; et ils publioient que la gloire du Roi seroit assez grande si, en toute sa campagne, il pouvoit emporter une seule de ces places. Quel fut donc leur étonnement, ou plutôt quelle fut la surprise de tout le monde, lorsque l'on apprit qu'il avoit mis le siége devant quatre fortes villes en même temps, et que, sans qu'il eût fait ni lignes de circonvallation ni de contrevallation, ces quatre villes s'étoient rendues à discrétion au premier jour de tranchée!

Un exploit si extraordinaire, et si peu attendu, jeta la terreur dans tous les pays que les Hollandois occupoient le long du Rhin; on apportoit au Roi de tous côtés les clefs des places. A peine les gouverneurs avoient-ils le temps de se sauver dans des barques, avec leurs familles épouvantées, et une partie de leur bagage : sa marche étoit un continuel triomphe. Il s'avança de la sorte jusqu'auprès de Tholus. Le Rhin, qui en cet endroit est fort large et fort profond, sembloit opposer une barrière invincible à l'impétuosité des François. Le Roi pourtant se préparoit à le passer : son dessein étoit d'abord de faire un pont de bateaux; mais comme cela ne se pouvoit exécuter qu'avec lenteur, et que d'ailleurs les ennemis commençoient à se montrer sur l'autre bord, il résolut d'aller à eux avec une promptitude qui acheva de les étonner. Il commanda à sa cavalerie d'entrer dans le fleuve : l'ordre s'exécute. Il faisoit ce jour-là un vent fort impétueux, qui, agitant les eaux du Rhin, en rendoit l'aspect beaucoup plus terrible. Il marche néanmoins; aucun ne s'écarte de son rang, et le terrain venant à manquer sous les pieds de leurs chevaux, ils les font nager, et approchent avec une audace que la présence du Roi pouvoit seule leur inspirer. Cependant trois escadrons paroissent de l'autre côté du fleuve; ils entrent même dans l'eau, et font une décharge qui tue quelques-uns des plus avancés, et en blessent d'autres. Malgré ces obstacles, les François abordent, et l'eau ayant mis leurs armes à feu hors d'état de leur servir, ils fondent sur ces escadrons l'épée à la main. Les ennemis n'osent les attendre: ils fuient à toute bride, et, se renversant les uns sur les autres, vont porter la nouvelle jusqu'au fond de la Hollande que le Roi étoit passé.

Alors il n'y eut plus rien qui osât faire résistance. Le prince d'Orange, craignant d'être enveloppé, abandonna aussi les bords de l'Issel; et le Roi y campa, peu de jours après, dans ses fortifications, dont[1] le seul récit jeta l'épouvante. Arnheim se rendit;

---

1. *Dont,* qui est ici pour *ce dont, chose dont,* ne se rapporte pas au mot *fortifications,* mais à tout le membre de phrase qui précède.

Doësbourg suivit son exemple; le fort de Skink, si fameux par les longs siéges qu'il a autrefois soutenus, n'attendit pas l'ouverture de la tranchée. Utrecht, ancienne capitale de la Hollande, envoya aussitôt ses clefs. Woërden pris, Narden emporté, tout reçoit le joug, tout cède à la rapidité du torrent. Amsterdam commença à trembler. Cette ville, si superbe dans sa prospérité, maintenant humble dans l'infortune, songe déjà à faire sa capitulation. On voit ses ambassadeurs, qui quelques mois auparavant donnoient au Roi le choix de la paix ou de la guerre, on voit, dis-je, ces mêmes ambassadeurs tremblants et soumis implorer la clémence du vainqueur. Cependant la désunion se met parmi les chefs de la République. Les uns souhaitent la paix; les autres, dévoués au prince d'Orange, veulent empêcher la négociation. Le Pensionnaire est assassiné. Ce n'est que confusion et que trouble. Le parti du prince d'Orange demeure enfin le plus fort. Ce prince prend son temps ; et pour sauver son pays de l'inondation des François, ne sait point d'autre expédient que de le noyer dans les eaux de la mer ; il lâche les écluses de l'Océan : voilà Amsterdam au milieu des eaux, et les Hollandois sont de nouveau renfermés dans le fond de ces marais d'où nos pères les avoient autrefois tirés.

Tandis que le Roi poussoit ainsi sa victoire jusqu'aux derniers confins de la Hollande, le duc d'Orléans assiégeoit Zutphen, qu'il prit en moins de huit jours. Nimègue se défendit un peu mieux contre le vicomte de Turenne. Le Roi lui avoit donné la conduite de l'armée que commandoit le prince de Condé, qui avoit été blessé au passage du Rhin. Nimègue enfin se rendit aux mêmes conditions que Zutphen, et sa prise, qui fut suivie de celle de Grave et de Crèvecœur, mit tout le pays sous le pouvoir des François. Ainsi les armes du Roi triomphoient également partout; et le duc de Luxembourg, ayant joint l'évêque de Munster, n'eut pas des succès moins glorieux que les autres capitaines. Le nombre des prisonniers de guerre étoit si grand, que les temples et les lieux publics ne pouvoient plus les contenir ; et il y en avoit de quoi composer une armée presque aussi nombreuse que celle de France. Par là on peut voir qu'il y a quelquefois des choses vraies qui ne sont pas vraisemblables aux yeux des hommes, et que nous traitons souvent de fabuleux, dans l'histoire, des événements qui, tout incroyables qu'ils sont, ne laissent pas d'être véritables. En effet, comment la postérité pourra-t-elle croire qu'un prince, en moins de deux mois, ait pris quarante villes fortifiées régulièrement; qu'il ait conquis une si grande étendue de pays en aussi peu de temps qu'il en faut pour faire le voyage, et que la destruction d'une des plus redoutables puissances de l'Europe n'ait été que l'ouvrage de sept semaines?

Le Roi ayant ainsi conquis presque toute la Hollande, il pouvoit exercer sur les villes qu'il avoit prises une vengeance légitime; mais la soumission des vaincus avoit désarmé sa colère. Il y rétablit seulement l'exercice de la religion catholique. Après avoir mis partout des gouverneurs et des garnisons, il reprit le chemin de France. On lui préparoit des entrées et des triomphes, mais il ne vouloit pas les accepter : il se contenta des acclamations des peuples et de la joie universelle que son retour excita dans le royaume.

Son absence et les approches de l'hiver donnèrent quelque relâche aux Hollandois, à qui la mer avoit été un peu plus favorable que la terre.

Le prince d'Orange, déclaré généralissime de leurs armées, voulut signaler sa dignité; il sut le peu d'hommes qu'il y avoit dans Woërden, et, se servant de cette occasion, alla mettre le siége devant cette ville. Il s'étoit campé de telle sorte qu'on ne pouvoit aller à lui que par un grand marais, où il y avoit une chaussée très-étroite. Mais les François, quoique en petit nombre, se jetant dans l'eau, allèrent l'attaquer jusque dans les retranchements, au travers du feu épouvantable que faisoit son infanterie. Au même temps, la garnison de la ville étant sortie sur eux, il s'en fit un carnage horrible, et tous les marais des environs furent teints du sang des malheureux Hollandois. Depuis cette défaite, le prince d'Orange n'osa plus rien tenter du côté de la Hollande. Il ne perd pas néanmoins tout à fait courage : il va en Flandres joindre les Espagnols, et songe avec leurs secours à faire aux François quelque insulte qui pût en quelque sorte effacer l'ignominie de son pays. Charleroy semble lui en offrir l'occasion. Montal, gouverneur, avoit eu ordre d'en sortir pour aller à Tongres. Le prince d'Orange propose aux Espagnols de mettre le siége devant cette ville, persuadé qu'elle seroit prise avant qu'on fût en état de la secourir. Ce dessein leur plaît; ils l'investissent avec tout ce qu'ils ont de forces. Mais le Roi s'étant approché de la frontière avec six cents hommes seulement, la terreur se met dans leurs esprits, déjà rebutés par la rigueur de la saison. Cette nuée se dissipa avec la même vitesse qu'elle s'étoit amassée, et les Espagnols ne remportèrent de cet exploit que la honte d'avoir donné atteinte aux traités qu'ils avoient faits avec la France.

Cependant l'électeur de Brandebourg s'étoit mis en campagne avec les troupes de l'Empereur, dans l'espérance de faire pour les Hollandois quelque chose d'éclatant. Mais le vicomte de Turenne lui coupa chemin dans la Westphalie, et, l'ayant repoussé dans son pays, l'obligea à demander honteusement la paix, que l'année suivante il rompit plus honteusement encore.

Un si grand nombre de victoires entassées les unes sur les autres devoient avoir abattu entièrement le courage des ennemis. Maëstricht pourtant restoit encore; et tandis qu'ils étoient maîtres d'une ville de cette réputation, ils ne pouvoient se croire absolument vaincus. Le Roi l'avoit déjà comme bloquée par les postes qu'il avoit pris aux environs, où il pouvoit peu à peu l'affamer s'il eût voulu; mais cette manière lente de faire la guerre s'accommodoit peu à l'humeur impatiente d'un conquérant. Il résolut d'ôter tout d'un coup aux Hollandois ce reste d'espérance qui nourrissoit leur orgueil, et alla en personne l'assiéger. Les ennemis, qui s'attendoient à ce siège, n'avoient épargné ni soins ni dépense. Il n'étoit parlé que des grands préparatifs qu'ils avoient faits pour se mettre en état de le soutenir. Il y avoit dans la place sept mille hommes de guerre, et entre eux des régiments d'Espagnols et d'Italiens, tous vieux soldats dont la valeur s'étoit rendue célèbre dans les guerres précédentes. Farjau les commandoit, officier d'une expérience consommée, que les Hollandois avoient demandé aux Espagnols, et qui s'étoit signalé à la défense de Valenciennes, dont les François avoient autrefois été contraints de lever le siége. Les ennemis s'attendoient de voir la même chose à Maëstricht. Jamais ville en effet ne fit d'abord une résistance plus vigoureuse, ni un feu plus cruel et plus terrible. On y épuisa de part et d'autre toutes les finesses du métier. Mais que peuvent la force et l'industrie contre une armée de François animée par la présence de leur Roi? Cette ville, si bien défendue, mieux attaquée encore, tint à peine treize jours. On se rend maître des dehors; toutes les défenses de la place sont ruinées : le Roi y entre victorieux, et la garnison se croit trop glorieuse de pouvoir sortir tambour battant et enseignes déployées. La prise de Maëstricht n'étonne pas seulement les Hollandois; elle épouvante encore toute l'Allemagne.

L'Empereur, qui avoit déjà en quelque sorte rompu avec la France par les secours qu'il avoit prêtés à l'électeur de Brandebourg, cherche des prétextes pour se liguer ouvertement avec les Hollandois. Il portoit impatiemment la prospérité d'un prince trop redoutable à la maison d'Autriche, et appréhendoit que ce torrent, ayant emporté tous les Pays-Bas, ne se répandît enfin sur l'Allemagne même. Ainsi la frayeur, la jalousie, et l'argent des Hollandois prodigué à ses ministres, le déterminèrent à la guerre. D'autre côté, les Espagnols, voyant la ligue bien formée, enorgueillis de la prise de Narden, dont le prince d'Orange, par leur moyen, venoit de se ressaisir, songèrent aussi à se déclarer.

Le Roi, instruit du dessein de ses ennemis, se met en état de les prévenir, et s'empare de la ville de Trèves. Alors l'Empereur crut qu'il étoit temps d'éclater; il ne se souvient plus des engagements qu'il avoit faits avec le Roi, ni du traité qu'il avoit signé. Il oublie que les François, quelques années auparavant, sur les bords du Raab, avoient sauvé l'Empire de la fureur des infidèles. Il fait des plaintes et des manifestes remplis d'injures, et publie partout que le roi de France veut usurper la couronne impériale et aspirer à la monarchie universelle. Il emploie enfin, pour le rendre odieux, tout ce que la passion peut inspirer de plus violent et de plus aigre. Il fit même des protestations dans Vienne, aux pieds des autels; il se montra aux chefs de ses troupes, un crucifix à la main, et les exhorta à rappeler leur courage pour défendre la chrétienté opprimée. Il oublie, en ce moment, que les Hollandois qu'il prenoit en sa protection étoient les plus constants ennemis de la religion catholique; et que le Roi non-seulement la rétablissoit dans toutes les places qu'il prenoit sur eux, mais qu'il leur avoit même en partie déclaré la guerre pour défendre deux princes ecclésiastiques de leurs injustes oppressions. Les plaintes de l'Empereur, toutes frivoles qu'elles étoient, ne laissèrent pas que de faire impression sur l'esprit des Allemands, naturellement envieux de la gloire des François. Le duc de Bavière et le duc d'Hanovre furent les seuls qui demeurèrent neutres; tous les autres se déclarèrent peu à peu contre la France. Ni les raisons d'intérêt, ni les plus étroites alliances, ne purent les retenir; et la plupart de ces mêmes princes qu'on avoit vus si tardifs et si paresseux à secourir l'Empire contre l'invasion des Turcs, se hâtèrent de rassembler leurs forces pour s'opposer aux progrès des François, qu'ils ne pouvoient souffrir pour voisins, et dont la prospérité commençoit à leur donner trop d'ombrage. C'étoit la première fois qu'on avoit vu toutes ces puissances unies de la sorte avec l'Empereur. L'Angleterre même, qui s'étoit liguée avec la France pour abattre la fierté des Hollandois, trop riches et trop puissants, commença à regarder d'un œil de pitié les Hollandois vaincus et détruits, et quelques mois après fit son traité avec eux.

Jamais la France ne se vit tout à la fois tant d'ennemis sur les bras. Les Allemands la regardoient déjà comme un butin qu'ils alloient partager entre eux. On crut que le Roi se tiendroit sur la défensive; et les étrangers l'estimoient assez heureux s'il pouvoit sauver ses frontières de l'inondation qui les menaçoit. Cependant il méditoit en ce temps-là même la conquête de la Franche-Comté. Il s'étoit déjà une fois emparé de cette province au milieu des neiges et des rigueurs de l'hiver, avec une vitesse qui surprit toute l'Europe. Mais comme il ne l'avoit conquise que pour forcer ses ennemis à accepter les conditions qu'il leur offroit, il la leur avoit rendue par le traité d'Aix-la-Chapelle. Les Espagnols, devenus sages par l'expérience du passé, avoient tout de nouveau fait fortifier leurs places, et pensoient les avoir mises en état de ne plus redouter une pareille insulte. Surtout Besançon passoit alors pour une des meilleures places du monde; et sa citadelle, bâtie sur un roc inaccessible, sembloit n'avoir rien à craindre que la surprise et la trahison. L'élite de leurs troupes étoit là; le prince de Vaudemont s'y étoit jeté avec plusieurs officiers résolus de se défendre jusqu'aux dernières extrémités. La saison sembloit conspirer avec eux. Le Roi ayant assiégé cette ville, le temps se rendit insupportable. La rivière du Doubs, qui passe au pied des remparts, devenue extrêmement grosse et rapide, il fit de si grandes pluies que dans la tranchée et dans le camp les soldats étoient dans l'eau jusqu'aux genoux. Il n'y a point de troupes qui ne se fussent rebutées : à peine les soldats pouvoient-ils porter leurs armes. Le Roi avoit soin que l'argent ne leur fût point épargné ; mais ils ne demandoient que du soleil. Enfin l'exemple du Roi, qui s'exposoit à tous les périls et essuyoit toutes les fatigues, leur fit vaincre ces obstacles. La ville fut obligée de se rendre, et la garnison se renferma dans la citadelle. On n'en pouvoit approcher qu'en se rendant maître du fort.

Ce fort étoit comme une autre citadelle, qu'on ne pouvoit aborder qu'à découvert et avec des difficultés incroyables. Une poignée de François entreprend de l'emporter en plein midi ; ils grimpent sur le roc en se donnant la main les uns aux autres ; ils rompent et arrachent les palissades ; les ennemis prennent l'épouvante, et cèdent plutôt à l'audace qu'à la force. Le Roi avoit si bien fait placer son artillerie, qu'elle battoit en ruine la citadelle et le fort. Il la fit tourner alors contre la citadelle. L'effet du canon fut si prodigieux, qu'en peu de temps une partie du roc fut brisée ; les éclats en volèrent avec tant de violence, que les assiégés n'osoient paroître sur les remparts, et ne pouvoient même dans la place trouver un lieu pour s'en garantir : tellement qu'au bout de deux jours ils furent contraints de capituler ; et cette forteresse imprenable fut prise sans qu'il en coûtât un seul homme aux François. Dole, Salins et toutes les autres villes de la province furent attaquées avec le même succès, quoique l'armée du Roi fût si fort diminuée par les détachements qu'il avoit été obligé de faire, que les assiégés étoient bien souvent, en nombre, égaux aux assiégeants.

Voilà donc le Roi encore une fois maître de la Franche-Comté, et pour comble de gloire il reçut la nouvelle que le vicomte de Turenne avoit battu les ennemis à Sintzheim. Cependant le comte de Souches, à la tête des troupes de l'Empereur, avoit joint en Flandres le prince d'Orange et les Espagnols. Ces trois armées ensemble faisoient un corps de soixante mille hommes, qui ne se promettoient pas moins que de conquérir la Picardie et la Champagne; mais il falloit auparavant vaincre le prince de Condé, qui commandoit l'armée de France. Ce prince ayant grossi ses troupes des garnisons de plusieurs places d'Hollande, que le maréchal de Bellefonds, par ordre du Roi, avoit fait raser, se vint camper vis-à-vis des ennemis proche le village de Senef, et, s'étant posté avantageusement, les fatigua de telle sorte qu'il les obligea de décamper. On ne fait point impunément une fausse démarche en présence d'un tel capitaine. A peine ils commençoient à marcher, qu'il fond sur leur arrière-garde et la taille en pièces. Il poursuit sa victoire; et c'étoit fait de leur nombreuse armée sans que le comte de Souches plaça des troupes et fit en diligence mettre le canon. Par cette précaution, il mit ses soldats en état d'entretenir le combat jusqu'à la nuit qui étoit proche. Alors ils se retirèrent à grande hâte, laissant les François maîtres du champ de bataille, de tout le bagage, et d'un fort grand nombre de prisonniers. Les ennemis, honteux de cette déroute, la voulurent faire oublier par quelque entreprise plus heureuse. Ils vont devant Oudenarde, et mènent un grand nombre de travailleurs pour presser le siége. Ils ne pensoient pas que le prince de Condé pût arriver à temps pour la secourir; mais il y fut presque aussitôt qu'eux; et tout ce qu'ils purent faire, fut de se retirer fort vite à la faveur d'un brouillard, auquel ce jour-là ils furent redevables de leur salut.

Ainsi tous ces beaux projets de conquérir la Picardie et la Champagne s'en allèrent en fumée, et ces trois grandes puissances, jointes ensemble, purent à peine résister à une partie des forces du Roi. La division se mit parmi les généraux : ils se séparèrent; et le prince d'Orange, avec le reste de ses troupes, s'en alla devant Grave pour hâter la prise de cette ville, que les Hollandois assiégeoient depuis trois mois avec une lenteur et une infortune qui les exposoit à la risée de toute l'Europe. Ils ne faisoient point de travaux qui ne fussent ruinés un moment après, point d'attaque qu'ils ne fussent repoussés. Les choses en vinrent à tel point, que les assiégeants alloient devenir les assiégés. La place étoit pleine de déserteurs, qui ne se croyoient point en sûreté dans leur camp, et s'alloient réfugier dans la ville; ils demandoient tous les jours des suspensions d'armes pour avoir la liberté d'enterrer leurs morts. Le prince d'Orange, étant donc arrivé, crut à son abord que tout alloit changer de face : il eut pourtant la douleur de faire plusieurs attaques inutiles, et de voir périr à ses yeux ses meilleures troupes. Cependant l'hiver approchoit. Grave, dont la prise n'avoit pas coûté au Roi un seul homme, en coûtoit déjà douze mille aux Hollandois; et quoique leur canon eût presque abattu toutes les maisons de la ville, la plupart des dehors étoient encore dans leur entier quand le gouverneur reçut ordre de capituler. Le Roi, touché de la valeur de tant de braves soldats, et ayant appris que la maladie se mettoit parmi eux, ne voulut pas les exposer davantage pour une place qui lui étoit si inutile. Le gouverneur fit sa capitulation, à telles conditions qu'il lui plut d'imposer aux assiégeants. Tandis que ces choses se passoient dans le Pays-Bas, le vicomte de Turenne s'étant avancé vers le Rhin, où il faisoit tête lui seul aux armées de l'Empereur et des confédérés, il les chassoit de tous leurs postes, et rompoit toutes leurs mesures. Il les avoit déjà mis en fuite à Ladenbourg; et après que les habitants de Strasbourg leur eurent donné passage sur leur pont, il avoit encore été à Ensheim, où il avoit défait leur avant-garde, et les avoit contraints de se retirer. Enfin leurs armées s'étant grossies des troupes de l'électeur de Brandebourg et de celles des ducs de Zell, ce déluge d'Allemands se répandit de tous côtés dans la haute Alsace, résolus d'y prendre les quartiers d'hiver, et de fondre à la première occasion dans la Franche-Comté. Le vicomte de Turenne, avec un petit nombre de troupes fatiguées, n'étoit point en état de les arrêter; mais dans ce temps-là même il reçut un détachement considérable que le Roi avoit fait heureusement partir de Flandres aussitôt après la levée du siége d'Oudenarde. Avec ce secours, le vicomte de Turenne, malgré les rigueurs et les incommodités de la saison, fait une marche effroyable au travers des montagnes des Vosge, et se présenta tout d'un coup à eux. Il renverse tout ce qui se présente à son passage, et leur enlève des régiments tout entiers. La terreur et la division se mettent dans leur armée; vingt mille hommes en chassent cinquante mille; toute cette multitude repasse le Rhin en désordre, entraîne avec elle six mille hommes de renfort qu'elle rencontre, et qui, au lieu de lui faire rebrousser chemin, deviennent eux-mêmes les compagnons de leur fuite.

La fortune ne favorisoit pas moins les François sur mer. La flotte des Hollandois, délivrée de la crainte des Anglois, et forte de plus de cent voiles, après avoir vainement couru le long des côtes de France, avoit tourné enfin ses projets du côté de l'Amérique ; mais elle ne fut pas plus heureuse dans le Nouveau Monde que dans l'ancien ; car ayant assiégé la Martinique, elle fut contrainte de lever honteusement le siége. Elle revint de ce long voyage sans avoir fait autre chose que de donner des preuves de sa foiblesse. Il n'en alla pas de même de l'armée navale de France sur la mer Méditerranée. Les Messinois, en Sicile, avoient secoué le joug d'Espagne ; on les environne aussitôt de tous côtés : Messine fut bientôt affamée ; ses malheureux habitants étoient déjà réduits à manger des cuirs. Enfin, résolus de périr plutôt que de rentrer sous le gouvernement tyrannique d'une nation qui ne pardonne jamais, ils arborèrent l'étendard de France, et implorèrent le secours du Roi. Il y envoya quatre vaisseaux et six cents hommes de guerre, avec ordre de se saisir des châteaux qui commandent la ville. Il s'assure ainsi des Messinois, et en même temps fait partir le duc de Vivonne, général des galères. Ce général trouvant la flotte espagnole à la vue de Messine, il l'attaque et la met en fuite, et entre triomphant dans la ville. On ne sauroit concevoir la joie de ce misérable peuple, qui se voyoit délivré dans le temps qu'il n'avoit plus devant les yeux que l'image des supplices et de la mort. Ses exclamations et ses transports faisoient assez voir qu'ils croyoient devoir au Roi quelque chose plus que la vie.

Ainsi la victoire menoit les François par la main dans tous les pays des Espagnols, qui avoient même bien de la peine à se défendre du côté de la Catalogne, où ils avoient été repoussés plusieurs fois au delà des Pyrénées. Toutefois ces orgueilleux ennemis, voyant la France destituée du secours de ses alliés, ne désespéroient pas de se racquitter de leurs pertes. En effet, les Suédois, qui étoient les seuls qui tenoient pour elle, n'avoient pas eu des succès plus heureux contre l'électeur de Brandebourg.

Les Espagnols firent donc de nouveaux efforts, ils attendoient à la prochaine campagne de se venger de tous les afronts qu'ils avoient reçus ; mais à peine le printemps parut, qu'ils se virent encore dépouillés d'une de leurs meilleures provinces par la prise de Limbourg. Le roi, s'étant emparé de Dinant et de Huy, emporta cette place avec sa promptitude ordinaire, avant que les ennemis fussent en état de s'opposer à ses desseins.

La fortune néanmoins sembla un peu balancer du côté de l'Allemagne. Le vicomte de Turenne, allant reconnoître une hauteur, sur le point de donner bataille, est emporté d'un coup de canon. L'armée française étoit alors avancée dans le pays ennemi ; et toute l'Europe la crut perdue par la perte d'un chef de cette importance, qui étoit mort sans communiquer ses desseins.

Les ennemis s'attendoient de l'exterminer tout entière, et ne croyoient pas qu'un seul des François leur pût échapper. Toutefois le comte de Lorges et le marquis de Vaubrun, lieutenants généraux, qui en avoient pris la conduite, ne s'étonnèrent point. Ils rassurent les soldats affligés de la mort de leur général, mais animés d'un juste désir de la venger, aussitôt se rapprochent du Rhin, et se mettent en devoir de le repasser.

Par là ils obligent les ennemis à sortir de leur camp pour les charger dans leur retraite. Alors ils marchent à eux, et rompent leur arrière-garde. L'armée françoise se retire en bon ordre, et rapporte au deçà du Rhin les dépouilles et les drapeaux de ceux qui prétendoient lui en empêcher le passage. Peu de temps après, le prince de Condé, par ordre du Roi, partit de Flandres pour aller prendre le commandement de l'armée. La présence et la réputation de ce prince achevèrent de rétablir toutes choses. Le comte de Montécuculli, qui avoit passé le Rhin à Strasbourg, à la tête de trente mille hommes, sembla n'être entré en Alsace que pour y faire une montre inutile de son armée; car après avoir tenté vainement le siége de deux villes, il se retira; et les Allemands furent encore obligés, pour cet hiver, d'aller loger sur les terres de leurs alliés. Bien que la retraite des François ne fût pas une de leurs moins vigoureuses actions, néanmoins ils s'étoient retirés, et c'étoit assez pour enfler le courage des ennemis qui avoient toujours fui devant eux. Les Espagnols en triomphèrent dans leurs relations ; mais le Roi rabaissa bientôt cet orgueil par la prise de Condé, qu'il emporta d'assaut au commencement de la campagne. Le prince d'Orange, justement alarmé de cette conquête, s'avança à grandes journées pour secourir Bouchain, que le duc d'Orléans assiégeoit. Il se campe sous le canon de Valenciennes; mais le Roi se met entre lui et le duc d'Orléans. Bouchain est pris sans que le prince d'Orange ose sortir de dessous les remparts qui le couvrent ; et il semble ne s'être approché de si près que pour être spectateur des réjouissances que fit l'armée du Roi pour la prise de cette place.

Voyons maintenant ce qui se passe sur la mer. Le duc de Vivonne avoit pris la forteresse d'Agouste : c'est un des plus fameux ports de la Sicile. Les Espagnols effrayés ont recours aux Hollandois. Ruyter reçoit ordre de passer le détroit. Quelle apparence que les François puissent tenir la mer devant les flottes d'Espagne et de Hollande jointes ensemble, et commandées par un capitaine de cette réputation? La fortune toutefois en décida d'une autre sorte. Duquesne, lieutenant général, ayant deux fois rencontré les ennemis, eut toutes les deux fois de l'avantage ; et Ruyter, au second combat, reçut une blessure dont il mourut peu de jours après. C'étoit la plus grande perte que les Hollandois pussent faire. Aussi le duc de Vivonne, qui étoit alors dans Messine, crut qu'il se falloit hâter de profiter de cette mort et du trouble qu'elle avoit sans doute jeté parmi les ennemis.

Dès que l'armée eut pris un peu de repos, il se met en mer, et il les va chercher, résolu de les combattre partout où il pourroit les trouver. Leur flotte étoit à l'ancre devant Palerme. Les ennemis le reçoivent d'abord avec assez de résolution ; mais ils n'avoient point de chef à opposer au duc de Vivonne. Les François les pressent de tous côtés; ils les poursuivent jusque dans le port : jamais on ne vit une déroute et un fracas si épouvantable. Les vaisseaux foudroyés par le canon, ou embrasés par les brûlots, sautent en l'air avec toute leur charge, et, retombant sur la ville, en écrasent ou brûlent une partie des maisons. Enfin le duc de Vivonne, après avoir ainsi mis en cendres ou coulé à fond quatorze vaisseaux et six galères, tué près de cinq mille hommes, entre autres le vice-amiral d'Espagne, et mis le feu dans Palerme, retourna à Messine, d'où il envoya au Roi les nouvelles de cette victoire, la plus complète que les François remportèrent jamais sur mer.

Cependant le prince d'Orange, las de n'être que le spectateur des victoires de ses ennemis, forme enfin un dessein qui devoit faire oublier toutes ces disgrâces. Maëstricht étoit la place qui incommodoit le plus les Hollandois, à cause des contributions que sa garnison levoit jusqu'aux portes de Nimègue : il va l'assiéger, et, voyant l'armée françoise fort éloignée, il s'apprête à faire les derniers efforts pour s'en emparer. Le Roi apprit la nouvelle de ce siége à Saint-Germain : il songea aussitôt à profiter de l'imprudence de ses ennemis ; et tandis qu'ils consommoient leurs armées autour de Maëstricht, il donna ordre au maréchal d'Humières d'aller assiéger Aire. Comme cette ville est une des plus importantes places des Pays-Bas, on crut d'abord que, désespérant de sauver Maëstricht, il vouloit contre-balancer sa perte par la prise d'une ville non moins forte, et beaucoup plus à sa bienséance. Mais il avoit bien de plus grands desseins ; et connoissant, comme il faisoit, l'état de ses places et la valeur de ses troupes, il ne douta point qu'après avoir pris Aire, son armée n'eût encore assez de temps pour aller secourir Maëstricht. La chose réussit comme il se l'étoit imaginée contre toutes les apparences humaines, et la ville se rendit au cinquième jour de tranchée ouverte. Aussitôt le maréchal de Schomberg eut ordre de marcher vers Maëstricht. Les Hollandois, contre leur ordinaire, y avoient fait des actions d'une fort grande valeur ; et le prince d'Orange y avoit été blessé. Et toutefois à peine étoient-ils encore sous la contrescarpe, qu'aussitôt que les premiers coureurs de l'armée françoise parurent, les ennemis levèrent le siége ; ils se retirèrent en diligence, et ne songèrent qu'à sauver les débris de leur armée, dont la fatigue, les maladies et les sorties continuelles des assiégés, avoient emporté plus de la moitié. Il sembloit que la fortune de la France dût se borner là pour cette année. Cependant quelques mois après le Roi apprit que le maréchal de Vivonne avoit pris Tahormine et la Scalette, et que toute la Sicile étoit en branle de suivre Messine.

Jamais les François n'avoient peut-être fait une campagne qui leur fût ni plus glorieuse ni plus utile. Néanmoins la prise de Philisbourg, qui, après six mois de siége, fut obligé de se rendre, et les autres avantages que le prince de Lunebourg avoit remportés dans l'évêché de Trèves, avoient persuadé aux ennemis que les François pouvoient être quelquefois vaincus. Ils croyoient qu'il en seroit de la fortune du Roi comme de toutes les choses du monde, qui, étant parvenues à un certain point, ne sauroient plus croître. En effet, après tout ce que prince avoit fait en Hollande, en Flandres, en Bourgogne et en Allemagne, il n'y avoit pas d'apparence que sa gloire pût augmenter. Elle augmenta pourtant : toutes ces conquêtes et tant de victoires qu'il a remportées n'ont été, ce semble, qu'un acheminement aux grandes choses qu'il fit l'année suivante ; car, bien que les villes qu'il avoit prises fussent des places d'une grande réputation, il y en avoit pourtant de plus fortes, et sur lesquelles les Espagnols faisoient un plus grand fondement. Valenciennes étoit de ce nombre. Elle est riche et fort peuplée ; ses habitants s'étoient rendus célèbres par la haine qu'ils ont toujours eue pour les François ; et ses fortifications passoient dans l'opinion du monde pour une merveille. Le Roi, qui, dès le commencement de la guerre, méditoit de les assiéger, s'étoit saisi des villes voisines, et y avoit ordonné de grands magasins : de sorte que sur la fin de l'hiver, et avant qu'il y eût du fourrage à la campagne, il fut en état d'agir, et y alla mettre le siége.

Il y avoit dans la place une très-forte garnison : la noblesse voisine s'y étoit jetée ; et les habitants, pleins de leur ancienne animosité, présumoient qu'eux seuls, sans autre secours, pourroient la défendre.

Il n'y avoit point de bravades qu'ils ne fissent d'abord : ils donnoient le bal sur les remparts ; ils disoient que leur ville étoit le fatal écueil où la fortune des François venoit toujours échouer ; et, fiers de leur avoir fait autrefois lever le siége, ils leur demandoient s'ils venoient autour de Valenciennes chercher les os de leurs pères. Cependant les François avançoient leurs travaux.

Valenciennes, du côté que le Roi la fit attaquer, étoit défendue par un grand nombre de dehors, qu'il falloit forcer pied à pied, et qui, selon toutes les règles de la guerre, ne pouvoient être emportés sans qu'il en coûtât plusieurs milliers d'hommes. Il falloit, entre autres choses, franchir quatre grands fossés, dont il y en avoit deux que la rivière de l'Escaut formoit, et où elle rouloit avec beaucoup de rapidité.

Le Roi, après avoir fait battre par le canon les premiers dehors, ordonne qu'on fasse l'attaque. Aussitôt les mousquetaires, accompagnés de grenadiers, et d'autres troupes commandées, partent de leurs postes différents avec une égale hardiesse : ils se rendent maîtres de la contrescarpe ; ils entrent dans un ouvrage couronné qui faisoit la plus forte défense de la place, et passant au fil de l'épée huit cents hommes, de deux mille qui étoient dans cet ouvrage, le reste des ennemis, se voyant attaqué par le front et par les flancs, ne songe plus qu'à se sauver : ils se pressent, ils se poussent ; une partie tombe dans le fossé, l'autre se retire de fortification en fortification. Ils étoient suivis de si près, qu'ils n'eurent pas le temps de lever les ponts qui communiquoient avec la ville, ni même de fermer les portes qui étoient dans leur chemin. Une de ces portes se trouve extrêmement basse et à demi bouchée de corps morts des ennemis : les François marchent sur ces corps sanglants, et passent pêle-mêle avec les fuyards, et, sans s'amuser à se couvrir et à se loger, les poursuivent jusqu'au corps de la place. C'est là qu'ils font ce qu'on n'a jamais lu que dans les romans et dans des histoires données à plaisir. Ils trouvent un petit degré pratiqué dans l'épaisseur d'un mur : ce degré conduisoit sur le rempart ; ils montent un à un ; les voilà sur la muraille. A peine ils y sont, que les uns se saisissent du canon et le tournent contre la ville, les autres descendent dans la rue, s'y barricadent et rompent les portes de la ville à coups de hache. Tout cela se fit avec tant de vitesse, que les bourgeois les prenoient d'abord pour les soldats de la garnison. Le Roi, qui les suivoit de près pour donner ses ordres à mesure qu'ils avançoient, apprend que ses troupes sont dans Valenciennes. La première chose qu'il fit, ce fut d'envoyer défendre le pillage, qui étoit déjà commencé et qui cessa aussitôt. Ce n'est pas sans doute une chose peu étonnante, qu'une des plus fortes villes de Flandres ait ainsi été emportée d'assaut en moins d'une demi-heure ; mais ce n'est pas un moindre miracle qu'elle ait pu être sauvée du pillage, et que l'ordre du Roi ait pu être sitôt écouté par des soldats acharnés au meurtre, au milieu du bruit et des fureurs de la victoire. On peut dire que jamais troupes n'ont donné une plus grande preuve d'obéissance et de discipline. Il y avoit dans la ville, outre les bourgeois qui étoient en armes, cinq mille hommes d'infanterie et douze cents chevaux, qui furent trop heureux de se rendre à discrétion. Le Roi, par le droit de la guerre, pouvoit traiter les habitants avec les dernières rigueurs, et jamais peuple n'a mieux mérité de servir d'exemple ; mais ce n'étoit pas contre des malheureux, et des malheureux soumis, que le Roi exerçoit sa vengeance : il les traite avec autant de douceur que s'ils eussent fait de bonne heure leur composition, et leur conserve presque tous leurs priviléges.

Mais, sans faire de séjour dans cette ville, il marche aussitôt, et se prépare à de nouvelles conquêtes. Cambray et Saint-Omer étoient les deux plus forts boulevards que les Espagnols eussent en Flandres. Ces deux villes, situées sur les frontières de la France, lui servoient comme de fraise, et lui faisoient la loi au milieu de ses triomphes : surtout Cambray s'étoit rendu redoutable. Les rois d'Espagne estimoient plus cette place seule que tout le reste de la Flandre ensemble. Elle étoit fameuse par le nombre des affronts qu'elle avoit fait souffrir aux François, qui l'avoient plus d'une fois attaquée, et qui avoient toujours été obligés de lever le siége. Elle faisoit contribuer presque toute la Picardie ; et sa garnison avoit autrefois fait des courses, et porté le ravage et la flamme jusque dans l'Ile-de-France, et dans les lieux voisins de Paris.

Ainsi, pendant que le Roi étendoit ses conquêtes au delà du Rhin, une ville ennemie levoit des tributs dans son royaume, et le bravoit pour ainsi dire aux portes de sa capitale. Il voulut donc pour jamais assurer le repos de ses frontières : il assiége en personne cette place avec la moitié de son armée, tandis que le duc d'Orléans, avec l'autre, va attaquer Saint-Omer. Ces deux siéges, si difficiles autrefois, entrepris en même temps, étonnèrent tout le monde. On jugea que les Espagnols feroient les derniers efforts pour sauver deux villes dont la perte alloit apparemment entraîner tout le reste des Pays-Bas. Cambray toutefois ne fit pas une résistance digne de sa réputation. Le gouverneur, quoique très-brave, ne voulut point perdre ses troupes en s'opiniâtrant à défendre plus longtemps la ville, où il craignoit la révolte des habitants, que l'exemple de Valenciennes faisoit trembler. Il se retira dans la citadelle ; mais avant que de s'y renfermer, il fit mettre à pied la plupart de la cavalerie et tuer les chevaux ; il exigea de ses soldats de nouveaux serments de fidélité, et donna enfin toutes les marques d'un homme qui, par une défense extraordinaire, vouloit rétablir l'honneur de sa nation.

Saint-Omer, de son côté, se défendoit courageusement, et le prince d'Orange, qui avoit solennellement promis aux Espagnols d'en faire lever le siége, eut le temps de s'avancer. Le Roi, informé de sa marche, envoya ordre au duc d'Orléans d'aller au-devant des ennemis, et de s'emparer des postes qu'il croiroit les plus avantageux pour les combattre; en même temps il fit un grand détachement de son armée pour renforcer celle de ce prince. Le duc d'Orléans, suivant cet ordre, s'avança vers le Mont-Cassel. A peine y étoit-il campé qu'il vit paroître les ennemis. Comme il avoit laissé une partie de ses troupes au siége de Saint-Omer, il fut d'abord un peu incertain du parti qu'il devoit prendre, ne se croyant pas en état, avec si peu de forces, de donner la bataille; mais le Roi avoit pris ses mesures si justes, que dans cet instant même le renfort qu'il lui envoyoit arriva. Alors il ne balança plus, et, plein de joie et de confiance, il résolut de combattre. Les deux armées n'étoient séparées que par un petit ruisseau. Le lendemain, dès le point du jour, le duc d'Orléans mit son armée en bataille; et, voyant que les ennemis commençoient à faire un mouvement, il passa le ruisseau, et marcha à eux. Leur armée étoit au moins de trente mille hommes : ils soutinrent le premier choc des François avec une grande vigueur, et renversèrent même plusieurs de leurs escadrons. La victoire fut plus de deux heures en balance; mais la présence du duc d'Orléans, qui fit ce jour-là partout l'office de soldat et de capitaine, força la fortune à se déclarer de son parti. Alors les François, irrités d'une si longue résistance, firent un fort grand massacre des ennemis. La déroute fut générale, et il y demeura de leur côté plus de six mille hommes sur la place; leur canon fut pris, et tout leur bagage pillé. Aussitôt le duc d'Orléans retourna devant Saint-Omer, et eut soin de faire savoir aux assiégés le succès de la bataille.

Cependant le Roi, quoiqu'avec un petit nombre d'hommes, pressoit fortement la citadelle de Cambray; et malgré les sorties continuelles des assiégés, qui étoient au nombre de plus de quatre mille hommes, il avoit emporté tous les dehors de la place; il avoit fait attacher les mineurs. Les assiégés néanmoins refusoient encore de se rendre; mais la mine ayant fait une brèche, et le canon d'un autre côté ayant ruiné un bastion tout entier, ils demandèrent à capituler, et n'osèrent s'exposer au hasard d'un assaut. Quoique ils eussent attendu cette extrémité, le Roi ne laissa pas de leur accorder une composition honorable, et le gouverneur eut la triste consolation de sortir de sa citadelle par la brèche.

Saint-Omer, privé de toute espérance de secours, ne tarda guère à suivre l'exemple de Cambray. Ainsi le Roi réduisit, en six semaines, trois places qui avoient été la terreur et le fléau de ses frontières, et dont la moindre n'auroit pas paru trop achetée par un siége de six mois et par les travaux de toute une campagne. Cependant les ennemis trouvoient encore des raisons pour excuser leurs disgrâces. Ils publioient que la prise de ces trois places n'étoit pas tant un effet de la valeur des François que de la prévoyance du Roi, qui, en faisant de bonne heure des magasins, prévenoit toujours ses ennemis; que les choses changeroient bientôt de face, et que la fin de la campagne seroit pour eux aussi favorable que le commencement en avoit été malheureux. Déjà le prince Charles de Lorraine étoit sur les bords du Rhin avec vingt-quatre mille hommes, fier de se voir à la tête de toutes ces forces de l'Empire, plus fier encore de l'espérance d'être dans peu le beau-frère de l'Empereur; il triomphoit en idée des plus fortes places de la Lorraine et de la Champagne, où il avoit résolu de prendre ses quartiers d'hiver, et où il se tenoit si assuré de la victoire, qu'il avoit fait mettre sur ses drapeaux : « Ou maintenant, ou jamais. » Il passe la Sarre, il entre dans la Lorraine, et se vient camper fort près de l'armée de France, commandée par le maréchal de Créqui. Les François, quoique beaucoup inférieurs en nombre, pressoient de combattre ; mais le Roi ne voulut point faire dépendre de l'incertitude d'une bataille une victoire qu'il pouvoit remporter sans combat : il commanda au maréchal de Créqui de les fatiguer le plus qu'il pourroit, et de ne combattre qu'avec avantage.

Cependant le prince d'Orange rassembloit une autre armée beaucoup plus nombreuse que la première ; et, l'ayant grossie des troupes des princes de la basse Allemagne, il formoit, à son ordinaire, de grands desseins. Enfin, après avoir longtemps consulté avec le gouverneur des Pays-Bas laquelle place seroit le plus à leur bienséance, il vint, avec soixante mille hommes, tenter une seconde fois la fortune devant Charleroy. On crut qu'il ne retourneroit pas devant cette place sans avoir bien pris ses mesures pour ne pas recevoir un second affront. Déjà les lignes de circonvallation étoient achevées; déjà le prince Charles, qui le devoit joindre avec toutes ses troupes, étoit sur le bord de la Meuse : le duc de Luxembourg eut ordre de s'avancer vers la place. On se croyoit de part et d'autre à la veille d'un grand événement. Plusieurs braves volontaires s'étoient rendus en diligence à l'armée de ce général, où ils étoient accourus comme à une occasion infaillible de se signaler. Le prince d'Orange et le gouverneur des Pays-Bas avoient fait bonne provision de poudre, de bombes, de grenades et de tout ce qui est nécessaire pour un siége; mais ils trouvèrent tout à coup que le pain leur manquoit : c'étoit la seule provision à laquelle ils n'avoient pas songé. Le duc de Luxembourg s'étoit placé entre eux et Bruxelles; et le maréchal d'Humières, d'un autre côté, leur fermoit le chemin de Mons et de Namur, et de leurs autres places; de sorte que, voyant leur armée en danger de mourir de faim, ils décampèrent au grand étonnement de tout le monde; et après avoir tourné leur furie contre le bourg de Binch, leur consolation ordinaire quand ils ont manqué Charleroy, ils employèrent le reste de la campagne à faire des manifestes l'un contre l'autre.

Les Allemands, de leur côté, n'étoient pas plus heureux. Le maréchal de Créqui les suivoit toujours, campant à leur vue, toujours maître de donner bataille ou de la refuser; quelquefois son canon les foudroyoit jusque dans leurs tentes; il leur coupoit les vivres et arrêtoit leurs convois; il leur enlevoit leurs chevaux au fourrage; tout ce qui s'écartoit du gros de l'armée tomboit entre les mains des soldats, ou des paysans, plus terribles encore que les soldats. Le prince Charles reconnut alors son imprudence : son armée à demi défaite repassa en diligence et la Moselle et la Sarre, et abandonna une partie de son bagage.

Dans ce même temps, l'armée, commandée par le prince de Saxe-Eisenach, étoit de l'autre côté du Rhin, et ne pouvoit se débarrasser du baron de Montclar, qui la tenoit comme assiégée en pleine campagne. Pour comble d'effroi, le maréchal de Créqui s'avance et repasse le Rhin. L'armée des Cercles, entourée de tous côtés, se retire en hâte, laissant sur le chemin un grand nombre de morts et de prisonniers, arrive effrayée au pont de Strasbourg, et se réfugie dans une île qui est au milieu de ce pont. Les habitants de Strasbourg, touchés du péril des Allemands, qu'ils voyoient exposés à la boucherie, s'employèrent pour eux, et demandèrent au maréchal un passe-port pour des malheureux qui ne cherchoient qu'à s'enfuir. La demande est accordée, et on vit l'heure que l'armée et le général se mettoient en chemin, conduits par un garde que le maréchal avoit chargé du passe-port. Mais le prince Charles, qui étoit accouru au même temps, leur épargna cette honte. Toutefois il acheta cher la gloire de les avoir délivrés; car, à quelques jours de là, l'aile droite de sa cavalerie fut taillée en pièces, et tout ce qu'il put faire fut de regagner promptement les lieux d'où il étoit parti, et de songer à couvrir Sarbruck, que les François sembloient menacer. Le maréchal profite de cette erreur : il fait semblant de mettre ses troupes en quartier d'hiver aux environs de Schelestat; mais ayant appris que les Allemands avoient déjà disposé les leurs en plusieurs quartiers, il passe encore le Rhin, et va assiéger Fribourg.

Le prince Charles, étrangement alarmé de cette nouvelle, se représente l'étonnement de toute l'Allemagne, l'indignation de l'Empereur, si on lui enlève une place si importante. Qui pourra désormais empêcher les François d'entrer dans la Souabe et dans le Virtemberg, de ravager les terres impériales? Il rassemble donc ses troupes; il marche à grandes journées, et arrive à une lieue de Fribourg. Mais, trouvant tous les passages fermés, il demeure sans rien entreprendre; toutefois il ne voulut point s'en retourner qu'il n'eût vu de ses propres yeux que la place étoit rendue. Pour surcroît de malheur, la nouvelle arrive que les troupes que le Roi entretient dans la Hongrie ont battu celles de l'Empereur, dont il est demeuré sur le champ de bataille plus de trois mille hommes.

Les ennemis, voyant approcher la fin de l'année, croyoient avec apparence être aussi à la fin de leurs disgrâces. Ils comptoient en une seule campagne quatre de leurs meilleures villes emportées, deux batailles perdues, un siège honteusement levé, deux grandes armées ruinées, et le pays de leurs alliés entièrement désolé. Le Roi pourtant ne put pas se résoudre à les laisser en repos. Il commande au maréchal d'Humières d'assembler des troupes, et d'aller mettre le siége devant Saint-Ghislain. Quand il n'y auroit pas eu dans la place une garnison de douze cents hommes, les pluies, les neiges, et les marais dont elle est environnée, sembloient être seuls capables de la défendre ; mais le soldat, animé de tant de victoires, l'emporte en moins de huit jours ; et il étoit déjà maître des portes quand le gouverneur des Pays-Bas donna le signal qu'il étoit arrivé à Mons pour le secourir.

La prise de cette place acheva de consterner les ennemis. Ils commencèrent à changer de langage. Ce n'étoit plus des menaces, comme autrefois, et des espérances de victoires : ils reconnoissoient de bonne foi leur foiblesse. Tant de puissances liguées contre un seul homme, l'Espagne, la Hollande et l'Allemagne, ne se croient pas assez fortes pour lui faire tête. Ils vont mendier de nouveaux secours ; ils cherchent à faire pitié aux Anglois, et n'oublient rien de ce qui peut renouveler cette ancienne jalousie qui a tant de fois armé l'Angleterre contre la France. Le prince d'Orange, qui avoit épousé la fille du duc d'Yorck, et qui étoit regardé comme l'héritier présomptif de la couronne, fait sa brigue auprès des grands et auprès du peuple. Il leur représente la perte infaillible des Pays-Bas, les François maîtres bientôt de toutes les côtes de la Manche, et en état de faire la loi à l'Océan ; la religion protestante en péril, l'Europe entière menacée d'une dangereuse servitude. Les peuples murmurent, le Parlement demande qu'on sauve la Flandre, le roi d'Angleterre lui-même est ébranlé. Les Espagnols, désespérant de pouvoir conserver leurs places, parlent de les lui abandonner. Enfin on ne doute point qu'il ne quitte le personnage de médiateur pour prendre celui d'ennemi. Sur cette espérance, les confédérés reprennent courage ; ils veulent continuer la guerre, ou prescrire eux-mêmes les conditions de la paix ; ils se flattent que le Roi va laisser au moins la Flandre en repos, et qu'ils n'auront plus à couvrir que les provinces voisines de l'Allemagne. Le Roi contribue à les entretenir dans cette erreur. Il venoit de prendre Saint-Ghislain pour faire croire qu'il vouloit attaquer Mons, et achever la conquête du Hainaut. Enfin il se met en campagne, et part avec sa cour au commencement de février pour s'en aller à Metz.

Au bout de quelques jours, il semble tourner vers Nanci; puis tout d'un coup il se rend à Metz, où il avoit mandé au maréchal de Créqui de le venir trouver. Il y avoit quelques jours que le maréchal avoit eu ordre de passer le Rhin, et d'aller avec un corps d'armée dans le Brisgau, tandis que d'autres troupes se tiendroient aux environs de Metz.

Tout cela avoit fait juger que l'orage tomberoit vraisemblablement du côté de l'Allemagne. Cette opinion augmente lorsqu'on voit arriver à Metz le maréchal, tout malade qu'il étoit. Pour confirmer entièrement le bruit, le Roi lui commanda de marcher vers Thionville, et fait semblant lui-même d'y vouloir aller.

Les ennemis, alarmés de la marche, sont dans une agitation continuelle. Les Allemands, qui à peine avoient leurs quartiers d'hiver, sont contraints d'en sortir pour se rassembler. La ville de Strasbourg parle d'envoyer des députés; Trèves se croit déjà voir au pillage; Luxembourg ne doute plus d'être assiégé. Cependant le Roi rebrousse chemin, et, se rendant à Verdun, fait courir le bruit qu'il va assiéger Namur. Le gouverneur des Pays-Bas ne sait plus de quel côté tourner: il voit aller et revenir de toutes parts les armées françoises; il voit que depuis le fond de la Flandre jusqu'au Rhin, le Roi a partout des magasins; il ne sait quelle place abandonner ni défendre : s'il en assure une, il en expose vingt autres. Il court enfin au plus pressé, et, rappelant toutes les troupes qu'il avoit en Flandres, il en remplit toutes les villes du Hainaut et du Luxembourg. A peine il a pris ces précautions, qu'on lui vient dire que le maréchal d'Humières s'approche d'Ypres : il y jette la meilleure partie de la garnison de Gand. Il se repose alors, et pense avoir bien pourvu à toutes choses; mais en un même jour il apprend de six courriers différents qu'il y a six grandes villes investies : Mons, Namur, Charlemont, Luxembourg, Ypres; enfin que Gand même est assiégé. Cette dernière nouvelle est pour lui un coup de foudre : il est longtemps sans y vouloir ajouter foi. Quelle apparence que le Roi, qu'il croit en Lorraine, vienne assiéger au fort de l'hiver la plus grande ville des Pays-Bas, entreprenne de faire une circonvallation de plus de huit lieues dans un pays de marécage et facile à inonder, coupé de quatre rivières et de deux larges canaux? Cependant la chose se trouve vraie. Plus de soixante mille hommes, partis de différents endroits, étoient arrivés à une même heure devant cette grande ville, et l'avoient investie, sans savoir eux-mêmes qu'ils l'investissoient. Le Roi, ayant supputé le temps que ses ordres pouvoient être exécutés, laisse la Reine à Stenay, monte à cheval, traverse en trois jours plus de soixante lieues de pays, et joint son armée qui est devant Gand. Il trouve en arrivant la circonvallation presque achevée, et tous les quartiers déjà disposés, suivant le plan qu'il en avoit lui-même dressé à Saint-Germain. Les ennemis avoient lâché leurs écluses ; mais il y eut bientôt partout des digues et des ponts de communication. La tranchée est ouverte dès le soir ; bientôt les dehors sont emportés l'épée à la main : la ville se rend ; et la citadelle, quoique très-forte et environnée de larges fossés, capitule deux jours après.

Ainsi le Roi, par sa conduite, se rend en six jours maître de cette ville si renommée, qui faisoit autrefois la loi à ses princes, et qui prétendoit égaler Paris même par la grandeur de son circuit et par le nombre de ses habitants. A peine est-elle prise, que le maréchal de Lorges a ordre de s'avancer vers Bruges avec un corps de cavalerie. Aussitôt deux bataillons espagnols de la garnison d'Ypres s'y jettent ; mais tout à coup voilà le Roi devant Ypres. Il y avoit longtemps qu'il avoit dessein sur cette place importante par elle-même et parce que sa prise achevoit d'assurer toutes ses conquêtes. Il y restoit encore trois mille hommes de guerre, qui se défendirent d'abord courageusement ; mais les approches étant faites, la contrescarpe, bordée d'une double palissade, est forcée en une nuit, et le lendemain, dès le point du jour, la citadelle et la ville envoyèrent des otages et signèrent la capitulation. Ces deux dernières conquêtes changèrent toute la face des affaires. Le Roi est à deux lieues des places des Hollandois, et ils pensent à toute heure le revoir encore aux portes de leur capitale. Mais quelle douleur aux Espagnols de perdre tout un grand pays dont ils tiroient toute leur subsistance, et de le voir en proie aux armées de leurs ennemis !

Les Anglois se troublent à cette nouvelle : c'est en vain qu'ils sont déjà dans Bruges et dans Ostende. Par quel chemin iront-ils joindre les Espagnols ! Tous les passages leur sont fermés : les voilà désormais resserrés dans un très-petit espace de pays ; et les seules garnisons d'Ypres et de Gand sont capables de ruiner leurs armées. On arme pourtant à Londres ; on distribue des commissions pour lever des troupes ; on équipe des vaisseaux; on défend tout commerce avec la France, et on veut que les Hollandois fassent de pareilles défenses chez eux. Mais les Hollandois ne veulent point renoncer aux avantages qu'ils tirent du commerce. Les disputes s'échauffent; l'alliance n'est pas encore signée, et les voilà déjà brouillés. Le Roi, instruit de leur division, compte pour vaincus des ennemis qui s'accordent si mal ensemble. Toutefois, comme il voit sa gloire au point de ne pouvoir croître, ses frontières entièrement assurées, son empire accru de tous côtés, il songe au repos et à la félicité de ses peuples.

Cette seule ambition peut désormais flatter son courage : il se résout donc de donner la paix à l'Europe ; mais c'est aux conditions qu'il veut bien imposer lui-même. Il trace un petit projet de paix et l'envoie à Nimègue. Ce projet rendu public fait l'effet qu'il s'étoit imaginé. Les ennemis commencèrent à ouvrir les yeux. Les peuples de Hollande, épuisés d'argent et de force, et las d'entretenir des armées qui peuvent les opprimer un jour, songent à assurer leur repos et leur liberté. Les propositions du roi sont dans la justice, et il faut ou de l'aveuglement ou de l'opiniâtreté pour les refuser ; enfin, si on ne fait la paix, ils déclarent qu'ils ne fourniront plus aux frais de la guerre. Les états généraux s'assemblent; mais le terme que le roi leur a donné expire bientôt. Il leur semble à tout moment qu'il va partir, et ils demandent du temps pour délibérer. Il leur accorde trois semaines; et va lui-même attendre à Gand la réponse, à la tête de son armée. Tandis qu'ils consultent et que les choses sont balancées, il leur envoie un trompette pour achever de leur expliquer les intentions favorables qu'il a pour eux. Alors les Hollandois ne peuvent plus se contenir ; la mémoire de tant de bienfaits qu'ils ont reçus autrefois de la France se réveille en eux. Ils avouent leurs ingratitudes; ils crient que les François sont leurs vrais alliés, que le Roi est leur naturel protecteur. On entend partout retentir dans la Haye : « Vive le roi de France? Vive le grand prince qui veut bien nous donner la paix ! » En même temps il lui envoie des députés pour lui témoigner leur juste reconnoissance. Le prince d'Orange est le seul qui ne prend point de part à la joie publique. Quoique la guerre jusques alors lui ait été si contraire, il ne peut souffrir une paix qui lui va ôter le commandement des armées : il n'y a point d'adresse qu'il n'emploie, point de machines qu'il ne remue. Il fait agir ses créatures ; il envoie en Angleterre ; il jette l'alarme dans toutes les cours des alliés. On voit arriver de toutes parts à Nimègue des courriers chargés de plaintes contre les états. L'empereur éclate surtout en reproches ; il les accuse d'abandonner la cause commune : c'est pour eux que l'Allemagne est engagée dans une guerre qui lui est si onéreuse ; que deviendront maintenant leurs alliés ? et comment soutiendront-ils séparément une puissance que tous ensemble n'ont pu soutenir ? D'autre part les Anglois achèvent de lever le masque : ils se déclarent ouvertement contre la France, et sont désormais ses plus grands ennemis. Il n'y a rien qu'ils ne fassent pour empêcher les Hollandois de se réconcilier avec elle : Ils leur offrent de l'argent, des vaisseaux, des troupes, et les engagent enfin à signer un traité de ligue offensive et défensive avec eux.

Le roi, de retour à Saint-Germain, apprend sans s'émouvoir toutes ces ligues nouvelles. Il a ses mesures prises ; il est si assuré de faire la loi à ses ennemis, qu'il a déjà par avance déchargé ses peuples de six millions de tailles. Il semble même que, dans le temps qu'il offre la paix, la fortune de tous les côtés prenne plaisir à favoriser ses armées : trois cents hommes de la garnison de Maëstricht emportent d'assaut, en une nuit, une place du Brabant que trente mille hommes oseroient à peine assiéger.[1] Le duc de Navailles, malgré des difficultés incroyables, et presque à la vue de l'armée d'Espagne, prend la capitale de Cerdagne, et s'ouvre l'entrée dans la Catalogne. Le maréchal de Créqui défait une partie des meilleures troupes de l'Empire, les poussant avec grand carnage jusque dans les fossés de Rheinfeld ; il brûle le pont de Strasbourg, et s'empare de tous les forts qui le défendoient. Le duc de Luxembourg de son côté ne demeure pas oisif. Après avoir tenu longtemps Bruxelles comme assiégé, il entre dans le Haynaut, et va bloquer Mons. Le prince d'Orange, ayant grossi son armée de plusieurs troupes

1. Lewe ou Leeuw, à huit lieues de Maestricht.

angloises et allemandes, marche en diligence pour secourir cette grande ville, et les armées sont en présence. Cependant les Hollandois, plus touchés de leurs véritables intérêts que des vaines promesses des Anglois et de leurs autres alliés, ordonnent à leurs plénipotentiaires d'achever le traité qu'ils ont commencé avec la France. La paix est signée à Nimègue, et un courrier en porte la nouvelle au prince d'Orange. Néanmoins ce prince malheureux ne perd pas encore l'espérance d'empêcher la ratification. Il résout de tenter encore une fois la fortune en attaquant promptement les François, et songe, par un dernier effort, ou à rompre la paix, ou du moins à terminer la guerre avec éclat.

Le lendemain, dès le point du jour, il passe les défilés qui séparoient les deux armées, et attaque les François dans leurs postes. Comme il combattoit en homme désespéré, sa témérité eut d'abord quelque succès : il renverse quelques gardes avancées, et les poursuit jusque vers l'endroit où le gros de l'armée étoit en bataille. Mais alors la fortune changea de face : les François fondent sur leurs ennemis avec leur impétuosité ordinaire, et les mettent en déroute ; près de quatre mille hommes demeurèrent sur la place. Le prince d'Orange fut trop heureux le jour suivant de publier lui-même la nouvelle de la paix. C'étoit le seul moyen de délivrer Mons.

Les plénipotentiaires d'Espagne la signèrent bientôt après. Mais quand le traité parut à Madrid, et qu'il fallut le ratifier, la plume tombe des mains à tout le conseil. Ces politiques, si accoutumés à regagner par des traités ce qu'ils avoient perdu dans la guerre, ne savent plus où ils en sont lorsqu'ils voient tout ce qui leur faut abandonner par celui-ci : Cambray, Valenciennes, tant d'autres places fameuses, de grandes provinces, ou, pour mieux dire, des royaumes entiers et surtout cette Bourgogne qui leur donnoit voix dans les diètes de l'Empire. Mais cependant les armées de France sont aux portes de Bruxelles, et il n'est plus temps de délibérer. Le Roi d'Espagne envoie à Nimègue le traité ratifié de sa main, avec ordre à ses ministres d'obtenir des conditions meilleures s'ils peuvent, sinon de le publier tel qu'il étoit.

Que fera désormais l'empereur, destitué du secours des Hollandois et des Espagnols ? Il croit d'abord, en traînant la négociation, rendre son traité plus avantageux ; mais à mesure qu'il retarde, le Roi lui fait de nouvelles demandes. Il se hâte donc de conclure et sans s'arrêter aux vaines protestations de ses alliés qui différoient de souscrire la paix aux conditions qu'on lui avoit présentées.

Ainsi le Roi, qui avait vu tous les princes de l'Europe se déclarer l'un après l'autre, voit les mêmes princes l'un après l'autre rechercher son amitié, recevoir en quelque sorte la loi de lui, et signe une paix qui laisse à redouter s'il a plus glorieusement fait la guerre, ou s'il l'a terminée avec plus d'éclat.

Voilà, en abrégé, une partie des actions d'un prince que la fortune a pris, ce semble, plaisir d'élever au plus haut degré de la gloire où puissent monter les hommes, si toutefois on peut dire que la fortune ait eu quelque part dans ces succès, qui n'ont été que la suite infaillible d'une conduite toute merveilleuse. En effet, jamais capitaine n'a été plus caché dans ses desseins, ni plus clairvoyant dans ceux de ses ennemis. Il a toujours vu en toutes choses ce qu'il falloit voir, toujours fait ce qu'il falloit faire. Avant que la guerre fût commencée, il avoit aguerri ses troupes dès longtemps par de continuels exercices, par l'exacte discipline qu'il leur faisoit observer. Il a toujours prévenu ses ennemis par la promptitude de ses exploits. Dans le temps qu'ils faisoient des préparatifs pour l'attaquer, il les a souvent réduits à la nécessité de se défendre, et leur a quelquefois enlevé trois villes pendant qu'ils délibéroient d'en assiéger une. Il ne s'est point trompé dans ses mesures, et quand il entra dans la Franche-Comté, il avoit pris ses précautions si justes du côté de l'Allemagne, qu'en une province ouverte de toutes parts, les ennemis ne purent, dans une occasion si pressante, se faire un passage pour y jeter le moindre secours. Il n'a point fait de conquêtes qu'il n'ait méditées longtemps auparavant, et où il ne se soit acheminé comme par degrés. En prenant Condé et Bouchain, il se mit en état d'assiéger Valenciennes et Cambray; par la prise d'Aire, il s'ouvrit le chemin à Saint-Omer; et c'est en partie à la conquête de Saint-Ghislain qu'il doit celle de Gand et d'Ypres.

Jamais prince n'observa si religieusement sa parole; il l'a toujours exactement tenue à ses ennemis mêmes; et dans la paix d'Aix-la-Chapelle, il aima mieux, en rendant la Franche-Comté, renoncer à la plus glorieuse et à la plus utile de ses conquêtes, que de manquer à la parole qu'il avoit donnée de la rendre. Ce n'est pas un chose concevable que la fidélité qu'il a gardée à ses alliés : il a toujours eu plus de soin de leur intérêt que des siens propres. Dans le projet de paix qu'il envoya à Nimègue, il y avoit pour premier article, qu'avant toutes choses on restitueroit aux Suédois ce qui avoit été pris sur eux ; et quoiqu'il vit toute l'Europe en armes contre lui, ce ne fut qu'à l'instante prière des mêmes Suédois qu'il souffrit que la paix se fît avec la Hollande avant la restitution. Jamais un mouvement de colère ne lui a fait faire une fausse démarche. Quand l'Angleterre, qui s'étoit liée avec lui, se détache tout à coup de ses intérêts, il ne s'emporte ni en plaintes ni en reproches ; il n'en témoigne au Roi d'Angleterre aucune froideur ; et, en lui montrant au contraire qu'il étoit toujours persuadé de son amitié, il l'engage à demeurer son ami. Il a toujours appelé aux emplois de la guerre les hommes qui en étoient les plus dignes, et n'a jamais laissé une belle action sans récompense : aussi jamais prince ne fut servi avec tant d'ardeur par ses soldats. Cette ardeur a passé à de tels excès, qu'il a eu besoin de toute son autorité pour la réprimer. Quand il a pu voir une chose par ses yeux, il ne s'est point fié aux yeux d'autrui. Il a toujours reconnu lui-même les places qu'il a voulu attaquer ; et en cette noble fonction de capitaine, il a eu plusieurs fois des hommes tués et blessés auprès de lui. Judicieux dans toutes ses entreprises, intrépide dans le péril, infatigable dans le travail, on ne sauroit rien lui reprocher que d'avoir souvent exposé sa personne avec trop peu de précaution.

Cependant il est merveilleux que parmi les soins d'une guerre qui a dû, ce semble, l'occuper tout entier, ce prince soit encore entré dans le détail du gouvernement de son État, et qu'on l'ait vu aussi appliqué aux besoins particuliers de ses sujets, que si toutes ses pensées avoient été renfermées au dedans de son royaume.

De là vient que dans un temps que toute l'Europe étoit en feu, la France ne laissoit pas de jouir de toute la tranquillité et de tous les avantages d'une paix profonde. Jamais elle ne fut si florissante, jamais la justice ne fut exercée avec tant d'exactitude, jamais les sciences, jamais les beaux-arts n'y ont été cultivés avec tant de soin. Il a lui seul plus fait bâtir de somptueux édifices, que tous les rois qui l'ont précédé. Il n'est pas croyable combien de citadelles il a fait construire, combien il en a réparé, de combien de nouveaux bastions il a fortifié ses places.

Les François, il y a quinze ans, passoient pour n'avoir aucune connoissance de la navigation : ils pouvoient à peine mettre en mer six vaisseaux de guerre, et quatre galères. Maintenant la France compte dans ses ports vingt-six galères, et cent vingt gros vaisseaux, et un nombre prodigieux d'autres bâtiments ; elle s'est rendue si savante dans la marine, qu'elle donne aujourd'hui aux étrangers et des pilotes et des matelots. Il n'y a point de génie un peu élevé au-dessus des autres, dans quelque profession que ce soit, que le Roi, par ses largesses, n'ait excité à travailler. Aussi la France, sous son règne, ne se ressentit en rien ni de l'air grossier de nos pères, ni de la rudesse qu'une longue guerre apporte d'ordinaire avec soi : on y voit briller une politesse que les nations étrangères prennent pour modèle et s'efforcent d'imiter. Mais ce ne sont pas les seuls bienfaits du Roi qui ont produit tant de miracles, et qui ont porté toutes choses à ce degré de perfection : la finesse de son discernement y a plus contribué que ses libéralités ; les plus grands génies, les plus savants ouvriers ont remarqué que pour trouver le plus haut point de leur art, il leur suffisoit d'étudier le goût de ce prince. La plupart des chefs-d'œuvre qu'on admire dans ses palais doivent leur naissance aux idées qu'il en a fournies. Toutes ces grâces, toute cette disposition si merveilleuse, qui surprend, qui enchante dans ses magnifiques jardins, n'est bien souvent que l'effet de quelque ordre qu'il a donné en les visitant.

Il est donc juste que les sciences et les arts s'emploient à éterniser la mémoire d'un prince à qui ils sont redevables. Il est juste que les écrivains les plus illustres le prennent pour l'objet de toutes leurs veilles ; que les peintres, que les sculpteurs s'exercent sur un si noble sujet. Mais tandis qu'ils travaillent à remplir les places et les édifices publics d'excellents ouvrages où ses actions sont représentées, quelques personnes zélées plus particulièrement pour sa gloire ont voulu avoir dans leur cabinet un abrégé en tableaux des plus grandes actions de ce prince ; c'est ce qui a donné occasion à ce petit ouvrage, qui renferme tant de merveilles en très-peu d'espace, pour leur mettre à tout moment devant les yeux ce qui fait la plus chère occupation de leurs pensées.

RELATION

DE CE QUI S'EST PASSÉ AU SIÉGE DE NAMUR

Il y avoit près de quatre ans que la France soutenoit la guerre contre toutes les puissances, pour ainsi dire, de l'Europe, avec un succès bien différent de celui dont ses ennemis s'étoient flattés. Elle avoit non-seulement renversé tous les projets de la fameuse ligue d'Augsbourg, mais même, par la sagesse de sa conduite et par la vigueur de sa résistance, elle avoit réduit les confédérés, d'agresseurs qu'ils étoient, à la honteuse nécessité de se défendre. Tout le monde voyoit avec étonnement qu'une nation attaquée par tant de peuples conjurés contre elle, et dont ils avoient par avance partagé la dépouille, eût si heureusement fait retomber sur eux les malheurs qu'ils lui préparoient; qu'elle eût vaincu dans tous les lieux où ils l'avoient obligée de porter ses armes; et qu'enfin, tant de puissances réunies pour l'accabler n'eussent fait que fournir partout de la matière à ses conquêtes et à ses triomphes.

En effet, depuis cette dernière guerre, sans parler des célèbres journées de Fleurus, de Staffarde et de Leuze, où ils avoient perdu leurs meilleures troupes, sans compter aussi plusieurs de leurs places prises et rasées, ils avoient vu passer sous la domination de la France Philisbourg en Allemagne, Nice et Montmélian en Savoie, et enfin Mons dans les Pays-Bas.

Mais, malgré les avantages continuels que le Roi remportoit sur eux, ils se flattoient tous les ans de quelque révolution en leur faveur. Ils croyoient que la fortune se lasseroit de suivre toujours le même parti, et qu'enfin la France seroit contrainte de succomber, et à la force ouverte qu'ils lui opposoient au dehors, et aux atteintes secrètes qu'ils tâchoient de lui porter au dedans.

La principale espérance de leur ligue étoit fondée sur la haute opinion que tous ceux qui la composent avoient du grand génie du prince d'Orange, qui en est comme le chef et le premier mobile ; et lui-même ne manquoit pas de les flatter par toutes les illusions dont il les croyoit capables de se laisser prévenir. Il leur avoit fait espérer d'abord que le premier effet de son établissement sur le trône d'Angleterre seroit l'abaissement de la France ; il s'étoit depuis excusé de peu de secours qu'ils avoient reçu de lui, sur la nécessité où il s'étoit vu d'employer à la réduction de l'Irlande la meilleure partie de ses forces. Mais enfin, se voyant paisible possesseur des trois royaumes, et en état de se donner tout entier à la cause commune, il avoit marqué l'année 1692 comme l'année fatale à la France, et où les révolutions si longtemps attendues devoient arriver. Pour joindre l'exécution aux promesses, il employoit aux grands apprêts de la campagne prochaine les sommes excessives qu'il tiroit des Anglois et des Hollandois ; et, à son exemple, ses alliés faisoient aussi tous les efforts possibles pour profiter d'une si favorable conjoncture.

Le Roi, vers la fin de l'année 1691, instruit de leurs préparatifs, jugea qu'il falloit non-seulement opposer la force à la force, pour parer les coups dont ils le menaçoient, mais qu'il falloit même leur en porter auxquels ils ne s'attendissent pas, et les forcer, par quelque entreprise éclatante, ou à faire la paix, ou à ne pouvoir faire la guerre qu'avec d'extrêmes difficultés. Il étoit exactement informé de leurs forces, tant de terre que de mer. Il n'ignoroit pas que le prince d'Orange, dans les Pays-Bas, pouvoit, avec ses troupes et avec celles de ses alliés, mettre ensemble jusqu'à six-vingt mille hommes ; mais, connoissant ses propres forces, il crut que ce nombre, quelque grand qu'il fût, ne seroit pas capable d'arrêter ses progrès ; et, résolu d'ailleurs de combattre ses ennemis s'ils se présentoient, il ne douta point de les vaincre.

Il ne crut pas même devoir se borner à une médiocre conquête ; et Namur étant la plus importante place qui leur restât, et celle dont la prise pouvoit le plus contribuer à les affaiblir et à rehausser la réputation de ses armes, il résolut d'en former le siége.

Namur, capitale de l'une des dix-sept provinces des Pays-Bas, à laquelle elle a donné le nom, avoit été regardée de tous temps par nos ennemis comme le plus fort rempart non-seulement du Brabant, mais encore du pays de Liége, des Provinces-Unies et d'une partie de la Basse-Allemagne. En effet, outre qu'elle assuroit la communication de toutes ces provinces, on peut dire que, par sa situation au confluent de la Sambre et de la Meuse, qui la rend maîtresse de ces deux rivières, elle étoit également bien placée, et pour arrêter les entreprises que la France pourroit faire contre les pays que je viens de nommer, et pour faciliter celles qu'on pourroit faire contre la France même. Ajoutez à ces avantages l'assiette merveilleuse de son château, escarpé et fortifié de toutes parts, et estimé imprenable, mais surtout la disposition du pays, aussi inaccessible à ceux qui voudroient attaquer la place que favorable pour les secours ; et enfin le grand nombre de toutes sortes de provisions que les confédérés y avoient jetés, et qu'ils avoient dessein d'y jeter encore pour la subsistance de leurs armées.

Le Roi, après avoir examiné toutes les difficultés qui se présentoient dans cette entreprise, donna ses ordres, tant pour établir de grands magasins de vivres et de munitions le long de la Meuse et dans ses places frontières des Pays-Bas, que pour faire hiverner commodément, dans les provinces voisines, de grands corps de troupes, sous prétexte d'observer celles des ennemis, qui y grossissoient continuellement. Il fit aussi des augmentations considérables de cavalerie et d'infanterie, et disposa enfin toutes choses avec sa prévoyance ordinaire. Mais en même temps il préparoit une puissante diversion du côté de l'Angleterre, où il prenoit des mesures pour y rétablir sur le trône le légitime souverain.

Les alliés, de leur côté, ne formoient pas, comme j'ai dit, de petits projets. Le prince d'Orange, en passant la mer, l'avoit aussi fait repasser à ses meilleures troupes, et en assembloit de toutes parts un grand nombre d'autres, qu'il établissoit dans toutes les places de son parti les plus proches de celles de France. Il avoit soin surtout d'en remplir les places des Espagnols, desquelles, par ce moyen, il se proposoit de se rendre insensiblement le maître.

Il se tenoit de continuelles conférences à la Haie, entre lui et les autres confédérés, sur l'emploi qu'ils devoient faire de leurs forces, ne se promettant pas moins que de faire une irruption en France, au commencement du printemps. Dans cette vue, ils faisoient travailler à un prodigieux amas de tout ce qui est nécessaire pour une grande expédition, et se tenoient tellement sûrs du succès, qu'ils ne daignoient pas même cacher les délibérations qui se prenoient dans leurs assemblées.

Ces conférences finies, le prince d'Orange s'était retiré à Loo, maison de plaisance qu'il a dans le pays de Gueldre : lieu solitaire et conforme à son humeur sombre et mélancolique, où d'ailleurs il trouvoit le plus de facilité pour entretenir ses correspondances secrètes. Le déplaisir qu'il avoit eu l'année précédente de voir prendre Mons en sa présence, sans avoir pu rien faire pour le secourir, donnoit lieu de croire qu'il prendroit des mesures pour se mettre hors d'état de recevoir un pareil affront. Et, en effet, il prétendoit avoir si bien disposé toutes choses, qu'il pouvoit assembler en peu de jours toutes les forces de son parti, ou pour tomber sur les places dont il jugeroit à propos de faire le siége, ou pour courir au secours de celles que la France entreprendroit d'attaquer.

Ainsi, en attendant la saison propre pour agir, il affectoit de mener à Loo une vie fort tranquille, y prenant presque tous les jours le divertissement de la chasse, et paroissant aussi peu ému de tous les avis qu'il recevoit des grands préparatifs de la France sur mer et sur terre que si elle eût été hors d'état de rien entreprendre, ou qu'il eût été le maître des événements. Cette tranquillité apparente, à la veille d'une campagne si importante pour les deux partis, étoit fort vantée par ses admirateurs, qui l'attribuoient à une grandeur d'âme extraordinaire; et ses alliés, la croyant un effet de sa pénétration et de la justesse des mesures qu'il avoit prises pour assurer le succès de ses desseins, se moquoient eux-mêmes de toutes les inquiétudes qu'on leur vouloit donner, et demeuroient dans une pleine confiance qu'il ne leur pouvoit arriver aucun mal.

Au commencement du mois de mai, ils apprirent que le roi, suivi de toute sa cour, étoit arrivé auprès de Mons, où étoit le rendez-vous de ses armées de Flandre. En même temps ils surent qu'une autre armée étoit sur les côtes de Normandie, prête à passer la mer avec le roi d'Angleterre; qu'un grand nombre de bâtiments de charge étoit à la Hogue, avec toutes les provisions nécessaires pour faire une descente dans ce royaume; et qu'enfin une flotte de soixante gros vaisseaux, destinée pour appuyer le passage et le débarquement des troupes, n'attendoit à Brest et dans les autres ports qu'un vent favorable pour entrer dans la Manche.

Le prince d'Orange commença alors à se repentir de sa fausse confiance. D'un côté, il prévit l'orage qui alloit fondre dans les Pays-Bas, et jugea dès lors qu'il lui seroit fort difficile de l'empêcher; de l'autre, il n'ignoroit pas que tous les ports d'Angleterre étoient ouverts; qu'il n'avoit encore ni flottes pour couvrir les côtes du royaume, ni armée pour combattre les François à la défense; qu'il leur seroit aisé d'aller jusqu'à Londres, où ils trouveroient la plupart des seigneurs mécontents de lui, et les peuples fatigués des grandes sommes qu'il exigeoit d'eux; en un mot, il appréhendoit que le roi son beau-père ne trouvât autant de facilité à se rétablir sur le trône, qu'il lui avoit été facile de l'en chasser. Dans cet embarras, il feignit pourtant de ne songer qu'à sauver la Flandre, et assembla en diligence, et avec grand bruit, un corps de troupes sous Bruxelles. Mais en même temps, il dépêcha le lord Porland à Londres, pour concerter avec la princesse d'Orange et avec son conseil les moyens de garantir l'Angleterre de l'invasion des François. Il donna ordre qu'on armât toutes les milices du royaume, et qu'on y fît repasser les troupes restées en Écosse et en Irlande; qu'on arrêtât toutes les personnes soupçonnées d'intelligence avec les ennemis, et qu'enfin on assemblât la plus nombreuse armée qu'on pourroit, tant pour contenir le dedans du royaume que pour border les côtes où l'on soupçonnoit que les François voudroient tenter la descente; surtout il pressa l'armement de ses flottes, et voulut qu'on y travaillât nuit et jour, n'épargnant pour cela ni l'argent des Anglois ni des Hollandois, ni celui de tous ses alliés. Non content de ces précautions, il fit remarcher à Willemstadt, entre l'embouchure de l'Escaut et de la Meuse, une partie des régiments qu'il avoit amenés d'Angleterre, pour être en état d'y repasser au premier ordre, et commanda qu'on lui tînt un vaisseau tout prêt pour y repasser lui-même. Toutes ces précautions étoient un peu tardives, et couroient risque de lui être absolument inutiles, si les vents eussent été alors aussi favorables aux François qu'ils leur étoient contraires.

Sur ces entrefaites, le Roi, durant cinq jours, ayant assemblé ses armées dans les plaines de Gevries, entre les rivières de Haisne et de Trouille, il en fit, le vingt-unième de mai, la revue générale. Il les trouva complètes, et dans le meilleur état qu'il pouvoit souhaiter; il trouva aussi que, conformément à ses ordres, on avoit chargé à Mons, de munitions de guerre et de bouche, plus de six mille chariots tirés des pays conquis : tellement, qu'il se vit en état de se mettre en marche deux jours après cette revue.

L'armée destinée pour faire le siége de Namur, et qu'il avoit résolu de commander en personne, étoit de quarante bataillons et de quatre-vingt-dix escadrons. L'autre armée commandée par le maréchal duc de Luxembourg, composée de soixante-six bataillons et de deux cent neuf escadrons, devoit tenir la campagne et observer les ennemis qui, à cause de cela, l'ont depuis appelée l'armée d'observation.

Les lieutenants généraux de l'armée du Roi étoient le duc de Bourbon, le comte d'Auvergne, le duc de Villeroi, le prince de Soubise, les marquis de Tilladet et de Boufflers et le sieur de Rubentel. Le marquis de Boufflers étoit aussi nommé pour commander une autre armée que dans ce temps-là même il assembloit dans le Condros. Les maréchaux de camp étoient le duc de Roquelaure, le marquis de Montrevel, le sieur de Congis, les comtes de Montchevreuil, de Gassé et de Guiscar et le baron de Bressé. Au reste, le dauphin de France, le duc d'Orléans, le prince de Condé et le maréchal d'Humières avoient le principal commandement sous le roi. Le sieur de Vauban, lieutenant général, étoit chargé de la direction des attaques.

Le maréchal de Luxembourg avoit pour lieutenants généraux le prince de Conti, le duc du Maine, le duc de Vendôme, le duc de Choiseul, le comte de Montal et le comte de Roses, mestre-decamp de la cavalerie légère ; et pour maréchaux de camp, le chevalier de Vendôme, grand-prieur de France, les marquis de la Valette et de Coigny, les sieurs de Vatteville et de Polastron. Le baron de Busca, aussi maréchal de camp, commandoit particulièrement la maison du Roi. Le corps de réserve étoit commandé par le duc de Chartres.

Ces deux armées partirent donc le vingt-troisième de mai. Celle du maréchal, qui étoit campée le long du ruisseau des Estines, alla passer la Haisne entre Marlanwelz sous Marimont et Mouraige, et campa le soir à Féluy et à Arquennes, proche de Nivelle. Celle du roi traversa les plaines de Binche, et, ayant passé la Haisne à Carnières, alla camper à Capelle d'Herlaymont, le long du ruisseau de Piéton. Le Roi menoit avec lui une partie de son artillerie et de ses munitions ; l'autre partie, accompagnée d'une grosse escorte, alla passer la Sambre à la Bussière, pour marcher à Philippeville, et de là au siége qui doit être formé.

Le lendemain vingt-quatrième, le maréchal alla camper entre l'abbaye de Villers et Marbais, proche de la grande chaussée ; et le Roi, dans la plaine de Saint-Amand, entre Ligny et Fleurus.

La nuit suivante, il détacha le prince de Condé avec six mille chevaux et quinze cents hommes de pied, pour aller investir Namur entre le ruisseau de Risnes et la Meuse, du côté de la Hesbaye. Le sieur Quadt, avec sa brigade de cavalerie, l'investit depuis ce ruisseau jusqu'à la Sambre. Le marquis de Boufflers, avec quatorze bataillons et quarante-huit escadrons, faisant partie de l'armée qu'il assembloit, parut en même temps devant la place de l'autre côté de la Meuse ; et enfin le sieur de Ximenès, avec les troupes qu'il venoit de tirer de Philippeville et de Dinant, auxquelles le marquis de Boufflers ajouta encore douze escadrons, investit la place du côté du château, occupant tout le terrain qui est entre Sambre et Meuse, en telle sorte que Namur se trouva en même temps entouré de tous côtés.

Le vingt-cinquième, l'armée du maréchal de Luxembourg alla camper sur le ruisseau d'Aurenault, dans la plaine de Gemblours, et celle du roi auprès de Milmont et de Golzenne, au delà des Mazis, d'où il envoya ordre au maréchal de détacher le comte du Montal, avec quatre mille chevaux, pour aller se poster à Lonchamp et à Genevoux, proche des sources de la Méhaigne; et le comte de Coigny, avec un pareil détachement pour aller se poster à Chasselay, près de Charleroy. Le premier devoit couvrir le camp du Roi du côté du Brabant, et l'autre favoriser les convois de Maubeuge, de Philippeville et de Dinant, et tenir en bride la garnison de Charleroy et les corps de troupes que les ennemis y pourroient envoyer.

Le vingt-sixième, le Roi arriva sur les six heures du matin devant Namur. Il reconnut d'abord les environs de la place depuis la Sambre jusqu'au ruisseau de Wédrin, examina la disposition du pays, les hauteurs qu'il falloit occuper, et les endroits par où il falloit faire passer les lignes. Il donna ses ordres pour la construction des ponts de bateaux sur la Sambre et la Meuse, et régla enfin tout ce qui concernoit l'établissement et la sûreté des quartiers. Il choisit le sien entre le village de Flawine et une métairie appelée la Rouge-Cense, un peu au-dessus de l'abbaye de Salzenne. Ensuite il s'avança sur la hauteur de cette abbaye, pour considérer la situation de la place et les ouvrages qui la couvroient de ce côté-là. En reconnoissant tous ces endroits, il admira sa bonne fortune et le peu de prévoyance des ennemis, et confessa lui-même qu'en postant seulement de bonne heure quinze mille hommes, ou sur les hauteurs du château, ou sur celle du ruisseau de Wédrin, ils auroient pu faire avorter tous ses desseins, et mettre Namur hors d'état d'être attaqué. Il ordonna au comte d'Auvergne de se saisir de l'abbaye de Salzenne et des moulins qui en sont proches, ce qui fut aussitôt exécuté. Le marquis de Tilladet eut aussi ordre de visiter tous les gués qu'il pouvoit y avoir dans la Sambre, depuis le quartier du Roi jusqu'à la place, et le marquis d'Alègre, avec un corps de dragons, fut envoyé pour se saisir du passage de Gerbizé, poste important sur le chemin de Huy et de Liége, du côté de la Hesbaye.

Cependant l'alarme étoit parmi les ennemis. Comme ils ignoroient encore où aboutiroit la marche du Roi, ils se hâtoient de renforcer les garnisons de toutes leurs places; ils craignoient surtout pour Charleroy, pour Ath, pour Liége, et pour Bruxelles même. Mais à l'égard de Namur, l'électeur de Bavière, se confiant et à la bonté de la place et à la grosse garnison qui étoit dedans, souhaitoit qu'il prît envie au roi de l'assiéger. Le rendez-vous de leur armée étoit aux environs de Bruxelles, et il arrivoit tous les jours un fort grand nombre de troupes de toute sorte de nations; elles faisoient déjà près de cent mille hommes, dont le principal commandement et la direction presque absolue étoient entre les mains du prince d'Orange, l'électeur de Bavière n'ayant dans cette armée qu'une autorité comme subalterne. On peut juger combien des forces si prodigieuses enfloient le cœur des confédérés. Ils demandoient qu'on les fît marcher au plus vite et se tenoient sûrs de rechasser le Roi jusque dans le cœur de son royaume. Il étoit d'heure en heure exactement informé et de leur marche et de leur nombre, et se mettoit de son côté en état de les bien recevoir.

L'armée devant Namur étoit séparée, par les deux rivières, en trois principaux quartiers, dont le premier, c'est à savoir celui du Roi, occupoit tout le côté du Brabant, depuis la Sambre jusqu'à la Meuse ; le second, qui étoit celui du marquis de Boufflers, s'étendoit dans le Condros, depuis la Meuse, au-dessous de Namur, jusqu'à cette même rivière au-dessus; et le troisième, sous le sieur de Ximenès, tenoit le pays d'entre Sambre et Meuse. Au reste, le quartier du Roi étoit divisé en plusieurs autres quartiers : car, outre le dauphin et le duc d'Orléans, qui campoient tout auprès de sa personne, il avoit aussi dans son quartier le prince de Condé, le maréchal d'Humières, et tous les lieutenants généraux, à la réserve du marquis de Boufflers; et ils y avoient chacun leur poste ou leur quartier le long des lignes de circonvallation.

Le Roi, dès le premier jour, donna ses ordres pour faire tracer ces lignes sur un circuit au moins de cinq lieues; elles commençoient à la Sambre du côté de Brabant, un peu au-dessus du village de Flawine, et traversant un fort grand nombre de bois, de villages et de ruisseaux, en deçà et au delà de la Meuse, passoient dans la forêt de Marlagne, et revenoient finir à la Sambre, entre l'abbaye de Malogne et une espèce de petit château qu'on appeloit *la Blanche-Maison*.

Le vingt-septième, c'est-à-dire le lendemain de l'arrivée du Roi devant la place, il alla visiter le quartier du prince de Condé, entre le ruisseau de Wédrin et la Meuse, et il y vit les parcs d'artillerie et de munitions. De là, s'étant avancé avec le sieur de Vauban sur la hauteur du Quesne de Bouge, qui commande d'assez près la ville, entre la porte de Fer et celle de Saint-Nicolas, la résolution fut prise d'attaquer cette dernière porte. Ce même jour les ponts de bateaux furent partout achevés, et la communication des quartiers entièrement établie.

Il restoit encore les quartiers de Boufflers et de Ximenès à visiter. Le Roi s'y transporta donc le vingt-huitième, et, ayant passé la Sambre à la Blanche-Maison, et la Meuse au-dessous du village de Huépion, reconnut tout le côté de la place qui regarde le Condros, reconnut aussi le faubourg de Jambe, où les ennemis s'étoient retranchés au bout du pont de pierre qu'ils y avoient sur la Meuse; et ayant remarqué le long de cette rivière une petite hauteur d'où on voyoit à revers les ouvrages de la porte de Saint-Nicolas, qui est de l'autre côté, il commanda qu'on y élevât des batteries. Ces derniers jours et les suivants, les convois d'artillerie et de toute sorte de munitions arrivèrent de Philippeville par terre, et de Dinant par la Meuse; et on commença à cuire le pain dans le camp pour la subsistance des deux armées.

Ce fut vers ce temps-là que plusieurs dames de qualité de la province, qui s'étoient refugiées dans Namur, et plusieurs des dames mêmes de la ville, firent demander par un trompette la permission d'en sortir; ce qu'on ne jugea pas à propos de leur accorder. Mais ces pauvres dames, se confiant à la générosité du Roi, et la peur des bombes l'emportant en elles sur toute autre considération, elles sortirent à pied par la porte du château, suivies seulement de quelques-unes de leurs femmes qui portoient leurs hardes et leurs enfants, et se présentèrent à la garde prochaine. Les soldats les menèrent d'abord à la Blanche-Maison, près des ponts qu'on avoit faits sur la Sambre, d'où le Roi, qui eut pitié d'elles, et qui les fit traiter favorablement, les fit conduire le lendemain à l'abbaye de Malogne, et de là à Philippeville.

Vingt mille pionniers, commandés dans les provinces conquises, étant arrivés alors à l'armée, ils furent aussitôt employés aux lignes de circonvallation, aux abatis de bois et aux réparations de chemins.

Les assiégés avoient encore quelque infanterie dans les bois, au-dessus des moulins à papier de Saint-Servais; mais le Roi ayant ordonné qu'on l'en chassât, elle ne tint point et se renferma fort vite dans la ville.

La garnison étoit de neuf mille deux cent quatre-vingts hommes en dix-sept régiments d'infanterie de plusieurs nations; savoir cinq allemands des troupes de Brandebourg et de Lunebourg, cinq hollandois, trois espagnols, quatre wallons, et en un régiment de cavalerie et quelques compagnies franches. Le prince de Brabançon, gouverneur de la province, l'étoit aussi de la ville et du château, et toutes ces troupes avoient ordre de lui obéir. On ne doutoit pas qu'étant pourvue de toutes les choses nécessaires pour soutenir un long siége, et ayant à défendre une place de cette réputation, également bien fortifiée et par l'art et par la nature, une garnison si nombreuse ne se signalât par une vigoureuse résistance, d'autant plus qu'elle n'ignoroit pas les grands apprêts qui se faisoient pour la secourir.

Le Roi, pour ne point accabler ses troupes de trop de travail, n'attaqua d'abord que la ville seule. On y fit deux attaques différentes; mais il y en avoit une qui n'étoit proprement qu'une fausse attaque; et c'étoit celle qui étoit de delà la Meuse : la véritable étoit en deçà. Il fut résolu d'y ouvrir trois tranchées, qui se rejoindroient ensuite par des lignes parallèles : la première le long du bord de la Meuse, la seconde à mi-côte de la hauteur de Bouge, et la troisième par un grand fond qui aboutissoit à la place du côté de la porte de Fer.

Toutes choses étant donc préparées, la tranchée fut ouverte la nuit du vingt-neuvième au trentième mai. Trois bataillons, avec un lieutenant général et un brigadier, montèrent à la véritable attaque, et deux à la fausse, avec un maréchal de camp : ce qui fut continué jusqu'à la prise de la ville. Le comte d'Auvergne, comme le plus ancien lieutenant général, monta la première garde. Dès cette nuit on avança le travail jusqu'à quatre-vingts toises près du glacis; on travailla en même temps avec tant de diligence aux batteries, tant sur la hauteur de Bouge que de l'autre côté de la Meuse, que les unes et les autres se trouvèrent bientôt en état de tirer, et de prendre la supériorité sur le canon de la place.

La nuit suivante, le travail qu'on avoit fait fut perfectionné.

La nuit du trente-et-unième mai, on travailla à s'étendre du côté de la Meuse, pour resserrer d'autant plus les assiégés, et les empêcher de faire des sorties.

DU SIÉGE DE NAMUR.

Le premier de juin on continua les travaux à la sape : l'artillerie ruinant cependant les défenses des assiégés, qui, étant vus de front et à revers de plusieurs endroits, n'osoient déjà plus paroître dans leurs ouvrages.

La nuit du premier au deuxième juin, on se logea sur un avant-chemin couvert, en deçà de l'avant-fossé que formoient les eaux du ruisseau de Wédrin et de Risnes. On tira ensuite une ligne parallèle pour faire la communication de toutes les attaques, et on éleva de l'autre côté de la Meuse, sur le bord de l'eau, deux batteries qui commencèrent à tirer, dès la pointe du jour, contre la branche du demi-bastion et contre la muraille qui règnent le long de cette rivière. Ce même jour, sur les huit heures du matin, le marquis de Boufflers fit attaquer le faubourg de Jambe, que les ennemis occupoient encore, et s'en rendit maître. Sur le midi, l'avant-fossé de la porte de Saint-Nicolas se trouvant comblé, et toutes choses disposées pour attaquer la contrescarpe, les gardes suisses et le régiment de Stoppa, de la même nation, qui étoient de tranchés sous le marquis de Tilladet, lieutenant général de jour, y marchèrent l'épée à la main, et l'emportèrent. Ils prirent aussi une petite lunette revêtue, qui défendoit la contrescarpe, et se logèrent en très-peu de temps sur ces dehors, sans que les ennemis, qui faisoient de leurs autres ouvrages un fort grand feu, osassent faire aucune tentative pour s'y rétablir. On leur tua beaucoup de monde en cette action.

Le soir du deuxième juin, le marquis de Boufflers étant de garde à la tranchée, on s'aperçut que les assiégés avoient aussi abandonné une demi-lune de terre qui couvroit la porte de Saint-Nicolas. Comme le fossé n'en étoit pas fort profond, il fut bientôt comblé. Quoique la demi-lune fût fort exposée, et que les ennemis tirassent sans discontinuer de dessus le rempart, on se logea encore dans cette demi-lune sans beaucoup de perte.

Les batteries basses de la Meuse continuaient cependant à battre en ruine la branche du demi-bastion et la muraille, qui étoient, comme j'ai dit, le long de cette rivière. Comme ses eaux étoient assez basses, on s'étoit flatté de pouvoir conduire une tranchée le long d'une langue de terre qu'elle laissoit à découvert au pied du rempart, et on auroit ainsi attaché bientôt le mineur au corps de la place. Mais la Meuse s'étant enflée tout à coup par les grandes pluies qui survinrent, et qui ne discontinuèrent presque plus jusqu'à la fin du siége, on fut obligé d'abandonner ce dessein, et de s'attacher uniquement aux ouvrages que l'on avoit devant soi.

L'artillerie ne cessa, pendant le troisième et le quatrième juin, de battre en brèche la face et la branche du demi-bastion de la Meuse, et y fit enfin une ouverture considérable. Les assiégés témoignoient à leur air beaucoup de résolution, et travailloient même à se retrancher en dedans; mais on les voyoit qui, dans la crainte vraisemblablement d'un assaut, transportoient dans le château leurs munitions et leurs meilleurs effets. A la fin, comme ils virent qu'on étoit déjà logé sur la pointe du demi-bastion, le cinquième de juin au matin, le duc de Bourbon étant de jour, ils battirent tout à coup la chamade, et demandèrent à capituler. Après quelques propositions qui furent rejetées par le Roi, on convint, entre autres articles, que les soldats de la garnison entreroient dans le château avec leurs familles et leurs effets; qu'il y auroit pour cela une trêve de deux jours, et que pendant tout le reste du siége on ne tireroit point ni de la ville sur le château, ni du château sur la ville, avec liberté aux deux partis de rompre ce dernier article lorsqu'ils le jugeroient à propos, en avertissant néanmoins qu'ils ne le vouloient plus tenir.

La capitulation signée, le régiment des gardes prit aussitôt possession de la porte de Saint-Nicolas. Ainsi la fameuse ville de Namur, défendue par neuf mille hommes de garnison, fut, en six jours d'attaque, rendue à trois ou quatre bataillons de tranchée, ou, pour mieux dire, à un seul bataillon, puisqu'il n'y en eut jamais plus d'un à la tranchée le long de la Meuse, qui fut celle par où la place fut emportée. On peut même remarquer qu'on n'eut pas le temps de perfectionner les lignes de circonvallation, et qu'à peine on achevoit d'y mettre la dernière main, que, la ville étant prise, l'on fut obligé de les raser pour transporter les troupes de l'autre côté de la Sambre.

Pendant que la ville capituloit, on eut nouvelles qu'enfin les alliés s'avançoient tout de bon pour faire lever le siége. Au premier bruit que le Roi étoit devant Namur, ils s'étoient hâtés d'unir ensemble toutes leurs forces : ils avoient dépêché aux généraux Flemming et Serclaës, dont le premier assembloit les troupes de

Brandebourg aux environs d'Aix-la-Chapelle, et l'autre celles de Liége dans le voisinage de cette ville, avec ordre de les venir joindre; et le prince d'Orange avec l'électeur de Bavière, à la tête de l'armée confédérée, ayant passé le canal de Bruxelles, étoit venu camper à Dighom, puis à Lefdaël et à Wossem, de là à l'abbaye du Parc et au château d'Heverle, près de Louvain. Il séjourna quelque temps dans ce dernier camp, ou pour donner le temps à toutes ses forces de le joindre, ou n'osant s'engager trop avant dans le pays, ni s'éloigner de la mer, dans l'inquiétude où il étoit de la descente dont l'Angleterre étoit menacée. Il apprit enfin que sa flotte, jointe à celle de Hollande, faisant ensemble quatre-vingt-dix vaisseaux de guerre, étoit à la mer avec un vent favorable; et qu'au contraire le comte de Tourville, n'ayant pu être joint par les escadres du comte d'Estrées, du comte de Château-Regnaut et du marquis de la Porte, n'avoit que quarante-quatre vaisseaux, avec lesquels il s'efforçoit d'entrer dans la Manche. Alors voyant ses affaires vraisemblablement en sûreté de ce côté-là, il feignit de n'y plus songer, et ne parla plus que d'aller secourir Namur.

Il partit des environs de Louvain le cinquième juin, et vint camper à Meldert et à Bauechem. Il campa le lendemain sixième auprès de Hougaerde et de Tirlemont; le septième, entre Orp et Montenackem, au delà de la rivière de Ghete; et enfin le huitième, sur la grande chaussée entre Thinnes et Breff, à la vue du maréchal de Luxembourg. La prise de la ville ayant mis le roi en état de faire des détachements de son armée, il avoit envoyé à ce maréchal le comte d'Auvergne et le duc de Villeroi, lieutenants généraux, avec une partie des troupes qui se trouvoient campées du côté du Brabant.

Pour lui, la trêve qu'il avoit accordée aux assiégés étant expirée, il avoit passé de l'autre côté de la Sambre, avec ce qui lui étoit resté de troupes au delà de cette rivière. C'étoit le septième de juin qu'il quitta son premier camp pour en venir prendre un autre entre Sambre et Meuse, dans la forêt de Marlagne. Voici de quelle manière ce nouveau camp étoit disposé. Le quartier du Roi étoit auprès d'un couvent de carmes, qu'on appeloit *le Désert;* il y avoit une ligne de troupes qui s'étendoit depuis l'abbaye de Malogne sur la Sambre, jusqu'au pont construit sur la Meuse à Huépion; une autre ligne de dix bataillons, qui composoient la brigade du régiment du Roi, eut son camp marqué sur les hauteurs du château, pour en occuper tout le front, qui est fort resserré par les deux rivières, et pour rejeter ainsi les ennemis dans leurs ouvrages. Mais il n'étoit pas facile de les déposter de ces hauteurs, et moins encore des retranchements qu'ils y avoient faits à la faveur de quelques maisons, et entre autres d'un ermitage qu'ils avoient fortifié en forme de redoute. Néanmoins la brigade du Roi eut ordre de les aller attaquer.

Les troupes, qui avoient cru ce jour-là n'avoir autre chose à faire qu'à s'établir paisiblement dans leur nouveau camp, et qui, dans ce moment-là, portoient leurs tentes et leurs autres hardes sur leurs épaules, jetèrent aussitôt à terre tout ce qui les embarrassoit, pour ne garder que leurs armes, et, grimpant en bon ordre et sur un même front, malgré l'extrême roideur d'un terrain raboteux et inégal, arrivèrent sur la crête de la montagne au travers d'une grêle de coups de mousquet que les ennemis leur tiroient avec tout l'avantage qu'on peut s'imaginer. Le soldat, quoique hors d'haleine, renversa leurs postes avancés, et les poursuivit jusqu'à une seconde hauteur, non moins escarpée que la première, où leurs bataillons étoient rangés en bon ordre pour les soutenir : mais rien ne put arrêter la furie des François. Les bataillons furent aussi chassés de ce second poste, et menés battant, l'épée dans les reins, jusqu'à leurs retranchements, qui même couroient risque d'être forcés, si le prince de Soubise, lieutenant général de jour, et le sieur de Vauban, rappelant les troupes, ne les eussent obligées de se contenter du poste qu'elles avoient occupé. Cette action, qui fut fort vive et fort brillante dans toutes ses circonstances, coûta à la brigade du Roi douze ou quinze officiers, et quelque cent ou six vingt soldats, ou tués ou blessés.

Aussitôt on travailla à se bien établir sur cette hauteur, et on y ouvrit une tranchée, laquelle fut, tous les jours, relevée par sept bataillons. Il ne fut pas possible les jours suivants d'avancer beaucoup le travail, tant à cause du terrain pierreux et difficile qu'on rencontra en plusieurs endroits, que des orages effroyables et des pluies continuelles qui rompirent tous les chemins, et les mirent presque hors d'état d'y pouvoir conduire le canon. On ne put aussi achever les batteries qu'avec d'extrêmes difficultés. Cependant les assiégés profitèrent peu de tous ces obstacles, et firent seulement quelques sorties sans aucun effet.

Enfin, le treizième juin, les travaux ayant été poussés jusqu'aux retranchements, il fut résolu de les attaquer. La contenance fière des ennemis, qu'on voyoit en bataille en plusieurs endroits derrière ces retranchements, et qui avoient tout l'air de se préparer à une résistance vigoureuse, obligea le Roi de leur opposer ses meilleures troupes, et de se transporter lui-même sur la hauteur, pour régler l'ordre de l'attaque.

Le signal donné sur le midi, deux cents mousquetaires du Roi à la droite, les grenadiers à cheval à la gauche, et huit compagnies de grenadiers d'infanterie au milieu, marchèrent aux ennemis l'épée à la main, soutenus des sept bataillons de tranchée et des dix de la brigade du Roi, qu'il avoit fait mettre en bataille sur la hauteur, à la tête de leur camp. Les assiégés, jusqu'alors si fiers, s'effrayèrent bientôt ; ils firent seulement leur décharge, et, abandonnant la redoute et les retranchements, se retirèrent en désordre dans les chemins couverts des ouvrages qu'ils avoient derrière eux. Ils perdirent plus de quatre cents hommes, la plupart tués de coups de main, et entre autres plusieurs officiers et plusieurs gens de distinction. Les François eurent quelque cent trente hommes, et quarante, tant officiers que mousquetaires, tués ou blessés.

Le comte de Toulouse, amiral de France, jeune prince âgé de quatorze ans, reçut une contusion au bras, à côté du Roi, et plusieurs personnes de la cour furent aussi blessées autour de lui. Le duc de Bourbon, qui étoit lieutenant général de jour, donna ses ordres avec non moins de sagesse que de valeur. Les troupes, animées par la présence du Roi, se signalèrent à l'envi l'une de l'autre ; et les moindres grenadiers de l'armée disputèrent d'audace avec les mousquetaires, de l'aveu des mousquetaires mêmes. On accorda aux assiégés une suspension pour venir retirer leurs morts ; mais on ne laissa pas, pendant cette trêve, d'assurer le logement et dans la redoute et dans tous les retranchements qu'on venoit d'emporter.

Entre ces retranchements et la première enveloppe du château, nommée par les Espagnols *Terra-Nova*, on trouvoit sur le côté de la montagne qui descend vers la Sambre, un ouvrage irrégulier que le prince d'Orange avoit fait construire l'année précédente, et qu'on appeloit, à cause de cela, le *Fort-Neuf,* ou le *Fort-Guillaume :* il étoit situé de telle façon, que, bien qu'il parût moins élevé que les hauteurs qu'on avoit gagnées, il n'en étoit pourtant point commandé, et il sembloit se dérober et au canon et à la vue des assiégeants à mesure qu'ils s'en approchoient. Ce fut, de toutes les fortifications de la place, celle dont la prise coûta le plus de temps et de peine, à cause de la grande quantité de travaux qu'il fallut faire pour l'embrasser.

La nuit qui suivit l'attaque dont nous venons de parler, le travail fut avancé plus de cinq cents pas vers la gorge de ce fort. Le quatorzième, on s'étendit sur la droite, et l'on y dressa deux batteries, tant contre le Fort-Neuf que contre le vieux château. Ce même jour les assiégés abandonnèrent une maison retranchée, qui leur restoit encore sur la montagne ; et ainsi on n'eut plus rien devant soi que les ouvrages que je viens de dire.

Le quinzième, les nouvelles batteries démontèrent presque entièrement le canon des assiégés ; mais elles ne firent que très-peu d'effet contre le Fort-Neuf.

La nuit suivante on ouvrit, au-dessus de l'abbaye de Salzenne, une nouvelle tranchée pour embrasser ce fort par la gauche, et le travail fut poussé environ quatre cents pas.

Pendant qu'on pressoit avec cette vigueur le château de Namur, le prince d'Orange étoit, comme j'ai dit, arrivé sur la Méhaigne. Il donna d'abord toutes les marques d'un homme qui vouloit passer cette rivière et attaquer l'armée du maréchal de Luxembourg, pour s'ouvrir un chemin à Namur. Plusieurs raisons ne laissoient pas lieu de douter qu'il n'eût ce dessein : son intérêt et celui de ses alliés, l'état de ses forces, sa réputation, à laquelle la prise de Mons avoit déjà donné quelque atteinte, en un mot les vœux unanimes de son parti, et surtout les pressantes sollicitations de l'électeur de Bavière, qui ne pouvoit digérer l'affront de se voir, à son arrivée dans les pays-Bas, enlever la plus forte place du gouvernement qu'il venoit d'accepter.

Ajoutez à toutes ces raisons les bonnes nouvelles que les alliés avoient reçues de la bataille qui s'étoit donnée sur mer ; car bien que le combat n'eût pas été fort glorieux pour les Hollandois et pour les Anglois, mais surtout pour ces derniers, et qu'il fût jusqu'alors inouï qu'une armée de quatre-vingt-dix vaisseaux, attaquée par une autre de quarante-quatre, n'eût fait, pour ainsi dire, que soutenir le choc, sans pouvoir, pendant douze heures, remporter aucun avantage ; néanmoins, comme le vent, en séparant la flotte de France, leur avoit en quelque sorte livré quinze de ses vaisseaux qui avoient été obligés de se faire échouer, et où ils avoient mis le feu, il y avoit toute sorte d'apparence que le prince d'Orange saisiroit le moment favorable où il sembloit que la fortune commençât à se déclarer contre les François. Il reconnut donc, en arrivant, tous les environs de la Méhaigne, fit sonder les gués, posta son infanterie dans les villages et dans tous les endroits qui pouvoient favoriser son passage, et enfin fit jeter une infinité de ponts sur cette rivière. On remarqua pourtant avec surprise que, dans le temps qu'il faisoit construire cette grande quantité de ponts de bois, il faisoit démolir tous les ponts de pierre qui se trouvoient sur la Méhaigne.

Une autre circonstance fit encore mieux voir qu'il n'avoit pas grande envie de combattre. Le roi, qui ne vouloit point qu'on engageât, d'un bord de rivière à l'autre, un combat où sa cavalerie n'auroit point eu de part, manda au duc de Luxembourg de se retirer un peu en arrière, et de laisser le passage libre aux ennemis : et la chose fut ainsi exécutée. C'étoit en quelque sorte les défier et leur ouvrir le champ pour donner bataille s'ils vouloient ; mais le prince d'Orange demeura toujours dans son premier poste, tantôt s'excusant sur les pluies qui firent déborder la Méhaigne pendant deux jours, tantôt publiant qu'il feroit périr l'armée du maréchal sans la combattre, ou du moins qu'il la réduiroit à décamper faute de subsistance.

Il forma néanmoins un projet qui auroit été de quelque éclat s'il eût réussi. Il détacha le comte de Serclaës de Tilly, avec cinq ou six mille chevaux, du côté d'Huy. Ce général, ayant pris encore dans cette place un détachement considérable de l'infanterie de la garnison, passa la Meuse, qu'il fit remonter à son infanterie, dans le dessein de couper le pont de bateaux qui était sous Namur, et qui faisoit la communication de nos deux armées. Lui cependant marcha avec sa cavalerie pour attaquer le quartier du marquis de Boufflers, et brûler le pont de haute Meuse, avec toutes les munitions qui se trouveroient sur le port, et qu'on avoit fait descendre par cette rivière. Le roi eut bientôt avis de ce dessein : il fit fortifier la garde des ponts et le quartier de Boufflers; et, ayant rappelé un corps de cavalerie de l'armée du maréchal, il fit sortir ses troupes hors des lignes, et les rangea lui-même en bataille. Mais Serclaës, qui en eut le vent, retourna fort vite passer la Meuse, et alla rejoindre l'armée confédérée.

Le prince d'Orange, après avoir demeuré inutilement quelques jours sur la Méhaigne, en décampa tout à coup, et, remontant le long de cette rivière jusque vers sa source, vint camper, sa droite à la cense de Gline, près du village d'Asche, et sa gauche au-dessus de celui de Branchon.

Le maréchal de Luxembourg, qui observoit tous les mouvements des ennemis pour régler les siens, ne les vit pas plus tôt en marche, que de son côté il remonta aussi la rivière : en telle sorte que ces deux grandes armées, séparées seulement par un médiocre ruisseau, marchoient à la vue l'une de l'autre éloignées seulement d'une demi-portée de canon. Celle de France campa, la droite à Hanrech, la gauche à Temploux, ayant à peu près dans son centre le village de Saint-Denis.

Le prince d'Orange fit encore en cet endroit des démonstrations de vouloir décider du sort de Namur par une bataille. Il fit élargir les chemins qui étoient entre les deux armées, et envoya l'électeur de Bavière pour reconnoître lui-même le camp des François. L'électeur passa la rivière de l'abbaye de Bonneff, et se mit en devoir d'observer l'armée du maréchal; mais on ne lui laissa pas le temps de satisfaire sa curiosité, et il fut obligé de repasser fort brusquement la Méhaigne, à l'approche de quelques troupes de carabiniers qu'on avoit détachées pour l'éloigner de la vue des lignes.

A dire vrai, le maréchal ne fut pas fâché d'ôter aux ennemis la connoissance de la disposition de son camp, coupé de plusieurs ruisseaux et de petits marais, qui rendoient la communication de ses deux ailes fort difficile, et d'ailleurs commandé de la hauteur de Saint-Denis, d'où les ennemis auroient pu incommoder de leur canon le centre de son armée, et engager enfin, dans un pays serré et embarrassé de bois, un combat particulier d'infanterie, où ils auroient eu tout l'avantage du lieu. Le roi, qui sut l'inquiétude où il étoit, lui envoya proposer un autre poste, que le maréchal alla reconnoître : et il le trouva si avantageux, que, sans attendre de nouveaux ordres, il fit aussitôt marcher son armée; il n'attendit pas même son artillerie, dont les chevaux se trouvoient alors au fourrage, et se contenta de laisser une partie de son infanterie pour la garder. Il plaça sa gauche au château de Milmont, la couvrant du ruisseau d'Aurenault, et étendit sa droite par Temploux, et par le château de La Falise, jusqu'auprès du ruisseau de Wédrin, au delà duquel il jeta son corps de réserve : de sorte qu'il se trouvoit tout proche de l'armée du roi, et tout proche aussi de la Sambre et de la Meuse, dont il tiroit la subsistance de sa cavalerie, couvroit entièrement la place, et réduisoit les ennemis à venir l'attaquer dans son front par des plaines ouvertes et propres à faire mouvoir sa cavalerie, qui étoit supérieure en toutes choses à celle des ennemis.

Il fit en plein jour cette marche, sans qu'ils se missent en devoir de l'inquiéter, et sans qu'ils se présentassent seulement pour charger son arrière-garde. Le prince d'Orange décampa quelques jours après. Il passa, le vingt-deuxième de juin, le bois des Cinq-Étoiles, et, ayant fait faire à ses troupes une extrême diligence, alla se poster, la droite à Sombreff, et la gauche proche de Marbais, sur la grande chaussée.

Cette démarche, qui le mettoit en état de passer un jour la Sambre pour tomber sur le camp du roi, auroit pu donner de l'inquiétude à un général moins vigilant et moins expérimenté. Mais comme il avoit pensé de bonne heure à tous les mouvements que les ennemis pourroient faire pour l'inquiéter, il ne les vit pas plus tôt la tête tournée vers Sombreff, qu'il envoya le marquis de Boufflers avec un corps de troupes dans le pays d'entre Sambre et Meuse ; et, après avoir fait reconnoître les plaines de Saint-Gérard et de Fosse, qui étoient les seuls chemins par où ils auroient pu venir à lui, il ordonna à ce marquis de se saisir du poste d'Aveloy, sur la Sambre. Il fit en même temps jeter un pont sur cette rivière, entre l'abbaye de Floreff et Jemeppe, vers l'embouchure du ruisseau d'Aurenault, où la gauche du maréchal de Luxembourg étoit appuyée. Par ce moyen, il mettoit ce général en état de passer aisément la Sambre, dès que les ennemis voudroient entreprendre la même chose du côté de Charleroy et de

Farsiennes. La seule chose qui étoit à craindre, c'est que le corps de troupes qu'il avoit donné au marquis de Boufflers ne fût pas suffisant pour disputer aux ennemis le passage de la Sambre, et que, s'ils le tentoient si près de lui, on n'eût pas le temps de faire passer d'autres troupes pour le soutenir.

Pour obvier à cet inconvénient, le maréchal eut ordre de lui envoyer son corps de réserve, qui fut suivi, peu de temps après, des brigades d'infanterie de Champagne et du Bourbonnois, et enfin de l'aile droite de sa seconde ligne, commandée par le duc de Vendôme. Toutes ces troupes furent postées sur le bord de la Sambre, proche de ponts de bateaux, à portée, ou de passer en très-peu de temps dans les plaines de Fosse et de Saint-Gérard, ou de repasser à l'armée du maréchal, selon le parti que prendroient les ennemis.

Pendant ces différents mouvements des armées, les attaques du château de Namur se continuoient avec toute la diligence que les pluies pouvoient permettre, les troupes ne témoignant pas moins de patience que de valeur. Depuis le seizième de juin, les assiégés se trouvoient extrêmement resserrés dans le Fort-Neuf, où ils commençoient même d'être enveloppés. Le matin du dix-septième, ils firent une sortie de quatre cents hommes de troupes espagnoles et du Brandebourg sur l'attaque gauche, et y causèrent quelque désordre. Mais les Suisses, qui y étoient de garde, les repoussèrent aussitôt, et rétablirent en très-peu de temps le travail. Il y eut quarante ou cinquante hommes tués de part et d'autre.

Le dix-huitième et le dix-neuvième, les communications du Fort-Neuf avec le château furent presque entièrement ôtées aux assiégés, et leur artillerie rendue inutile; et enfin le vingtième, toutes les communications des tranchées étant achevées, on se vit en état d'attaquer tout à la fois et le fort et le château. Mais comme invraisemblablement on y auroit perdu beaucoup de monde, le roi voulut que les choses se fissent plus sûrement. Ainsi on employa toute la nuit du vingtième et le jour suivant à élargir et à perfectionner les travaux; et le soir du vingt et unième, toutes choses étant prêtes pour l'attaque, on résolut de la faire, mais seulement aux dehors de l'ouvrage neuf.

Huit compagnies de grenadiers, commandées avec les sept des

bataillons de la tranchée, commencèrent sur les six heures à occuper tous les boyaux qui enveloppoient les deux ouvrages. Le duc de Bourbon se trouvoit encore à cette attaque lieutenant-général de jour, se croyant fort obligé à la fortune de ce qu'en un même siége elle lui donnoit tant d'occasions de s'exposer. Le signal donné un peu avant la nuit, il fit avancer les détachements soutenus des corps entiers. Ils marchèrent en même temps au premier chemin couvert, et, en ayant chassé les assiégés, les forcèrent encore dans le second, et, le fossé n'étant pas fort profond, les poursuivirent jusqu'au corps de l'ouvrage, dans lequel même quelques soldats étant montés par une fort petite brèche, les ennemis battirent à l'instant la chamade, et leurs otages furent envoyés au roi. Mais pendant qu'ils faisoient leur capitulation, on ne laissa pas de travailler dans les dehors de l'ouvrage, et d'y commencer des logements contre le château.

Le lendemain, ils sortirent du fort au nombre de quatre-vingts officiers et de quinze cent cinquante soldats en cinq régiments, pour être conduits à Gand. De ce nombre étoit un ingénieur hollandois nommé Cohorn, sur les dessins duquel le fort avoit été construit; et il en sortit blessé d'un éclat de bombe. Quelques officiers des ennemis demandèrent à entrer dans le vieux château, pour y servir encore jusqu'à la fin du siége. Mais cette permission ne fut accordée qu'au seul Wimberg, qui commandoit les troupes hollandoises.

Le fort Guillaume pris, on donna un peu plus de relâche aux troupes, et la tranchée ne fut plus relevée que par quatre bataillons. Mais le château n'en fut pas moins vivement pressé, et les attaques allèrent fort vite, n'étant plus inquiétées par aucune diversion.

Dès le vingt-troisième, on éleva dans la gorge du Fort-Neuf des batteries de bombes et de canon.

Le vingt-quatrième et le vingt-cinquième, on embrassa tout le front de l'ouvrage à cornes, qui faisoit, comme j'ai dit, la première enveloppe du château, et on acheva la communication de la tranchée, qu'on avoit conduite par la droite sur la hauteur qui regarde la Meuse, avec la tranchée qui regardoit la gauche du côté de la Sambre.

Le roi alla le vingt-cinquième visiter le Fort-Neuf et les travaux. Comme il avoit remarqué que sa présence les avançoit extrêmement, il fit la même chose presque tous les jours suivants, malgré les incommodités du temps et l'extrême difficulté des chemins, s'exposant non-seulement au mousquet des ennemis, mais encore aux éclats de ses propres bombes, qui retomboient souvent de leurs ouvrages avec violence, et qui tuèrent ou blessèrent plusieurs personnes à ses côtés et derrière lui.

Le vingt-sixième, les sapes furent poussées jusqu'au pied de la palissade du premier chemin couvert. A mesure qu'on s'approchoit, la tranchée devenoit plus dangereuse à cause des bombes et des grenades que les ennemis y faisoient rouler à toute heure, surtout du côté du fond qui alloit tomber vers la Sambre, et qui séparoit les deux forts.

Le vingt-septième, les travaux furent perfectionnés. On dressa deux nouvelles batteries pour achever de ruiner les défenses des assiégés, pendant que les autres battoient en ruine les pointes et les faces des deux demi-bastions de l'ouvrage; et on disposa enfin toutes choses pour attaquer à la fois tous leurs dehors.

Tant d'attaques, qui se succédoient de si près, auroient dû, ce semble, lasser la valeur des troupes; mais plus elles fatiguoient, plus il sembloit qu'elles redoublassent de vigueur; et, en effet, cette dernière action ne fut pas la moins hardie ni la moins éclatante de tout le siége. Le Roi voulut encore y être présent, et se plaça entre les deux ouvrages.

Ainsi, le vingt-huitième à midi, le signal donné par trois salves de bombes, neuf compagnies de grenadiers, commandées avec quatre des bataillons de la tranchée, marchèrent avec leur bravoure ordinaire, l'épée à la main, aux chemins couverts des assiégés. Le premier de ces chemins se trouvant presque abandonné, elles passèrent au second sans s'arrêter, tuèrent tout ce qui osa les attendre, et poursuivirent le reste jusqu'à un souterrain qui les déroba à leur furie.

Les ennemis ainsi chassés reparurent en grand nombre sur les brèches : quelques-uns même, avec l'épée et le bouclier, s'efforcèrent, à force de grenades et de coups de mousquet, de prendre leur revanche sur nos travailleurs. Cependant quelques grenadiers de la compagnie de Saillant, du régiment des gardes, ayant été commandés pour reconnoître la brèche qui étoit au

DU SIÈGE DE NAMUR. 327

demi-bastion gauche, ils montèrent jusqu'en haut avec beaucoup de résolution. Il y en eut un, entre autres, qui y demeura fort longtemps, et y rechargea plusieurs fois son fusil avec une intrépidité qui fut admirée de tout le monde. Mais la brèche se trouvant encore trop escarpée, on se contenta de se loger dans les chemins couverts, dans la contre-garde du demi-bastion gauche, dans une lunette qui étoit au milieu de la courtine, vis-à-vis du chemin souterrain ; et, en un mot, dans tous les dehors. La perte des assiégés monta à quelque trois cents hommes, partie tués dans les dehors, partie accablés par les bombes dans l'ouvrage même. Les assiégeants n'eurent guère moins de deux ou trois cents, tant officiers que soldats, tués ou blessés, la plupart après l'action, et pendant qu'on travailloit à se loger.

Peu de temps après, les sapeurs firent la descente du fossé; et, dès le soir, les mineurs furent attachés en plusieurs endroits, et on se mit en état de faire sauter tout à la fois les deux demi-bastions, la courtine qui les joignoit, et la branche qui regardoit le Fort-Neuf, et de donner un assaut général.

Néanmoins, comme on se tenoit alors sûr d'emporter la place, on résolut de ne faire jouer qu'à la dernière extrémité les fourneaux, qui, en ouvrant entièrement le rempart, auroient obligé à y faire de fort grandes réparations. On espéra qu'il suffiroit que le canon élargît les brèches qu'il avoit déjà faites aux deux faces et aux pointes des demi-bastions; et c'est à quoi on travailla le vingt-neuvième.

La nuit du trentième, le sieur de Rubentel, lieutenant général de jour, fit monter sans bruit au haut de la brèche du demi-bastion gauche quelques grenadiers du régiment Dauphin, pour épier la contenance des ennemis. Ces soldats, ayant remarqué qu'ils n'étoient pas fort sur leurs gardes, et qu'ils s'étoient même retirés au dedans de l'ouvrage, appelèrent quelques autres de leurs camarades qui, étant aussitôt montés, chargèrent avec de grands cris les assiégés, et s'emparèrent d'un retranchement qu'ils avoient commencé à la gorge du demi-bastion, où ils commencèrent à se retrancher eux-mêmes. Ceux des ennemis qui gardoient le demi-bastion de la droite, voyant les François dans l'ouvrage, et craignant d'être coupés, cherchèrent, comme les autres, leur salut dans la fuite, et laissèrent les assiégeants entièrement maîtres de cette première enveloppe. Il restoit encore deux autres ouvrages à peu près de même espèce, non moins difficiles à attaquer que les premiers, et qui avoient de grands fossés très-profonds et taillés dans le roc. Derrière tout cela, on trouvoit le corps du château capable lui seul d'arrêter longtemps un ennemi, et de lui faire acheter bien cher les derniers pas qu'ils lui resteroient à faire.

Mais le gouverneur, qui vit sa garnison intimidée tant par le feu continuel des bombes et du canon que par la valeur infatigable des assiégeants, reconnoissant d'ailleurs le peu de fond qu'il y avoit à faire sur les vaines promesses de secours dont le prince d'Orange l'entretenoit depuis un mois, ne songea plus qu'à faire sa composition à des conditions honorables, et demanda à capituler.

Le roi accorda sans peine toutes les marques d'honneur qu'on lui demanda, et, dès ce jour, une porte fut livrée à ses troupes.

Le lendemain, premier jour de juillet, la garnison sortit, partie par la brèche, qu'on accommoda exprès pour leur en faciliter la descente, partie par la porte vis-à-vis du Fort-Neuf. Elle étoit d'environ deux mille cinq cents hommes, en douze régiments d'infanterie, un de cavalerie, et quelques compagnies franches de dragons, lesquels, joints aux seize cents qui sortirent du Fort-Neuf, faisoient le reste des neuf mille deux cents hommes qui, comme j'ai dit, se trouvoient dans la place au commencement du siége. Ils prétendoient qu'ils en avoient perdu huit ou neuf cents par la désertion ; tout le reste avoit péri par l'artillerie, ou dans les attaques.

Quelques jours avant que les assiégés battissent la chamade, les confédérés étoient partis tout à coup de Sombreff, et, au lieu de faire un dernier effort, sinon pour sauver la place, au moins pour sauver leur réputation, ils avoient en quelque sorte tourné le dos à Namur, et étoient allés camper dans la plaine de Brunehault, la droite à Fleurus, et la gauche du côté de Frasne et de Liberchies. Pendant le séjour qu'ils y firent, le prince d'Orange ne s'étoit appliqué qu'à ruiner les environs de Charleroy ; comme si dès lors il n'avoit plus pensé qu'à empêcher le roi de passer à de nouvelles conquêtes.

Enfin, le soir du dernier jour de juin, ils apprirent, par trois salves de l'armée du maréchal de Luxembourg et de celle du marquis de Boufflers, la triste nouvelle que Namur étoit rendu : ils en tombèrent dans une consternation qui les rendit comme immobiles durant plusieurs jours, jusque-là que le maréchal de Luxembourg s'étant mis en devoir de repasser la Sambre, ils ne songèrent ni à le troubler dans sa marche, ni à le charger dans sa retraite. Il vint donc tranquillement se poster dans la plaine de Saint-Gérard, tant pour favoriser les réparations les plus pressantes de la place, et les remises d'artillerie, de munitions et de vivres qu'il y falloit jeter, que pour donner aux troupes fatiguées par des mouvements continuels, par le mauvais temps, et par une assez longue disette de toutes choses, les moyens de se rétablir.

Le Roi employa les deux jours qui suivirent la reddition du château à donner tous les ordres nécessaires pour la sûreté d'une si importante conquête; il en visita tous les ouvrages, et en ordonna les réparations. Il alla trouver à Floreff le maréchal de Luxembourg, qu'il laissoit avec une puissante armée dans les Pays-Bas, et lui expliqua ses intentions pour le reste de la campagne. Il détacha différents corps pour l'Allemagne, et pour assurer ses frontières de Flandre et de Luxembourg. Il avoit déjà quelque quarante escadrons dans le pays de Cologne, sous les ordres du marquis de Joyeuse, et il les y avoient fait rester pendant tout le siége de Namur, tant pour faire payer les restes des contributions qui étoient dues, que pour obliger les souverains de ce pays-là à y laisser aussi un corps de troupes considérable : ce qui diminuoit d'autant l'armée du prince d'Orange.

Enfin, tous ses ordres étant donnés, il partit de son camp le troisième de juillet pour retourner, à petites journées, à Versailles; d'autant plus satisfait de sa conquête, que cette grande expédition étoit uniquement son ouvrage ; qu'il l'avoit entreprise sur ses seules lumières, et exécutée, pour ainsi dire, par ses propres mains, à la vue de toutes les forces de ses ennemis; que par l'étendue de sa prévoyance il avoit rompu tous leurs desseins, et fait subsister ses armées; et qu'en un mot, malgré tous les obstacles qu'on lui avoit opposés, malgré la bizarrerie d'une saison qui lui avoit été entièrement contraire, il avoit emporté, en cinq semaines, une place que les plus grands capitaines de l'Europe avoient jugée imprenable : triomphant ainsi, non-seulement de la force des remparts, de la difficulté des pays et de la résistance des hommes, mais encore des injures de l'air et de l'opiniâtreté, pour ainsi dire, des éléments.

On a parlé fort diversement dans l'Europe sur la conduite du prince d'Orange pendant ce siége ; et bien des gens ont voulu pénétrer les raisons qui l'ont empêché de donner bataille dans une occasion où il sembloit devoir hasarder tout pour prévenir la prise d'une ville si importante, et dont la perte lui seroit à jamais reprochée. On en a même allégué des motifs qui ne lui font pas honneur. Mais, à juger sans passion d'un prince en qui l'on reconnoît de la valeur, on peut dire qu'il y a eu beaucoup de sagesse dans le parti qu'il a pris, l'expérience du passé lui ayant fait connoître combien il étoit inutile de s'opposer à un dessein que le Roi conduisoit lui-même : et il a jugé Namur perdu, dès qu'il a su qu'il l'assiégeoit en personne. Et d'ailleurs, le voyant aux portes de Bruxelles avec deux formidables armées, il a cru qu'il ne devoit point hasarder un combat dont la perte auroit entraîné la ruine des Pays-Bas, et peut-être sa propre ruine, par la dissolution d'une ligue qui lui a tant coûté de peine à former.

ÉPITRE DÉDICATOIRE

A MADAME DE MONTESPAN[1]

Madame,

Voici le plus jeune des auteurs qui vient vous demander votre protection pour ses ouvrages. Il auroit bien voulu attendre, pour les mettre au jour, qu'il eût huit ans accomplis ; mais il a eu peur qu'on ne le soupçonnât d'ingratitude, s'il étoit plus de sept ans au monde sans vous donner des marques publiques de sa reconnoissance.

En effet, madame, il vous doit une bonne partie de tout ce qu'il est. Quoiqu'il ait eu une naissance assez heureuse, et qu'il y ait peu d'auteurs que le ciel ait regardés aussi favorablement que lui, il avoue que votre conversation a beaucoup aidé à perfectionner en sa personne ce que la nature avoit commencé. S'il pense avec quelque justesse, s'il s'exprime avec quelque grâce, et s'il sait déjà faire un assez juste discernement des hommes, ce sont autant de qualités qu'il a tâché de vous dérober. Pour moi, madame, qui connois ses plus secrètes pensées, je sais avec quelle admiration il vous écoute, et je puis vous assurer avec vérité qu'il vous étudie beaucoup plus volontiers que tous ses livres.

Vous trouverez, dans l'ouvrage que je vous présente, quelques

---

1. Cette épître est placée à la tête des *OEuvres diverses d'un auteur de sept ans* (le duc du Maine), 1679, et écrite au nom de Mme de Maintenon.

traits assez beaux de l'histoire ancienne; mais il craint que, dans la foule d'événements merveilleux qui sont arrivés de nos jours, vous ne soyez guère touchée de tout ce qu'il pourra vous apprendre des siècles passés. Il craint cela avec d'autant plus de raison, qu'il a éprouvé la même chose en lisant les livres. Il trouve quelquefois étrange que les hommes se soient fait une nécessité d'apprendre par cœur des auteurs qui nous disent des choses si fort au-dessous de ce que nous voyons. Comment pourroit-il être frappé des histoires des Grecs et des Romains, et de tout ce que Florus et Justin lui racontent? Ses nourrices, dès le berceau, ont accoutumé ses oreilles à de plus grandes choses. On lui parle comme d'un prodige d'une ville que les Grecs prirent en dix ans. Il n'a que sept ans, et il a déjà vu chanter en France des *Te Deum* pour la prise de plus de cent villes.

Tout cela, madame, le dégoûte un peu de l'antiquité. Il est fier naturellement; je vois bien qu'il se croit de bonne maison, et avec quelques éloges qu'on lui parle d'Alexandre et de César, je ne sais s'il voudroit faire aucune comparaison avec les enfants de ces grands hommes. Je m'assure que vous ne désapprouverez pas en lui cette petite fierté, et que vous trouverez qu'il ne se connoît pas mal en héros; mais vous m'avouerez aussi que je ne m'entends pas mal à faire des présents, et que, dans le dessein que j'avois de vous dédier un livre, je ne pouvois choisir un auteur qui vous fût plus agréable, ni à qui vous prissiez plus d'intérêt qu'à celui-ci.

Je suis, madame, votre très-humble et très-obéissant servante.

***

HARANGUE

PRONONCÉE A LA TÊTE DU CLERGÉ

PAR M. L'ABBÉ COLBERT

COADJUTEUR DE ROUEN

en 1685.

Sire,

Le clergé de France, qui ne s'approchoit autrefois de ses souverains que pour leur retracer de tristes images de la religion opprimée et gémissante, vient aujourd'hui, la reconnoissance et la joie dans le cœur, faire paroître à Votre Majesté cette même religion toute couverte de la gloire qu'elle tient de votre piété.

Elle a paru, durant plus d'un siècle, sur le penchant de sa ruine : on l'a vue déchirée par ses propres enfants, trahie par ceux qui devoient la soutenir et la défendre, en proie à ses plus cruels ennemis ; enfin, après une longue et funeste oppression, elle respira peu de temps avant votre naissance heureuse : avec vous elle commença de revivre, avec vous elle monta sur le trône. Nous comptons les années de son accroissement par les années de votre règne, et c'est sous le plus florissant empire du monde que nous la voyons aujourd'hui plus florissante que jamais.

Si elle se souvient encore de ses troubles et de ses malheurs passés, ce n'est plus que pour mieux goûter le parfait bonheur dont vous la faites jouir ; elle est sans agitation et sans crainte à l'ombre de votre autorité ; elle est même, si j'ose ainsi dire, sans désirs, puisque votre zèle ne lui laisse pas le temps d'en former, et que votre bonté va si souvent au delà de ses souhaits.

Ce zèle ardent pour la foi, cette bonté paternelle dans tous les besoins de l'Église, qualités si rares dans les princes, font, Sire, le véritable sujet de nos éloges.

Nous laissons à vos autres sujets assez d'autres vertus à admirer en vous. Les uns vous représenteront comme un monarque bienfaisant, libéral, magnifique, fidèle dans ses promesses, ferme et inflexible contre toute sorte d'injustice, droit et équitable jusqu'à prononcer contre ses propres intérêts, véritablement maître de ses peuples, et plus maître encore de lui-même.

Les autres vous respecteront comme un roi toujours sage et toujours victorieux, dont les impénétrables desseins sont plus tôt exécutés que connus; qui ne règne pas seulement sur ses sujets par son autorité souveraine, mais sur son conseil par la supériorité de son génie, mais sur les cours de ses voisins par la pénétration de son esprit et par la sagesse dont il sait instruire ses ministres; qui, pouvant tout par lui-même, sait se passer des plus grands hommes, et sans eux, résoudre, entreprendre, exécuter; qui donne la loi sur la mer aussi bien que sur la terre; qui lance, quand il lui plaît, la foudre jusque sur les bords de l'Afrique; qui sait à son gré humilier les nations superbes, et réduire des souverains à venir au pied de son trône reconnoître son pouvoir et implorer sa clémence.[1]

Vos ennemis mêmes, SIRE, ne peuvent s'empêcher de louer vos actions héroïques; ils sont contraints d'avouer que rien n'est capable de vous résister, et le mérite du vainqueur adoucit en quelque sorte le malheur des vaincus.

Ce n'est pas à nous, SIRE, à parler des progrès étonnants de vos armes triomphantes; nous ne devons pas confondre l'éclat d'une valeur qui n'est que l'objet de l'admiration des hommes avec ces œuvres saintes qui sont en estime devant Dieu. Le clergé, SIRE, s'attachera surtout à louer en vous cette piété qui, toujours attentive aux intérêts de la religion, n'omet rien de ce qui peut être nécessaire pour la relever dans les lieux où elle est abattue, pour l'étendre au delà des mers dans les lieux où elle est inconnue, pour la faire triompher dans l'un et l'autre monde.

1. Le 15 mai 1685, le doge de Gênes, accompagné de quatre sénateurs, était venu faire ses soumissions à Louis XIV, en exécution du traité du 12 février précédent.

Mais que dis-je! L'Église ne doit-elle pas elle même consacrer des victoires que vous avez si heureusement fait servir à la propagation de la foi et à l'extinction de l'hérésie? Il semble que vous n'avez combattu et triomphé que pour Dieu; et le fruit que vous tirez de la paix nous fait assez connoître quel étoit le principal but de vos victoires. C'est par ces victoires que vous avez établi cette redoutable puissance qui, tenant désormais vos voisins en bride, ôte aux hérétiques de votre royaume, et l'audace de se révolter, et l'espoir de se maintenir par de séditieux commerces avec les ennemis de l'État.

Si c'eût été la seule ambition qui vous eût armé, jusqu'où n'auriez-vous point étendu votre empire? Vous vous êtes hâté de finir la guerre lorsque vous en pouviez tirer de plus grands avantages. Ne sait-on pas que ce n'a été que par l'empressement que vous aviez de donner tous vos soins au progrès de la religion? La conversion de tant d'âmes engagées dans l'erreur vous a paru la plus belle de toutes les conquêtes, et le triomphe le plus digne d'un roi très-chrétien.

Mais quelle que soit votre puissance, elle avoit encore besoin du secours de votre bonté. C'est en gagnant le cœur des hérétiques que vous domptez l'obstination de leur esprit; c'est par vos bienfaits que vous combattez leur endurcissement, et ils ne seroient peut-être jamais rentrés dans le sein de l'Église par une autre voie que par le chemin semé de fleurs que vous leur avez ouvert.

Aussi, faut-il l'avouer, Sire, quelque intérêt que nous ayons à l'extinction de l'hérésie, notre joie l'emporteroit peu sur notre douleur si, pour surmonter cette hydre, une fâcheuse nécessité avoit forcé votre zèle à recourir au fer et au feu, comme on a été obligé de faire dans les règnes précédents. Nous prendrions part à une guerre qui seroit sainte, et nous en aurions quelque horreur, parce qu'elle seroit sanglante; nous ferions des vœux pour le succès de vos armes sacrées, mais nous ne verrions qu'avec tremblement les terribles exécutions dont le Dieu des vengeances vous feroit l'instrument redoutable; enfin, nous mêlerions nos voix aux acclamations publiques sur vos victoires, et nous gémirions en secret sur un triomphe qui, avec la défaite des ennemis de l'Église, enveloperoit la perte de nos frères.

Aujourd'hui donc que vous ne combattez l'orgueil de l'hérésie que par la douceur et par la sagesse du gouvernement; que vos lois, soutenues de vos bienfaits, sont vos seules armes, et que les avantages que vous remportez ne sont dommageables qu'au démon de la révolte et du schisme, nous n'avons que de pures actions de grâces à rendre au ciel, qui a inspiré à Votre Majesté ces doux et sages moyens de vaincre l'erreur, et de pouvoir, en mêlant avec peu de sévérité beaucoup de grâces et de faveurs, ramener à l'Église ceux qui s'en trouvoient malheureusement séparés.

Nous le confessons, Sire, c'est à Votre Majesté seule que nous devrons bientôt le rétablissement entier de la foi de nos pères ; aussi ne falloit-il pas que, l'État vous devant déjà son salut et sa gloire, l'Église dût à un autre que vous sa victoire et son triomphe; sans cela, votre règne, que le ciel a voulu qui fût un règne de merveilles, auroit manqué de son plus bel ornement. On auroit bien dit un jour de Votre Majesté ce que l'Écriture dit de plusieurs grands rois de Juda : « Il a terrassé ses ennemis, et relevé la monarchie; il a autorisé et réformé les lois ; il a fait régner la justice; » mais on auroit ajouté ce que le Saint-Esprit reproche à ces princes : « Il n'a pas aboli les sacrifices qui se faisoient sur la montagne. »

Que votre nom, Sire, sera éloigné de ce reproche! Ce que votre zèle a déjà fait, la postérité la regardera toujours comme la source de vos prospérités et le comble de votre gloire.

Mais ce n'est pas au rétablissement des temples et des autels que se borne votre zèle : vous avez entrepris de faire revivre la piété et les bonnes mœurs, et c'est à quoi Votre Majesté travaille avec succès, autant par son exemple que par ses ordres. C'est un honneur maintenant de pratiquer la vertu, et si le vice n'est pas tout à fait détruit, au moins est-il réduit à se cacher, et les voiles dont il se couvre épargnent aux gens de bien un fâcheux scandale, et sauvent les âmes foibles du péril d'une contagion funeste.

Ne pensons plus à ces jours de ténèbres, où la plupart de ceux qui étoient encore dans le sein de l'Église sembloient n'y être demeurés que pour l'outrager de plus près; où les blasphèmes et les railleries de ce qu'il y a de plus saint éclatoient avec audace. Ces monstres d'infidélité ont disparu sous votre règne heureux;

et si les remontrances, tant de fois réitérées sur ce sujet, ne nous donnoient connoissance de ce désordre, nous l'ignorerions à jamais.

Qu'est devenu cet autre monstre produit par l'esprit de vengeance, toujours altéré du sang des hommes, mais plus encore de celui de la noblesse françoise ? Nous n'avons qu'à le laisser dans l'oubli éternel où depuis tant de temps vous l'avez enseveli ; vous l'avez étouffé, tout indomptable qu'il paroissoit.[1] Votre Majesté a su renverser les fausses maximes de l'honneur et de la honte ; et autant qu'une détestable erreur avoit mis de fausse gloire à se venger, autant y auroit-il d'ignominie à ne vous pas obéir : c'est ainsi que votre volonté seule l'emporte sur la coutume invétérée du mal, et sur le penchant criminel des hommes.

Le clergé ne se dispose plus qu'à être le spectateur de la fin de toutes vos saintes entreprises, après en avoir admiré de si heureux commencements ; il cesse d'user de remontrances ; s'il a encore quelques besoins, vous les connoissez, cela lui suffit. Il vient encore de ressentir en cette assemblée d'insignes effets de votre protection royale, et, persuadé que vous lui avez destiné une longue suite de grâces dans d'autres temps, et avec les circonstances dont vous seul les savez si bien accompagner, il craindroit, par ses demandes, ou de troubler l'ordre que votre sagesse y a établi, ou peut-être de mettre des bornes où votre zèle n'en a point mis.

L'unique affaire qui nous occupe, c'est l'obligation de rendre à Votre Majesté de très-humbles actions de grâces. Après un si juste devoir, assurés que nous sommes de votre puissante protection, nous pouvons nous séparer sans inquiétude. Nous allons dans les provinces de votre royaume faire retentir les louanges que l'Église doit à votre zèle. Chaque pasteur aura la joie de retrouver, par vos soins, son troupeau plus nombreux qu'il ne l'avoit laissé, et chacun de nous redoublera ses vœux pour obtenir du ciel qu'il redouble ses bénédictions en faveur d'un prince qui se les attire par des actions si glorieuses et si utiles à la religion.

---

1. La déclaration du mois d'août 1679 pour la répression des duels.

CRITIQUE

DE L'ÉPITRE DÉDICATOIRE

DE CHARLES PERRAULT

ÉPITRE AU ROI
POUR ÊTRE PLACÉE EN TÊTE DU *Dictionnaire de l'Académie,*
PAR CHARLES PERRAULT

Sire,

Le *Dictionnaire de l'Académie françoise* paroît enfin[1] sous les auspices de[2] Votre Majesté, et nous avons[3] osé mettre à la tête de notre ouvrage le nom auguste du plus grand des rois. Quelques[4] soins que nous ayons pris d'y rassembler tous[5] les termes dont l'éloquence et la poésie peuvent former l'éloge des plus grands héros, nous[6] avouons, Sire, que vous nous en avez fait sentir plus d'une fois et le défaut et la foiblesse. Lorsque[7] notre zèle et notre devoir nous ont engagés à parler[8] du secret impénétrable de vos desseins, que la seule exécution découvre aux yeux des hommes, et toujours dans les moments marqués par votre sagesse, les mots de *prévoyance,* de *prudence,* et de *sagesse* même ne répondoient[9] pas à nos idées; et nous aurions osé nous servir de celui de[10] *providence,* s'il pouvoit jamais être permis de donner aux hommes ce qui n'appartient qu'à Dieu seul. Ce qui nous[11] console, Sire, c'est[12] que sur un pareil sujet les autres langues n'auroient aucun avantage sur la nôtre : celle

CRITIQUE DE L'ÉPITRE DE CH. PERRAULT. 339

des Grecs et celle des Romains seroient dans la même indigence; et tout ce que nous voyons[13] de brillant et de sublime dans leurs plus fameux panégyriques n'auroit ni assez de force ni assez d'éclat pour soutenir le simple récit de vos victoires. Que l'on remonte de siècle en siècle jusqu'à l'antiquité la plus reculée, qu'y trouvera-t-on de comparable au spectacle qui fait aujourd'hui l'attention de l'univers ? toute l'Europe armée contre vous, et toute l'Europe trop foible.

Qu'il nous soit permis, Sire, de détourner un moment les yeux[14] d'une gloire si éclatante, et d'oublier, s'il est possible, le vainqueur[15] des nations, le vengeur[16] des rois, le défenseur des autels, pour ne regarder que le protecteur de l'Académie françoise. Nous sentons combien nous honore[17] une protection si glorieuse; mais quel[18] bonheur pour nous de trouver en même temps le modèle le plus parfait de l'éloquence! Vous[19] êtes, Sire, naturellement et sans art, ce que nous tâchons de devenir par le travail et par l'étude : il règne dans tous[20] vos discours une souveraine[21] raison, toujours soutenue d'expressions fortes et précises, qui vous rendent[22] maître de toute l'âme de ceux qui vous écoutent, et ne leur laisse d'autre volonté que la vôtre. L'éloquence[23] où nous aspirons par nos veilles, et qui est en vous un don du ciel, que ne doit-elle point à vos actions héroïques! Les[24] grâces que vous versez sans cesse sur les gens de lettres peuvent bien faire fleurir les arts et les sciences ; mais ce sont les grands événements qui font les poëtes et les orateurs ; les merveilles de votre règne en auroient fait naître au milieu d'un pays barbare.

Tandis[25] que nous nous appliquons à l'embellissement de notre langue, vos armes victorieuses la font passer chez les étrangers : nous leur en facilitons l'intelligence par notre travail, et vous la leur rendez nécessaire par vos conquêtes; et si elle va encore plus loin que vos conquêtes, si elle réduit toutes les langues des pays où elle est connue à ne servir presque plus qu'au commun du peuple, une si haute destinée vient moins de sa beauté naturelle et des[26] ornements que nous avons tâché d'y ajouter, que de l'avantage d'être la langue de la nation qui vous a pour monarque, et (nous ne craignons point de le dire) que vous avez rendue la nation dominante. Vous répandez[27] sur nous un éclat qui assujettit les étrangers à nos coutumes dans tout ce que leurs lois peuvent leur avoir laissé de libre ; ils se font honneur de parler comme ce peuple à qui vous avez appris à surmonter tous les obstacles, à ne plus trouver de places imprenables, à forcer les retranchements les plus inaccessibles. Quel empressement[28], Sire, la postérité n'aura-t-elle point à rechercher, à recueillir les Mémoires de votre vie, les chants de victoire qu'on aura mêlés à vos triomphes ! C'est[29] ce qui nous répond du succès de notre ouvrage; et s'il[30] arrive, comme nous osons l'espérer, qu'il ait le pouvoir de fixer la langue pour toujours, ce ne sera pas tant par nos soins que parce que les livres et les autres monuments qui parleront du règne de Votre Majesté feront les délices de tous les peuples, feront l'étude de tous les rois, et seront toujours regardés comme faits dans le temps de la pureté du langage et dans le beau siècle de la France. Nous[31] sommes avec une profonde vénération, etc.

CRITIQUE DE L'ÉPITRE PRÉCÉDENTE.[1]

1. *Le Dictionnaire de l'Académie françoise paroît enfin.* Ce mot *enfin* ne peut ici être dit qu'en deux sens, ou comme par un aveu de la lenteur de l'Académie à travailler, ou comme par une espèce de vaine complaisance d'avoir pu venir à bout d'un si grand ouvrage. Or, dans l'un et dans l'autre sens, il est mal, parce qu'il n'est ici question ni de s'accuser ni de se vanter.

2. *Sous les auspices de* Votre Majesté. On dit bien *agir sous les auspices, entreprendre, achever quelque chose sous les auspices d'un grand prince,* pour marquer que c'est par ses ordres que tout s'est fait; que c'est son génie, son bonheur, qui ont influé sur tout. Mais *paroît sous les auspices* ne se peut dire, à mon sens, que dans une occasion : se seroit si un auteur, n'ayant

---

1. Cette critique est attribuée à Racine et à Regnier-Desmarais. (Voyez l'avertissement.)

pas voulu, par modestie, mettre un ouvrage au jour, venoit à y être excité, et comme forcé par les instances d'un grand prince. Car alors on pourroit dire avec fondement que cet ouvrage paroît au jour sous les auspices du prince. Mais ici il n'y a rien de semblable.

3. *Et nous avons osé mettre à la tête de notre ouvrage le nom auguste.* Cette phrase, *mettre le nom d'un prince à la tête d'un ouvrage,* pour dire, lui dédier un ouvrage, me semble impropre, en ce qu'elle ne signifie point en effet ce qu'on veut lui faire signifier. Le mot *oser* me semble aussi n'être pas à propos en cet endroit. Car, en général, bien loin que ce soit une hardiesse à qui que ce soit de dédier un livre à un grand prince, c'est au contraire une marque de respect, un acte d'hommage; et pour l'Académie, à l'égard du roi, qui en est le protecteur, c'est un devoir, c'est une obligation indispensable.

4. *Quelques soins que nous ayons pris d'y rassembler tous les termes dont l'éloquence et la poésie peuvent former l'éloge des plus grands héros.* De la façon dont ceci est énoncé, on peut croire que l'Académie, en faisant son dictionnaire, n'a eu autre chose en vue que de recueillir les mots dont on peut se servir dans un panégyrique, dans une ode, dans un poëme épique, ou que du moins, en rassemblant aussi tous les autres, elle ne l'a fait que par manière d'acquit ; mais que pour ceux qui peuvent entrer dans l'éloge d'un grand prince, elle y a travaillé avec tout un autre soin. Car c'est là ce qui résulte naturellement de a phrase dont il s'agit.

Que si on la veut prendre dans un sens plus étendu, et comme faisant une figure qui, dans l'expression de la plus noble partie comprend le tout, il y aura un autre inconvénient : c'est que tous les faiseurs de Dictionnaires seront aussi bien fondés que nous à dire qu'ils ont *pris soin de rassembler tous les termes dont on peut former l'éloge des plus grands héros.*

Il y a d'ailleurs une autre observation à faire là-dessus, c'est que les mots de jurer, blasphémer, voler, tuer, assassin, traître, crime, poison, insecte, etc., ne sont pas moins dans le *Dictionnaire de l'Académie* que ceux de régner, vaincre, triompher, libéral, magnanime, conquérant, valeur, gloire, sagesse, etc. qu'ainsi on peut dire avec le même fondement que nous avons *pris soin de rassembler* tous les termes dont on peut se servir pour faire les invectives les plus sanglantes et pour décrire les actions les plus abominables.

5. *Tous les termes dont l'éloquence.* Phrase louche par elle-même, et qui laisse en doute d'abord si on ne veut point dire *tous les termes, l'éloquence desquels.*

6. *Nous avouons,* SIRE, *que vous nous en avez fait sentir plus d'une fois et le défaut et la foiblesse.* Ces mots-là, de la manière dont ils sont rangés, font tout un autre sens que celui qu'on a voulu leur donner. On a voulu dire que le roi nous faisoit sentir la foiblesse et la pauvreté de la langue ; et cette phrase, tout au contraire, signifie qu'il nous a fait sentir le défaut et la foiblesse des héros.

7. *Lorsque notre zèle.* Quand on a avancé une proposition, il faut que la preuve qu'on en donne ensuite y ait un parfait rapport. Ainsi, après avoir dit que le roi nous a fait sentir plus d'une fois *la foiblesse* de la langue, il faudroit, pour le bien prouver, faire une espèce d'énumération des diverses choses en quoi il nous l'a fait sentir. Mais ici on ne parle que d'une seule ; et, outre qu'en cela on manque à prouver suffisamment ce qu'on avoit avancé, puisqu'une proposition générale ne sauroit être prouvée par un fait particulier, on donne de plus lieu de croire que ce n'est qu'à l'égard de ce fait particulier qu'on a trouvé la langue trop foible.

8. *Parler du secret impénétrable.* Parler d'un secret, c'est le révéler, le divulguer ; de sorte qu'on pourroit dire que, bien loin que le zèle et le devoir engagent à parler du secret impénétrable des desseins d'un prince, ils obligent au contraire à n'en dire mot.

9. *Ne répondoient pas à nos idées.* Il faudroit, pour la justesse de la construction, *ont mal répondu,* puisque auparavant il y a *nous ont engagés ;* ou bien, ce qui seroit encore plus régulier : *Toutes les fois que notre zèle ou notre devoir nous ont engagés... nous avons trouvé que les mots... ne répondoient pas à nos idées.*

10. *Providence.* Reconnoître que le terme de providence n'appartient qu'à Dieu seul, et qu'il ne peut jamais être permis de donner aux hommes ce qui n'appartient qu'à Dieu, mais cependant dire en même temps qu'on le donneroit s'il étoit permis de

le donner, il y a en cela une contradiction d'idées, et cela se détruit soi-même.

D'ailleurs, en disant : *Et nous aurions osé,* etc. ; *s'il pouvoit être permis,* etc., on marque une grande disposition à faire la chose même que l'on reconnoît n'être pas permise. Je ne sais si je me trompe ; mais cet endroit, à ce qu'il me paroît, blesse la bienséance.

11. *Ce qui nous console.* Voilà encore un endroit où l'expression fait tort au sens ; car, si l'Académie est vraiment touchée de ce qui regarde la gloire du Roi, ce ne doit pas être un sujet de consolation pour elle de ce que les autres langues ne sont pas plus capables que la nôtre de donner une juste idée des actions d'un si grand prince. On ne peut avoir raison de s'exprimer de la sorte que quand on veut bien laisser voir qu'on n'agit que par émulation ; mais, hors de là, il est mal de dire qu'on se console de ne pouvoir pas bien faire, parce que d'autres ne peuvent pas faire mieux.

12. *C'est que sur un pareil sujet les autres langues n'auroient aucun avantage sur la nôtre.* De ces deux *sur,* le premier est peut-être impropre ; car on ne dit pas *avoir avantage sur quelqu'un, sur quelque chose,* mais *en quelque chose.* De plus, l'exactitude et la pureté du style ne souffrent pas qu'on mette dans un petit membre de période deux *sur,* qui dépendent tous deux d'un même régime.

13. *De brillant et de sublime dans leurs plus fameux panégyriques.* A prendre le mot de *panégyrique* dans un sens étroit, cela n'iroit pas loin. Ainsi je ne doute point que par les *plus fameux panégyriques,* on n'ait eu en vue tout ce que les anciens, Grecs et Romains, peuvent avoir fait de plus achevé, en matière de louanges, dans tous leurs ouvrages. Mais en même temps aussi je crois que c'est une exagération, et trop forte en elle-même, et vicieuse outre cela quant au sens et quant à l'expression, que de dire que ce qu'il y a de plus brillant et de plus sublime dans l'éloquence ou grecque ou romaine, ne puisse pas avoir *assez de force et assez d'éclat pour soutenir le simple récit des victoires* du Roi. Le brillant, le sublime et l'éclat ne sont point faits pour *soutenir,* et un *simple récit* ne doit point être *soutenu.* Cela implique contradiction.

14. *Qu'il nous soit permis, Sire, de détourner les yeux d'une gloire si éclatante.* Je ne blâme point cette phrase ; mais pourtant *les yeux d'une gloire* peuvent trouver de mauvais plaisants.

15. *Le vainqueur des nations.* Pour pouvoir dire qu'un prince est le *vainqueur des nations*, il ne suffit pas qu'il ait été toujours victorieux dans toutes les guerres qu'il a ou entreprises ou soutenues contre diverses nations ; il faut qu'il ait subjugué des nations entières. Or cela ne se peut pas dire du Roi, quoique ses victoires et ses conquêtes soient plus grandes et plus glorieuses par elles-mêmes que celles des princes qui ont subjugué plusieurs nations.

16. *Le vengeur des rois.* Cette épithète ne convient pas non plus. Il faudroit, pour la fonder, que le Roi eût effectivement rétabli le roi d'Angleterre sur le trône. Tant qu'il ne l'y rétablit point, il est son protecteur, son appui ; mais il n'est point son *vengeur*, le mot de *vengeur* supposant un homme qui non-seulement a pris quelqu'un sous sa protection, mais qui l'a effectivement vengé de ses ennemis et rétabli en son premier état.

17. *Une protection si glorieuse.* La construction souffre ici ; car il ne suffit pas que, sous le terme de *protecteur*, celui de *protection* soit renfermé, pour dire ensuite absolument *une protection si glorieuse*; mais il faut nécessairement que celui même de *protection* ait été exprimé ; ces mots, *une si glorieuse*, étant ici de même nature que le pronom démonstratif *ce*, qu'on ne peut jamais employer sans que le terme auquel il se rapporte ait été employé peu de temps auparavant, ou sans ajouter ensuite quelque chose qui marque précisément de quoi il s'agit. Ainsi, après avoir parlé de la protection dont le Roi honore l'Académie, on peut bien dire : *Une si haute protection,* Sire. Que si on ne s'est point encore servi du mot de *protection*, il faudra dire : *Une si haute protection que celle dont vous nous honorez,* ou quelque autre chose de semblable ; car si l'on n'ajoute rien après *une si haute protection* dans un cas où le même mot n'a pas précédé, encore une fois, il n'y a point de construction.

Si glorieuse. En parlant des grandes actions du Roi, c'est fort bien dit, *des actions si glorieuses,* parce que c'est à lui qu'elles apportent de la gloire ; mais, en parlant de la protection que le

Roi nous donne, comme ce n'est pas à lui, mais à nous qu'elle fait honneur, il faut le remarquer et dire *une protection qui nous est si glorieuse.*

Ce qu'il y a encore de plus considérable à observer sur cette phrase, *combien nous honore une protection si glorieuse,* c'est qu'elle roule sur des termes qui ne disent à peu près que la même chose, et qu'ainsi elle tombe dans le vice où tomberoit celui qui diroit : Je sens combien me fait de plaisir une chose si agréable, ou, je sens combien m'est utile une chose si avantageuse ; car l'honneur et la gloire ne sont pas plus distincts entre eux que l'agrément et le plaisir, que l'avantage et l'utilité.

18. *Quel bonheur pour nous de trouver en même temps le modèle le plus parfait de l'éloquence!* De la façon dont ceci est énoncé, on ne donne pas assez à entendre où l'on a trouvé ce modèle ; et, puisque c'est du Roi qu'on veut parler, il me semble qu'il auroit fallu dire *de trouver en vous,* ou quelque chose d'équivalent. Mais, sans m'arrêter à ce qui regarde ici l'expression, je passe à ce qui regarde le sens.

Le Roi parle sans doute très-purement ; il s'exprime avec une grande justesse, avec une grande précision, et il a l'esprit si excellent, il est si consommé dans les affaires de son État, que tout ce qu'il pense et ce qu'il dit dans ses conseils est toujours ce qu'il y a de mieux à dire et à penser. Tout cela fait un très-grand prince, un très-grand génie qu'on peut proposer aux rois pour modèle ; mais fait-il un orateur éloquent, sur le modèle duquel ceux qui aspirent à l'éloquence doivent et puissent se former ? De plus, quand le bon sens, la pureté et la précision, qui règnent dans tout ce que le Roi dit dans ses conseils, feroient cette véritable éloquence que les académiciens doivent chercher, comment la pourroient-ils imiter, puisque pour cela il faudroit être admis dans ses conseils et pouvoir l'entendre parler sur les affaires de son État ? Car, s'ils n'ont l'honneur de le voir et de l'entendre que comme la foule des courtisans, ils pourront bien apprendre de lui à se posséder toujours, à ne dire jamais rien de dur, rien d'inutile, rien que de précis et de sage : mais tout cela regarde bien plus les mœurs que l'éloquence. Ainsi, plus j'approfondis la louange qu'on a voulu donner en cela au Roi, moins je la trouve convenable.

19. *Vous êtes,* SIRE, *naturellement et sans art, ce que nous tâchons de devenir par l'étude.* Pour juger si cette proposition renferme un sens juste, il faut examiner ce que le roi est naturellement, et ce que les académiciens doivent travailler à devenir par l'étude. Le roi est naturellement, c'est-à-dire par sa naissance, et sans y avoir rien contribué de lui-même, roi de France ; il est naturellement très-bien fait ; il est naturellement d'une bonne et heureuse complexion ; et, si l'on veut étendre encore davantage le sens de *naturellement,* il a naturellement de l'esprit, de la pénétration, de la bonté, de la douceur, de la fermeté, de la grandeur d'âme. Voilà à peu près ce qu'on peut dire que le roi est naturellement, et qu'il a sans le secours de l'art. Mais est-ce là ce qu'un académicien doit se proposer de devenir et d'acquérir ? Il me semble que, comme académicien, ce qu'il doit se proposer, c'est de devenir un excellent grammairien, un excellent critique en matière de littérature, un excellent historien, un excellent orateur, un excellent poëte, enfin un excellent homme de lettres. Or le Roi n'est rien de tout cela naturellement.

20. *Il règne dans tous vos discours.* La chose est vraie en soi, mais elle me paroît mal énoncée ; car ces mots, *dans tous vos discours,* ne conviennent nullement au Roi. Il faudroit dire : *Il règne dans tout ce que vous dites,* ou bien : *Vous ne dites rien où il ne règne.*

21. *Une souveraine raison.* Cette souveraine raison dont il est ici question, et qui fait les sages princes et les habiles politiques, est-ce la même que celle qui fait les orateurs et les poëtes ? Nullement : c'en est une d'une espèce toute différente, et qui n'a rien de commun avec l'éloquence, si ce n'est parce qu'il n'y a point de véritable éloquence que celle qui est fondée sur la raison.

22. *Qui vous rendent maître de toute l'âme de ceux qui vous écoutent, et ne leur laissent d'autre volonté que la vôtre.* Tout cela se peut fort bien dire d'un grand prédicateur, d'un grand orateur, d'un éloquent général d'armée, accoutumé à haranguer ses soldats et à leur inspirer ce qu'il veut, mais non pas d'un roi qui donne ses ordres à ses ministres, et qui leur prescrit ce qu'ils doivent faire. Voilà quant au sens des paroles : je viens maintenant aux paroles mêmes.

C'est fort bien dit, en parlant d'un orateur, *ceux qui l'écoutent*. Mais, en parlant d'un roi qui agite, qui discute avec ses ministres les affaires de son État, il faut dire, *ceux qui l'entendent parler*. Et dire en cette occasion, *ceux qui l'écoutent*, c'est une phrase aussi impropre que si on disoit *ses auditeurs*, pour dire *ses ministres*.

Il y a, ce me semble, une autre faute de justesse dans ces paroles, *qui vous rendent... et ne leur laissent;* car ce ne sont pas les expressions fortes et précises qui *rendent* un homme *maître*, etc. : c'est la souveraine raison, soutenue de ces expressions. Et par conséquent, au lieu que ces mots sont mis au pluriel et se rapportent à *expressions*, ils doivent être mis au singulier et se rapporter à *souveraine raison*.

Je crois aussi qu'en cet endroit *expressions fortes* n'est pas bien dit, parce que, dans la bouche du maître, des expressions fortes sont des expressions dures, et qui tiennent de l'empire et de la menace.

Quant à cette autre façon de parler, *maître de toute l'âme*, il me semble qu'elle a quelque chose de poétique, et qu'elle est ici mal appliquée; car s'agit-il que le Roi, pour faire entrer ses ministres dans son sentiment, se rende maître de leur esprit par la force de ses raisons et de ses paroles?

23. *L'éloquence où nous aspirons par nos veilles, et qui est en vous un don du ciel, que ne doit-elle point à vos actions héroïques ?* Si on s'étoit contenté de dire que l'éloquence où l'Académie aspire doit beaucoup aux actions héroïques du Roi, on auroit dit une chose qu'on pourroit trouver moyen de soutenir. Mais de dire que l'éloquence, qui est en lui *un don du ciel*, doit beaucoup à ses actions héroïques, c'est une chose qui ne se peut pas défendre; car c'est dire précisément que le don du ciel, qui est en lui, doit beaucoup à ses actions.

24. *Les grâces que vous versez sans cesse sur les gens de lettres peuvent bien faire fleurir les arts et les sciences ; mais ce sont les grands événements qui font les poëtes et les orateurs.* Si les grâces répandues sur les gens de lettres font fleurir les lettres, il s'ensuit nécessairement qu'elles font aussi des poëtes et des orateurs; car les lettres ne peuvent pas fleurir sans l'éloquence et la poésie. Ainsi le sens du second membre de cette période étant

déjà enfermé dans le premier, il n'y a pas lieu de l'énoncer ensuite dans le second membre comme par une espèce d'opposition, et d'en former un axiome.

Mais quand il n'y auroit nulle difficulté en cela, je ne vois pas sur quoi on fonde que ce sont les grands événements qui font les poëtes et les orateurs. Tout ce qu'ils font, c'est de leur fournir des sujets propres à les exciter et à les soutenir. Alexandre a été un des plus grands conquérants du monde, et il n'y a peut-être jamais eu de plus grand événement dans l'univers que le renversement de l'empire des Perses, suivi de l'établissement de celui des Grecs dans une partie considérable de l'Europe, dans l'Égypte et dans l'Asie jusqu'au Gange. Cependant les grandes choses qu'il a faites lui ont-elles fait naître un excellent poëte grec? Et le poëte Chérilus, qui les a vues, et qu'il combloit même de bienfaits, en a-t-il été moins mauvais poëte? Les victoires d'Annibal, grandes et signalées en Espagne et en Italie, et celles mêmes de Jules César, ont-elles fait naître des poëtes et des orateurs! En a-t-on vu de bien fameux du temps de Charlemagne, si célèbre par ses grandes actions et par l'empire romain partagé avec les Grecs? Et, s'il étoit vrai que les merveilles du règne d'un prince en dussent faire naitre *au milieu d'un pays barbare,* pourquoi les premiers Ottomans n'en ont-ils point eu dont le nom ait mérité de parvenir jusqu'à nous? Je sais bien que l'éloquence ne doit pas être renfermée dans les bornes d'une vérité rigoureuse; mais il ne faut pas aussi, dans une épître, s'emporter comme feroit un orateur dans la tribune, ou comme un poëte dans un ouvrage pindarique.

25. *Tandis que nous nous appliquons.* Voici une période d'une extrême longueur, et qui n'a en cela nulle proportion avec les autres, qui sont presque toutes coupées.

Il me semble, au reste qu'il y a quelque chose qui blesse la bienséance, de représenter dans un même tableau, d'un côté l'Académie travaillant à la composition ou à la révision du Dictionnaire, et de l'autre le roi à la tête de ses armées.

Mais laissant cela à part, puisque c'est du Dictionnaire qu'on parle, et du Dictionnaire achevé, il ne faut pas dire en le présentant : *Tandis que nous nous appliquons... Vos armées victorieuses la font passer;* mais *tandis que nous nous sommes appliqués... Vos armées victorieuses l'ont fait passer,* etc.

26. *Des ornements que nous avons tâché d'y ajouter.* Travailler au Dictionnaire d'une langue, est-ce y ajouter des *ornements?* Tous ceux qui font des dictionnaires ne sont que des compilateurs plus ou moins exacts. On orne, on embellit une langue par des ouvrages en prose et en vers, écrits avec un grand sens, un grand goût, une grande pureté, une grande exactitude, un grand choix de pensées et d'expressions. Mais on ne peut pas dire que ce soit y ajouter *des ornements,* que d'en recueillir, d'en définir les mots. et d'en fournir des exemples tirés du bon usage.

27. *Vous répandez sur nous.* Ce *nous,* si on en juge par tous les autres qui sont dans l'épître, et même par ceux qui sont dans la période précédente, doit s'entendre des académiciens. De sorte qu'à prendre droit par les termes, cela signifie que les étrangers sont assujettis aux coutumes de l'Académie dans tout ce que leurs lois leur ont pu laisser de libre. Mais, quand on ôteroit l'équivoque de *nous* qui est très-facile à ôter, il ne seroit peut-être pas aisé de réduire cette pensée à un sens juste et raisonnable; car la langue d'un pays peut-elle raisonnablement se mettre au rang des choses que les lois laissent à la liberté des peuples de quitter comme il leur plaît?

28. *Quel empressement.* Tout ceci, quant au sens, ne me paroît pas assez lié ni avec ce qui précède ni avec ce qui suit.

29. *C'est ce qui nous répond du succès.* Qu'est-ce que le succès d'un ouvrage? Est-ce simplement de durer longtemps et de passer à la postérité? Si cela est, tous les mauvais ouvrages qui sont parvenus jusqu'à nous depuis deux mille ans, plus ou moins, ont eu un grand succès. Et que promet-on au Dictionnaire, quand on ne lui promet autre chose? Mais si, par le succès d'un ouvrage, on entend, comme on le doit, le jugement avantageux qu'en fait le public après l'avoir examiné, comment peut-on dire que l'empressement que la postérité aura à recueillir les Mémoires de la vie du Roi est ce qui répond du succès du Dictionnaire?

30. *S'il arrive... qu'il ait le pouvoir de fixer la langue pour toujours, ce ne sera pas tant par nos soins que parce que...* C'est dire: S'il arrive qu'il ait le pouvoir de fixer la langue, ce ne sera pas lui qui la fixera. La bonne logique auroit voulu qu'on eût dit : S'il arrive que la langue françoise, telle qu'elle est aujourd'hui,

vienne à être fixée pour toujours, ce ne sera pas tant par nos soins que parce que, etc.

31. *Nous sommes.* Lorsqu'un particulier écrit à un autre particulier, il peut finir sa lettre partout où il veut. Il peut couper tout d'on coup et dire : *je suis,* sans que cela ait aucune liaison de sens avec ce qui a précédé. Peut-être même que c'est mieux fait d'en user de la sorte que de s'amuser à prendre un tour pour finir une lettre comme en cadence. Mais il n'en est pas de même, à mon avis, quand une compagnie écrit au roi. Il faut que tout soit plus compassé, plus mesuré, plus étudié, et que du moins les dernières choses qu'on a dites aient quelque rapport de sens avec la protestation par laquelle on finit; car une fin brusque, et qui n'est liée à rien, marque de la négligence ou de la lassitude; et l'un et l'autre blessent le respect.

ÉPITAPHES[1]

A LA GLOIRE DE DIEU ET A LA MÉMOIRE ÉTERNELLE

DE MICHEL LE TELLIER,

Chancelier de France, illustre par sa fidélité inviolable envers son prince et par sa conduite toujours sage, toujours heureuse. Il fut nommé par le roi Louis XIII pour remplir la charge de secrétaire d'État de la guerre, et en commença les fonctions la première année de la régence d'Anne d'Autriche. Dans des temps si difficiles, il n'eut d'autre intérêt que son devoir, et fut regardé de tous les partis comme le plus habile et le plus zélé défenseur de l'autorité royale. Louis le Grand, ayant résolu de gouverner toutes choses par lui-même, le choisit pour être un des principaux ministres de ses volontés, et se servit de lui pour rétablir l'ordre de son état et la discipline dans ses armées. Il l'éleva depuis à la dignité de chancelier.

Dans cette longue suite d'honneurs, il signala sa piété envers son Dieu, sa passion pour la gloire de son roi et son amour pour le bien de l'État. Il fit également admirer en lui le grand sens, l'équité, la modestie. Enfin, à l'âge de LXXXIII ans, le 30 octobre de l'an MDCLXXXV, huit jours après qu'il eût scellé la révocation de l'édit de Nantes, content d'avoir vu consommer ce grand ou-

---

1. Les deux épitaphes suivantes sont attribuées à Racine. Elles sont tirées de la *Description de Paris*, par Piganiol de La Force, tome IV, page 141, et tome VII, page 31.

vrage, et tout plein des pensées de l'éternité, il expira dans les bras de sa famille, pleuré des peuples, et regretté de Louis le Grand.

Ici gist
Madelaine de Lamoignon,
Fille de Chrétien de Lamoignon.
Marquis de Basville,
Grand président du Parlement.
Elle fut uniquement occupée,
Pendant une longue vie,
Du soin de soulager toute sorte de malheureux.
Il n'y a point de provinces en France,
Ni de pays dans le monde,[1]
Qui n'ait ressenti les effets
De sa charité.
Elle naquit le [18 septembre 1609.]
Elle est morte le [14 avril 1687.][2]

---

1. Boileau, dans les vers qu'il a faits pour mettre au bas du portrait de Madelaine de Lamoignon, dit que « cette admirable et sainte fille

Jusqu'aux climats où naît et finit la clarté
Fit ressentir l'effet de ses soins secourables. »

Et il explique en note que : « Mlle de Lamoignon, sœur de M. le premier président, faisoit tenir de l'argent à beaucoup de missionnaires jusque dans les Indes orientales et occidentales. »

2. La date de la naissance et celle de la mort sont en blanc dans la transcription de Piganiol de La Force.

TRADUCTIONS

LE

BANQUET DE PLATON

LETTRE DE RACINE A BOILEAU

En le chargeant de remettre la traduction du Banquet à l'abbesse de Fontevrault. [1]

18 décembre. . .[2]

Puisque vous allez demain à la cour, je vous prie d'y porter les papiers ci-joints : vous savez ce que c'est. J'avois eu dessein de faire, comme on me le demandoit, des remarques sur les endroits qui me paroîtroient en avoir besoin; mais comme il falloit les raisonner, ce qui auroit rendu l'ouvrage un peu long, je n'ai pas eu la résolution d'achever ce que j'avois commencé, et j'ai cru que j'aurois plus tôt fait d'entreprendre une traduction nouvelle. J'ai traduit jusqu'au discours du médecin exclusivement. Il dit à la vérité de très-belles choses, mais il ne les explique point assez; et notre siècle, qui n'est pas si philosophe que

1. Marie-Madeleine-Gabrielle de Rochechouart, sœur du maréchal de Vivonne et de Mme de Montespan, abbesse de Fontevrault, imagina de traduire le Banquet de Platon, et envoya sa traduction à Racine, en le priant de la revoir. Racine trouva plus commode de faire une traduction nouvelle; mais il n'alla pas loin dans ce travail.

2. On ignore la date précise de cette lettre; tout fait cependant présumer que Racine l'a écrite après sa retraite du théâtre, et avant la disgrâce de Mme de Montespan, c'est-à-dire de 1678 à 1686.

celui de Platon, demanderoit que l'on mît ces mêmes choses dans un plus grand jour. Quoiqu'il en soit, mon essai suffira pour montrer à madame de *** que j'avois à cœur de lui obéir. Il est vrai que le mois où nous sommes m'a fait souvenir de l'ancienne fête des Saturnales, pendant laquelle les serviteurs prenoient avec leurs maîtres des libertés qu'ils n'auroient pas prises dans un autre temps. Ma conduite ne ressemble pas trop mal à celle-là : je me mets sans façon à côté de madame de ***, je prends des airs de maître; je m'accommode sans scrupule de ses airs et de ses phrases; je les rejette quand bon me semble. Mais, monsieur, la fête ne durera pas toujours, les Saturnales passeront; et l'illustre dame reprendra sur son serviteur l'autorité qui lui est acquise. J'y aurai peu de mérite en tout sens, car il faut convenir que son style est admirable; il a une douceur que nous autres hommes nous n'attrapons point; et si j'avois continué à refondre son ouvrage, vraisemblablement je l'aurois gâté. Elle a traduit le discours d'Alcibiade, par où finit le Banquet de Platon; elle l'a rectifié, je l'avoue, par un choix d'expressions fines et délicates, qui sauvent en partie la grossièreté des idées; mais avec tout cela je crois que le mieux est de le supprimer : outre qu'il est scandaleux, il est inutile; car ce sont les louanges non de l'amour dont il s'agit dans ce dialogue, mais de Socrate qui n'y est introduit que comme un des interlocuteurs. Voilà, monsieur, le canevas de ce que je vous supplie de vouloir dire pour moi à madame de ***. Assurez-la qu'enrhumé au point que je le suis depuis trois semaines, je suis au désespoir de ne point aller moi-même lui rendre ces papiers; et si par hasard elle demande que j'achève de traduire l'ouvrage, n'oubliez rien pour me délivrer de cette corvée. Adieu, bon voyage; et donnez-moi de vos nouvelles dès que vous serez de retour.

RACINE.

LE
BANQUET DE PLATON

APOLLODORE, L'AMI D'APOLLODORE, GLAUCON,
ARISTODÈME, SOCRATE, AGATHON, PHÈDRE, PAUSANIAS
ÉRYXIMAQUE, ARISTOPHANE[1], ALCIBIADE.

APOLLODORE.

Je crois que je n'aurai pas de peine à vous faire le récit que vous me demandez ; car hier, comme je revenois de ma maison de Phalère, un homme de ma connoissance, qui venoit derrière moi, m'aperçut et m'appela de loin. « Hé quoi ! s'écria-t-il en badinant, Apollodore ne veut pas m'attendre ? » Je m'arrêtai, et je l'attendis.

« Je vous ai cherché longtemps, me dit-il, pour vous demander ce qui s'étoit passé chez Agathon le jour que Socrate et Alcibiade y soupèrent. On dit que toute la conversation roula sur l'amour, et je mourois d'envie d'entendre ce qui s'étoit dit de part et d'autre sur cette matière. J'en ai bien su quelque chose par le moyen

---

[1]. On peut être étonné qu'un homme tel qu'Aristophane, ennemi des philosophes, occupe une place au banquet philosophique d'Agathon, et rende hommage à la vertu de Socrate ; mais Aristophane n'avait point encore composé sa comédie des *Nuées*. (G.)

d'un homme à qui Phénix avoit raconté une partie de leur discours ; mais cet homme ne me disoit rien de certain : il m'apprit seulement que vous saviez le détail de cet entretien ; contez-le moi donc, je vous prie : aussi bien, à qui peut-on mieux s'adresser qu'à vous pour entendre le discours de votre ami? Mais dites-moi, avant toutes choses, si vous étiez présent à cette conversation.

« Il paroît bien, lui répondis-je, que votre homme ne vous a rien dit de certain, puisque vous parlez de cette conversation comme d'une chose arrivée depuis peu, et comme si j'avois pu y être présent.

« Je le croyois, » me dit-il.

« Comment, lui dis-je, Glaucon, ne savez-vous pas qu'il y a plusieurs années qu'Agathon n'a mis le pied dans Athènes? Pour moi, il n'y a pas encore trois ans que je fréquente Socrate, et que je m'attache à étudier toutes ses paroles, toutes ses actions. Avant ce temps-là, j'errois de côté et d'autre; et croyant mener une vie raisonnable, j'étois le plus malheureux de tous les hommes. Je m'imaginois alors, comme vous faites maintenant, qu'un honnête homme devoit songer à toute autre chose qu'à ce qui s'appelle philosophie.

« Ne m'insultez point, répliqua-t-il ; dites-moi plutôt quand se tint la conversation dont il s'agit.

« Nous étions bien jeunes, vous et moi, lui dis-je ; ce fut dans le temps qu'Agathon remporta le prix de sa première tragédie ;[1] tout se passa chez lui, le lende-

---

1. Agathon, poëte tragique et comique, qui vivait vers la quatre-vingt-dixième olympiade. On dit qu'il composa le premier une tragédie sur un sujet de pure invention, quoique ce fût alors une loi pour les poëtes de choisir tous leurs sujets dans l'Histoire ou dans la Fable. La pièce d'Agathon, intitulée *la Fleur*, réussit ; et cette nouveauté eut sans doute des

main du sacrifice qu'il avoit fait avec ses acteurs pour rendre grâce aux dieux du prix qu'il avoit gagné.

« Vous parlez de loin, me dit-il ; mais de qui savez-vous ce qui fut dit dans cette assemblée ? Est-ce de Socrate ?

« Non, lui dis-je ; je tiens ce que j'en sais de celui-là même qui l'a conté à Phénix, je veux dire d'Aristodème, du bourg de Cydathène, ce petit homme qui va toujours nu-pieds. Il se trouva lui-même chez Agathon. C'étoit alors un des hommes qui étoit le plus attaché à Socrate. J'ai quelquefois interrogé Socrate sur les choses que cet Aristodème m'avoit récitées, et Socrate avouoit qu'il m'avoit dit la vérité.

« Que tardez-vous donc, me dit Glaucon, que vous ne me fassiez ce récit ?[1] Pouvons-nous mieux employer le chemin qui nous reste d'ici à Athènes ? »

Je le contentai, et nous discourûmes de ces choses le long du chemin. C'est ce qui fait que, comme je vous disois tout à l'heure, j'en ai encore la mémoire fraîche ; et il ne tiendra qu'à vous de les entendre : aussi bien, outre le profit que je trouve à parler ou à entendre parler de philosophie, c'est qu'il n'y a rien au monde où je prenne tant de plaisir. Tout aucon traire des autres discours. Je me meurs d'ennui, quand je vous entends, vous autres riches, parler de vos intérêts et de vos affaires ; je déplore en moi-même l'aveuglement où vous êtes : vous croyez faire merveilles, et vous ne faites rien

---

imitateurs que nous ne connaissons pas. Platon a immortalisé Agathon en choisissant la maison de ce poëte pour son Banquet. On ne sait si c'est ce même Agathon qu'Aristophane présente dans sa comédie des *Fêtes de Cérès* comme un poëte efféminé. (G.)

1. *Que tardez-vous que* : latinisme alors employé par les meilleurs auteurs, mais qui n'est plus en usage. (G.)

d'utile. Peut-être vous, de votre côté, vous me plaignez et me regardez en pitié. Peut-être même avez-vous raison de penser cela de moi; et moi, non-seulement je pense que vous êtes à plaindre, mais je suis très-convaincu que j'ai raison de le penser.

L'AMI D'APOLLODORE.

Vous êtes toujours vous-même, cher Apollodore: vous ne cessez point de dire du mal de vous et de tous les autres. Vous êtes persuadé qu'à commencer par vous, tous les hommes, excepté Socrate, sont des misérables. Je ne sais pas pour quel sujet on vous a donné le nom de *furieux*; mais je sais bien qu'il y a quelque chose de cela dans tous vos discours. Vous êtes toujours en fureur contre vous et contre tout le reste des hommes, excepté contre Socrate.

APOLLODORE.

Il vous semble donc qu'il faut être un furieux et un insensé pour parler ainsi de moi et de tous tant que vous êtes?

L'AMI D'APOLLODORE.

Une autre fois nous traiterons cette question. Souvenez-vous maintenant de votre promesse, et redites nous les discours qui furent tenus chez Agathon.

APOLLODORE.

Les voici; ou plutôt il vaut mieux vous faire cette narration de la même manière qu'Aristodème me l'a faite:

« Je rencontrai Socrate, me disoit-il, qui sortoit du bain, et qui étoit chaussé plus proprement qu'à son ordinaire. Je lui demandai où il alloit si propre et si beau: « Je vais souper chez Agathon, me répondit-il. J'évitai de « me trouver hier à la fête de son sacrifice, parce que je

« craignois la foule ; mais je lui promis en récompense
« que je serois du lendemain, qui est aujourd'hui. Voilà
« pourquoi vous me voyez si paré. Je me suis fait beau
« pour aller chez un beau garçon. Mais vous, Aristodème,
« seriez-vous d'humeur à venir aussi, quoique vous ne
« soyez point prié?

« Je ferai, lui dis-je, ce que vous voudrez.

« Venez, dit-il, et montrons, quoi qu'en dise le pro-
« verbe, qu'un galant homme peut aller souper chez un
« galant homme sans en être prié. J'accuserois volontiers
« Homère d'avoir péché contre ce proverbe, lorsque, après
« nous avoir représenté Agamemnon comme un grand
« homme de guerre, et Ménélas comme un médiocre
« guerrier, il feint que Ménélas vient au festin d'Aga-
« memnon sans être invité, c'est-à-dire qu'il fait venir
« un homme de peu de valeur chez un brave homme qui
« ne l'attend pas.[1]

« J'ai bien peur, dis-je à Socrate, que je ne sois le
« Ménélas du festin où vous allez. C'est à vous de voir
« comment vous vous défendrez : car, pour moi, je dirai
« franchement que c'est vous qui m'avez prié.

« Nous sommes deux, répondit Socrate, et nous étu-
« dierons en chemin ce que nous aurons à dire. Allons
« seulement. »

« Nous allâmes vers le logis d'Agathon, en nous entre-
tenant de la sorte. Mais à peine eûmes-nous avancé quelques pas, que Socrate devint tout pensif, et demeura à la
même place sans bouger. Je m'arrêtois pour l'attendre ;
mais il me dit d'aller toujours devant, et qu'il me sui-
vroit. Je trouvai la porte ouverte ; et il m'arriva même

---

1. *Iliade*, liv. II, vers 408.

une assez plaisante aventure. Un esclave d'Agathon me mena sur-le-champ dans la salle où étoit la compagnie, qui étoit déjà à table, et qui attendoit que l'on servît. Agathon s'écria en me voyant :

« O Aristodème, soyez le bien venu si vous venez pour
« souper! Que si c'est pour affaires, je vous prie, remet-
« tons les affaires à un autre jour. Je vous cherchai hier
« partout pour vous prier d'être des nôtres. Mais que fait
« Socrate? »

« Alors je me retournai, croyant certainement que Socrate me suivoit. Je fus bien surpris de ne voir personne. Je dis que j'étois venu avec lui, et qu'il m'avoit même invité.

« Vous avez bien fait de venir, reprit Agathon; mais
« où est-il ?

« Il marchoit sur mes pas, lui répondis-je, et je ne conçois point ce qu'il peut être devenu.

« Petit garçon, dit Agathon, courez vite voir où est
« Socrate; dites-lui que nous l'attendons. Et vous, Aris-
« todème, placez-vous à côté d'Éryximaque. »

« Un esclave eut ordre de me laver les pieds; et cependant celui qui étoit sorti revint annoncer qu'il avoit trouvé Socrate sur la porte de la maison voisine, mais qu'il n'avoit point voulu venir, quelque chose qu'on lui eût pu dire.

« Vous me dites là une chose étrange, dit Agathon.
« Retournez, et ne le quittez point qu'il ne soit entré.

« Non, non, dis-je alors, ne le détournez point; il lui
« arrive assez souvent de s'arrêter ainsi, en quelque endroit
« qu'il se trouve. Vous le verrez bientôt, si je ne me
« trompe : il n'y a qu'à le laisser faire.

« Puisque c'est là votre avis, dit Agathon, je m'y

« rends. Et vous, mes enfants, apportez-nous donc à man-
« ger : donnez-nous ce que vous avez ; on vous abandonne
« l'ordonnance du repas, c'est un soin que je n'ai jamais
« pris ; ne regardez ici votre maître que comme s'il étoit
« du nombre des conviés. Faites tout de votre mieux,
« et tirez-vous-en à votre honneur. »

« On servit. Nous commençâmes à souper, et Socrate
ne venoit point. Agathon perdoit patience, et vouloit à
tout moment qu'on l'appelât ; mais j'empêchois toujours
qu'on ne le fît. Enfin il entra comme on avoit à moitié
soupé. Agathon, qui étoit seul sur un lit au bout de la
table, le pria de se mettre auprès de lui.

« Venez, dit-il, Socrate, venez, que je m'approche de
« vous le plus que je pourrai, pour tâcher d'avoir ma part
« des sages pensées que vous venez de trouver ici près :
« car je m'assure que vous avez trouvé ce que vous cher-
« chiez : autrement vous y seriez encore. »

« Quand Socrate se fut assis, « Plût à Dieu, dit-il,
« que la sagesse, bel Agathon, fût quelque chose qui se
« pût verser d'un esprit dans un autre, comme l'eau se
« verse d'un vaisseau plein dans un vaisseau vide ! Ce
« seroit à moi de m'estimer heureux d'être auprès de vous,
« dans l'espérance que je pourrois me remplir de l'excel-
« lente sagesse dont vous êtes plein : car pour la mienne,
« c'est une espèce de sagesse bien obscure et bien dou-
« teuse ; ce n'est qu'un songe : la vôtre, au contraire, est
« une sagesse magnifique, et qui brille aux yeux de tout
« le monde ; témoin la gloire que vous avez acquise à
« votre âge, et les applaudissements de plus de trente
« mille Grecs, qui ont été depuis peu les admirateurs de
« votre sagesse.

« Vous êtes toujours moqueur, reprit Agathon, et vous

« n'épargnez point vos meilleurs amis. Nous examinerons
« tantôt quelle est la meilleure, de votre sagesse ou de
« la mienne; et Bacchus sera notre juge : présentement ne
« songez qu'à souper.

« Pendant que Socrate soupoit, les autres conviés achevèrent de manger. On en vint aux libations ordinaires, on chanta un hymne en l'honneur du dieu Bacchus ; et, après toutes ces petites cérémonies, on parla de boire. Pausanias prit la parole :

« Voyons, nous dit-il, comment nous trouverons le
« secret de nous réjouir. Pour moi, je déclare que je suis
« encore incommodé de la débauche d'hier ; je voudrois
« bien qu'on m'épargnât aujourd'hui. Je ne doute pas que
« plusieurs de la compagnie, surtout ceux qui étoient du
« festin d'hier, ne demandent grâce aussi bien que moi.
« Voyons de quelle manière nous passerons gaiement la
« nuit.

« Vous me faites plaisir, dit Aristophane, de vouloir
« que nous nous ménagions : car je suis un de ceux qui
« se sont le moins épargnés la nuit passée.

« Que je vous aime de cette humeur ! dit le médecin
« Éryximaque. Il reste à savoir dans quelle intention se
« trouve Agathon. »

« Tant mieux pour moi, dit Agathon, si vous autres
« braves vous êtes rendus ; tant mieux pour Phèdre et
« pour les autres petits buveurs, qui ne sont pas plus
« vaillants que nous. Je ne parle pas de Socrate, il est
« toujours prêt à faire ce qu'on veut.

« Mais, reprit Éryximaque, puisque vous êtes d'avis
« de ne point pousser la débauche, j'en serai moins im-
« portun si je vous remontre le danger qu'il y a de s'eni-
« vrer. C'est un dogme constant dans la médecine, que

LE BANQUET DE PLATON.

« rien n'est plus pernicieux à l'homme que l'excès du vin :
« je l'éviterai toujours tant que je pourrai, et jamais je ne
« le conseillerai aux autres, surtout quand ils se senti-
« ront encore la tête pesante du jour de devant.

« Vous savez, lui dit Phèdre en interrompant, que je
« suis volontiers de votre avis, surtout quand vous parlez
« médecine ; mais vous voyez heureusement que tout le
« monde est raisonnable aujourd'hui. »

« Il n'y eut personne qui ne fût de ce sentiment. On
résolut de ne point s'incommoder, et de ne boire que
pour son plaisir.

« Puisque ainsi est, dit Éryximaque, qu'on ne forcera
« personne, et que nous boirons à notre soif, je suis d'avis,
« premièrement, que l'on renvoie cette joueuse de flûte;
« qu'elle s'en aille jouer là dehors tant qu'elle voudra, si
« elle n'aime mieux entrer où sont les dames, et leur
« donner cet amusement. Quant à nous, si vous m'en
« croyez, nous lierons ensemble quelque agréable conver-
« sation. Je vous en proposerai même la matière, si vous
« le voulez.

« Tout le monde ayant témoigné qu'il feroit plaisir à
la compagnie, Éryximaque continua ainsi :

« Je commencerai par ce vers de *la Ménalippe* d'Euri-
« pide :[1] *Les paroles que vous entendez, ce ne sont point*
« *les miennes;* ce sont celles de Phèdre. Car Phèdre m'a
« souvent dit avec une espèce d'indignation : « O Éryxi-
« maque! n'est-ce pas une chose étrange que, de tant de
« poëtes qui ont fait des hymnes et des cantiques en
« l'honneur de la plupart des dieux, aucun n'ait fait un
« vers à la louange de l'Amour, qui est pourtant un si

---

1. Cette tragédie d'Euripide est perdue.

« grand dieu ? Il n'y a pas jusqu'aux sophistes, qui com-
« posent tous les jours de grands discours à la louange
« d'Hercule et des autres demi-dieux. Passe pour cela.
« J'ai même vu un livre qui portoit pour titre : *L'Éloge*
« *du Sel,* où le savant auteur exagéroit les merveilleuses
« qualités du sel, et les grands services qu'il rend à
« l'homme. En un mot, vous verrez qu'il n'y a presque
« rien au monde qui n'ait eu son panégyrique. Comment
« se peut-il donc faire que, parmi cette profusion d'éloges,
« on ait oublié l'Amour, et que personne n'ait entrepris de
« louer un dieu qui mérite tant d'être loué ? » Pour moi,
« continua Éryximaque, j'approuve l'indignation de Phèdre.
« Il ne tiendra pas à moi que l'Amour n'ait son éloge
« comme les autres. Il me semble même qu'il siéroit très-
« bien à une si agréable compagnie de ne se point séparer
« sans avoir honoré l'Amour. Si cela vous plaît, il ne faut
« point chercher d'autre sujet de conversation. Chacun
« prononcera son discours à la louange de l'Amour. On
« fera le tour, à commencer par la droite. Ainsi, Phèdre
« parlera le premier, puisque c'est son rang, et puisque
« aussi bien il est le premier auteur de la pensée que
« je vous propose.

« Je ne doute pas, dit Socrate, que l'avis d'Éryximaque
« ne passe ici tout d'une voix. Je sais bien au moins que
« je ne m'y opposerai pas, moi qui fais profession de ne
« savoir que l'amour. Je m'assure qu'Agathon ne s'y oppo-
« sera pas non plus, ni Pausanias, ni encore moins Aristo-
« phane, lui qui est tout dévoué à Bacchus et à Vénus. Je
« puis également répondre du reste de la compagnie,
« quoique, à dire vrai, la partie ne soit pas égale pour
« nous autres, qui sommes assis les derniers. En tout
« cas, si ceux qui nous précèdent font bien leur devoir,

« et épuisent la matière, nous serons quittes pour leur
« donner notre approbation. Que Phèdre commence donc,
« à la bonne heure, et qu'il loue l'Amour. »

« Le sentiment de Socrate fut généralement suivi. De vous rendre ici mot à mot tous les discours que l'on prononça, c'est ce que vous ne devez pas attendre de moi : Aristodème, de qui je les tiens, n'ayant pu me les rapporter si parfaitement, et moi-même ayant laissé échapper quelque chose du récit qu'il m'en a fait ; mais je vous redirai l'essentiel. Voici donc à peu près, selon lui, quel fut le discours de Phèdre :

DISCOURS DE PHÈDRE.[1]

« C'est un grand dieu que l'Amour, et véritablement digne d'être honoré des dieux et des hommes. Il est admirable par beaucoup d'endroits, mais surtout à cause de son ancienneté ; car il n'y a point de dieu plus ancien que lui. En voici la preuve : on ne sait point quel est son père ni sa mère, ou plutôt il n'en a point. Jamais poëte, ni aucun autre homme, ne les a nommés. Hésiode, après avoir d'abord parlé du chaos, ajoute :

> La terre au large sein, le fondement des cieux ;
> Après elle l'Amour, le plus charmant des dieux.

Hésiode, par conséquent, fait succéder au chaos la Terre et l'Amour. Parménide a écrit que l'Amour est sorti du chaos :

> L'Amour fut le premier enfanté de son sein.

---

1. Phèdre : c'est le même qui a donné son nom au dialogue de Platon intitulé ΦΑΙΔΡΟΣ, Η ΠΕΡΙ ΚΑΛΟΥ *(Phèdre, ou du Beau.)* (G.)

« Acusilas a suivi le sentiment d'Hésiode. Ainsi d'un commun consentement, il n'y a point de dieu qui soit plus ancien que l'Amour. Mais c'est même de tous les dieux celui qui fait le plus de bien aux hommes ; car quel plus grand avantage peut arriver à une jeune personne, que d'être aimée d'un homme vertueux ; et à un homme vertueux, que d'aimer une jeune personne qui a de l'inclination pour la vertu ? Il n'y a ni naissance, ni honneurs, ni richesses, qui soient capables, comme un honnête amour, d'inspirer à l'homme ce qui est le plus nécessaire pour la conduite de sa vie : je veux dire la honte du mal, et une véritable émulation pour le bien. Sans ces deux choses, il est impossible que ni un particulier, ni même une ville, fasse jamais rien de beau ni de grand. J'ose même dire que, si un homme qui aime avoit ou commis une mauvaise action ou enduré un outrage sans le repousser, il n'y auroit ni père, ni parent, ni personne au monde, devant qui il eût tant de honte de paroître que devant ce qu'il aime. Il en est de même de celui qui est aimé : il n'est jamais si confus que lorsqu'il est surpris en quelque faute par celui dont il est aimé. Disons donc que, si par quelque enchantement une ville ou une armée pouvoit n'être composée que d'amants, il n'y auroit point de félicité pareille à celle d'un peuple qui auroit tout ensemble et cette horreur pour le vice, et cet amour pour la vertu. Des hommes ainsi unis, quoique en petit nombre, pourroient, s'il faut ainsi dire, vaincre le monde entier ; car il n'y a point d'honnête homme qui osât jamais se montrer devant ce qui aime après avoir abandonné son rang ou jeté ses armes, et qu'il n'aimât mieux mourir mille fois que de laisser ce qui aime dans le péril : ou plutôt il n'y a point d'homme si timide qui ne devînt alors comme le plus brave, et que l'amour ne transportât hors de lui-même. On lit dans Homère que les dieux inspiroient l'audace à quelques-uns de ses héros ; c'est ce qu'on peut dire de l'Amour plus justement que d'aucun des dieux. Il n'y a que parmi les amants que l'on sait mourir l'un pour l'autre.

« Non-seulement des hommes, mais des femmes mêmes, ont donné leur vie pour sauver ce qu'elles aimoient. La Grèce parlera éternellement d'Alceste, fille de Pélias : elle donna sa vie pour son époux, qu'elle aimoit, et il ne se trouva qu'elle qui osât mourir pour lui, quoiqu'il eût son père et sa mère. L'amour de l'amante surpassa de si loin leur amitié, qu'elle les déclara, pour ainsi dire, des étrangers à l'égard de leur fils ; il sembloit qu'ils ne lui fussent proches que de nom. Aussi, quoiqu'il se soit fait dans le monde un grand nombre de belles actions, celle d'Alceste a paru si belle aux dieux et aux hommes, qu'elle a mérité une récompense qui n'a été accordée qu'à un très-petit nombre de personnes ; les dieux, charmés de son courage, l'ont rappelée à la vie : tant il est vrai qu'un amour noble et généreux se fait estimer des dieux mêmes !

« Ils n'ont pas ainsi traité Orphée : ils l'ont renvoyé des enfers, sans lui accorder ce qu'il demandoit. Au lieu de lui rendre sa femme qu'il venoit chercher, ils ne lui en ont montré que le fantôme ; car il manqua de courage comme un musicien qu'il étoit. Au lieu d'imiter Alceste, et de mourir pour ce qu'il aimoit, il usa d'adresse, et chercha l'invention de descendre vivant aux enfers. Les dieux, indignés de sa lâcheté, ont permis enfin qu'il pérît par la main des femmes.

« Combien, au contraire, ont-ils honoré le vaillant

Achille ! Thétis, sa mère, lui avoit prédit que, s'il tuoit Hector, il mourroit aussitôt après ; mais que, s'il vouloit ne le point combattre, et s'en retourner à la maison de son père, il parviendroit à une longue vieillesse. Cependant Achille ne balança point : il préféra la vengeance de Patrocle à sa propre vie : il voulut non-seulement mourir pour son ami, mais même mourir sur le corps de son ami. Aussi les dieux l'ont-ils honoré par-dessus tous les autres hommes, et lui ont su bon gré d'avoir sacrifié sa vie pour celui dont il étoit aimé.

« Eschyle se moque de nous, quand il nous dit que c'étoit Patrocle qui étoit l'aimé. Achille étoit le plus beau des Grecs, et par conséquent plus beau que Patrocle. Il étoit tout jeune, et plus jeune que Patrocle, comme dit Homère. Mais véritablement si les dieux approuvent ce que l'on fait pour ceux qu'on aime, ils estiment, ils admirent, ils récompensent tout autrement ce que l'on fait pour la personne dont on est aimé. En effet, celui qui aime est quelque chose de plus divin que celui qui est aimé ; car il est possédé d'un dieu : de là vient qu'Achille a été encore mieux traité qu'Alceste, puisque les dieux l'ont envoyé, après sa mort, dans les îles des bienheureux.

« Je conclus que, de tous les dieux, l'Amour est le plus ancien, le plus auguste et le plus capable de rendre l'homme vertueux durant sa vie, et heureux après sa mort. »

Phèdre finit de la sorte. Aristodème passa par-dessus quelques autres dont il avoit oublié les discours, et il vint à Pausanias, qui parla ainsi :

DISCOURS DE PAUSANIAS.

« Je n'approuve point, ô Phèdre, la simple proposition qu'on a faite de louer l'Amour ; cela seroit bon s'il n'y avoit qu'un Amour. Mais, comme il y en a plus d'un, je voudrois qu'on eût marqué, avant toutes choses, quel est celui que l'on doit louer. C'est ce que je vais essayer de faire. Je dirai quel est cet Amour qui mérite qu'on le loue, et je le louerai le plus dignement que je pourrai.

« Il est constant que Vénus ne va point sans l'Amour. S'il n'y avoit qu'une Vénus, il n'y auroit qu'un Amour ; mais puisqu'il y a deux Vénus, il faut nécessairement qu'il y ait aussi deux Amours. Qui doute qu'il y ait deux Vénus ? L'une, ancienne fille du ciel, et qui n'a point de mère ; nous la nommons *Vénus Uranie*. L'autre, plus moderne, fille de Jupiter et de Dioné ; nous l'appelons *Vénus populaire*. Il s'ensuit que de deux Amours, qui sont les ministres de ces deux Vénus, il faut nommer l'un céleste, et l'autre populaire. Or, tous les dieux, à la vérité, sont dignes d'être honorés ; mais distinguons bien les fonctions de ces deux Amours.

« Toute action est de soi indifférente, comme ce que nous faisons présentement, boire, manger, discourir. Aucune de ces actions n'est ni bonne ni mauvaise par elle-même ; mais elle peut devenir bonne ou mauvaise par la manière dont on la fait. Elle devient honnête si on la fait selon les règles de l'honnêteté, et vicieuse si on la fait contre ces règles, il en est de même de l'amour : tout amour, en général, n'est point louable ni vertueux, mais seulement celui qui fait que nous aimons vertueusement.

« L'amour de la Vénus populaire inspire des passions basses et populaires : c'est proprement l'amour qui règne parmi les gens du commun. Ils aiment sans choix, plutôt les femmes que les hommes, plutôt le corps que l'esprit; et même entre les esprits, ils s'accommodent mieux des moins raisonnables, car ils n'aspirent qu'à la jouissance; pourvu qu'ils y parviennent, il ne leur importe par quels moyens. De là vient qu'ils s'attachent à tout ce qui se présente, bon ou mauvais : car ils suivent la Vénus populaire, qui, parce qu'elle est née du mâle et de la femelle, joint aux bonnes qualités de l'un les imperfections de l'autre.

« Pour la Vénus Uranie, elle n'a point eu de mère, et, par conséquent, il n'y a rien de foible en elle. De plus, elle est ancienne, et n'a point l'insolence de la jeunesse. Or, l'amour céleste est parfait comme elle. Ceux qui sont possédés de cet amour ont les inclinations généreuses ; ils cherchent une autre volupté que celle des sens; il faut une belle âme et un beau naturel pour leur plaire et pour les toucher ; on reconnoît dans leur choix la noblesse de l'amour qui les inspire; ils s'attachent non point à une trop grande jeunesse, mais à des personnes qui sont capables de se gouverner; car ils ne s'engagent point dans la pensée de mettre à profit l'imprudence d'une personne qu'ils auront surprise dans sa première innocence, pour la laisser aussitôt après, et pour courir à quelque autre; mais ils se lient dans le dessein de ne se plus séparer, et de passer toute leur vie avec ce qu'ils aiment. Il seroit effectivement à souhaiter qu'il y eût une loi par laquelle il fût défendu d'aimer des personnes qui n'ont pas encore toute leur raison, afin qu'on ne donnât point son temps à une chose si incertaine : car qui sait ce que deviendra un jour cette trop grande jeunesse, quel pli prendront et le corps et l'esprit, de quel côté ils tourneront, vers le vice ou vers la vertu? Les gens sages s'imposent eux-mêmes une loi si juste. Mais il faudroit la faire observer rigoureusement par les amants populaires dont nous parlions, et leur défendre ces sortes d'engagements comme on leur défend l'adultère. Ce sont eux qui ont déshonoré l'Amour; ils ont fait dire qu'il étoit honteux de bien traiter un amant; leur indiscrétion et leur injustice ont seules donné lieu à une semblable opinion, qui, à la prendre en général, est très-fausse, puisque rien de ce qui se fait par des principes de sagesse et d'honneur ne sauroit être honteux.

« Il n'est pas difficile de connoître l'opinion que les hommes ont de l'Amour dans tous les pays de la terre, car la loi est claire et simple. Il n'y a que les seules villes d'Athènes et de Lacédémone où la loi est difficile à entendre, où elle est sujette à explication. Dans l'Élide, par exemple, et dans la Béotie, où les esprits sont pesants, et où l'éloquence n'est pas ordinaire, il est dit simplement qu'il est permis d'aimer qui nous aime. Personne ne va parmi eux à l'encontre de cette ordonnance, ni jeunes ni vieux; il faut croire qu'ils ont ainsi autorisé l'amour pour en aplanir les difficultés, et afin qu'on n'ait pas besoin, pour se faire aimer, de recourir aux artifices que la nature leur a refusés.

« Les choses vont autrement dans l'Ionie et dans tous les pays soumis à la domination des barbares : car là on déclare infame toute personne qui souffre un amant. On traite sur un même pied l'amour, la philosophie et tous les exercices dignes d'un honnête homme. D'où vient cela? C'est que les tyrans n'aiment point à voir qu'il s'élève de grands courages, ou qu'il se lie dans leurs États des amitiés trop fortes : or c'est ce que l'amour sait faire parfaitement. Les tyrans d'Athènes en firent autrefois l'expérience : l'amitié violente d'Harmodius et d'Aristogiton renversa la tyrannie dont Athènes étoit opprimée. Il est donc visible que dans les États où il est honteux d'aimer qui nous aime, cette trop grande sévérité vient de l'injustice de ceux qui gouvernent, et de la lâcheté de ceux qui sont gouvernés ; mais que, dans les pays, au contraire, où il est honnête de rendre amour pour amour, cette indulgence est un effet de la grossièreté des peuples qui ont craint les difficultés.

« Tout cela est bien plus sagement ordonné parmi nous. Mais, comme j'ai dit, il faut bien examiner l'ordonnance pour la concevoir : car, d'un côté, on dit qu'il est plus honnête d'aimer aux yeux de tout le monde que d'aimer en cachette, surtout quand on aime des personnes qui ont elles-mêmes de l'honneur et de la vertu, et encore plus quand la beauté du corps ne se rencontre point dans ce qu'on aime. Tout le monde s'intéresse pour la prospérité d'un homme qui aime ; on l'encourage ; ce qu'on ne feroit point si l'on croyoit qu'il ne fût pas honnête d'aimer. On l'estime quand il a réussi dans son amour ; on le méprise quand il n'a pas réussi. On permet à son amant de se servir de mille moyens pour parvenir à son but ; et il n'y a pas un seul de ces moyens qui ne fût capable de le perdre dans l'esprit de tous les honnêtes gens, s'il s'en servoit pour toute autre chose que pour se faire aimer : car si un homme, dans le dessein de s'enrichir, ou d'obtenir une charge, ou de se faire quelque autre établissement de cette nature, osoit avoir pour un grand seigneur la moindre des complaisances qu'un amant a pour ce qu'il aime ; s'il employoit les mêmes supplications, s'il avoit la même assiduité, s'il faisoit les mêmes serments, s'il couchoit à sa porte, s'il descendoit à mille bassesses où un esclave auroit honte de descendre, il n'auroit ni un ennemi ni un ami qui le laissât en repos : les uns lui reprocheroient publiquement sa turpitude, ses bassesses; les autres en rougiroient, et s'efforceroient de l'en corriger. Cependant tout cela sied merveilleusement à un homme qui aime; tout lui est permis : non-seulement ses bassesses ne le déshonorent pas, mais on l'en estime comme un homme qui fait très bien son devoir. Et ce qui est le plus merveilleux, c'est qu'on veut que les amants soient les seuls parjures que les dieux ne punissent point; car on dit que les serments n'engagent point en amour : tant il est vrai que les hommes et les dieux donnent tout pouvoir à un amant! il n'y a donc personne qui là-dessus ne demeure persuadé qu'il est très louable, en cette ville, et d'aimer et de vouloir du bien à ceux qui nous aiment.

« Mais ne croira-t-on pas le contraire, si l'on regarde, d'un autre côté, avec quel soin un père met auprès de ses enfants une personne qui veille sur eux, et que le plus grand soin de ces personnes est d'empêcher qu'ils ne parlent à ceux qui les aiment? S'il arrive même qu'on les voie entretenir de pareils commerces, tous leurs camarades les accablent de railleries, et les gens plus âgés ni ne s'opposent à ces railleries, ni ne querellent ceux qui le font. Encore une fois, à examiner cet usage de notre ville, ne croira-t-on pas que nous sommes dans un pays où il y a de la honte à aimer et à se laisser aimer? Voici comme il faut accorder toutes ces contrariétés. L'amour, comme je disois d'abord, n'est de soi-même ni bon ni mauvais; il est louable, si l'on aime avec honneur; il est condamnable, si l'on aime contre les règles de l'honnêteté. Il y a de la honte à se laisser vaincre à l'amour d'un malhonnête homme ; il y a de l'honneur à se rendre à l'amitié d'un homme qui a de la vertu. J'appelle malhonnête homme cet amant populaire qui aime le corps plutôt que l'esprit ; son amour ne sauroit être de durée, car il aime une beauté qui ne dure point ; dès que la fleur de cette beauté est passée, vous le voyez qui s'envole ailleurs, sans se souvenir de ses beaux discours et de toutes ses belles promesses. Il n'en est pas ainsi de l'amant honnête : comme il s'est épris d'une belle âme, son amitié est immortelle, car ce qu'il aime est solide et ne périt point.

« Telle est donc l'intention de la loi qui est établie parmi nous : elle veut qu'on examine avant de s'engager, et qu'on honore ceux qui aiment pour la vertu, tandis qu'on aura en horreur ceux qui ne recherchent que la volupté ; elle encourage les jeunes gens à se donner aux premiers et à fuir les autres ; elle examine quelle est l'intention de celui qui aime, et quel est le motif de celui qui se laisse aimer. Il s'ensuit de là qu'il y a de la honte à s'engager légèrement ; car il n'y a que le temps qui découvre le secret des cœurs.

« Il est encore honteux de céder à un homme riche, ou à un homme qui est dans une grande fortune, soit qu'on se rende par timidité, ou qu'on se laisse éblouir par l'argent, ou par l'espérance d'entrer dans les charges : car outre que des raisons de cette nature ne peuvent jamais lier une amitié véritable et généreuse, elles portent d'ailleurs sur des fondements trop peu durables.

« Reste un seul motif, pour lequel, selon l'esprit de notre loi, on peut accorder son amitié à celui qui la demande : car tout de même que les bassesses et la servitude volontaire d'un homme qui aspire à se faire aimer ne sont point odieuses, et ne lui sont point reprochées, aussi y a-t-il une espèce de servitude volontaire qui ne peut jamais être blâmée : c'est celle où l'on s'engage pour la vertu. Tout le monde s'accorde en ce point, que si un homme s'attache à en servir un autre, dans l'espérance de devenir honnête homme par son moyen, d'acquérir la sagesse, ou quelque autre partie de la vertu, cette servitude n'est point honteuse, et ne s'appelle point une bassesse.

« Il faut que l'amour se traite comme la philosophie, et que les lois de l'un soient les mêmes que les lois de l'autre, si l'on veut qu'il soit honnête de favoriser celui qui nous aime; car si l'amant et l'aimé s'aiment tous deux à ces conditions, savoir, que l'amant, en reconnoissance des honnêtes faveurs de celui qui l'aime, sera prêt à lui rendre tous les services qu'il pourra lui rendre avec honneur; que l'aimé, de son côté, pour reconnoître le soin que son amant aura pris de le rendre sage et vertueux, aura pour lui toutes les complaisances que l'honneur lui permettra; et si l'amant est véritablement capable d'inspirer la vertu et la prudence à ce qu'il aime, et que l'aimé ait un véritable désir de se faire instruire; si, dis-je, toutes ces conditions se rencontrent, c'est alors uniquement qu'il est honnête d'aimer qui nous aime.

« L'amour ne peut point être permis pour quelque autre raison que ce soit. Alors il n'est point honteux d'être trompé; partout ailleurs il y a de la honte, soit qu'on soit trompé, soit qu'on ne le soit point : car si, dans l'espérance du gain, on s'abandonne à un amant que l'on croyoit riche, et qu'on reconnoisse que cet amant est pauvre en effet, et qu'il ne peut tenir parole, la honte est égale de part et d'autre. On a découvert ce que l'on étoit, et on a montré que, pour le gain, on pouvoit tout faire pour tout le monde. Et qu'y a-t-il de plus éloigné de la vertu que ce sentiment? Au contraire, si, après s'être confié à un amant que l'on auroit cru honnête homme, dans l'espérance d'acquérir la vertu par le moyen de son amitié, on vient à reconnoître que cet amant n'est point un honnête homme, et qu'il est lui-même sans vertu, il n'y a point de déshonneur à être trompé de la sorte ; car on a fait voir le fond de son cœur, on a montré que pour la vertu, et dans l'espérance de parvenir à une plus grande perfection, on étoit capable de tout entreprendre ; et il n'y avoit rien de plus glorieux que d'avoir cette passion pour la vertu.

« Il s'ensuit donc qu'il est beau d'aimer pour la vertu. C'est cet amour qui fait la Vénus céleste, et qui est céleste lui-même, utile aux particuliers et aux républiques, et digne de leur principale étude, qui oblige l'amant et l'aimé de veiller sur eux-mêmes, et d'avoir soin de se rendre mutuellement vertueux. Tous les autres amours appartiennent à la Vénus populaire.

« Voilà, ô Phèdre, tout ce que j'avois à vous dire présentement sur l'amour. »

Pausanias ayant fait ici une pause (car voilà de ces allusions que nos sophistes enseignent), c'étoit à Aristophane à parler ; mais il en fut empêché par un hoquet qui lui étoit survenu, apparemment pour avoir trop mangé. Il s'adressa donc à Éryximaque, médecin, auprès de qui il étoit, et lui dit :

« Il faut ou que vous me délivriez de ce hoquet, ou que vous parliez pour moi jusqu'à ce qu'il ait cessé.

« Je ferai l'un et l'autre, répondit Éryximaque ; car je vais parler à votre place, et vous parlerez à la mienne, quand votre incommodité sera finie : elle le sera bientôt, si vous voulez retenir votre haleine, et vous gargariser la gorge avec de l'eau. Il y a encore un autre remède qui fait cesser infailliblement le hoquet, quelque violent qu'il puisse être : c'est de se procurer l'éternuement en se frottant le nez une ou deux fois.

« J'aurai exécuté vos ordonnances, dit Aristophane, avant que votre discours soit achevé. Commencez.[1] »

---

1. Ici finit la traduction de Racine.

FRAGMENTS

DE LA POÉTIQUE D'ARISTOTE.

. . . .
. . . .

La tragédie est donc l'imitation d'une action grave et complète, et qui a sa juste grandeur. Cette imitation se fait par un discours, un style composé pour le plaisir, de telle sorte que chacune des parties qui la composent subsiste et agisse séparément et distinctement. Elle ne se fait point par récit, mais par une représentation vive, qui, excitant la pitié et la terreur, purge et tempère ces sortes de passions : c'est-à-dire[1] qu'en émouvant ces passions elle leur ôte ce qu'elles ont d'excessif et de vicieux, et les ramène à un état modéré et conforme à la raison.

J'appelle discours composé pour le plaisir un discours qui marche avec cadence, harmonie et mesure. Et quand je dis que chacune des parties doit agir séparément, je

---

1. Ceci est un commentaire que Racine a cru devoir ajouter au texte d'Aristote. Le style de ce philosophe étant très-concis, Racine s'est permis quelques paraphrases en faveur de la clarté. (G.)

veux dire qu'il y a des choses qui se représentent par les vers tout seuls, et d'autres par le chant.

Or, puisque c'est en agissant que se fait l'imitation, il faut d'abord poser qu'il y a une des parties de la tragédie qui n'est que pour les yeux (comme la décoration, les habits, etc.); ensuite il y a le chant et la diction : car c'est avec ces choses qu'on imite. J'appelle diction la composition des vers ; et pour le chant, il s'entend assez sans qu'il soit besoin de l'expliquer.

La tragédie est l'imitation d'une action. Or toute action suppose des gens qui agissent, et les gens qui agissent ont nécessairement un caractère, c'est-à-dire des mœurs et des inclinations qui les font agir : car ce sont les mœurs et l'inclination, c'est-à-dire la disposition de l'esprit, qui rendent les actions telles ou telles ; et par conséquent les mœurs et le sentiment, ou la disposition de l'esprit, sont les deux principes des actions. Ajoutez que c'est par ces deux choses que tous les hommes viennent ou ne viennent pas à bout de leurs desseins et de ce qu'ils souhaitent.

La fable est proprement l'imitation de l'action. J'entends par le mot de *fable* le tissu ou le contexte des affaires. Les mœurs, ou autrement le caractère, c'est ce qui rend un homme tel ou tel, c'est-à-dire bon ou méchant ; et le sentiment marque la disposition de l'esprit, lorsqu'il se déclare par des paroles qui font connoître dans quels sentiments nous sommes.

Il faut donc nécessairement qu'il y ait six parties de la tragédie, lesquelles constituent sa nature et son essence : la fable, les mœurs, la diction, le sentiment, la décoration et tout ce qui est pour les yeux, et le chant : car il y a deux choses par lesquelles on imite, qui sont le chant et la diction ; une manière d'imiter, qui est la représen-

tation du théâtre, c'est-à-dire la décoration, les habits, le geste, etc.; et il y a trois choses qu'on imite, au delà desquelles il n'y a rien de plus, c'est-à-dire l'action, les mœurs et les sentiments. . . . .
. . . .

Un tout est ce qui a un commencement, un milieu et une fin. Le commencement est ce qui n'est point obligé d'être après une autre chose, et après quoi il y a ou il y doit avoir d'autres choses. La fin, au contraire, est ce qui est nécessairement ou ce qui a coutume d'être après une autre chose, et après quoi il n'y a plus rien. Le milieu est ce qui est après une autre chose, et après quoi il y a encore d'autres choses.

Il faut qu'une fable bien constituée ne commence et ne finisse point au hasard, mais qu'elle soit selon les règles que nous en venons de donner . . . .
. . . .

Voilà pourquoi la poésie est quelque chose de plus philosophique et de plus parfait que l'histoire. La poésie est occupée autour du général, et l'histoire ne regarde que le détail. J'appelle le général ce qu'il est convénable qu'un tel homme dise ou fasse vraisemblablement ou nécessairement : et c'est là ce que traite la poésie, jetant son idée sur les noms qui lui plaisent, c'est-à-dire empruntant les noms de tels ou tels pour les faire agir ou parler selon son idée. L'histoire, au contraire, ne traite que le détail; par exemple, ce qu'a fait Alcibiade, ou ce qui lui est arrivé. . . . .
. . . .

Le prologue est toute cette partie de la tragédie qui précède l'entrée du chœur. L'épisode est toute cette partie de la tragédie qui est entre deux cantiques du chœur;

l'exode, toute cette partie de la tragédie après laquelle le chœur ne chante plus. Les parties du chœur sont : 1° l'entrée, πάροδος, c'est-à-dire lorsque le chœur parle tout entier la première fois ; la seconde, le repos, στάσιμον, c'est-à-dire ce chant du chœur qui est sans anapeste et sans trochée, et où le chœur demeure fixe en sa place ; et enfin la lamentation, κομμός, ce chant lugubre du chœur et des acteurs ensemble..................
. . . .

Puis donc qu'il faut que la constitution d'une excellente tragédie soit, non pas simple, mais composée, et pour ainsi dire nouée, et qu'elle soit une imitation de choses terribles et dignes de compassion (car c'est là le propre de la tragédie), il est clair, premièrement, qu'il ne faut point introduire des hommes vertueux qui tombent du bonheur dans le malheur : car cela ne seroit ni terrible, ni digne de compassion, mais bien cela seroit détestable et digne d'indignation.

Il ne faut pas non plus introduire un méchant homme qui, de malheureux qu'il étoit, devienne heureux : car il n'y a rien de plus opposé au but de la tragédie, cela ne produisant aucun des effets qu'elle doit produire ; c'est-à-dire qu'il n'y a rien en cela de naturel ou d'agréable à l'homme, rien qui excite la terreur et qui émeuve la compassion. Il ne faut pas non plus qu'un très méchant homme tombe du bonheur dans le malheur : car il y a bien à cela quelque chose de juste et de naturel ; mais cela ne peut exciter ni pitié ni crainte : car on n'a pitié que d'un malheureux qui ne mérite point son malheur, et on ne craint que pour ses semblables. Ainsi cet événement ne sera ni terrible ni digne de compassion.

Il faut donc que ce soit un homme qui soit entre les

deux, c'est-à-dire qui ne soit point extrêmement juste et vertueux, et qui ne mérite point aussi son malheur par un excès de méchanceté et d'injustice. Mais il faut que ce soit un homme qui, par sa faute, devienne malheureux, et tombe d'une grande félicité et d'un rang très-considérable dans une grande misère ; comme OEdipe, Thyeste, et d'autres personnages illustres de ces sortes de familles............................

Puis donc que c'est par l'imitation que le poëte peut produire en nous ce plaisir qui naît de la compassion et de la terreur, il est visible que c'est de l'action et pour ainsi dire du sein de la chose que doit naître ce plaisir.

Voyons maintenant quelles sortes d'événements peuvent produire cette terreur et cette pitié. Il faut de nécessité que ce soient des actions qui se passent entre amis ou entre ennemis, ou entre des gens qui ne soient ni l'un ni l'autre. Si un ennemi tue un ennemi, nous ne ressentons aucune pitié ni à lui voir faire cette action, ni lorsqu'il se prépare à la faire. Il n'y a que le moment même où nous lui voyons répandre du sang où nous pouvons ressentir cette simple émotion que la nature ressent en voyant tuer un homme. Nous n'aurons point non plus une grande pitié pour les gens indifférents qui voudront se tuer les uns les autres. Il reste donc que ces événements se passent entre des personnes liées ensemble par les nœuds du sang et de l'amitié : comme, par exemple, lorsqu'un frère ou tue ou est près de tuer son frère, un fils son père, une mère son fils, ou un fils sa mère ; et ce sont de ces événements que le poëte doit chercher.

On ne peut changer et démentir les fables qui sont reçues : on ne peut point faire, par exemple, que Clytemnestre ne soit point tuée par Oreste ; qu'Ériphile ne soit point tuée par Alcméon. Il faut donc que le poëte ou invente lui-même un sujet nouveau, ou qu'il songe à bien traiter ceux qui sont déjà inventés. Expliquons ce que nous entendons par bien traiter. On peut faire comme faisoient les anciens, que ceux qui agissent agissent avec connoissance de cause; comme Euripide fait que Médée tue ses enfants, qu'elle connoît pour ses enfants; ou on peut faire en sorte que ceux qui commettent une action de cette nature la commettent, à la vérité, mais sans savoir ce qu'ils font, et qu'ils reconnoissent ensuite la personne contre qui ils l'ont commise, par exemple OEdipe dans Sophocle. Il est vrai que, dans cette tragédie, l'action s'est faite hors de la tragédie, c'est-à-dire longtemps avant la reconnoissance; mais, dans la tragédie même, Alcméon, chez le poëte Astydamas, tue sa mère avant que de la connoître ; et Télégonus blesse son père avant que de le connoître, dans la tragédie d'*Ulysse blessé*. Il y a encore une troisième manière, qui est de faire que celui qui va commettre quelque action horrible par ignorance reconnoisse, avant l'action même, l'horreur de son action. Et il n'y a que ces trois manières, car il faut de nécessité ou que l'action s'achève ou qu'elle ne s'achève point; et que ceux qui agissent ou connoissent ou ignorent ce qu'ils veulent faire.

La plus mauvaise de ces trois manières, c'est lorsqu'un homme veut faire une action horrible avec connoissance de cause, et qu'il ne l'achève pourtant pas : car il n'y a rien en cela que de scélérat, et il n'y a point de tragique, n'y ayant point de sang répandu. Aussi il arrive peu qu'on représente rien de cette nature. On en peut voir un exemple dans l'Antigone, où Hémon veut tuer son père Créon, et ne le tue point. La seconde de ces trois manières, et qui est meilleure que l'autre dont je viens de parler, c'est lorsqu'un homme agit avec connoissance, et qu'il achève l'action ; mais le meilleur de bien loin, c'est lorsqu'un homme commet quelque action horrible sans savoir ce qu'il fait, et qu'après l'action il vient à reconnoître ce qu'il a fait : car il n'y a rien là de méchant et de scélérat, et cette reconnoissance a quelque chose de terrible et qui fait frémir.

Cette dernière manière est infiniment la meilleure. En voici des exemples : dans le *Cresphonte,* Mérope, mère de Cresphonte, le veut faire mourir, et ne le tue point, parce qu'elle le reconnoît pour son fils. Dans *Iphigénie,* la sœur reconnoît son frère, et ne le tue point ; et dans *Hellé,* le fils reconnoît sa mère au moment qu'il l'alloit livrer.

C'est pour cela que l'on a souvent dit que les tragédies ne mettent sur la scène qu'un petit nombre de familles : car les poëtes qui cherchoient à traiter des actions de cette nature en sont redevables à la fortune, et non pas à leur invention. Ainsi ils sont contraints de revenir à ces mêmes familles où ces sortes d'événements se sont passés. Voilà tout ce qu'on peut dire de la constitution de l'action et de la fable, et de la nature dont les fables doivent être.

Venons maintenant aux mœurs. Il y a quatre choses qu'il faut y chercher : 1° qu'elles soient bonnes. Un personnage a des mœurs lorsqu'on peut reconnoître, ou par ses actions ou par ses discours, l'inclination et l'habitude qu'il a au vice ou à la vertu. Ses mœurs seront mauvaises si cette inclination est mauvaise, et elles seront bonnes si cette inclination est bonne. Les mœurs, ou le caractère, se rencontrent en toutes sortes de conditions : car une femme peut être bonne, un esclave peut l'être aussi, quoique d'ordinaire la femme soit d'une moindre bonté que l'homme, et que l'esclave soit presque absolument mauvais. La seconde qualité que doivent avoir les mœurs, c'est d'être convenables : car la valeur tient rang parmi les mœurs, mais elle ne convient pas aux mœurs d'une femme, qui naturellement n'est point brave et intrépide. Troisièmement, elles doivent être semblables (c'est-à-dire que les personnages qu'on imite doivent avoir au théâtre les mêmes mœurs que l'on sait qu'ils avoient durant leur vie); et cette qualité de semblables est différente des deux premières, qui sont d'être bonnes et convenables. En quatrième lieu il faut qu'elles soient uniformes : car, quoique le personnage qu'on représente paroisse quelquefois changer de volonté et de discours, il faut néanmoins qu'il soit toujours le même dans le fond, que tout parte d'un même principe, et qu'il soit inégalement égal et uniforme.

On peut apporter pour exemples de mauvaises mœurs qui le sont sans nécessité le Ménélas de l'*Oreste*; de mœurs messéantes, et qui ne conviennent pas au personnage, les lamentations d'Ulysse dans la *Scylla,* et les discours philosophiques de Ménalippe; et de mœurs inégales et qui se démentent, l'*Iphigénie en Aulide:* car Iphigénie timide, et qui a peur de mourir, ne ressemble en rien à l'Iphigénie qui s'offre généreusement à la mort, et qui veut mourir malgré tout le monde.

Or il faut toujours chercher dans les mœurs, aussi bien que dans la constitution de la fable, ou le nécessaire, ou le vraisemblable : c'est-à-dire qu'il faut que celui qui parle ou qui agit fasse et dise tout nécessairement ou vraisemblablement; qu'une chose n'arrive point après l'autre que par nécessité, ou parce qu'il est vraisemblable qu'elle arrive ainsi.

Il est donc manifeste que le dénoûment de la fable doit être tiré de la fable même, et non point du secours d'une machine, comme dans *Médée* et dans l'*Embarquement des Grecs après la prise de Troie*. Le secours d'une machine ne peut être bon que pour les choses qui sont hors de la fable, ou qui se sont passées devant la fable (comme sont les choses qu'il est impossible que l'homme sache sans le secours des dieux), ou pour les choses qui doivent arriver après la fable, et qu'on ne peut savoir que par révélation ou par prophétie : car nous accordons aux dieux la connoissance de toutes choses. Il ne faut pas non plus qu'il y ait rien d'absurde et de peu vraisemblable dans l'action ; cela ne se souffre que dans les choses qui sont hors de la tragédie : ce qu'on peut voir dans l'*OEdipe* de Sophocle.[1]

La tragédie étant une imitation des mœurs et des personnes les plus excellentes, il faut que nous fassions comme les bons peintres, qui, en gardant la ressemblance dans leurs portraits, peignent en beau ceux qu'ils font ressembler. Ainsi le poëte, en représentant un homme colère ou un homme patient, ou de quelque autre caractère que ce puisse être, doit non-seulement les représenter tels qu'ils étoient, mais il les doit représenter dans un tel degré d'excellence, qu'ils puissent servir de modèles ou de colère, ou de douceur, ou d'autre chose. C'est ainsi qu'Agathon et Homère ont su représenter Achille.

Le poëte doit observer toutes ces choses, et prendre garde surtout de ne rien faire qui choque les sens qui

---

1. Peut-être il veut dire qu'il n'étoit pas vraisemblable que l'on n'eût point fait une recherche plus exacte des meurtriers de Laïus. Cette absurdité se peut souffrir, selon Aristote, parce qu'elle est dans les choses qui précèdent la tragédie. (*Note de Racine.*)

jugent de la poésie, c'est-à-dire les oreilles et les yeux : car il y a plusieurs manières de les choquer; j'en ai parlé dans d'autres discours où je traite de cette matière.

Nous avons dit ce que c'est que reconnoissance. Il y en a de plusieurs sortes. La première, qui est la plus grossière, et dont la plupart se servent faute d'invention, est celle qui se fait par les signes. De ces signes, les uns sont naturels et attachés dès la naissance à la personne, comme cette lance dont les enfants de la terre sont marqués (c'étoit une famille de Thèbes), ou de petites étoiles comme dans le *Thyeste* de Carcinus. Les autres sont acquis et venus depuis; et de ceux-là, il y en a qui sont encore attachés au corps de la personne, comme sont les cicatrices; ou sont tout à fait extérieurs, comme les colliers, et ce petit berceau dans la *Tyro*.

On peut faire même de bonnes ou de médiocres reconnoissances avec ces sortes de signes. Ulysse, par exemple, à la faveur de sa cicatrice, est reconnu d'une façon par sa nourrice, et d'une autre façon par les porchers : car il y a moins d'art dans cette dernière, où Ulysse découvre exprès sa cicatrice pour se faire reconnoître, et pour vérifier son discours. Au lieu que dans l'autre, c'est sa nourrice qui le reconnoît d'elle-même en voyant cette cicatrice. Ainsi, il n'y a point de dessein dans cette reconnoissance; il y a, au contraire, une surprise qui fait une péripétie; et les reconnoissances de cette nature sont bien meilleures que ces autres qui se font avec dessein. Les secondes.[1]

. . . .

. . . .

La plus belle des reconnoissances est celle qui, étant

---

1. Racine n'a traduit que le premier mot de la phrase.

tirée du sein même de la chose, se forme peu à peu d'une suite vraisemblable des affaires, et excite la terreur et l'admiration : comme celle qui se fait dans l'*OEdipe* de Sophocle et dans l'*Iphigénie* : car qu'y a-t-il de plus vraisemblable à Iphigénie, que de vouloir faire tenir une lettre dans son pays? Ces reconnoissances ont cet avantage par-dessus toutes les autres, qu'elles n'ont point besoin de marques extérieures et inventées par le poëte, de colliers et autres sortes de signes. Les meilleures, après celles-ci, sont celles qui se font par raisonnement. . . . .
. . . .

Homère est admirable pour beaucoup de choses, mais surtout en ce qu'il est le seul des poëtes qui sait parfaitement ce qui convient au poëte : car le poëte doit rarement parler comme poëte : car il n'imite point lorsqu'il parle, mais lorsqu'il fait parler les autres. Tous les autres poëtes parlent partout et n'imitent presque jamais. Homère, au contraire, lorsqu'il a dit quelques paroles pour préparer ses personnages, amène aussitôt ou un homme, ou une femme, ou quelque autre personnage, qui parlent chacun selon leurs mœurs et leur caractère : car tout a son caractère chez lui, et il n'y a point de personnage sans caractère. . . . .
. . . .
. . . .

On demandera peut-être laquelle imitation est la plus parfaite, ou celle qui se fait par le poëme épique, ou celle qui se fait par la tragédie. Ceux qui donnent l'avantage au poëme épique disent que la meilleure des imitations est celle qui se fait avec le moins d'embarras, et qui ne se propose que les honnêtes gens pour spectateurs. Ils appellent une imitation qui se fait avec embarras, celle qui veut tout imiter, et qui, craignant de n'être pas assez entendue et de ne point faire son effet, s'efforce de s'imprimer elle-même, s'agite, et emprunte le secours du geste et du mouvement des acteurs.[1]

Tels sont ces mauvais joueurs de flûte qui tournent autour d'eux-mêmes pour mieux représenter un disque, une pierre qui tourne, et qui ne se fient pas à la cadence de leur chant, et ceux encore qui, pour exprimer l'action de Scylla qui attire à elle les vaisseaux, attirent à eux celui qui chante auprès d'eux, *soit le maître de musique ou quelque autre.*

La tragédie, disent-ils, ressemble en cela aux acteurs modernes, et elle est, à l'égard du poëme épique, ce que ces nouveaux acteurs sont à l'égard des anciens : car Mynisque, ancien acteur, accusant Callipides de faire trop de gestes, l'appeloit un singe. On disoit la même chose du comédien Pindare.

Au lieu que le poëme épique, n'ayant que les honnêtes gens pour spectateurs, n'a pas besoin de ces secours empruntés, dont la tragédie se sert pour faire son effet sur ses spectateurs, qui sont d'ordinaire une vile popu-

---

1. Le Commentaire n'a rien entendu à ce passage* *(Note de Racine).*

* Cette observation, que Racine a mise en marge, est parfaitement juste; mais lui-même a plutôt paraphrasé que traduit ce passage, dont le texte est obscur et paraît altéré. Voici une traduction plus littérale :

« L'imitation épique vaut-elle mieux que l'imitation tragique? C'est une question qu'on peut proposer. Si l'imitation la plus simple, la moins chargée, celle qui n'a pour spectateurs que les honnêtes gens, mérite la préférence, l'épique doit l'emporter; car l'imitation tragique, qui se pique de tout imiter, est fort chargée : le poëte s'y donne un grand mouvement; et, dans la crainte qu'on n'y soit pas assez sensible, il appellera à son secours une foule d'ornements (tels que le chant, le geste, les décorations, les costumes et tous les prestiges du théâtre.) » (G.)

lace : et de là on conclut qu'elle est la moindre imitation, puisqu'elle se fait avec le plus d'embarras.

Je réponds à cela premièrement.[1] . . . . . .
. . . .

---

[1] Ici Racine a cessé de traduire, page 299 des *Commentaires* de P. Victorius (Vettori) sur le premier livre de la Poétique d'Aristote. (G.)

EXTRAIT

DU TRAITÉ DE LUCIEN :

COMMENT IL FAUT ÉCRIRE L'HISTOIRE

..... L'éloge et l'histoire sont éloignés infiniment ; et, comme disent les musiciens, δις διὰ πασῶν, c'est-à-dire que ce sont les deux extrémités.

Il n'y a guère moins de différence entre l'histoire et la poésie. Le poëte a besoin de tous les dieux, quand il veut peindre Agamemnon. Il lui faut la tête et les yeux de Jupiter, la poitrine de Neptune, le bouclier de Mars ; mais l'historien peint Philippe borgne comme il étoit.

L'utilité est le principal objet de l'histoire. Le plaisir suit l'utilité, comme la beauté suit d'ordinaire la santé.

L'historien a pour juges des lecteurs malins, qui ne demandent pas mieux que de le reprendre, et qui l'examinent avec la même rigueur qu'un changeur examine la monnoie.

Alexandre jeta dans l'Hydaspe l'histoire d'Aristobule, qui lui faisoit faire des actions merveilleuses qu'il n'avoit point faites, dans la bataille qu'il avoit gagnée contre Porus, et lui dit qu'il lui faisoit grâce de ne l'y pas faire jeter lui-même.

Il y a des historiens qui croient faire grand plaisir à un prince, en ravalant le mérite de ses ennemis. Achille seroit moins grand, s'il n'avoit défait que Thersite au lieu d'Hector.

D'autres invectivent contre le chef des ennemis, comme s'ils vouloient le défaire, la plume à la main.

Il[1] se moque d'un historien impertinent qui vouloit imiter, ou pour mieux dire copier Thucydide en toutes choses, jusqu'à faire arriver une peste dans le camp des ennemis, parce qu'il y a une peste dans Thucydide. Il commençoit en déclinant son nom, et mettoit : *Creperius a écrit*, etc. Il faisoit une oraison funèbre, à l'imitation de Périclès, et la faisoit réciter par un centurion.

Un autre remplira son histoire de petits détails et de mots de l'art, comme feroit un soldat ou un ouvrier qui auroit travaillé dans le camp.

Un autre emploiera tout son temps à faire d'ennuyeuses descriptions ou de l'habillement et des armes du général, ou d'un bois, ou d'une caverne ; et quand ils viennent aux grandes affaires, ils y sont neufs, comme un valet que son maître auroit fait son héritier, qui ne sait comment mettre les habits de son maître, ni sur quelle viande il doit se ruer, préférant quelque méchant haricot aux perdrix et aux faisans.

Ils pensent attraper le merveilleux en écrivant des choses contre le vraisemblable, des blessures prodigieuses, des morts incroyables.

Un autre faisoit des noms grecs de tous les noms latins, appeloit Cronos[2] Saturnin, Frontin Fronton, etc.

Ils se servent quelquefois de phrases magnifiques,

---

1. *Il*, c'est-à-dire Lucien.
2. Ou plutôt *Cronios*.

comme pourroit faire un poëte, et tombent tout à coup dans de basses expressions. C'est un homme qui a un pied chaussé d'un brodequin, et une sandale à l'autre pied.

Il y en a qui mettent de magnifiques prologues au-devant d'une histoire fort peu importante. Le casque est d'or et la cuirasse est de haillons ; et tout le monde s'écrie : *La montagne accouche*.

Un autre entrera d'abord en matière, et croira imiter Xénophon, qui commence d'abord : « Darius et Parysatis eurent deux fils. » Mais il ne voit pas qu'il y a des prologues qui sont imperceptibles, et qui sont pourtant de véritables prologues.

Ils confondent toute la géographie. Ils décrivent curieusement et fort au long de petites choses, et passent légèrement sur les grandes. Ils ont grand soin de bien examiner le piédestal, et ne disent presque rien de la statue.

Un qui n'étoit jamais sorti de Corinthe commençoit ainsi son histoire : « Les yeux sont de plus sûrs témoins que les oreilles ; » et après cela décrivoit la Perse et tout ce qui s'y rencontroit d'extraordinaire.

Un autre avoit fait un prologue prophétique, promettant d'écrire le triomphe dans un temps où la guerre n'étoit pas encore terminée.

Voilà les principales fautes où peut tomber un historien ; voici les principales qualités qu'il doit avoir :

Les deux plus nécessaires, ce sont un bon sens pour les choses du monde et une agréable expression, σύνεσιν τε πολιτικὴν καὶ δύναμιν ἑρμηνευτικήν. La première est un don du ciel ; l'autre se peut acquérir par un grand travail et une grande lecture des anciens.

Un historien doit être capable d'agir lui-même et de

commander en un besoin. Il faut qu'il ait vu l'armée ; des soldats rangés en bataille et faisant l'exercice ; ce que c'est qu'une aile, qu'un front, des bataillons, des escadrons ; qu'il ait vu de près des machines de guerre, et qu'il ne s'en rapporte pas aux yeux d'autrui.

Surtout il doit être libre, n'espérant ni ne craignant rien, inaccessible aux présents et aux récompenses; appelant figue une figue, etc. ; ne faisant grâce à personne, et ne respectant rien par une mauvaise honte ; juge équitable et indifférent, sans pays, sans maître, et sans dépendance, ἀπολίς, αὐτόνομος, ἀβασίλευτος ; qu'il dise les choses comme elles sont, sans les farder ni les déguiser ; car il n'est pas poëte, il est narrateur, et par conséquent n'est point responsable de ce qu'il raconte. En un mot, il faut qu'il sacrifie à la seule vérité, et qu'il n'ait pas devant les yeux des espérances aussi courtes que celles de cette vie, mais l'estime de toute la postérité. Qu'il imite cet architecte du phare d'Égypte, qui mit sur du plâtre le nom du roi qui l'employoit, mais sous ce plâtre son propre nom, sachant bien que le plâtre tomberoit après sa mort, et que son nom se verroit éternellement sur la pierre.

Alexandre a dit plus d'une fois : « Oh ! que ne puis-je revenir dans trois ou quatre cents ans pour entendre de quelle manière les hommes parleront de nous ! »

Il ne faut point se mettre en tête d'avoir un style si magnifique et si guindé ; il faut s'y prendre plus familièrement. Que le sens, à la vérité, soit pressé, c'est-à-dire que ce ne soient point des paroles vagues, et qu'il y ait du sens et des choses partout ; mais que l'expression soit claire, et comme parlent les honnêtes gens. Car, comme l'historien ne doit avoir dans l'esprit que la liberté et la vérité, il faut aussi qu'on n'ait pour but dans le style que la netteté, et de représenter les choses telles qu'elles sont ; en un mot, que tout le monde l'entende, et que les savants le louent ; ce qui arrivera si on se sert d'expressions qui ne soient point trop recherchées, ni aussi trop communes.

Il faut pourtant que l'historien ait quelque chose du poëte dans les pensées, surtout quand il viendra à écrire une bataille, des armées qui se vont choquer, des vaisseaux qui combattent les uns contre les autres. C'est alors qu'on a besoin, pour ainsi dire, d'un vent poétique qui enfle les voiles, qui fasse grossir la mer. Mais il faut pourtant que l'expression ne s'élève guère de terre, et qu'elle ne se ressente en rien de la fureur des corybantes ; enfin, il faut aller bride en main.

N'avoir point trop de soin de l'harmonie et du son, mais aussi ne pas écorcher les oreilles.

Il faut bien prendre garde de qui on prend des mémoires, et ne consulter que des gens non suspects ou de haine ou de complaisance, soit pour eux-mêmes, soit pour les autres.

Quand on a fait provision de bons mémoires, alors il faut les coudre, et faire comme une suite ou un corps d'histoire, sec et décharné d'abord, pour y mettre ensuite la chair et les couleurs.

Il faut, comme le Jupiter d'Homère, que l'historien porte les yeux de tous côtés, tantôt sur les Thraces, tantôt sur les Mysiens ; qu'il voie aussi bien ce qui se passe dans le parti des ennemis comme dans l'autre parti ; qu'il mette tout dans une égale balance, qu'il se mêle, qu'il combatte, qu'il fuie avec les fuyards, qu'il donne la chasse avec les victorieux.

Son esprit doit être comme un miroir pur et sans

taches, qui reçoit les objets tels qu'ils sont, ne mettant riendu sien qu'une expression naïve, sans se mettre en peine de quelle nature est ce qu'il dit, mais bien de quelle manière il le doit dire. C'est aux Athéniens à lui fournir l'or et l'ivoire, et à lui de tailler l'un ou l'autre, et de le mettre en œuvre.

Il faut que la narration ne soit point décousue. Non-seulement les choses doivent se suivre, mais elles doivent se tenir les unes aux autres.

Il faut savoir négliger les petites choses, et ne point trop s'étendre dans les descriptions. Témoin Homère, qui en a pu faire de si belles, et qui a si souvent passé par-dessus courageusement.

Ne croyez point que Thucydide soit long dans la description de la peste ; songez de quelle importance est tout ce qu'il dit : il fuit les choses, mais les choses l'arrêtent malgré lui.

On peut s'élever et être orateur dans les harangues, pourvu qu'elles conviennent à celui qui parle.

Il faut être court et circonspect dans les jugements que l'on porte des uns et des autres, toujours être appuyé de preuves, éviter d'être calomniateur, et ne les point faire mal à propos. Songez surtout que vous n'êtes point devant les juges, et qu'il ne s'agit pas de faire le procès à ceux dont vous parlez. Théopompe a passé en cela les bornes, et semble plus un accusateur qu'un historien.

S'il se présente des fables ou des choses peu vraisemblables, contez-les, mais non pas comme les croyant et voulant forcer les autres à les croire ; mais donnez-les pour telles qu'elles sont, sans les appuyer.

EXTRAIT DE DENYS D'HALICARNASSE.

SUR LA MANIÈRE D'ÉCRIRE L'HISTOIRE[1]

La première chose que doit faire celui qui veut écrire l'histoire, c'est de choisir un sujet qui soit beau et agréable aux lecteurs. C'est un avantage qu'Hérodote a pardessus Thucydide. Car Hérodote raconte la guerre que les Grecs ont eue contre les Barbares et les actions des uns et des autres dignes de n'être jamais oubliées. Au lieu que Thucydide n'écrit qu'une seule guerre et encore infortunée, qu'il seroit à souhaiter qui n'eût jamais été, ou qui fût ensevelie dans le silence. Car lui-même éloigne son lecteur en lui disant qu'il va raconter des malheurs horribles, des villes désertes ou renversées, des morts sans nombre, des pestes, des tremblements de terre, des éclipses plus fréquentes qu'elles n'ont jamais été. . .
. . . .

La seconde chose que doit faire un historien, c'est de bien considérer là où il commence et là où il finit. Hérodote a encore cet avantage sur Thucydide. Car le premier commence à la première injure que les Barbares firent aux Grecs et finit à la vengeance. Thucydide commence au contraire par dépeindre la Grèce heureuse et florissante, et finit à la bataille que les Athéniens perdirent contre ceux du Péloponèse.

1. Ce titre n'est pas dans le manuscrit de Racine.

APPENDICE AUX TRADUCTIONS

1.

TRADUCTION DE LA VIE DE DIOGÈNE LE CYNIQUE
ÉCRITE PAR DIOGÈNE LAERCE.

Diogène, natif de Sinope, étoit fils d'un changeur nommé Icésius. Dioclès rapporte qu'il fut obligé de s'enfuir de son pays à cause que son père, qui tenoit la banque publique, avoit fait de la fausse monnoie. Mais Eubulide, dans le livre qu'il a écrit de ce philosophe, assure que ce fut Diogène lui-même qui fut atteint de ce crime, et qu'il fut banni pour cela de Sinope avec son père ; et en effet il confesse ingénument lui-même, dans son *Podale,* d'avoir fait de la fausse monnoie. Quelques-uns disent qu'ayant été créé maître de la monnoie, les ouvriers qui travailloient sous lui lui mirent en tête de la falsifier, et que pour ce sujet il vint à Delphes et à Délos, pays d'Apollon, pour savoir de ce dieu s'il feroit ce qu'on lui conseilloit, et que l'oracle l'ayant encore confirmé dans cette résolution, il fit en effet de la fausse monnoie, ne prévoyant pas ce qui en pourroit arriver ; si bien que depuis, la chose ayant été découverte, il fut banni, ou, comme d'autres veulent, il se retira de lui-même, par la crainte qu'il avoit. Il y en a d'autres qui racontent qu'ayant reçu de son père l'intendance de la monnoie, il la falsifia, et que, pour ce sujet, le premier fut mis en prison, où il mourut ; mais que Diogène, heureusement pour lui, se sauva. Ces mêmes auteurs assurent qu'il vint, à la vérité, à Delphes, toutefois qu'il ne demanda pas à l'oracle s'il feroit de la fausse monnoie, mais ce qu'il feroit pour se rendre illustre dans le monde, et que l'oracle là-dessus lui dit d'en faire.

Étant arrivé à Athènes, il alla aussitôt trouver Antisthène, pour être reçu a unombre de ses disciples; et, bien que ce philosophe eût résolu de ne plus recevoir personne, et le rabrouât d'abord fort rudement, Diogène le vainquit néanmoins par son obstination ; car comme Antisthène leva un bâton pour le frapper s'il ne se retiroit: Frappe, lui dit Diogène, en lui présentant la tête, mais sache que tant que tu parleras il n'y a pas de bâton si dur qu'il me puisse chasser d'auprès de toi. Antisthène le reçut dès lors au nombre de ses disciples; et depuis ce temps-là, il commença à vivre avec une simplicité tout à fait grande, et telle qu'il convenoit à un misérable banni, comme il étoit. Théophraste, dans son *Mégarique,* dit de lui que, voyant un jour courir un rat, il prit de là un sujet de se consoler, considérant que ce petit animal vivoit à son aise dans des trous obscurs, sans se soucier ni de coucher dans un lit, ni de manger des morceaux délicats. Il fut le premier, au rapport de quelques-uns, qui s'avisa de faire doubler son manteau (à cause du besoin qu'il en avoit), parce qu'il avoit accoutumé de s'entortiller dedans quand il vouloit dormir. Il portoit aussi ordinairement une besace où il mettoit ses provisions; car il n'avoit point de lieu particulier où se retirer quand il vouloit ou manger, ou dormir, ou étudier; mais le premier endroit où il se trouvoit lui étoit bon, et, à propos de cela, il disoit que les Athéniens lui avoient bâti un palais magnifique pour prendre ses repas, montrant le portique du temple de Jupiter. Il prit au commencement un bâton par nécessité, à cause qu'il relevoit de maladie ; depuis, à la vérité, il ne le porta plus dans la ville ; mais toutes les fois qu'il alloit aux champs, il n'alloit point sans sa besace et son bâton, comme rapportent Olympiodore, Polyeucte et Lysanias. Ayant écrit à un de ses amis de lui chercher quelque maisonnette pour se loger, et voyant que cet homme ne se pressoit pas trop de lui en trouver, il s'alla loger dans un tonneau qui étoit dans la place de Métroos, ainsi qu'il le déclare lui-même dans ses lettres. Pour s'endurcir au chaud et au froid, il avoit accoutumé, l'été, de se rouler sur le sable brûlant, et l'hiver, il embrassoit des statues couvertes de neige. C'étoit un homme, au reste, d'un naturel extrêmement piquant et railleur.

Il disoit des combats qui se font en l'honneur de Bacchus, que c'étoit de grandes merveilles pour étonner les sots ; et des orateurs de son temps, qu'ils étoient les valets de la populace. Il disoit aussi que quand il considéroit dans cette vie les magistrats, les médecins et les philosophes, l'homme lui paroissoit l'animal du monde le plus sage et le plus raisonnable ; mais que lorsqu'il venoit ensuite à contempler les devins, les ambitieux, les avares, et toute autre semblable manière de gens, il ne trouvoit rien de si fou que l'homme. Il répétoit souvent cette parole, qu'un homme devoit toujours faire provision ou de raison pour se consoler dans les adversités de la vie, ou de corde pour se pendre. Voyant un jour Platon à un festin magnifique, qui ne mangeoit que des olives : D'où vient, lui dit-il, grand philosophe, que vous, qui avez été autrefois tout exprès en Sicile pour manger de bons morceaux, maintenant que vous êtes à même, vous n'en mangez point ? J'atteste les dieux, répliqua Platon, que là, non plus qu'ici, je ne vivois que d'olives et d'autres semblables fruits. Qu'étoit-il donc nécessaire que vous y allassiez ? reprit brusquement Diogène ; est-ce qu'il n'y avoit point d'olives en Attique dans ce temps-là? Phavorin, dans son histoire de toutes sortes, attribue ce mot à Aristippe. Une autre fois, comme il mangeoit des figues, il rencontra Platon en son chemin, et d'abord il lui demanda s'il en vouloit goûter ; Platon en prit volontiers quelques-unes qu'il mangea : Je vous avois dit, reprit tout d'un coup Diogène, d'en goûter, et non pas de les avaler. Un jour que Platon traitoit quelques amis de Denys le tyran, Diogène se trouva chez lui, et voyant des tapis que ce philosophe avoit fait étendre pour s'asseoir, il se mit à les fouler, disant : Je foule aux pieds la vanité de Platon. Mais, lui répliqua Platon : Combien es-tu plus vain et plus orgueilleux que moi, de croire que tu peux faire cela sans orgueil ! Quelques-uns rapportent la chose d'une autre manière, et racontent que Diogène dit: Je foule aux pieds l'orgueil de Platon ; et que Platon lui répondit : Mais avec un autre orgueil. Sotion, dans son quatrième livre, rapporte encore un autre bon mot que dit ce cynique à Platon. Il avoit prié ce philosophe de lui donner un peu de vin et de figues ; Platon lui en envoya une grande cruche toute pleine. Diogène l'ayant rencontré à quelque temps de là : Je pense, lui dit-il, que si l'on s'enquéroit de vous combien font deux et deux, vous répondriez vingt, si vous ne répondez pas plus à propos de ce qu'on vous interroge, que vous donnez à proportion de ce qu'on vous demande ; voulant marquer par là le vice de Platon, qui étoit grand parleur de son naturel. On lui demandoit une fois en quel lieu de la Grèce il avoit vu des hommes qui fussent des honnêtes gens. Pour d'hommes, répondit-il, je n'en vis jamais ; mais j'ai vu des enfants à Lacédémone qui l'étoient. Un jour qu'il discouroit fort sérieusement, voyant que personne ne le venoit entendre, il se mit à fredonner de la voix comme une cigale, et ayant de cette sorte amassé beaucoup de monde autour de soi, il commença à leur reprocher leur peu d'esprit, de courir, comme ils faisoient, après des niaiseries, et de se presser si peu pour ouïr de bonnes choses. Il se plaignoit que les hommes disputoient tous les jours sur cent badineries, comme à qui escrimeroit et à qui lutteroit le mieux, et que personne ne disputoit à qui seroit le plus honnête homme. Il disoit qu'il s'étonnoit de la folie des grammairiens de son temps, qui se tourmentoient le corps et l'âme pour défricher les peines et les fatigues d'Ulysse, et qui ne prenoient pas garde à celles qu'ils se donnoient inutilement. Il se moquoit plaisamment des musiciens qui trouvent bien le moyen, ajoutoit-il, de mettre leurs lyres d'accord, et qui mènent une vie si déréglée. Il n'étoit pas moins divertissant sur les astrologues qui s'amusent, poursuivoit-il, toute leur vie, à contempler le soleil et la lune, et qui ne voient pas le plus souvent ce qui se passe à leurs pieds. Il disoit des orateurs, qu'ils s'étudioient plutôt à dire de bonnes choses qu'à en faire. Il étoit ennemi mortel des avares, qui ne haïssent rien tant, à les entendre parler, que l'argent, et qui l'adorent dans l'âme. Il ne pouvoit non plus souffrir ces sortes de gens qui louent fort ceux qui méprisent les richesses, et qui cependant n'estiment d'heureux que ceux qui sont riches. Il blâmoit fort ces hypocrites qui faisoient des sacrifices aux dieux pour leur santé, et qui se soûloient au sacrifice jusqu'à se faire malades. Il disoit qu'il ne pouvoit assez s'étonner de la sobriété des valets qui ne déroboient rien de ce qu'on servoit sur table, voyant leurs maîtres avaler à leurs yeux de si bons morceaux. Il louoit fort ceux qui pouvant se marier ne se marioient point, et qui pouvant aller sur mer n'y alloient point, et qui pouvant se mêler d'affaires publiques ne s'en mêloient point, ou qui pouvant mener une vie voluptueuse ne la menoient point, et enfin, ceux qui pouvant s'approcher des grands seigneurs ne se soucioient point d'en approcher. Il disoit qu'il falloit toujours avoir les mains ouvertes pour ses amis. Ménippe, dans le livre qu'il a écrit de la vente de Diogène, raconte de lui, qu'ayant été fait captif, comme on l'eut mis en vente, celui qui le vouloit acheter lui demanda ce qu'il savoit faire : Commander aux hommes, reprit Diogène; puis, s'adressant au sergent qui le crioit : Crie, lui dit-il, Qui veut acheter son maître? Durant qu'il étoit ainsi exposé en vente, on ne lui vouloit pas permettre de s'asseoir : Hé quoi! dit-il, quand on achète des poissons, regarde-t-on s'ils sont debout ou assis? Il se plaignoit que c'étoit une chose étrange, que quand on achetoit un plat ou une marmite, on les manioit et on les examinoit auparavant, et qu'on achetoit les hommes sur la simple vue. Il disoit à Xéniade, qu'encore qu'il fût son esclave, il falloit qu'il se résolût à lui obéir, par la raison qu'on obéit à un médecin ou à un précepteur, tout esclaves qu'ils sont. Eubule, dans le livre qui est intitulé *La vente de Diogène*, raconte qu'il éleva les enfants de Xéniade de cette sorte : après qu'il les eut instruits dans tous les arts libéraux, il voulut qu'ils apprissent à monter à cheval, à tirer de l'arc, à manier la fronde, et à lancer le javelot. Au reste, il ne souffrit point qu'ils allassent aux lieux publics pour s'exercer à la manière des athlètes, chez les maîtres de ces exercices; mais il se donna la peine lui-même de les exercer, afin de les rendre plus robustes et plus dispos. Il eut soin de leur faire apprendre par cœur plusieurs passages, tant des poëtes que des orateurs, et même de ses écrits; et afin qu'ils retinssent plus aisément ce qu'il leur enseignoit, il leur fit un abrégé de tout ce qui étoit nécessaire pour avoir les principes des sciences. Au reste, il vouloit, quand ils étoient chez eux, qu'ils s'employassent aux offices de la maison, en se contentant pour leur nourriture de quelques viandes légères, et d'un peu d'eau pure. Pour ce qui est du corps, il ne se soucioit point qu'ils fussent malpropres, ni mal peignés; au contraire, il les laissoit aller dans les rues, le plus souvent sans pourpoint et sans souliers, car il vouloit qu'ils marchassent ainsi sans dire mot, et sans regarder personne qu'eux-mêmes, et les menoit quelquefois dans cet équipage à la chasse. Mais ces jeunes gens, d'autre côté, avoient un soin particulier de lui, et faisoient tout ce qu'ils pouvoient pour le mettre bien auprès de leur père et de leur mère. Eubule rapporte encore qu'il acheva ses jours chez Xéniade, et que les enfants de son maître l'enterrèrent.

Lorsqu'il fut à l'article de la mort, Xéniade lui demanda de quelle manière il vouloit être enterré : Le visage dessous, reprit-il : car ceux qui sont dessous auront bientôt le dessus. Il disoit cela à cause des progrès des Macédoniens, qui, de petits commencements, s'étoient élevés à une grande puissance. Quelqu'un l'ayant mené chez lui le pria de ne point cracher, de peur de rien gâter dans sa maison, qui étoit merveilleusement propre et bien parée; mais Diogène, sans dire mot, tira un gros crachat du fond de son estomac, et le lui jetant au nez : Excusez, lui dit-il, c'est que je n'ai trouvé que ce lieu-là ici d'assez sale pour cracher. Il y en a qui prétendent que ce mot est d'Aristippe. Une autre fois, étant au milieu de la rue, il se mit à crier : Que tout ce qu'il y a d'hommes ici vienne à moi ! En même temps, plusieurs s'amassèrent autour de lui; mais Diogène les écartant avec son bâton : Je demandois des hommes, dit-il, et non pas des bêtes. C'est Hécaton qui rapporte cela dans son premier livre des *Sentences*. On raconte d'Alexandre qu'il disoit de lui, que s'il n'eût été Alexandre, il eût voulu être Diogène.....

Métroclès, dans ses *Dits notables,* rapporte qu'un jour, comme on lui faisoit le poil, il s'en alla, la barbe à demi faite, à un festin que faisoient ensemble des jeunes gens, où il fut fort bien battu; mais que, pour sa revanche, il fit un grand placard où il mit en écrit le nom de ceux qui lui avoient fait cet outrage, et qu'il les suivoit partout avec cette affiche dans les mains. Ainsi il se vengea de l'affront qu'ils lui avoient fait en les faisant connoître, et attirant sur eux la haine et l'indignation de tout le monde. Il disoit qu'il étoit un bon chien de chasse à l'égard des personnes louables, parce qu'il ne les suivoit pas avec moins d'ardeur qu'un chien fait un lièvre, et que cependant personne de ceux qui font métier de louer les gens ne l'osoit mener à la chasse. Quelqu'un disoit une fois devant lui, en se vautrant : J'ai bien vaincu des hommes en ma vie aux jeux Pythiens. Des hommes? reprit Diogène; c'est moi qui sais vaincre les hommes; mais toi, ce ne sont que des faquins. On lui représentoit un jour qu'il étoit vieux, et qu'il devoit songer à se reposer : Hé quoi! repartit-il, si j'étois entré en lice pour courir, songerois-je à m'arrêter quand je serois près du but; au contraire, ne tacherois-je pas à mieux courir que jamais? Quelqu'un l'ayant prié de souper, il n'y voulut point aller, à cause que quelques jours auparavant il y avoit été, et qu'on ne l'en avoit pas remercié. L'hiver, il alloit les pieds nus dans la neige, et faisoit toutes les autres choses que nous avons rapportées ci-devant. Il tâcha au commencement de manger de la viande crue; mais n'en pouvant venir à bout, il y renonça. Il rencontra une fois l'orateur Démosthène dans un cabaret, qui dînoit : dès que Démosthène le vit, il se voulut retirer; mais Diogène l'ayant aperçu : Tu n'as que faire de t'enfuir, lui dit-il; tu n'en auras pas moins été au cabaret pour cela. Quelques étrangers souhaitant de voir cet orateur : Le voilà, dit-il en élevant sa main, et leur montrant le doigt du milieu, le flatteur des Athéniens. Un jour, voyant un pauvre homme qui, ayant laissé choir un morceau de pain, avoit honte de le ramasser, il voulut le guérir de cette mauvaise honte-là; et attachant une corde à l'embouchure de son tonneau, il se mit à le traîner de cette sorte tout le long de la rue Céramique; et il disoit qu'il imitoit en cela les maîtres de musique qui détonnent quelquefois dans un concert, afin de faire prendre le ton aux autres. Il assuroit qu'on pouvoit être fou jusqu'au bout des doigts, et qu'en effet, si l'on voyoit quelqu'un aller dans les rues le doigt du milieu tendu, il n'y a personne qui ne le prît pour un fou, au lieu qu'on ne trouvoit rien à dire quand il tendoit celui qui est proche du pouce. Il disoit qu'on avoit à bon marché les choses qui valent beaucoup, et qu'au contraire on vendoit bien cher celles qui ne valent rien, vu qu'on ne pouvoit faire faire une statue à moins de trois mille oboles, et qu'on avoit un boisseau de farine pour deux liards. Il disoit une fois à Xéniade, celui qui l'avoit acheté : Prenez garde à m'obéir de point en point, et à faire ce que je vous ordonnerai. Hé quoi! lui répliqua Xéniade,

Les fleuves révoltés remontent à leurs sources!

Mais lui répondit Diogène, si vous étiez malade, et que vous eussiez acheté un médecin, au lieu de faire ce qu'il ordonneroit, vous amuseriez-vous à lui dire :

Les fleuves révoltés remontent à leurs sources!

Il y eut une fois un homme qui le vint trouver à dessein de se faire philosophe : Diogène, pour l'éprouver, lui donna d'abord un merlan qu'il tenoit à porter, et lui commanda de le suivre ; mais l'autre jeta là le merlan, tout honteux, et s'en retourna comme il étoit venu. Diogène le rencontra à quelques jours de là, et ne pouvant s'empêcher de rire en le voyant : Faut-il qu'un merlan, lui dit-il, ait rompu une amitié comme la nôtre! Dioclès rapporte cela autrement et raconte qu'un homme ayant dit à Diogène : Commandez et nous vous obéirons, Diogène le prit à part, et lui donna un morceau de fromage à porter; mais, que l'autre ayant refusé de le faire : Hé quoi! lui répliqua-t-il, voulez-vous rompre avec moi pour un morceau de fromage? Voyant un jour un petit garçon qui buvoit dans le creux de sa main, il tira son écuelle de sa besace, et la jetant par terre : Il a, dit-il, plus d'esprit que moi. Il jeta aussi sa cuillère pour le même sujet, voyant un autre jeune garçon qui mangeoit une soupe de lentilles avec une croûte de pain qu'il avoit creusée en guise de cuillère.

Voici à peu près sa manière de raisonner : Toutes choses appartiennent aux dieux ; les sages sont amis des dieux : or est-il que tous biens sont communs entre amis, et par conséquent toutes choses appartiennent aux sages. Un jour, comme rapporte Zoïle, voyant une femme qui se prosternoit devant un autel, jusqu'à se mettre dans une posture indécente, Diogène la voulut guérir de cette superstition-là ; et s'approchant d'elle : N'avez-point de peur que Dieu, qui est partout, ne voie derrière vous quelque chose qui ne soit pas fort honnête? Il consacra un homme à Esculape, seulement pour avoir soin d'aller battre ceux qui viendroient baiser la terre dans le temple de ce dieu. Il disoit que toutes les malédictions tragiques étoient tombées sur lui ; qu'il étoit sans ville, sans maison, sans pays, gueux, vagabond, et vivant à la journée ; mais qu'il opposoit à la fortune la constance, aux lois la nature, aux passions la raison. Une fois Alexandre le vint voir, qu'il se reposoit au soleil dans la place de Cranion ; et s'arrêtant devant lui : Diogène, lui dit-il, demande-moi ce que tu voudras. Ce que je veux, reprit Diogène, c'est que vous vous ôtiez un peu de mon soleil. Quelqu'un ayant lu une fois devant lui un ouvrage d'assez longue haleine, comme il fut à la fin du livre, voyant qu'il n'avait plus de feuillets écrits, il se mit à crier, comme font les matelots sur mer : Terre! terre! prenons courage. Un homme lui vouloit prouver une fois, par un argument sophistique, qu'il avoit des cornes ; mais Diogène, pour toute réponse, passant sa main sur son front : Je ne les sens point, dit-il. Il fit environ la même chose à un autre qui soutenoit qu'il n'y avoit point de mouvement ; car il se leva tout d'un coup et se mit à se promener. Un astrologue discouroit un jour devant lui des choses célestes : Depuis quand, mon ami, lui dit-il, êtes-vous revenu du ciel? Un certain eunuque, perdu de débauche, avoit fait mettre cette inscription sur la porte de son logis : *Que rien de méchant n'entre ici dedans.* Où est-ce, reprit Diogène, que logera le maître de la maison? Ayant une fois des huiles de senteur, au lieu de s'en parfumer la tête, comme font les autres, il s'en oignit les pieds ; et la raison qu'il en rendit, c'est que l'odeur des parfums de la tête s'exhale en l'air, au lieu que celle des pieds monte droit au nez. Les Athéniens lui conseilloient de se faire initier aux mystères de quelques dieux, et lui disoient, pour l'y porter davantage, que ceux qui l'étoient dans cette vie avoient les places honorables dans les enfers. Vraiment, répliqua-t-il, ce seroit une assez plaisante chose que tandis qu'Agésilas et Épaminondas seroient dans la fange, une troupe de marauds initiés eût le haut bout dans les îles des bienheureux. Voyant des rats qui venoient manger les miettes de sa table : Comment, dit-il, Diogène a des parasites! Un jour Platon l'appelant chien : Vous avez raison, lui répliqua-t-il, car j'ai été retrouver ceux qui m'ont vendu. Une fois, comme il sortoit des bains, quelqu'un lui demanda s'il y avoit bien des hommes au bain : Il n'y en a pas un, repartit-il ; mais ensuite un autre l'ayant prié de lui dire s'il y avoit beaucoup de monde au bain : Tout en est plein, ajouta-t-il. Un jour Platon ayant défini l'homme : Un animal sans plumes et qui n'a que deux pieds, cette définition plut extrêmement à tous ceux qui étoient présents ; mais Diogène, sans dire mot, prit un coq qu'il se donna la peine de plumer tout entier, et l'ayant porté chez Platon : Tenez, leur dit-il, voilà l'homme de Platon ; de sorte que ce philosophe fut obligé d'ajouter à sa définition, Et qui a les ongles larges. On lui demandoit à quelle heure il falloit dîner : Si l'on est riche, reprit-il, quand on veut ; si l'on est pauvre, quand on peut. Ayant remarqué à Mégare que les moutons y étoient gras et recouverts de bonne laine, au lieu que les enfants y étoient presque tous nus : J'aimerois mieux, dit-il, être mouton que fils d'un Mégarien. Un homme, dans les rues, l'ayant heurté d'un ais qu'il portoit, se mit ensuite à crier : Gare ! gare ! Est-ce, lui dit-il, que tu as envie de me heurter encore une fois ? Il appeloit les orateurs les valets de la populace, et les couronnes qu'on leur donnoit, des ampoules de gloire. Il alloit quelquefois en plein jour, une lanterne allumée à la main ; et comme on lui demanda par quelle raison il faisoit cela : Je cherche, répondit-il, un homme. Un jour qu'il se reposoit en pleine rue, tout dégouttant de l'eau de la pluie qui étoit tombée sur lui, cela amassa autour de lui plusieurs personnes que ce spectacle avoit touchées de pitié ; mais Platon s'étant rencontré là par hasard : Hé ! de grâce, leur dit-il, si vous avez pitié de cet homme, laissez-le là ; voulant témoigner par ces paroles la vanité de ce philosophe, comme ne faisant cela que par ostentation. Il y eut une fois un homme qui lui donna un soufflet : Vraiment, reprit-il, j'ai bien oublié de n'avoir pas mis un casque. Un certain Midias, qui lui en vouloit, le rencontra un jour, et l'ayant bien battu : Ton argent est prêt ; ajouta-t-il. Diogène ne répondit rien sur l'heure ; mais le lendemain il l'attendit avec des gantelets aux deux mains, et lui assénant un coup de toute sa force : Ton argent est prêt, lui dit-il. Lysias, un certain apothicaire, lui demandoit une fois s'il croyoit qu'il y eût des dieux : Il faut bien que je le croie, répliqua-t-il, puisque je sais même qu'ils n'ont point de plus grand ennemi que toi. Quelques-uns assurent que ce mot est de Théodore. Voyant un jour un homme qui se lavoit dans l'eau pour se purifier : Hé ! pauvre misérable, lui dit-il, sache que cette eau n'est pas plus capable d'effacer les crimes que tu as commis pendant ta vie que des fautes de grammaire. Il assuroit que les hommes se plaignoient à tort de la fortune, parce qu'ils demandoient aux dieux, non pas ce qui étoit bon véritablement,

DIOGÈNE LE CYNIQUE.

mais ce qui leur paroissoit bon. Il disoit à ceux qui sont effrayés des songes qu'ils font : Vous vous embarrassez des choses que vous faites en dormant, et vous n'avez pas la moindre inquiétude de celles que vous faites étant éveillés. S'étant trouvé aux jeux Olympiques, comme le héraut, selon sa coutume, se fut mis à crier : Dioxippe a vaincu tous les hommes qui ont paru dans la lice : C'est moi, lui dit-il, qui sais vaincre les hommes; car pour lui, ce ne sont que des esclaves. Il étoit fort aimé des Athéniens, jusque-là qu'ils condamnèrent au fouet un jeune garçon pour avoir rompu son tonneau, et lui en firent donner un autre. Denys le stoïque rapporte qu'après la bataille de Chéronée, il fut pris prisonnier des Macédoniens, et qu'étant mené à Philippe, ce roi lui demanda qui il étoit : Un espion, reprit-il, de ton insatiable avidité. Ce même auteur assure que cette hardiesse inspira de l'admiration à Philippe, qui donna ordre qu'on le délivrât sur l'heure. Alexandre avoit envoyé des lettres à Athènes, adressées à Antipater par un certain Athlië, qui veut dire en grec autant que malheureux. Diogène s'y trouva présent quand il les reçut, et, faisant allusion à ce nom : Athlie, dit-il, a envoyé les lettres d'Athlie à Athlie par Athlie. Perdiccas l'ayant menacé par lettres de le faire mourir s'il ne le venoit trouver : Il ne fera pas grand'-chose, répliqua-t-il, puisqu'une mouche et une araignée peuvent bien en faire autant; que ne me menace-t-il plutôt, ajouta-t-il, que si je ne le vais trouver, il trouvera bien le moyen de vivre heureux sans moi ? Il croit souvent que les dieux ne donnoient que trop de moyens aux hommes pour vivre à leur aise, mais que ces moyens étoient cachés à ceux qui aimoient si fort les ragoûts, les parfums et toute ces vaines superfluités. Voyant un jour un homme qui se faisoit chausser par son valet : Tu ne seras point encore parfaitement heureux, lui dit-il, qu'on ne t'ait coupé les deux mains, afin que tu te puisses honnêtement faire moucher par lui. Une autre fois, ayant aperçu des sergents qui menoient en prison un coupeur de bourse qui avoit volé une aiguière : Voilà, dit-il, de grands voleurs qui en mènent un petit en prison. Voyant un jeune garçon qui ruoit des pierres à une potence : Courage, lui dit-il, tu parviendras au but. Il se trouva une fois entouré d'une foule de petits garçons qui crioient : Gare! gare! qu'il ne nous morde! Ne craignez rien, leur dit-il, un chien ne mange point des carottes. Voyant un homme qui prenoit plaisir à se couvrir de la peau d'un lion : Cesse, mon ami, lui dit-il, de déshonorer l'habit de la vertu.

On exaltoit un jour devant lui le bonheur de Calisthènes, d'être participant, comme il étoit, de toute la magnificence d'Alexandre : Et moi, répliqua-t-il, je le trouve bien malheureux de ne pouvoir dîner ni souper que quand il plaît à Alexandre. Il disoit que quand il avoit affaire d'argent et qu'il en prenoit à ses amis, c'étoit une dette dont ils s'acquittoient, plutôt qu'un présent qu'ils lui fissent. On le trouva un jour en pleine rue qui faisoit quelque chose de la main qui n'étoit pas fort honnête ; mais lui, sans s'étonner : Plût aux dieux, dit-il, que je pusse aussi bien apaiser la faim de mon ventre en le grattant ! Il se donna bien une fois la peine de remener lui-même à la maison un jeune garçon qui alloit faire la débauche avec des seigneurs de Perse et avertit ses parents d'avoir l'œil sur lui. Il y eut un jour un jeune homme fort bien paré qui le vint consulter sur certaine matière : Je ne vous répondrai point, lui dit Diogène, que vous ne m'ayez fait savoir auparavant si vous êtes homme ou femme. Une autre fois, comme il étoit au bain, il en vit un qui versoit du vin d'un pot dans un autre, afin de juger, par le bruit que faisoit le vin en tombant, s'il réussiroit dans ses amours; et comme, à son avis, le pot eut rendu un bon son : Il est d'autant plus mauvais pour toi, lui dit Diogène, qu'il est fort bon. Quelques-uns, dans un festin, lui jetoient de loin par dérision des os comme à un chien; mais Diogène, se levant de table, se mit à pisser contre eux comme un chien. Il disoit des orateurs et de ceux qui mettent leur gloire à bien parler, qu'ils étoient trois fois hommes, c'est-à-dire trois fois misérables. Il appeloit un riche ignorant un mouton qui avoit une toison d'or. Ayant vu sur la porte d'un fameux débauché cet écriteau, *Maison à vendre :* Je me doutois bien, dit-il, que cette maison boiroit tant et mangeroit tant, qu'elle vomiroit enfin son maître. Un jeune garçon se plaignoit une fois à lui de la multitude de ceux qui le vouloient corrompre : Cesse, lui répondit Diogène, de leur faire voir qu'on te peut corrompre. Étant un jour entré dans un bain fort sale : Où est-ce, dit-il, que l'on se va laver à la sortie de ce bain-ci ? Il entendoit une fois un joueur de luth qui en jouoit d'une manière fort grossière, et comme tous les autres le traitoient d'ignorant et de ridicule, lui seul le louoit et le prisoit extrêmement; quelques-uns lui en demandèrent la raison : Je l'admire, reprit-il, de ce que jouant si mal, il s'amuse plutôt à cela qu'à tuer ou à voler. Il y en avoit encore un autre qui faisoit fuir tout le monde dès qu'il commençoit à jouer; un jour Diogène l'ayant rencontré : Bonjour, lui dit-il, monsieur le Coq. D'où vient que vous m'appelez ainsi? lui dit l'autre : C'est, répliqua-t-il, que tu fais lever tout le monde dès que tu commences à chanter. Voyant plusieurs personnes qui avoient les yeux fichés sur un jeune garçon, il se mit à ramasser du lupin qui étoit à terre, à la vue de tout le monde, et en remplissoit à mesure sa besace. Cette action fit tourner la tête à tous ceux qui étoient là : Hé quoi! leur dit-il, aimez-vous mieux me voir que ce beau fils? Un homme extrêmement superstitieux lui disoit une fois : Ne me fâche pas, car d'un coup de poing, je te romprois la tête. Et moi, reprit-il, je te ferois trembler si je t'avois seulement regardé du côté gauche. Un certain Hégésias le prioit un jour de lui prêter quelques-uns de ses ouvrages pour apprendre la philosophie. Dites-moi un peu, reprit Diogène, si vous vouliez manger des figues, voudriez-vous qu'on vous donnât des figues en peinture, et n'en achèteriez-vous pas de véritables? Avouez donc que vous êtes fou, puisque, pouvant embrasser l'exercice véritable de la philosophie, vous vous contentez de la voir par écrit. Quelqu'un lui reprochoit qu'il s'étoit enfui de son pays : Hé, misérable, lui répliqua-t-il, n'y ai-je pas trop gagné, puisque c'est ce qui m'a fait devenir philosophe? Et un autre qui lui disoit : Ceux de Sinope t'ont banni de leur pays : Et moi, reprit-il, je les condamne à n'en bouger. Voyant un homme qui avoit gagné le prix aux jeux Olympiques, qui menoit paître les brebis : Pauvre homme, lui dit-il, tu n'as quitté les jeux Olympiques que pour venir aux néméens. On lui demandoit une fois d'où venoit que les athlètes ne sentoient point les coups qu'on leur donnoit : C'est, reprit-il, qu'ils ne sont faits que de chair de pourceau et de bœuf. Il demandoit un jour l'aumône à une statue, et la raison qu'il en donna : Je m'apprends, dit-il, à être refusé. Il fut obligé au commencement de demander l'aumône pour subsister. Un jour donc, comme il pria quelqu'un de la lui donner : Si tu l'as jamais donnée à quelque autre en ta vie, donne-la-moi; si tu ne l'as point donnée, commence par moi. Un tyran lui demandoit un jour quel étoit le meilleur airain : Celui, répliqua-t-il, dont on fond les statues d'Harmodius et d'Aristogiton. A propos de Denis le tyran, il disoit qu'il traitoit ses amis comme des sacs; car, ajoutoit-il, il les pend quand ils sont pleins, et les jette quand ils sont vides. Un nouveau marié avoit fait mettre cette inscription sur le seuil de sa porte : *Hercule callinique, fils de Jupiter, loge céans ; que rien de méchant n'entre ici dedans.* Mais Diogène, sans dire mot, écrivit ceci ensuite : *Après la mort le médecin.* Il vit une fois un homme qui s'étoit ruiné en folles dépenses, qui faisoit son souper de quelques olives dans une gargoterie : Misérable, lui dit-il, si tu eusses dîné de la sorte, tu ne souperois par aujourd'hui comme tu fais. Il disoit que les hommes vertueux étoient les images des dieux. Il appeloit l'amour l'occupation des oisifs. Quelqu'un lui ayant demandé ce qu'il croyoit qu'il y eût au monde de plus misérable, il répondit : Un vieillard pauvre; et à un autre qui s'enquéroit de lui quelle étoit la bête la plus dangereuse : Un médisant, répliqua-t-il, entre les farouches, et un flatteur entre les privées. Voyant un tableau où il y avoit deux centaures fort mal peints : Quel est le Chiron des deux? dit-il. Il appeloit les paroles de flatterie des filets de miel; et le ventre, la Charybde de la vie. Ayant ouï dire qu'un certain Didyme avoit été surpris en adultère : il est digne, dit-il, d'être pendu par son nom[1]. On lui demandoit un jour d'où venoit que l'or étoit pâle : C'est, répliqua-t-il, que tout le monde est aux aguets pour l'attraper. Voyant une femme dans une litière : Ce n'est pas là, dit-il, une cage pour une bête si farouche. Il vit un jour un esclave fugitif qui étoit assis sur la margelle d'un puits : Mon ami, lui dit-il, prends garde d'y tomber. Une fois étant au bain, il aperçut un certain Cillius, qui étoit un de ces voleurs qui viennent pour voler les habits de ceux qui se baignent, et s'approchant de lui : Est-ce pour voler ou pour vous baigner, lui dit-il, que vous êtes ici? Voyant un jour des femmes qu'on avait pendues à des oliviers. Plût aux dieux, s'écria-t-il, que tous les arbres portassent de semblables fruits! Ayant rencontré un certain homme qui étoit accusé de fouiller dans les sépulcres, il lui dit sur-le-champ ces deux vers :

1. Diogène jouait ici sur le mot grec δίδυμος.

DIOGÈNE LE CYNIQUE.

> Qui t'amène en ces lieux, honte de la nature?
> Viens-tu fouiller les morts jusqu'en leur sépulture?

On lui demandoit un jour s'il avoit un valet ou une servante : il répondit que non. Et qui est-ce donc, reprit celui qui l'interrogeoit, qui prendra le soin de tes funérailles après ta mort? Celui, répliqua-t-il, qui voudra loger dans ma maison. Il aperçut un jour un beau garçon qui dormoit à son aise, couché tout de son long : Réveille-toi, lui dit Diogène, n'as-tu point de peur

> Qu'une flèche, en dormant, te perce par derrière?

Et à un autre qui aimoit extrêmement la bonne chère : Si tu n'y donnes ordre, lui dit-il,

> Tes jours seront, mon fils, de fort courte durée.

Un jour Platon discouroit de ses idées, assurant qu'une table avoit sa tabléité, et un pot sa potéité : Pour moi, reprit Diogène, je vois bien un pot et une table; mais je ne vois ni potéité, ni tabléité. C'est, lui répliqua Platon, que tu as des yeux pour voir la table et les pots, mais tu n'as pas assez d'esprit pour concevoir la tabléité et la potéité. On lui demandoit une fois quel homme lui paroissoit Socrate : Un fou, répliqua-t-il. Un autre s'enquéroit de lui en quel âge il se falloit marier : Quand on est jeune, il n'est pas temps; quand on est vieux, il n'est plus temps. Quelqu'un lui disoit un jour : Que voudriez-vous qu'un homme vous donnât pour recevoir un soufflet de lui? Un casque, reprit Diogène. Voyant un jeune homme qui se paroit : Si c'est aux hommes, lui dit-il, que tu veux disputer le prix de la beauté, tu es bien misérable; si c'est aux femmes, tu es bien injuste. Comme un jeune homme eut rougi devant lui : Courage, lui dit Diogène, je vois la couleur de la vertu. Entendant un jour plaider deux avocats sur un larcin dont l'un étoit accusé par l'autre, il les condamna tous deux : Car l'un, ajouta-t-il, a volé, et l'autre ne l'a point été. On lui demandoit un jour quel vin étoit le plus agréable à boire : Le vin d'autrui, répondit-il. On lui disoit une fois : Tout le monde se rit de toi. — Je ne suis pas ridicule pour cela, reprit-il. Un autre soutenoit devant lui que c'étoit une chose malheureuse que de vivre : Dis de mal vivre, interrompit Diogène, et non pas de vivre. Quelques-uns lui conseilloient de faire chercher un valet qu'il avoit, et qui s'étoit enfui. Non, non, reprit-il, ce seroit une chose ridicule que Manès se pût passer de Diogène, et que Diogène ne se pût passer de Manès. Un jour, comme il mangeoit des olives, un homme lui vint offrir des gâteaux ; mais il le renvoya avec ce vers:

Fuyons, amis, fuyons ces infames tyrans.

On lui demandoit une fois de quelle espèce de chien il étoit : Quand j'ai faim, répliqua-t-il, je suis doux comme un chien de Mélite ; mais quand je suis soûl, je suis ardent comme un chien de Molosse. Enfin, ajouta-t-il, je suis de cette espèce de chiens qu'on prise extrêmement, mais que peu de personnes veulent mener à la chasse, à cause de la fatigue qu'il se faut donner. En effet, vous louez assez mon genre de vie, mais il n'y en a pas un qui le veuille suivre à cause des peines et des sueurs qu'il faut endurer. On s'enquéroit une fois de lui si les sages mangeoient des tartes et des gâteaux: Que cela est étrange, répliqua-t-il, qu'ils en mangent tout de même que d'autres hommes ! Quelqu'un se plaignoit à lui de ce qu'on donnoit souvent l'aumône à de gros gueux aveugles et estropiés, et qu'on ne donnoit rien aux philosophes : C'est, répliqua-t-il, que la plupart des hommes prévoient bien qu'ils pourront devenir aveugles ou estropiés, mais pas un n'aspire à devenir philosophe. Il demandoit un jour l'aumône à un homme fort avare, et comme celui-ci ne se pressoit pas trop de la lui donner: Je ne demande pas votre mort, lui dit-il, je demande ma vie. Quelqu'un lui ayant reproché qu'il avoit autrefois fait de la fausse monnoie : Il est vrai, lui répondit-il, que j'ai été autrefois ce que vous êtes; mais le mal est que vous ne serez jamais ce que je suis. Et à un autre qui lui faisoit le même reproche : Je pissois aussi, répliqua-t-il, plus roide en ce temps-là que je ne fais à cette heure. Un jour étant allé à Mynde, il prit garde en entrant que les portes de la ville étoient fort grandes, bien que la ville fût fort petite, et s'adressant à quelques Myndiens qui étoient là : Messieurs, leur dit-il, si vous m'en croyez, vous fermerez les portes de votre ville de peur qu'elle ne sorte. Voyant un homme qu'on avoit surpris volant de la pourpre, et qu'on menoit en prison, il lui dit sur-le-champ ce vers :

La mort sera bientôt de ton sang empourprée.

Cratère l'ayant fait prier de le venir trouver : J'aime mieux, répliqua-t-il, lécher du sel à Athènes, que de manger les meilleurs morceaux du monde à la table de Cratère. Il alla voir une fois un certain orateur nommé Anaximène, qui étoit fort gras : Si vous faisiez bien, lui dit Diogène, vous nous donneriez la moitié de votre ventre, car vous n'en seriez pas plus mal, et nous nous en trouverions mieux. Un jour, comme ce même orateur haranguoit publiquement, Diogène se mit à montrer de loin un morceau de salé, et attira par cette action tous les assistants auprès de soi ; et comme Anaximène s'en voulut fâcher : Vous voyez, leur dit Diogène, que tous les beaux discours de votre orateur ne valent pas un liard, car mon salé ne m'a pas coûté davantage. On lui reprochoit une fois qu'il mangeoit en plein marché : C'est, répliqua-t-il, que j'ai faim en plein marché. Il y en a quelques-uns qui lui attribuent encore cet autre mot-ci : Platon le trouva un jour qu'il lavoit des choux, et, s'approchant de lui : Si tu eusses pu te résoudre, lui dit-il tout bas à l'oreille, à faire la cour à Denys le tyran, tu ne serois pas réduit à laver toi-même tes choux. Mais Diogène s'approchant de lui tout de même : Si tu eusses pu te résoudre, lui repartit-il, à laver toi-même tes choux, tu ne serois pas réduit à faire la cour à Denys le tyran. Quelqu'un lui disoit un jour : Tu ne saurois croire combien il y a de gens qui se moquent de toi : Peut-être, répliqua-t-il, que les ânes se moquent d'eux aussi ; mais ils ne se soucient point pour cela des ânes, ni moi d'eux. Voyant un jeune homme qui raisonnoit de philosophie : Courage, lui dit-il ; voilà le moyen de rendre les amants de ton corps amoureux de ton esprit. Étant un jour entré dans le temple de Samothrace, comme quelqu'un s'étonna de la multitude des offrandes qui y avoient été faites par ceux qui avoient fait des vœux au milieu de la tempête, et qui étoient échappés du naufrage : Vous en verriez bien d'autres, reprit Diogène, si tous ceux qui n'en sont pas réchappés avoient accompli les leurs. Il y en a qui donnent ce mot à Diagoras. Il vit une fois un jeune homme qui alloit à un festin : Mon ami, lui dit-il, tu en reviendras pire que tu n'es. Ce jeune homme le rencontra quelques jours après, et l'ayant abordé : Vous voyez, lui dit-il, j'ai été au festin, et si je n'en suis pas empiré pour cela. Non, sans doute, reprit Diogène, car tu en es plus gros et plus gras. Il demandoit un jour à quelqu'un quelque chose d'assez grande conséquence : Si tu me peux persuader, lui dit l'autre, que je te la dois donner, je te la donne. Moi, répliqua Diogène, si j'avois quelque chose à te persuader, je te persuaderois de t'aller pendre. Un jour, comme il retournoit de Lacédémone à Athènes, on lui demanda d'où il venoit et où il alloit : Je viens de quitter des hommes, dit-il, pour voir des femmes. Une autre fois qu'il retournoit des jeux Olympiques, on lui demanda s'il y avoit bien du monde : Pour du monde, répondit-il, il y en a assez, mais d'hommes, fort peu. Il comparoit les prodigues à ces figuiers qui naissent dans des précipices, dont les fruits ne sont point mangés par des hommes, mais par des corbeaux et par des vautours. Phryné, cette fameuse courtisane, ayant offert à Delphes une Vénus d'or, il alla mettre cette inscription au-dessous : *Cette Vénus a été érigée des dépouilles de la lubricité des Grecs*. Un jour, comme Alexandre passoit devant lui : Ne me connois-tu pas ? lui dit ce roi ; je suis le grand Alexandre. Et moi, répliqua Diogène, je suis Diogène le cynique. On lui demandoit une fois d'où venoit qu'on l'appeloit chien : C'est, répliqua-t-il, que je caresse ceux qui me donnent, j'aboie après ceux qui ne me donnent rien, et je mords les coquins. Comme il cueilloit des figues à un figuier, quelqu'un l'en voulut empêcher, en lui disant que cet arbre étoit impur, et qu'il y avoit peu de temps qu'un homme s'y étoit pendu : Eh bien, répondit-il, je le purifierai. Voyant un athlète qui venoit de remporter le prix aux jeux Olympiques, et qui ne pouvoit détourner ses yeux de dessus une courtisane : Voyez, dit-il, ce brave champion qu'une jeune fille emmène par le collet. Il comparoit les belles courtisanes à du miel empoisonné. Un jour, comme il mangeoit en plein marché, il y eut plusieurs personnes qui s'amassèrent autour de lui, et qui se mirent à crier : Au chien ! au chien ! mais Diogène, sans s'émouvoir : C'est vous, leur répliqua-t-il, qui êtes des chiens, de rôder comme vous faites à l'entour de moi durant que je dîne. Voyant deux jeunes débauchés qui se cachoient pour éviter sa rencontre : Ne craignez rien, leur dit-il, un chien ne mange point de carottes. On lui demandoit un jour d'un jeune efféminé de quel pays il étoit : Voilà une belle demande, répondit-il, il est de Tégée.[1] Ayant rencontré un certain homme qui avoit été autrefois fort fameux pour être un méchant athlète, et qui depuis s'étoit fait médecin : Vraiment, lui dit-il, vous avez trouvé un beau secret pour mettre en terre ceux qui vous jetoient à terre auparavant. Un jeune homme lui montroit un jour une épée qu'un de ses amoureux lui avoit donnée : Voilà une belle épée, répondit-il, mais la garde en est fort vilaine. Comme quelques-uns louoient fort un homme d'un présent qu'il lui avoit fait : Et moi, répliqua Diogène, vous ne me louez point de l'avoir mérité. Quelqu'un lui redemandoit un manteau : Si vous me l'avez donné, reprit-il, il est à moi ; si vous me l'avez prêté, je m'en sers. Un autre lui disoit une fois : Il a de l'or caché sous son manteau : Oui, sans doute, répliqua-t-il, et c'est pour cela que je couche dessus. On lui demandoit une fois quel fruit il avoit tiré de la philosophie : N'y aurois-je pas trop gagné, répliqua-t-il, quand je n'y aurois gagné que d'être prêt comme je suis à tous les accidents qui pourroient m'arriver ? Quelqu'un le prioit de lui dire de quel pays il étoit : Du monde, répondit-il. Comme quelqu'un sacrifioit aux dieux pour avoir un fils : Et vous ne sacrifiez point, lui dit-il, pour avoir un fils honnête homme. Celui qui avoit la charge de lever les tailles la lui vouloit faire payer, mais il le renvoya avec ce vers :

Dépouillez les Troyens, mais épargnez Hector.

Il disoit que les concubines étoient les reines des rois, parce qu'elles leur faisoient faire tout ce qu'elles vouloient. Les Athéniens ayant résolu qu'on décerneroit à Alexandre les mêmes honneurs qu'à Bacchus : Faites-moi, leur dit-il, tout d'un train votre Sérapis. Quelqu'un lui reprochoit qu'il hantoit dans des lieux infâmes : Le soleil, répliqua-t-il, entre bien dans des cloaques, et n'en est pas gâté pour cela. Un jour qu'il soupoit dans un temple, voyant des pains qu'on y avoit apposés, qui étoient sales et gâtés, il alla les prendre et les jeta dehors, disant que rien de

---

1. C'est encore un jeu de mots. Le mot grec τεγος veut dire boudoir de courtisane.

sale ni d'impur ne devoit entrer dans le temple. Un homme lui disoit une fois qu'il étoit un ignorant qui ne savoit rien et qui faisoit le philosophe : Quand je le contreferois, répondit-il, il faudroit toujours que je le fusse beaucoup pour le contrefaire comme je fais. On lui amena un jour pour être son disciple un jeune garçon qu'on lui disoit qui avoit un beau naturel, et qui étoit bien morigéné : Qu'a-t-il donc affaire de moi ? repartit-il. Il comparoit ceux qui parlent bien et qui font mal à des luths qui rendent un beau son, mais qui n'ont aucun sentiment. Lorsqu'il alloit au théâtre, il y entroit toujours quand les autres en sortent ; et, comme on lui demandoit pourquoi il faisoit cela : C'est, répondit-il, que je me suis étudié toute ma vie à faire le contraire de ce que font les autres. Il disoit une fois à un jeune efféminé : N'as-tu point de honte de te faire pire que la nature ne t'a fait, car elle t'a fait homme, et tu t'efforces de devenir femme ! Voyant un homme sans jugement qui accordoit un luth : Ne devrois-tu pas être honteux, lui dit-il, de savoir mettre un luth d'accord, et de ne pouvoir être d'accord avec toi-même ? Quelqu'un disoit devant lui : Pour moi, je n'ai point d'inclination à la philosophie. Pourquoi vis-tu donc, lui répliqua-t-il, puisque tu ne se soucies point de bien vivre ? Voyant un jeune homme qui parloit de son père avec mépris : N'as-tu point de honte, lui dit-il, de mépriser avec orgueil celui qui t'a donné de quoi être orgueilleux ? Entendant un beau garçon qui tenoit des discours sales : Ne devrois-tu pas rougir, lui dit-il, de tirer d'une gaîne d'ivoire une lame de plomb ? On lui reprochoit qu'il alloit boire au cabaret : Vous pourriez ajouter, répliqua-t-il, que je me fais faire la barbe chez un barbier. Comme quelqu'un l'accusoit d'avoir reçu un manteau d'Antipater, il lui dit ce vers :

> Il ne faut point des dieux rejeter les largesses.

Un homme, sans y prendre garde, le heurta d'un grand ais qu'il portoit, et se mit à crier : Gare ! gare ! Mais Diogène, pour toute réponse, s'approchant de lui, lui donna un bon coup de bâton et se mit à crier de même : Gare ! gare ! Voyant un débauché qui sollicitoit une femme de mauvaise vie : Misérable, lui dit-il, que cherches-tu en un lieu où le meilleur pour toi c'est de ne rien obtenir ? Et à un autre extrêmement poudré et parfumé : Prends garde, lui dit-il, que les parfums de ta tête ne te mettent en mauvaise odeur dans le monde. Il disoit que les esclaves obéissent à leurs maîtres et les méchants à leurs passions. Quelqu'un lui demandoit d'où venoit qu'en grec on appelle les esclaves *andrapodas* : C'est, répliqua-t-il, qu'ils ont des pieds d'homme et une âme comme la tienne.[1]

II.

DES ESSÉNIENS, FRAGMENTS TRADUITS DE JOSEPH ET DE PHILON.

Il y a parmi les Juifs trois différentes sectes qui font profession de l'amour de la sagesse : la première est des Pharisiens, la deuxième des Saducéens, et la troisième, qui paroît aussi la plus sainte et la plus austère, est de personnes que l'on nomme Esséniens, qui sont bien juifs de nation, mais qui sont beaucoup plus étroitement liés ensemble par une affection mutuelle que ne sont les autres.

Ils abhorrent toutes les voluptés et tous les plaisirs, comme mauvais et illégitimes, et ils tiennent comme une souveraine vertu parmi eux de ne se point laisser vaincre à leurs passions. C'est pourquoi ils ont de l'aversion pour le mariage, et prennent seulement auprès d'eux quelques enfants étrangers, d'un âge tendre et susceptible des impressions qu'on leur veut donner; et les regardant comme leur propre sang, les forment et ils les élèvent selon leurs mœurs et leur discipline. Ainsi, leur éloignement du mariage ne vient pas de ce qu'ils voudroient abolir la succession des enfants aux pères, qu'il entretient dans le monde ; mais c'est qu'ils croient devoir se garantir de l'incontinence des femmes, qui, selon leur opinion, ne gardent presque jamais à leurs maris la fidélité qu'elles leur doivent.

Ils méprisent les richesses, et rien ne leur paroît plus excellent et plus agréable qu'une communauté de tous biens. Aussi l'on n'en voit point entre eux qui soient plus riches que les autres, parce qu'ils ont établi comme une loi inviolable, à tous ceux qui

1. Racine n'a pas été plus loin dans sa traduction.

embrassent leur genre de vie, de distribuer en commun tout ce qu'ils possèdent. De là vient que l'on ne voit parmi eux ni le rabaissement de la pauvreté, ni l'élévation des richesses, et que, toutes leurs possessions étant mêlées ensemble, ils n'ont tous qu'un seul patrimoine comme des frères.

Ils tiennent comme une chose impure les eaux de senteur et les huiles de parfum; et si, par hasard et malgré eux, on en a répandu quelques gouttes sur leurs corps, se lavent et se nettoient aussitôt. Ils croient qu'il n'y a rien, pour eux, qui soit plus dans la bienséance que de fuir toutes les délicatesses, et de ne porter que des habits blancs, qui sont les plus simples ; ils choisissent quelques-uns d'entre eux, à qui ils donnent le soin de pourvoir aux besoins communs de tous.

Ils ne sont pas tous retirés dans une seule ville de la Judée, mais plusieurs habitent en diverses villes; ceux de leur compagnie qui viennent du dehors sont reçus par eux comme en leur propre maison, et ils vivent avec ceux qu'ils n'ont jamais vus comme avec leurs plus intimes amis : c'est pourquoi ils font leurs voyages sans porter sur eux quoi que ce soit, sinon quelques armes pour se défendre contre les voleurs. Il y a dans chaque ville une personne qui a la charge de recevoir les hôtes, et de les pourvoir d'habits et de toutes les autres choses dont ils ont besoin.

On voit dans leurs vêtements, dans leur visage et dans tous leurs gestes, la même simplicité et la même modestie que dans des enfants que l'on élève sous une étroite discipline. Ils ne quittent jamais ni leurs habits ni leurs souliers, qu'ils ne soient ou entièrement déchirés, ou tout à fait usés par le temps.

Ils ne vendent jamais rien, et n'achètent rien entre eux ; mais chacun donnant aux autres ce dont ils ont besoin, reçoit d'eux ce qui lui est nécessaire, quoiqu'ils ne soient pas obligés de donner toujours quelque chose en échange à ceux dont ils reçoivent ce qu'ils leur ont demandé.

Ils ont une piété toute particulière envers Dieu; jamais ils ne tiennent aucun discours profane avant le lever du soleil, mais ils passent tout ce temps en des vœux et en des prières qu'ils ont reçues de leurs ancêtres, comme s'ils demandoient à Dieu qu'il fasse lever cet astre. Ensuite de quoi les directeurs les envoient tous travailler aux métiers auxquels ils sont propres; et après qu'ils ont travaillé avec une grande assiduité jusqu'à la cinquième heure (c'est-à-dire jusqu'à onze heures), ils s'assemblent encore tous en un même lieu, où, se ceignant d'une espèce de caleçon de toile, ils se lavent dans de l'eau froide. Ainsi purifiés, ils s'assemblent en un autre lieu particulier, dont l'entrée est défendue à tous ceux qui ne sont pas de leur profession.

Étant donc purs ils entrent tous dans leur réfectoire avec le même respect que l'on entreroit dans quelque temple sacré, et, s'y étant assis en silence et avec modestie, celui qui a la charge de faire le pain leur en distribue à tous selon leur rang, et le cuisinier leur sert aussi à chacun un petit plat où il n'y a que d'une sorte de viande. Le prêtre fait une prière avant laquelle il n'est pas permis de rien manger; aussitôt qu'ils ont achevé de dîner, le même prêtre fait encore une prière; et ainsi, soit avant, soit après leurs repas, ils rendent toujours grâces à Dieu, comme à celui qui leur fournit leur nourriture. Ils quittent ensuite ces vêtements qu'ils estiment comme sacrés, et retournent à leur ouvrage jusques au soir, qui est le temps où ils reviennent souper. S'il leur est venu quelques étrangers, ils les font seoir à la même table qu'eux.

Jamais aucun cri ni aucun tumulte ne trouble la paix de leur solitude, et chacun aime mieux laisser parler les autres que de parler lui-même lorsque son rang vient de le faire; de sorte que le grand silence qui règne au dedans de leurs maisons est comme une espèce de mystère qui donne de l'étonnement et de la vénération à ceux qui sont de dehors. La principale cause de ce grand silence est leur continuelle sobriété, qui leur fait réduire leur boire et leur manger à une très-petite mesure. Ils ne font jamais rien sans l'ordre de leurs directeurs, excepté deux choses que l'on laisse en leur liberté, qui sont d'avoir compassion des misérables et de les secourir; car il leur est permis de soulager les besoins de ceux qui sont dignes de leur assistance, et de leur donner de quoi vivre lorsqu'ils en manquent. Mais, quant à leurs propres parents, ils ne peuvent jamais leur faire aucun don sans la permission des supérieurs.

Ils sont de très justes modérateurs de leur colère, et savent tempérer leurs ressentiments. Ils sont fidèles dans leurs promesses et amateurs de l'union et de la paix.

DES ESSÉNIENS.

La moindre parole qu'ils aient donnée leur est plus inviolable que ne sont aux autres tous les serments ; c'est pourquoi ils ne jurent point afin qu'on les croie, estimant que les jurements sont encore pires que les parjures : car ils disent qu'un homme est déjà condamné de mensonge et de perfidie dans l'esprit de ceux qui le connoissent, lorsqu'on ne veut point ajouter foi à ses paroles s'il ne prend Dieu à témoin pour persuader qu'elles sont sincères.

Ils s'appliquent avec un soin particulier à la lecture des livres des anciens, et recherchent principalement ceux qui sont utiles et pour l'âme et pour le corps, et ceux dont ils peuvent tirer la connoissance de quelques herbes salutaires ou de la vertu particulière de quelques pierres minérales propres à la guérison de toutes sortes de maux.

Lorsque quelqu'un se présente pour entrer dans leur société, ils ne l'y admettent pas aussitôt; mais ils le font demeurer au dehors l'espace d'un an, et, lui proposant le même genre de vie que le leur, ils lui donnent une besoche pour travailler et cette sorte de caleçon dont nous avons parlé, et lui font porter un habit blanc.

Après qu'il a donné durant tout ce temps des preuves de sa tempérance, on lui accorde la même nourriture qu'aux autres, et on lui permet de se servir des eaux les plus pures pour se laver; ils ne l'admettent pas néanmoins encore à leur société; car, après que l'on a éprouvé sa tempérance durant un an, on veut éprouver outre cela son esprit et son naturel, l'espace de deux années, et si l'on reconnoit qu'il soit digne d'être reçu, on le reçoit alors. Toutefois il ne participe point à la table commune qu'il n'ait promis, par des serments solennels et terribles, premièrement, d'honorer la Divinité d'un culte religieux : ensuite de rendre aux hommes ce qui leur est dû selon la justice ; de ne faire jamais tort à personne, ni de son propre mouvement, ni quand on le lui auroit commandé; d'abhorrer toujours les méchants, et de secourir et défendre les gens de bien ; de garder la foi à tout le monde, et principalement aux puissances supérieures, étant persuadé qu'il n'y a point d'autorité et de domination dans le monde qui ne soit établie de Dieu; et si lui-même vient à être élevé en puissance, de n'en point abuser, en maltraitant ceux qui lui seront soumis, et de ne point affecter de se distinguer d'eux par la magnificence des habits et par tous les autres ornements du luxe. Ils font vœu encore d'aimer toujours la vérité, et de reprendre les menteurs; de ne souiller leurs mains d'aucun larcin, et de garder leur âme pure de tout gain injuste; de ne rien cacher à ceux de leur profession, et de ne rien découvrir aux autres de leurs mystères, quand on les y voudroit contraindre jusqu'à leur faire souffrir la mort même. Outre cela ils font encore serment de n'enseigner jamais d'autre doctrine que celle qu'ils ont reçue ; de garder avec un très-grand soin les livres de leur secte et les noms des anges. Voilà les serments par lesquels ils engagent toutes les personnes qui embrassent leur profession.

Quant à ceux qui sont convaincus de quelques fautes considérables, ils les chassent de leur société; et, pour l'ordinaire, celui qui a été ainsi excommunié finit ses jours misérablement : car étant comme lié à eux et par ses serments et par la vie qu'il y a menée, on ne lui laisse recevoir aucune nourriture de la main des autres. Et ainsi, ne se repaissant que de quelques herbes, son corps se détruit peu à peu par la faim, jusqu'à ce qu'il vienne à mourir. C'est pourquoi il y en a plusieurs dont ils ont eu compassion, et qu'ils ont comme rappelés à la vie, lorsqu'ils rendoient leurs derniers soupirs, jugeant que des tourments qui les avoient réduits à une telle extrémité étoient suffisants pour l'expiation de leurs fautes.

Ils sont fort exacts et fort équitables dans leurs jugements. Ils s'assemblent pour le moins au nombre de cent, lorsqu'ils veulent juger de quelque chose; et ce qu'ils ont une fois arrêté demeure ferme et immuable.

Après Dieu il n'y a point de nom qui leur soit en plus grande vénération que celui du législateur Moïse; jusque-là que quiconque d'entre eux a osé le blasphémer est aussitôt condamné à mort. (*Nota*.)

Ils font gloire d'avoir une grande déférence pour les anciens et de céder à ce que plusieurs ont déterminé.

Ils sont infiniment plus soigneux que tout le reste des juifs à s'abstenir de tout travail des mains les jours de sabbat; car non-seulement ils préparent leur nourriture dès le jour précédent, pour ne point même allumer de feu en ce saint jour, mais ils font encore scrupule d'y remuer le moindre instrument et le moindre meuble.

Ils vivent pour l'ordinaire fort longtemps, et il y en a plusieurs d'entre eux qui passent même au delà de cent ans; ce qui provient, je crois, de la vie sobre et réglée qu'on leur voit mener.

Ils méprisent toutes les adversités, et il n'y a point de douleur si grande, qu'elle ne cède à la grandeur de leur courage. Ils font plus d'état d'une mort belle et glorieuse que de l'immortalité même. La guerre des Romains a fourni des preuves suffisantes de cette disposition de leur âme; car, au milieu des supplices et des tortures, au milieu des feux et des déboîtements de membres qu'on leur faisoit endurer, et de tous les divers tourments par lesquels on vouloit les contraindre ou de blasphémer le nom du législateur, ou de manger des viandes qu'ils n'ont pas coutume de manger, non-seulement ils ne condescendirent à faire aucune de ces choses, mais ils ne daignoient pas même flatter leurs bourreaux le moins du monde, et répandre une seule larme.

Au contraire, riant parmi les douleurs, et se moquant de ceux qui les appliquoient aux tortures les plus cruelles, ils rendoient l'âme avec allégresse, et comme la devant bientôt recouvrer. Car c'est une opinion qui s'est affermie parmi eux, que les corps sont mortels et d'une matière qui n'a aucune solidité, au lieu que les âmes sont immortelles (*Nota*) et durent toujours, et que, sortant d'un air pur et subtil, elles entrent dans le corps comme dans une étroite prison, par la force de certains charmes naturels qui les y entraînent; mais qu'aussitôt qu'elles sont détachées des liens de cette chair, se trouvant comme délivrées d'une longue servitude, elles se réjouissent alors au milieu des airs. Ils soutiennent même (et suivent en cela l'opinion commune des Grecs) qu'il y a au delà de l'Océan une demeure destinée pour les âmes innocentes, c'est-à-dire un lieu qui n'est incommodé ni de la pluie, ni de la neige, ni de la chaleur excessive, mais qui est continuellement tempéré par le souffle agréable d'un doux zéphir qui s'y élève de l'Océan; et qu'au contraire pour les âmes criminelles, il y a des cachots qui sont également ténébreux, et où l'on ne trouve que des supplices qui durent toujours.....

Voilà quelle est la théologie des Esséniens touchant la nature de l'âme ; et leur sagesse a je ne sais quels appâts inévitables qui gagnent le cœur de tous ceux qui l'ont une fois goûtée.

Il y en a quelques-uns parmi eux qui se mêlent de prévoir les choses futures, et qui en cherchent la connoissance par la lecture des livres sacrés, par des purifications particulières, et par les oracles des prophètes ; et il arrive rarement qu'ils se trompent dans leurs prédictions.

Il y a encore une autre sorte d'Esséniens qui sont entièrement conformes aux premiers, quant à leur vivre, leurs coutumes et leurs constitutions, mais qui n'ont pas du mariage le même sentiment qu'eux ; car ils disent que ceux qui ne se marient point retranchent une grande partie de la vie, qui est la succession des enfants, ou plutôt que si tout le monde suivoit leur exemple, toute la race des hommes s'éteindroit bientôt.

Au reste, ils éprouvent leurs femmes durant trois ans, et après qu'ils ont reconnu, par des effets naturels, qu'elles pourront être fécondes, ils se marient enfin. Tout le temps qu'elles sont grosses, ils ne les voient point, montrant bien par là qu'ils se marient, non pas pour le plaisir, mais pour la seule génération des enfants.

Les Esséniens [1] font profession de remettre entre les mains de Dieu le gouvernement de toutes choses. Ils soutiennent que les âmes sont immortelles, et croient que la justice doit être le principal objet de nos désirs. Ils envoient des offrandes au temple, mais ils n'y sacrifient point, à cause de la différence des purifications dont ils se servent. Ce qui fait que n'étant point admis comme les autres au temple public, ils font leurs sacrifices en particulier. (*Nota.*)

Au reste, ce sont des hommes tout à fait honnêtes et vertueux, et qui s'emploient tout entiers dans l'exercice de l'agriculture. Mais ce qui les élève au-dessus de tous ceux qui suivent le chemin de la vertu, c'est leur admirable justice ; et on n'en trouvera aucuns, ni chez les Grecs, ni chez les barbares, qui en aient approché le moins du monde. C'est de toute antiquité qu'ils l'ont embrassée, et jamais rien ne les a détournés de la pratiquer.

Tous leurs biens sont en commun, et celui d'entre eux qui étoit le plus riche ne jouit pas davantage des biens qu'il a appor-

---

1. *Idem, Antiq. jud.*, lib. XVIII, cap. II. (*Racine.*)

tés en entrant chez eux, que celui qui ne possédoit rien du tout ; et, pour comble d'étonnement, ils vivent ainsi étant au nombre de plus de quatre mille.

Ils ne veulent prendre ni femmes ni esclaves, jugeant qu'en prenant ceux-ci l'on viole le droit de nature, et qu'en prenant celles-là l'on s'expose à de continuelles dissensions. C'est pourquoi, vivant seuls et en leur particulier, ils se servent charitablement les uns des autres.

Ils établissent des receveurs, c'est-à-dire quelques prêtres reconnus pour gens de bien, qui doivent, en recevant leurs revenus et tout ce que leurs terres leur rapportent, leur fournir leur pain et leur nourriture.

Après[1] avoir parlé des Esséniens qui ont choisi et embrassé la vie active et laborieuse, et qui excellent avec tant de perfection en toutes ses parties, ou au moins en la plupart, pour me servir d'un terme moins fort et plus modeste, j'ai maintenant, pour suivre l'ordre de mon dessein, à parler de ceux qui se sont consacrés à la vie spirituelle et contemplative ; j'en dirai donc ce que j'en dois dire, sans ajouter autre chose du mien, pour embellir mon discours de ces ornements empruntés qui sont si ordinaires aux poëtes et à tous les autres écrivains, à cause de l'indigence où ils sont des belles matières ; et sans faire autre chose que de m'attacher simplement à la vérité, qui peut seule épuiser l'esprit le plus riche et le plus fécond ; ce qui ne m'empêchera pas néanmoins d'entrer dans la carrière, et de faire tous mes efforts pour n'y point demeurer vaincu ; car il ne faut pas que l'extraordinaire vertu de ces grands hommes réduise au silence ceux qui se croiroient criminels d'y avoir laissé aucune belle action ensevelie.

Le nom de ces amateurs de la sagesse déclare quelle est leur profession ; car ils en ont un qui signifie tout ensemble et médecins et adorateurs ; ce qui leur convient très-bien, soit à cause qu'ils font profession d'une médecine d'autant plus élevée au-dessus de celle qui est en usage dans les villes, que celle-ci ne s'étend que sur les corps, et que celle-là s'exerce sur les âmes mêmes, et en chasse des maladies très-fâcheuses et très-opiniâtres qui ont leur source dans les plaisirs et dans les cupidités,

---

1. Phil. jud. de vita contemplat. (*Racine.*)

dans les afflictions et dans les craintes, dans l'avarice et dans la folie, dans l'injustice et dans une infinité d'autres passions et d'autres vices ; soit parce qu'ils apprennent, par la connoissance de la nature et des lois divines, à adorer cette essence qui est infiniment meilleure que le bon et qui est plus simple et plus ancienne que l'unité même.

Au reste, ceux qui embrassent ce genre de vie n'y sont attirés ni par coutume, ni par conseil ; mais, étant comme ravis hors d'eux-mêmes par un amour tout céleste, ils ressentent des transports aussi violents que les bacchantes et les corybantes des païens, jusqu'à ce qu'ils jouissent de la vue de l'objet qu'ils aiment. Et ensuite l'ardent désir qu'ils ont de la vie éternelle et bienheureuse leur faisant croire qu'ils sont déjà morts à cette vie misérable et mortelle, ils abandonnent leurs biens entre les mains de leurs enfants ou de leurs autres parents, les en instituant héritiers par une résolution toute volontaire, ou s'ils n'ont point de parents, à leurs plus intimes amis ; car il est bien raisonnable que ceux qui ont déjà acquis des richesses que l'on peut dire être clairvoyantes, laissent des richesses aveugles à ceux qui sont aveugles eux-mêmes.

Ainsi se dépouillant de toutes leurs possessions, et ne se laissant plus toucher d'aucun objet qui les trompe, ils fuient pour ne regarder jamais derrière eux, et se séparent de leurs frères, de leurs enfants, de leurs femmes, de leurs pères et de leurs mères, de leurs nombreuses alliances et de leurs plus étroites amitiés, et enfin des lieux où ils sont nés et où ils ont été élevés, sachant que l'accoutumance que l'on y prend a un poids et un charme auquel il est très-difficile de résister. Mais leur retraite du monde ne consiste pas à passer seulement d'une ville en une autre ville, comme ces malheureux et pauvres esclaves qui, étant vendus par ceux à qui ils appartenoient auparavant, ne font que changer de maître, et ne sont point délivrés de servitude.

Car il est certain que toutes les villes, et même les mieux policées, sont toujours pleines d'une infinité de tumultes et de troubles qui ne peuvent être qu'insupportables à un esprit uniquement adonné à l'étude de la sagesse. C'est pourquoi ils ont leur demeure hors de l'enceinte des villes, c'est-à-dire dans de grands jardins ou dans des campagnes désertes dont ils recherchent la solitude, non point par un esprit sauvage et une aversion des hommes, mais parce qu'ils savent combien la conversation de ceux dont la vie est si dissemblable à la leur est importune et dangereuse.

Cette secte est répandue en plusieurs endroits de la terre ; aussi est-il bien juste, et que les Grecs, et que les barbares, ne soient point privés de la vue d'une si extraordinaire vertu. Mais il n'y a point de pays où ils soient en plus grand nombre que dans toutes les provinces d'Égypte, et principalement aux environs d'Alexandrie.

Ceux d'entre eux qui sont les plus éminents en sainteté sont envoyés de toutes parts, ainsi qu'une espèce de colonie, en un lieu qu'ils regardent comme leur véritable patrie, et qui est tout à fait propre pour la vie qu'ils mènent. Il est situé au-dessus de l'étang Marie, sur une colline assez plate et assez étendue, et il ne peut être placé plus commodément si l'on regarde la sûreté du lieu et la bonté de l'air que l'on y respire. Je dis que l'on y est en sûreté, à cause du grand nombre des maisons et des bourgades dont il est environné ; et quant à la pureté de l'air, elle provient des vapeurs continuelles qui s'élèvent de cet étang, et de la mer qui en est proche, et dans laquelle il se décharge. Car les vapeurs de la mer étant aussi subtiles que celles de cet étang qui s'y décharge sont épaisses, il s'en fait un mélange qui rend la température de cet air extrêmement saine.

Leurs logements sont fort simples, et ils ne leur servent que pour deux choses dont ils ne peuvent se passer, c'est-à-dire pour les défendre tant de la chaleur du soleil que de la froidure de l'air. Ils ne sont pas fort proches les uns des autres, comme dans les villes : car les voisinages sont toujours importuns et désagréables à ceux qui aiment et recherchent la solitude avec tant d'ardeur. Ils ne sont pas non plus fort éloignés, parce qu'ils se plaisent à vivre en communauté, et qu'ils veulent se pouvoir secourir les uns les autres s'ils étoient attaqués par des voleurs.

Ils ont chacun un lieu particulier et sacré, qu'ils appellent un oratoire ou cabinet, dans lequel ils se retirent pour s'instruire en secret dans les mystères de leur vie toute d'oraison. Ils n'y portent ni boire ni manger, ni rien de tout ce qui est nécessaire pour les besoins du corps, mais seulement les lois et les oracles qui sont sortis de la bouche des prophètes, les hymnes et toutes les autres choses qui peuvent servir à l'accroissement et à la perfection de leurs connoissances et de leur piété.

Le souvenir de Dieu est continuellement gravé dans leur pensée, jusque-là qu'étant endormis ils ne s'entretiennent dans leurs songes que de ses beautés et de sa grandeur, et qu'il y en a même beaucoup qui, en expliquant les choses qui se passent alors en leur imagination, font entendre des paroles d'une philosophie très-simple et très-excellente.

Ils ont coutume de prier deux fois le jour, au matin et au soir, c'est-à-dire que quand le soleil se lève ils demandent à Dieu qu'il leur rende la journée véritablement heureuse, et qu'il leur remplisse leur esprit de la divine lumière ; de même que lorsqu'il se couche ils demandent encore à Dieu que, leur âme étant déchargée du fardeau des sens et des choses sensuelles, elle puisse être renfermée en elle-même afin que, jouissant d'un parfait repos, elle s'applique tout entière à la recherche de la vérité.

Tout le reste du temps qui est entre le matin et le soir est consacré à la lecture et à la méditation. Car ils lisent les saintes Écritures, et s'exercent dans l'étude des préceptes de sagesse qu'ils ont reçus de leurs pères, croyant que les secrets de la nature y sont cachés sous des paroles allégoriques et mystérieuses dont leurs pères se sont servis pour en enseigner la connoissance.

Ils ont des livres de leurs anciens, qui, ayant été comme les patriarches de leur secte, leur ont laissé plusieurs mémoires de la doctrine de ces allégories, qu'ils regardent comme des originaux et des modèles, par l'imitation desquels ils se conforment au véritable esprit de leur secte ; car ils ne se contentent pas de méditer seulement sur les ouvrages des autres, mais ils composent eux-mêmes plusieurs hymnes et plusieurs cantiques à la louange de Dieu, y faisant entrer de toutes sortes de cadences et de mesures, et les embellissant de rimes qui les font paroître beaucoup plus pompeux et plus vénérables.

Les autres six jours de la semaine, ils demeurent chacun en leur particulier, en étudiant dans ces petits cabinets dont nous avons parlé, sans sortir le moins du monde hors de la porte et sans regarder au dehors par quelque lieu que ce puisse être. Mais le jour du sabbat, ils viennent tous ensemble comme en commune assemblée, et s'asseyent[1] selon leur âge, avec une honnête contenance, tenant leurs mains sous leur manteau. Lors, celui d'entre eux qui est le plus ancien, et qui a le plus de connoissance de leur doctrine, s'avance au milieu de tous, et leur parle avec un visage et une voix graves, ne disant rien qu'avec prudence et avec jugement, et ne s'arrêtant point à faire ostentation de son éloquence, comme ces orateurs et ces sophistes que nous voyons aujourd'hui, mais songeant seulement à bien expliquer et à faire bien comprendre le vrai sens de ses pensées; et ainsi ses paroles ne frappent pas seulement les oreilles de ses auditeurs; mais elles y trouvent un chemin par où elles passent jusques au fond de leur ame, pour y demeurer éternellement gravées. Cependant tous les autres l'écoutent en un profond silence, ne lui témoignant leur approbation que par quelque petit clin d'œil ou par quelque mouvement de tête.

Cette salle publique, dans laquelle ils s'assemblent tous les jours du sabbat, est divisée en deux différents appartements : l'un des hommes et l'autre des femmes; car elles assistent aussi de tout temps à leurs assemblées, et n'embrassent pas ce genre de vie avec moins d'ardeur et de zèle que les hommes. La muraille donc qui les sépare s'élève de terre environ trois ou quatre coudées de haut, en forme d'une petite cloison, le reste demeurant ouvert jusques aux voûtes, et cela pour deux raisons : la première, pour conserver la pudeur naturelle que les hommes doivent avoir à l'égard des femmes; la seconde, afin que les femmes elles-mêmes étant en un lieu où la voix se peut ouïr distinctement, elles écoutent sans peine celui qui parle, et ne trouvent aucun obstacle qui les empêche de l'entendre.

Ils embrassent la tempérance comme un fondement qu'ils doivent jeter en leur âme pour y établir ensuite toutes les autres vertus. Jamais aucun d'eux ne boit ou ne mange le moins du monde avant le soleil couché, parce qu'ils croient que les exercices de la philosophie sont des ouvrages dignes de la lumière, au lieu que les nécessités du corps doivent être ensevelies dans les ténèbres; c'est pourquoi ils donnent à ceux-là toute la journée, et n'accordent à celles-ci qu'une très-petite partie de la nuit. Il y

1. Racine a écrit : s'assisent.

en a même quelques-uns qui, en l'espace de trois jours, ne songent pas une seule fois à manger, tant ils sont possédés de l'ardent désir d'accroître leurs connoissances. Il y en a d'autres qui trouvent de telles délices et un contentement si grand à se nourrir l'âme des viandes spirituelles de la sagesse, qui leur déploie tous ses trésors et tous ses secrets avec une libéralité sans bornes, qu'ils demeurent à jeun une fois autant que les autres, et passent près de six jours entiers sans rien manger, s'accoutumant à vivre comme les cigales qui, à ce qu'on dit, ne se nourrissent que de l'air, parce qu'elles trouvent dans leur chant, comme je crois, un divertissement qui leur facilite cette abstinence.

Le sabbat est pour eux une fête toute sainte et tout auguste, et ils le célèbrent avec une extraordinaire vénération. C'est en ce jour qu'après avoir pourvu aux nécessités de leur âme, ils ont soin aussi de fortifier la foiblesse de leur corps, étant certes bien juste qu'ils prennent quelque relâche après de si longs travaux, puisque les bêtes mêmes n'en sont pas privées. Mais il n'y a aucune magnificence dans leurs festins, et ils se réduisent à manger un peu de pain qui est fort simple, en y joignant aussi quelques grains de sel pour tout assaisonnement, ou un peu d'hysope, comme font ceux d'entre eux qui sont les plus délicats. Leur breuvage est de l'eau courante; car ils regardent la faim et la soif comme deux fâcheuses maîtresses auxquelles la nature a soumis tout le genre humain, et qui se doivent adoucir, non point par des choses qui les flattent, mais par celles qui sont absolument nécessaires, et sans lesquelles on ne sauroit vivre. C'est pourquoi ils mangent pour n'avoir plus faim, et boivent pour n'avoir plus soif; et ils abhorrent l'assouvissement, comme l'ennemi et le destructeur du corps et de l'âme.

Comme les maisons de ces sages, ainsi que nous avons dit ci-dessus, sont dépourvues de magnificence et d'ornement, n'y ayant rien que ce qui y est entièrement nécessaire, il en est de même de leurs habits, qui ne sont pas moins simples et moins modestes, et qu'ils ne prennent que pour se garantir des incommodités du froid et de la chaleur. En hiver, ils portent une robe épaisse et pesante, au lieu de fourrure; et en été, ils se contentent de quelque robe de toile, ou de quelque autre linge dont ils se couvrent. Car, en un mot, la simplicité, la modestie, leur est particulièrement vénérable, sachant que le faste et l'orgueil est le père du mensonge, au lieu que la modestie est la mère de la vérité; et que le mensonge et la vérité sont comme deux sources, dont la première répand dans le monde toute cette multitude de maux dont il est rempli, au lieu que l'autre y fait couler avec abondance toutes sortes de biens humains et divins.

Je veux dire aussi quelque chose de la manière dont ils se comportent dans leurs festins publics et solennels..... Ils y viennent tous vêtus de blanc et avec un visage gai, mais néanmoins extrêmement grave; et aussitôt que le signal leur a été donné par quelqu'un des semainiers (car c'est ainsi qu'ils appellent ceux qui ont la charge du réfectoire), ils se tiennent chacun debout, selon leur rang et avec une grande modestie; et ainsi, avant que se mettre à table, ils élèvent les mains et les yeux au ciel; les yeux, parce qu'ils ont appris à attacher leur vue sur des objets qui méritent d'être regardés; et les mains parce qu'elles sont pures de toute avarice, et que jamais elles ne se sont laissé souiller par aucun gain illicite et profane, pour quelque prétexte que ce fût. Ils demandent donc à Dieu qu'il daigne leur être favorable, et qu'il n'y ait rien en ce festin qui ne soit conforme à ses desirs.

Après que leurs prières sont achevées, les plus anciens commencent à se mettre à table les uns après les autres, selon le temps qu'ils sont entrés dans la compagnie; car ils ne mesurent pas l'antiquité par l'âge ou par le nombre des années, vu que ceux qui en ont le plus ne passent parmi eux que comme des enfants et de jeunes gens, s'il n'y a que peu de temps qu'ils ont embrassé leur genre de vie; mais ils regardent comme véritablement anciens ceux qui ont passé leur enfance, leur jeunesse et toutes leurs années, dans l'étude sainte de cette philosophie contemplative, qui est aussi la plus belle et la plus divine.

Ils admettent à leur table des femmes dont la plupart sont fort âgées et ont gardé leur virginité, l'ayant embrassée non point par contrainte et malgré elles, comme quelques-unes de celles qui exercent la prêtrise parmi les Grecs, dont la virginité est involontaire; mais elles n'y ont été poussées que par le seul amour de la sagesse, dans l'exercice de laquelle, ayant voulu passer toute leur vie, elles ont foulé aux pieds toutes les voluptés du corps et des sens.

Toutefois leurs places sont séparées de celles des hommes, ceux-ci étant assis au côté droit, et les femmes au côté gauche.

Si quelqu'un pense que ces nobles et ces généreux amateurs de la sagesse soient couchés à table sur des lits qui, quoiqu'ils ne soient pas richement parés, peuvent au moins tenir quelque chose de la mollesse et de la délicatesse, qu'il sache qu'ils ne se servent que de simples matelas, composés de quelques herbes viles et communes en ce pays où l'on en fait d'ordinaire de la natte et du papier, se couchant dessus, et les levant tant soit peu vers les coudes afin qu'ils s'y puissent appuyer.

Au reste, ce ne sont point des esclaves qui les servent, et ils croient que c'est entièrement agir contre l'ordre de la nature que de se faire servir par des valets ; car les hommes, disent-ils, naissent tous également libres, n'étoit que l'injustice et l'ambition de ceux qui ont voulu semer dans le monde cette malheureuse inégalité qui est la source de tous les maux, ont mis entre les mains des puissants la domination qu'ils ont usurpée sur les foibles.

Ils ne possèdent donc point d'esclaves ni de valets, et ils ne sont servis que par des personnes entièrement libres, qui leur rendent ces devoirs officieux sans qu'on les y oblige et sans attendre qu'on le leur commande ; mais au contraire ils se viennent présenter eux-mêmes avec joie et avec empressement avant qu'on les y ait exhortés.

Et qu'on ne pense pas que l'on les admette tous indifféremment en cet emploi, car on les examine auparavant avec grand soin entre les plus jeunes et les meilleurs de la compagnie ; et ainsi l'on ne choisit que des personnes sages et bien élevées, et en qui l'on voit un véritable et parfait amour pour la vertu la plus sublime, afin qu'ils puissent servir les frères avec la même affection et la même ardeur que des enfants biens nés serviroient leurs pères et leurs mères, comme en effet ils ne les regardent point autrement que leurs pères communs, et ont pour eux plus de tendresse que pour ceux mêmes que le sang leur a donnés ; tant il est vrai qu'il n'y a point de nœud si puissant pour les âmes que la vertu !

Ils ne ceignent point leur robe, et ils ne la retroussent point à leur ceinture pour servir à table ; mais ils la laissent tout étendue, afin que l'on ne voie en ces festins aucune marque de servitude, cette manière de servir étant particulière aux esclaves. Je sais que quelques-uns, entendant ces choses, s'en riront; mais je sais aussi que ceux-là seuls s'en riront dont les actions ne sont dignes que de gémissements et de pleurs.

Le vin n'y entre point du tout, mais ils boivent d'une eau qui est fort claire et fort pure, avec cette seule distinction que le commun d'entre eux la prend toute froide; au lieu que ceux des anciens qui sont d'une complexion plus foible la font chauffer auparavant.

Leur table est pure de toutes viandes qui aient eu vie, et l'on y voit seulement du pain pour toute nourriture, du sel pour tout mets, et quelquefois un peu d'hysope que l'on donne pour tout assaisonnement à ceux qui paroissent les plus délicats. Car la même raison qui porte les prêtres à offrir des sacrifices que l'on appelle sobres, parce que l'on n'y boit point de vin, a porté aussi ces amateurs de la sagesse à n'en point boire, parce, disent-ils, que le vin est un poison qui rend l'âme folle et insensée, et que les viandes si bien apprêtées et si délicieuses ne servent qu'à irriter la concupiscence, qui est la plus insatiable de toutes les bêtes.

Après qu'ils se sont assis à table..., le silence est encore plus profond qu'auparavant, et l'on n'en verroit pas un qui osât dire le moindre mot ou respirer un peu fortement; si ce n'est que quelqu'un d'eux propose quelque difficulté de l'Écriture sainte, ou qu'il explique celle qui aura été proposée par un autre. Ce n'est pas qu'il se mette beaucoup en peine d'en trouver l'explication; car son but n'est pas de tirer de la gloire de sa subtilité et de sa science, mais seulement d'examiner la vérité, et, lorsqu'il l'a trouvée, de ne la point envier à ceux qui, bien qu'ils n'aient pas une si grande vivacité que lui pour la chercher, ne désirent pas avec moins d'ardeur d'en acquérir la connoissance.

Il leur parle donc, et les instruit avec loisir, pesant et insistant sur ses paroles, et les répétant plusieurs fois, afin de graver profondément dans leur esprit les vérités qu'il leur enseigne. Car autrement, lorsque l'on parle avec trop d'étendue ou avec trop de vitesse, et, comme l'on dit, sans reprendre haleine, l'esprit des auditeurs ne pouvant suivre la volubilité de la langue de celui qui parle, ils sont contraints de demeurer beaucoup en arrière, et ne peuvent atteindre à l'intelligence de ce qu'on leur dit.

Cependant les autres, ayant la vue continuellement attachée sur lui, l'écoutent tous avec une même attention et une même contenance; et s'ils comprennent et entendent parfaitement ce qu'il leur dit, ils le lui font voir par quelque inclination de tête ou par quelque mouvement des yeux; s'ils le trouvent digne de louanges, ils le lui témoignent par la joie et par la sérénité qui se répand sur tout leur visage; et si au contraire il leur vient en l'esprit quelque incertitude et quelque doute, ils le lui font connoître ou en branlant doucement la tête, ou en remuant le bout d'un doigt de la main droite.

Il en est de même de ceux qui ont servi à table; car ils se tiennent debout durant tout le temps qu'il parle, et ne l'écoutent pas avec moins d'attention que les autres.

Lorsque ce docteur juge qu'il leur a suffisamment parlé, et qu'il leur semble avoir tous satisfait à l'obligation qu'ils avoient, l'un d'enseigner à ses auditeurs une doctrine entièrement conforme au véritable esprit de la secte, et les autres de l'écouter, ils frappent tous ensemble des mains pour témoigner leur satisfaction et leur contentement.

En suite de quoi, le docteur se lève et chante un hymne à la louange de Dieu, soit qu'il l'ait lui-même nouvellement composé, ou qu'il vienne de quelqu'un de leurs anciens poëtes... Et cependant tous les autres demeurent chacun en leurs places avec modestie, et l'écoutent en un silence très-profond, jusqu'à ce qu'il vienne à prononcer les dernières paroles de son cantique. Car alors tous les hommes et toutes les femmes élèvent unanimement leurs voix pour lui répondre...

Le souper étant fini, ils célèbrent la veille qu'ils nomment sacrée, c'est-à-dire que, se levant tous, ils se rangent au milieu de la salle où ils ont soupé, et se divisent en deux chœurs, l'un des hommes, et l'autre des femmes. Chaque chœur choisit pour chef et pour conducteur celui d'entre tous qui est le plus vénérable et le plus habile en l'art de chanter; et ensuite ils chantent plusieurs cantiques composés en la louange de Dieu. Et après que chaque chœur s'est comme rassasié du plaisir de chanter l'un après l'autre, ils se joignent lors les uns aux autres, et ne font tous qu'un même chœur, afin de goûter ainsi sans aucun mélange les délices de l'amour divin.

En quoi ils imitent ce que firent autrefois nos pères sur la mer Rouge, en considération des merveilles que Dieu y avoit opérées pour eux... Car les hommes et les femmes, se trouvant également transportés d'étonnement et de reconnoissance envers celui qui leur avoit fait voir et éprouver des choses qui étoient élevées au-dessus de toute parole, de toute pensée et de toute espérance, s'unirent ensemble en un même chœur, et chantèrent des cantiques d'actions de grâces à Dieu; Moïse servant de chef et de conducteur aux hommes, ainsi que la prophétesse Marie aux femmes.

C'est ainsi que ces deux bandes de ces sages adorateurs et adoratrices du vrai Dieu s'unissent ensemble; et par le mélange de leurs voix toutes différentes et toutes contraires, celle des hommes étant aussi basse que celle des femmes est élevée, ils forment un concert véritablement agréable et harmonieux. Leurs cantiques sont composés de pensées tout à fait nobles, de paroles tout à fait belles, ainsi que les chœurs de ceux qui les chantent sont composés de personnes tout à fait saintes et religieuses.

Après donc qu'ils se sont enivrés jusques au matin de cette ivresse toute sainte et toute divine, ils sont très-éloignés de se sentir ou la tête pesante, ou les yeux chargés de sommeil; mais étant même plus rassis et plus éveillés que lorsqu'ils ont commencé à se mettre à table, ils tournent leur vue et tout le reste du corps vers l'Orient; et, dès que le soleil se montre, ils élèvent les mains au ciel et demandent à Dieu qu'il leur rende cette journée heureuse, qu'il leur fasse connoître la vérité, et qu'il rende leur esprit vif et pénétrant dans la contemplation de ses mystères. Ensuite de quoi ils se retirent chacun en leurs petits oratoires, pour s'appliquer, selon leur coutume, à l'étude et à l'exercice de la philosophie...

Les mages[1] sont en vogue parmi les Perses; et ce sont des personnes qui, par la contemplation des ouvrages de la nature, recherchent la connoissance de la vérité, et qui, s'instruisant à loisir dans la science mystérieuse des vertus divines, en instruisent aussi les autres par des explications très-claires et très-évidentes. Les Indes ont les gymnosophistes parmi eux, qui, ajoutant l'étude de la morale à celle de la philosophie naturelle, rendent

---

1. Id. Phil. Quod omnis probus liber. (R.)

toute leur vie comme un modèle parfait de toutes sortes de vertus.

La Palestine et la Syrie ne sont pas moins fertiles en ces grands exemples de sainteté, étant l'une et l'autre peuplées par la nombreuse nation des Juifs, entre lesquels il y a une sorte de personnes qui sont au nombre de plus de quatre mille ou peu s'en faut comme je crois, et que les Grecs appellent Esséniens, c'est-à-dire saints, qui est un nom très-conforme à leur sainteté ; car c'est en la parfaite adoration du vrai Dieu qu'ils excellent principalement, non point par l'immolation des bêtes et des victimes, mais par le grand soin qu'ils ont de rendre leurs âmes toutes pures et toutes saintes.

En premier lieu, ils ont leur demeure dans la campagne, et s'éloignent des villes le plus qu'ils peuvent, à cause des vices et des crimes qui y sont si ordinaires, sachant que la vie impure de tous ceux qui y demeurent est comme un air corrompu et pestiféré qui frappe l'âme de plaies mortelles et incurables.

Ils s'exercent, les uns dans l'agriculture, et les autres dans quelques métiers qui s'accordent avec le repos de leur solitude, travaillant ainsi pour leur propre utilité et pour celle de leur prochain, sans amasser des trésors d'or et d'argent, et sans posséder de grands fonds de terre pour en tirer des revenus ; mais se fournissant seulement des choses qui sont nécessaires à la vie. Car ils sont peut-être les seuls, entre tous les hommes, qui, demeurant pauvres et dénués de tout bien, plutôt par un dépouillement volontaire que par une indigence forcée, s'estiment très-riches et très-abondants en toute sorte de félicité, croyant, et certes avec grande raison, que celui-là possède beaucoup, qui se contente de peu de choses.

L'on n'en verra aucun d'entre eux qui se mêle de travailler ni en dards, ni en javelots, en épées ou en casques, en cuirasses ou en boucliers, en armes ou en machines, ni en quelques instruments de guerre que ce puisse être, ni même en aucunes choses qui, en temps de paix, pourroient servir d'occasion de péché.

Pour ce qui est de faire trafic ou en marchandises, ou en vin, ou sur la mer, ils n'y pensent pas seulement en songe; rejetant loin d'eux tout ce qui est capable de les faire tomber insensiblement dans l'avarice.

L'on ne voit pas un seul esclave parmi eux ; mais, étant tous également libres, ils se servent les uns les autres, et condamnent ceux qui possèdent des esclaves, non-seulement comme injustes et ennemis de l'équité, mais même comme des impies et des destructeurs de la loi de la nature, laquelle ayant engendré et nourri tous les hommes, ainsi que leur mère commune, les a rendus frères et propres frères les uns des autres, non point seulement de nom, mais en effet et en vérité. Il n'y a donc, disent-ils, que la violente passion de dominer qui, n'ayant trouvé aucun obstacle à ses malheureux desseins, a rompu les nœuds de cette alliance sacrée, et a fait succéder le désordre à l'union, et l'inimitié à l'amour.

Quant à la philosophie, ils en laissent la logique, comme entièrement inutile pour l'acquisition de la vertu, à ceux qui se plaisent à perdre le temps en paroles ; et la physique, comme une science tout à fait élevée au-dessus de la nature, à ceux qui aiment à promener leur esprit au delà des nues, pour parler ainsi, sinon en tant qu'elle traite de l'essence de Dieu et de la création de l'univers ; mais ils se réservent la morale, et s'y exercent avec un soin tout particulier, prenant pour guides et pour maîtresses les lois qu'ils ont reçues de leurs pères, dont ils croient qu'il est impossible à l'esprit humain de comprendre la sublimité, s'il n'est rempli d'une lumière toute divine. Ils en enseignent donc l'explication généralement en tout temps, mais particulièrement les jours du sabbat ; car ils tiennent le sabbat pour un jour sacré, et ils s'y abstiennent de tout autre ouvrage. Mais s'assemblant tous en des lieux qu'ils estiment saints, et qu'ils appellent synagogues, ils s'asseyent[1] tous selon leur rang et selon leur âge, c'est-à-dire les jeunes au-dessous des anciens, se tenant tous en une contenance honnête, et avec toute l'attention qu'ils doivent avoir. Lors il y a un d'entre eux qui prend les saintes Écritures et leur en lit quelque chose ; et en même temps un autre des plus doctes et des plus habiles, remarquant les passages les plus obscurs qui s'y rencontrent, leur en donne aussitôt l'éclaircissement : car toute leur philosophie est cachée sous des figures et des allégories, à l'imitation de celle des anciens philosophes.

1. Racine a écrit *s'assisent* pour la seconde fois.

Ils sont instruits dans la sainteté, dans la justice, dans la science de bien gouverner les familles et les républiques, dans la connoissance de ce qui est véritablement bon ou de ce qui est véritablement mauvais, et de ce qui est indifférent, dans la pratique des choses honnêtes, et dans la fuite de celles qui leur sont contraires, apprenant à se conduire sur trois principes ou sur trois règles fondamentales : l'amour de Dieu, l'amour de la vertu et l'amour du prochain.

L'amour qu'ils ont pour Dieu paroît en une infinité de choses : premièrement, par la chasteté continuelle et inviolable qu'ils gardent toute leur vie, ensuite par l'horreur qu'ils ont de tout jurement et de tout mensonge, et par la créance où ils sont que Dieu est l'auteur de tous les biens, et qu'il ne le peut être d'aucun mal.

L'amour qu'ils ont pour la vertu paroît en ce qu'ils n'aiment ni les richesses, ni la gloire, ni les plaisirs ; il paroît encore par leur tempérance et leur patience, par leur frugalité, par la simplicité de leur vie, par la facilité de leur humeur, par leur modestie, par le respect qu'ils portent aux lois, par l'uniformité de leurs actions, et par toutes les autres choses semblables.

Enfin, ils font paroître l'amour qu'ils ont pour le prochain, par l'union et l'égalité parfaite et inexplicable dans laquelle ils vivent les uns avec les autres, et par la communauté de biens dont ils font profession, et dont je crois qu'il ne sera pas mal à propos de dire ici quelque chose.

Premièrement, nul d'eux n'a aucun logement qui ne lui soit commun avec tous les autres ; car, outre qu'ils vivent plusieurs en une même communauté, ils y reçoivent aussi à bras ouverts ceux de leur profession qui les viennent visiter.

Ils n'ont qu'un même lieu où ils renferment tous les meubles et toutes les autres choses qui leur sont nécessaires pour leur ménage ; leurs dépenses sont communes aussi bien que leurs vêtements et leur nourriture, mangeant tous en un même réfectoire.

Je sais qu'on ne trouvera point, en quelque autre lieu que ce soit, des personnes qui n'aient ainsi qu'une même maison, qu'un même genre de vie, et qu'une même table. Mais pour eux, n'ont-ils pas raison de le faire ? puisque, de tout ce qu'ils reçoivent d'ordinaire à la fin de la journée pour récompense de leurs travaux, ils ne s'en réservent aucune chose ; mais ils apportent tout en commun pour en accommoder ceux qui peuvent en avoir besoin.

Ils n'abandonnent point leurs malades comme des personnes inutiles, et qui ne peuvent gagner de quoi vivre ; mais ils ont toujours en réserve tout ce qui est nécessaire pour les maladies, et n'épargnent rien qui puisse servir au soulagement de leurs malades.

Ils honorent extrêmement les vieillards, et ils ont pour eux le même respect, le même soin, que de bons et charitables enfants auroient pour leurs pères, leur donnant toute sorte d'assistance corporelle et spirituelle.

Voilà quelle est l'excellence et la sainteté que ces généreux athlètes de la vertu reçoivent de la véritable philosophie, qui, sans leur donner tous ces titres vains et ambitieux que les Grecs s'attribuent, leur propose pour exercices ces actions si saintes et si louables qui établissent l'âme en une parfaite liberté.

III

LETTRE DE L'ÉGLISE DE SMYRNE TOUCHANT LE MARTYRE DE SAINT POLYCARPE.

L'Église de Dieu qui est dans Smyrne, à l'Église de Dieu qui est dans Philomélie,[1] et à toutes les autres Églises de la terre qui composent l'Église sainte et catholique,

Que Dieu le père, et son fils, Notre-Seigneur Jésus-Christ, répande sur vous avec plénitude sa miséricorde, sa paix et son amour.

Nos très-chers frères, nous vous envoyons le récit des combats de quelques-uns de nos martyrs, et particulièrement du bienheureux Polycarpe, qui a comme scellé de son sang la persécu-

---

1. Racine a écrit en marge : Eusèb.

tion que son martyre a terminée. Car il semble que Dieu nous ait voulu proposer, dans le martyre de ce saint homme, la manière dont nous devons combattre pour son Évangile. Il a permis qu'il ait été livré aux méchants comme le Seigneur l'a bien voulu être lui-même, afin que nous fussions ses imitateurs, et que nous n'ayons pas soin seulement de ce qui nous regarde, mais encore de ce qui regarde notre prochain, vu que c'est un devoir du véritable et parfait amour de ne desirer pas moins le salut de tous ses frères que le sien propre.

Heureux donc et glorieux sont tous les martyres qu'on souffre selon la volonté particulière de Dieu (car la piété chrétienne nous oblige de reconnoître la souveraine puissance de Dieu sur toutes les créatures). Mais qui n'admirera le grand courage, l'invincible patience et l'ardente charité de ces illustres martyrs qui, bien qu'ils fussent tellement déchirés à coups de fouet, que leurs veines mêmes et leurs artères se montroient à découvert, et que l'on pouvoit discerner sans peine toute la disposition intérieure de leur corps, et, enfin, qu'ils fussent réduits en un état qui donnoit de la compassion et causoit des larmes aux plus insensibles de leurs spectateurs, étoient néanmoins si constants et si généreux, qu'on n'entendoit jamais aucun d'eux ni gémir ni soupirer ?

En quoi ces martyrs de Jésus-Christ nous faisoient bien voir que, durant toutes ces tortures, ils étoient comme absents de leur corps, ou plutôt que le Seigneur lui-même étoit présent en eux et conversoit avec eux ; et qu'étant tout remplis de sa grace, ils méprisoient ces peines passagères qui, par un moment de douleur, leur faisoient éviter une éternité de peines.

Les flammes dont leurs bourreaux inhumains les environnoient leur paroissoient froides, parce qu'ils ne pensoient qu'à se garantir de celles qui ne s'éteignent jamais, et qu'étant déjà moins des hommes que des anges, ils élevoient sans cesse les yeux de leur âme vers ces biens du ciel qui sont réservés à ceux qui auront persévéré jusques à la fin ; ces biens que l'oreille n'a point entendus, que l'œil n'a point vus, et que l'esprit de l'homme n'a jamais compris.

Ils ne souffroient pas avec moins de générosité la fureur des bêtes auxquelles on les exposoit, les pointes des pierres aiguës, des écailles de poisson sur lesquelles on les couchoit, et les rigueurs d'une infinité d'autres tortures auxquelles le tyran les appliquoit afin de leur faire abjurer la foi par ces tourments si cruels.

Il n'y a point aussi d'artifice dont le diable ne se soit avisé pour les surprendre ; mais grâces à Dieu, ils n'ont pas tous succombé à ses efforts, la constance de l'illustre Germanique ayant servi beaucoup à fortifier la foiblesse de ses compagnons. Car lorsqu'il eut été exposé aux bêtes farouches, il fut si éloigné de s'arrêter aux vains discours du proconsul qui l'exhortoit d'avoir compassion de son jeune âge, qu'il força même la bête de se jeter sur lui, et de le dévorer, tant il souhaitoit de se voir délivré d'une vie qui n'est que corruption et que péché ! Ce fut lors que le peuple, tout étonné du courage inébranlable de ces saints disciples de Jésus-Christ, commença à crier : Perdez les impies, que l'on cherche Polycarpe !

Mais un Phrygien nommé Quintus, nouvellement venu de Phrygie, ayant vu les bêtes auxquelles on le menaçoit de l'exposer,[1] se laissa aller à la crainte qu'elles lui donnèrent. Cet homme s'étoit venu présenter de lui-même, et avoit persuadé à quelques autres de le suivre ; mais enfin le proconsul le gagna si bien par ses conseils, qu'il le fit résoudre à jurer par la fortune de César, et à sacrifier aux idoles. C'est pourquoi, nos très-chers frères, nous ne pouvons approuver que l'on aille ainsi se présenter de soi-même, comme en effet ce n'est point là ce que l'Évangile nous enseigne.

Quant à l'admirable Polycarpe, ayant su tout ce qui se passoit, il en fut si peu troublé qu'il ne vouloit pas même sortir de la ville ; mais, voyant que tout le monde lui conseilloit de s'en éloigner, il se retira dans une petite maison de campagne qui n'en étoit pas fort éloignée, et il demeura là quelque temps, sans en sortir ni jour ni nuit, et sans y avoir aucune autre occupation que de prier pour tout le monde, et pour la paix de toutes les Églises de la terre, selon sa coutume. Il eut, même en priant, une vision trois jours avant que d'être pris, dans laquelle il lui sembla voir le chevet de son lit tout en feu ; et s'étant tourné à l'heure

---

1. En marge : Euseb.

même vers ceux qui étoient près de lui, il leur dit, par un esprit de prophétie, qu'il devoit être brûlé tout vif. [1]

Cependant, ceux qui le cherchoient n'épargnant aucune peine pour le trouver, et étant déjà proches de ce lieu, il se retira encore dans une autre petite maison de campagne ; et aussitôt ses persécuteurs arrivèrent à celle dont il venoit de sortir. Mais voyant bien qu'il n'y étoit pas, ils se saisirent de deux jeunes garçons qui s'y trouvèrent, dont l'un, ne pouvant résister aux tourments, fut contraint de découvrir le lieu où le saint vieillard s'en étoit allé. Aussi bien il ne lui étoit pas possible de demeurer plus longtemps caché, vu que quelques-uns même de ses domestiques le trahissoient. D'ailleurs, un des intendants de la police, nommé Hérode, n'avoit rien tant à cœur que le produire dans l'amphithéâtre, ce qui devoit faire entrer Polycarpe dans l'héritage du ciel, et le rendre participant de la gloire de Jésus-Christ ; au lieu que ceux qui le trahissoient se rendroient compagnons du supplice de Judas.

Ainsi ses persécuteurs ayant pris ce jeune garçon en leur compagnie partirent le même jour, qui étoit le vendredi, vers l'heure du souper, et s'en allèrent armés et à cheval après ce saint vieillard, comme des archers après quelque insigne voleur. Et étant arrivés la nuit à la maison où il étoit, ils le trouvèrent couché dans une des chambres d'en haut ; et, quoiqu'il lui fût assez facile de se retirer encore de ce lieu en un autre, il ne le voulut point entreprendre, disant : Que la volonté de Dieu soit faite ! Ayant donc su que ces gens l'attendoient, il descendit en bas, où il leur tint quelques discours, pendant qu'ils s'étonnoient tous de voir, dans un âge si avancé, une constance si admirable, et que quelques-uns même d'entre eux disoient : Étoit-ce donc pour prendre ce vieillard vénérable que nous nous sommes donné tant de peine ?

Polycarpe commanda que l'on leur apprêtât à manger à l'heure même, autant qu'ils désireroient, et les supplia de lui accorder seulement une heure, pour prier en liberté ; ce qu'ayant obtenu, il commença à prier debout et à haute voix ; mais la grâce de Dieu dont il étoit rempli lui fit faire cette prière avec tant de

---

1. En marge : Eus.

ferveur, qu'il fut même plus de deux heures sans la pouvoir finir, et que tous ceux qui étoient présents, admirant une si grande ferveur, ne pouvoient voir sans quelque regret qu'un vieillard si sage et si vénérable dût être livré à la mort.

Après qu'il eut achevé cette prière, dans laquelle il s'étoit souvenu de tous ceux qui étoient jamais venus à sa connoissance, soit grands ou petits, illustres ou inconnus, et généralement de toute l'Église catholique et universelle, l'heure de partir étant venue, on le mit sur un âne, et on l'amena ainsi vers la ville, le jour du grand samedi, c'est-à-dire le samedi saint. Il eut à sa rencontre Hérode, ce magistrat dont nous avons parlé, qui étoit avec son père Nicétès, dans un chariot, où, ayant fait monter le saint vieillard, ils employoient toutes sortes de belles paroles pour le fléchir : Car enfin, lui disoient-ils, quel mal trouvez-vous qu'il y ait à donner à César le nom de Seigneur, à sacrifier et à faire quelques autres choses semblables pour vous garantir de la mort ? D'abord Polycarpe ne leur voulut point répondre ; mais se voyant pressé : Je ne ferai rien, leur dit-il, de ce que vous me conseillez. Si bien que, désespérant de le pouvoir vaincre, ils le chargèrent de mille injures, et le poussèrent d'une telle violence hors du chariot, qu'il tomba à terre et s'écorcha, en tombant, tout l'os de la jambe. Mais sans s'étonner le moins du monde, et comme s'il ne lui fût rien arrivé du tout, il poursuivit gaiement, et avec vitesse tout le chemin qui restoit encore jusqu'à l'amphithéâtre où on le menoit, et où le bruit et la confusion étoit lors si grande que personne ne s'y pouvoit faire écouter.

A peine Polycarpe y eut mis le pied, que l'on entendit une voix du ciel qui lui disoit : Ayez bon courage, Polycarpe, et armez-vous de constance. Personne ne vit celui qui avoit parlé ; mais, quant à la voix, elle fut entendue de tous ceux des nôtres qui étoient présents. Enfin Polycarpe étant entré, il s'éleva aussitôt un grand bruit parmi le peuple, dès qu'il entendit seulement que Polycarpe étoit pris. Le proconsul le fit approcher, et lui demanda s'il étoit celui que l'on nommoit Polycarpe ; ce que le martyr ayant avoué, le proconsul essaya par beaucoup de raisons à lui faire abjurer la foi, en lui disant : Ayez vous-même quelque respect pour votre âge, et toutes les autres choses qu'ils ont coutume de dire en ces rencontres. Jurez, ajouta-t-il, par la fortune de César, repentez-vous de votre erreur, et dites : Perdez les impies.

Ce fut lors que Polycarpe ayant regardé d'un visage grave et assuré toute la multitude de ces spectateurs, et leur ayant imposé silence de la main, éleva ensuite les yeux au ciel, et dit en gémissant : Oui, mon Dieu, perdez les impies. Le proconsul, non content de cela, lui dit : Jurez, et je vous rends la liberté, blasphémez Jésus-Christ. Il y a quatre-vingt-six ans que je le sers, répondit Polycarpe, et jamais il ne m'a fait aucun mal. Comment pourrois-je blasphémer mon roi et mon Sauveur ?

Le proconsul persistant toujours à lui dire qu'il jurât par la fortune de César : Si vous prétendez encore, lui dit Polycarpe, de me faire jurer par la fortune de César, comme vous dites, parce que vous ne savez pas qui je suis, je ne vous le cèle point, je suis chrétien. Et si vous voulez savoir ce que c'est que d'être chrétien, donnez-moi du temps, et je vous en informerai. Le proconsul lui dit : Justifiez-vous devant le peuple. Pour ce qui est de vous, répondit Polycarpe, je ne dédaignerai pas de vous parler sur ce sujet ; car les chrétiens apprennent à rendre aux puissances et aux grandeurs établies de Dieu l'honneur qu'on leur doit, lorsque cet honneur ne blesse point leur religion ; mais quant à cette populace, nous ne croyons pas qu'elle mérite que nous défendions notre innocence devant elle.

Le proconsul lui dit : J'ai des bêtes sauvages auxquelles je vous ferai exposer si vous ne vous repentez de votre erreur. Faites-les venir, dit Polycarpe ; car nous ne savons ce que c'est que de nous repentir du bien pour suivre le mal, et il n'y a que l'iniquité dont on se doive repentir, afin d'embrasser la justice. Le proconsul lui dit : Si vous ne vous repentez, je vous ferai dévorer par les flammes, puisque les bêtes ne vous font point de peur. Mais Polycarpe lui répondit : Vous me menacez d'un feu qui ne brûle que pour un temps, et qui s'éteint un moment après ; c'est sans doute que vous ne connoissez pas qu'il y a dans l'autre vie un feu qui brûle toujours, et où les impies doivent être éternellement punis. Mais que tardez-vous ? Faites de moi ce que vous voudrez.

Pendant qu'il disoit ces choses et beaucoup d'autres semblables,

448   LETTRE DE L'ÉGLISE DE SMYRNE.

l'on voyoit naître en lui une force et une joie toute nouvelle, jusque-là que l'on remarqua même une grâce extraordinaire sur son visage; et il s'étonnoit si peu de tout ce qu'on lui disoit, que le proconsul en étoit lui-même tout épouvanté. Mais enfin il envoya un hérault pour crier trois fois au milieu de l'amphithéâtre : Polycarpe a confessé qu'il est chrétien. Aussitôt après ce cri, toute la multitude des païens et des Juifs qui étoient dans Smyrne, étant comme transportée de fureur, commença à crier de toute sa force : C'est le docteur de l'impiété dans toute l'Asie, c'est le père des chrétiens, c'est le destructeur de nos dieux, c'est celui qui enseigne à tout le monde de ne leur point sacrifier et de ne les point adorer. Et, en même temps, ils crièrent à un surintendant des jeux, nommé Philippe, qu'il lâchât un lion sur Polycarpe. Mais cet homme leur ayant dit qu'il ne le pouvoit pas, parce que le temps de sa charge étoit expiré, ils crièrent tous unanimement que Polycarpe fût brûlé tout vif; car il falloit que la vision qu'il avoit eue lorsqu'il vit le chevet de son lit tout en feu fût accomplie, aussi bien que les paroles qu'il avoit dites alors par esprit de prophétie, en se retournant vers les fidèles qui étoient avec lui : Il faut, leur dit-il, que je sois brûlé tout vif.

Cette voix du peuple fut aussitôt suivie de l'effet ; cette furieuse multitude ramassa promptement dans les boutiques et dans les bains tout le bois qui étoit nécessaire pour le feu; en quoi les Juifs signaloient leur ardeur par-dessus tous les autres, selon leur coutume.

Ainsi, le bûcher étant dressé, le saint martyr se dépouilla de ses vêtements, quitta sa robe, et commença à se déchausser, ce que peut-être il n'avoit encore jamais fait, chaque fidèle s'étant toujours empressé de lui rendre ce pieux office, afin de trouver par là le moyen de baiser ses pieds sacrés ; tant son extraordinaire sainteté le rendoit vénérable à tout le monde avant son martyre. L'on apprêta donc aussitôt tous les instruments dont il étoit besoin; mais comme il vit que l'on le vouloit clouer à un poteau: Laissez-moi, dit-il, en cette posture; celui qui me donne le courage d'attendre le feu sans le craindre, me donnera aussi la force pour y demeurer ferme, sans que je sois attaché avec des clous.

Ainsi, on ne le cloua point, et on se contenta de le lier avec des cordes, après qu'il eut lui-même présenté ses mains derrière le poteau afin d'y être attaché. Ce fut en cet état que, comme un illustre agneau choisi du milieu du grand troupeau de l'Église, et préparé pour être immolé en holocauste agréable à Dieu, il éleva les yeux au ciel, et parla de cette manière : Seigneur, Dieu tout-puissant, père de Jésus-Christ, votre cher fils, qui doit être béni de tous les hommes, et par qui nous avons reçu la connoissance de votre nom; Dieu des anges et des puissances, aussi bien que de toutes les créatures, et particulièrement de tous les justes qui marchent en votre présence, je vous bénis de ce que vous me faites la grâce, en ce jour et à cette heure, de me mettre au nombre de vos martyrs, en me faisant boire le calice de Jésus-Christ, votre fils, pour entrer, par l'incorruption de votre Esprit saint, dans la résurrection et la vie éternelle de l'âme et du corps, après que j'aurai été offert aujourd'hui devant vos yeux comme un sacrifice agréable et parfait, selon que vous l'aviez déjà ordonné, que vous me l'aviez montré par avance, et que vous l'accomplissez présentement, ô Dieu qui êtes toujours véritable et toujours fidèle. C'est pour cette grâce et pour toutes les autres que je vous loue, que je vous bénis, et que je vous glorifie avec Jésus-Christ, votre cher fils, qui est dans le ciel, à qui, comme à vous et au Saint-Esprit, gloire soit maintenant et dans tous les siècles à venir. Amen.

Il n'eut pas plus tôt prononcé cette dernière parole, que les bourreaux mirent le feu au bûcher, qui ayant jeté à l'heure même une flamme éclatante, nous vîmes un miracle véritablement grand; et Dieu a voulu que nous le vissions, afin que nous publiassions ses merveilles à toute la terre; car cette flamme se courbant en forme d'arc, ou comme la voile d'un vaisseau enflée par les vents, enveloppoit et environnoit de toutes parts le saint martyr, dont le corps étoit au milieu des feux, non point comme une chair qui grilloit, mais comme un pain qui cuisoit, ou comme de l'or et de l'argent qui se purifioit dans le fourneau; car nous sentîmes même une odeur excellente qui en sortoit, comme si c'eût été de l'encens qu'on eût brûlé, ou de quelque autre parfum précieux qu'on eût répandu.

Les idolâtres, s'étant donc aperçus que le corps de Polycarpe ne pouvoit être consumé par les flammes, commandèrent à un bourreau de s'approcher de lui, et de lui plonger un poignard dans le sein. Il exécuta leur commandement, et aussitôt il sortit de la plaie une colombe qui fut suivie d'une si grande abondance de sang que le feu en fut tout éteint; ce qui fit admirer à tous les spectateurs l'extrême différence qu'il y a entre les infidèles et les élus, du nombre desquels étoit Polycarpe, cet admirable martyr, ce docteur vraiment apostolique et prophétique de notre siècle, et enfin ce grand évêque de l'Église catholique de Smyrne, qui n'a jamais prononcé aucune parole qui n'ait été accomplie, ou qui ne doive s'accomplir un jour.

Mais cet adversaire malicieux et jaloux du bonheur des justes, considérant la gloire du martyre de ce saint et la conduite irréprochable de tout le reste de sa vie, et voyant bien qu'il ne pouvoit ravir la couronne d'immortalité qu'il avoit reçue, et le prix qu'il avoit si justement remporté par sa course, fit tous ses efforts pour nous ravir au moins la possession de ses reliques, lorsque plusieurs des nôtres se préparoient à les recueillir, pour satisfaire à l'ardent desir que nous avions de voir un corps si saint au milieu de nous.

Il suggéra donc à Nicétès, père d'Hérode et frère d'une femme nommée Alcès, d'aller trouver le proconsul pour le prier de n'accorder point aux chrétiens le corps du martyr, de peur, disoit-il, qu'ils ne commençassent à l'adorer, et n'abandonnassent même leur Jésus crucifié; en quoi il étoit secondé par les Juifs, qui sollicitoient la même chose très-ardemment, nous ayant déjà empêchés de retirer ce saint corps du milieu du feu. Ils ignoroient sans doute que les chrétiens ne peuvent abandonner Jésus-Christ, qui est mort pour le salut de tous ceux qui sont sauvés, et qu'ils n'en adoreront jamais d'autre. Car pour ce qui est de Jésus-Christ, nous l'adorons comme fils de Dieu; mais quant aux martyrs, nous les honorons comme les vrais disciples et les imitateurs du Seigneur, et nous les aimons autant que mérite l'amour qu'ils ont eu pour leur roi et pour leur maître, priant Dieu qu'il nous fasse la grâce de les suivre dans la vertu, et de les accompagner dans la gloire.

Lors un centenier, voyant le bruit que faisoient les juifs sur ce sujet, prit le corps du martyr, et le fit jeter au milieu du feu pour être brûlé. Mais cela ne nous empêcha pas de recueillir ensuite ses os et ses cendres, qui étoient un trésor pour nous plus estimable que l'or, et plus riche que les pierres les plus précieuses, afin de les mettre dans quelque lieu vénérable et digne de leur sainteté. Et c'est là que nous espérons de Dieu la grâce de célébrer tous, avec allégresse et avec joie, l'heureux jour de sa divine naissance, afin d'honorer la mémoire de ces généreux athlètes de Jésus-Christ, et de laisser à la postérité chrétienne l'exemple de leur zèle et de leur ardeur, afin qu'elle s'efforce de l'imiter.

Voilà, nos très-chers frères, tout ce qui s'est passé à Smyrne touchant le martyre que le bienheureux Polycarpe y a souffert avec douze autres disciples de Jésus-Christ, venus de Philadelphie ; mais sa gloire a tellement éclaté au-dessus de tous les autres, que l'on n'entend que son nom dans la bouche de tout le monde, jusque-là même que les païens ne sauroient s'empêcher de publier ses louanges de toutes parts. Il n'y a personne qui n'en parle, non-seulement comme d'un des plus excellents maîtres de l'Église, mais comme d'un de ses plus illustres martyrs, et qui ne désire très-ardemment de pouvoir imiter un martyr si saint et s conforme à l'Évangile de Jésus-Christ ; car, ayant surmonté par sa constance la cruauté d'un juge inhumain, et ayant reçu par ce moyen la couronne de l'immortalité, il se réjouit maintenant en la compagnie des apôtres et de tous les justes ; il glorifie Dieu le père et bénit son fils, Notre-Seigneur, le sauveur de nos âmes, le gardien de nos corps et le souverain pasteur de l'Église catholique répandue partoute la terre. Voilà les choses dont vous nous aviez demandé un ample récit, mais dont nous ne vous envoyons, pour le présent, par notre frère Marc, qu'une courte relation. Au reste, nous vous prions que, quand vous l'aurez lue, vous en fassiez part à tout le reste de nos frères, afin qu'ils rendent aussi gloire à Dieu, qui sait si bien choisir ses fidèles serviteurs, et qui, en nous communiquant sa grâce et ses dons, nous peut faire tous entrer dans son royaume éternel, par Jésus-Christ son fils unique, à qui soit gloire, honneur, force et grandeur dans tous les siècles. Amen.

Saluez de notre part tous les saints. Nous vous saluons tous aussi ; et Évariste, qui a écrit la présente lettre, vous salue, lui et toute sa maison.

Saint Polycarpe souffrit le martyre le 26 de mars, le jour du grand samedi, à la huitième heure (c'est-à-dire à deux heures après midi). Il fut pris par Hérode, intendant de la police, Philippe de Trallie étant pontife (c'est-à-dire exerçant parmi les païens le sacerdoce, auquel étoit attachée la surintendance des jeux publics, que les païens estimoient sacrés parce qu'ils les faisoient à l'honneur des dieux), Statius Quadratus étant proconsul, et Jésus-Christ régnant dans tous les siècles, à qui soit gloire, honneur, majesté et empire éternel, dans la suite de tous les âges. Amen!

IV.

LA VIE DE SAINT POLYCARPE.

Voici comme Irénée parle de saint Polycarpe dans son troisième livre des Hérésies.[1]

Polycarpe non-seulement a été instruit par les apôtres, et a eu une étroite liaison avec un grand nombre de ceux qui ont vu Jésus-Christ ; mais même les apôtres l'ont ordonné évêque de Smyrne en Asie. Nous l'avons vu nous-même dans nos premières années, car il a vécu fort longtemps, et, après être parvenu jusqu'à une extrême vieillesse, il a enfin couronné sa vie par un très-illustre et très-glorieux martyre.

Il n'a jamais enseigné d'autre doctrine que celle qu'il avoit reçue des apôtres, et que nous recevons de l'Église, comme en effet il n'y a que celle-là seule qui soit véritable. Aussi toutes les Églises de l'Asie, et ceux qui jusques aujourd'hui ont été assis dans la chaire de Polycarpe, témoignent assez par leurs sentiments et par leur conduite combien ce grand homme a été un témoin plus vénérable et plus fidèle de la vérité que Valentin, Marcion et autres semblables prédicateurs du mensonge.

---

1. A la marge : Eusèb., liv. IV, c. 13.
Polycarp. servire Christo cœpit anno Chr. 83. Episc. creat., au plus tard en 98 de J.-C., s'il est vrai, comme dit Tertullien, *De præscrip.*, c. xxxii, et Eusèbe, lib. III, c. xxxv, et saint Jérôme. *De scr. eccles.*, qu'il ait été sacré évêque de Smyrne par l'apôtre saint Jean. Voy. *Usser. in Polyc. act.*, p. 61 et 62. Selon ce calcul, qui paroit indubitable, il a été plus de soixante-dix ans évêque. *(Note de Racine.)*

LA VIE DE SAINT POLYCARPE.

Ce fut lui qui, étant venu à Rome sous le pontificat d'Anicet, ramena à l'Église de Dieu plusieurs de ceux que ces malheureux hérétiques avoient arrachés de son sein, publiant partout qu'il n'avoit reçu des apôtres que la seule et unique vérité qui étoit enseignée par l'Église.

Il y a encore aujourd'hui des personnes qui lui ont autrefois entendu dire que Jean, le disciple du Seigneur, étant à Éphèse, alloit un jour pour se laver, et qu'ayant trouvé Cerinthe dans le bain, il en sortit aussitôt avant que s'être lavé, en disant : Retirons-nous promptement, de peur que le bain où est Cerinthe, cet ennemi de la vérité, venant à tomber, nous ne nous trouvions enveloppés dans ses ruines.

Aussi Polycarpe lui-même ayant rencontré un jour Marcion, qui se présenta devant lui en lui disant : Voilà Marcion devant vous ; il faut qu'aujourd'hui vous le connoissiez. — Je vous connois déjà bien, répondit-il, je sais que vous êtes le fils aîné du démon. Tant les apôtres et leurs disciples ont fait scrupule d'avoir le moindre commerce, non pas même d'un simple entretien, avec les hérésiarques qui falsifioient et corrompoient la vérité ecclésiastique.

Nous avons aussi une excellente lettre que Polycarpe écrivit aux Philippiens, et c'est là que tous ceux qui ont quelque soin de leur salut peuvent apprendre, s'ils veulent, quelle a été la foi que ce grand saint a tenue, et la vérité qu'il a enseignée.

Le bienheureux Polycarpe étant venu à Rome sous le pontificat d'Anicet,[1] ils traitèrent ensemble sur quelques petits différends qui étoient entre eux, et ils les accordèrent aussitôt, ne voulant pas même entrer dans une dispute contentieuse touchant le jour de la célébration de la Pâque, qui étoit leur principal différend ; car Anicet ne pouvoit pas persuader à Polycarpe de ne point garder une coutume qu'il avoit toujours pratiquée avec Jean, le disciple de Notre-Seigneur, et avec les autres apôtres, en la compagnie desquels il avoit vécu, non plus que Polycarpe ne pouvoit

---

1. An 167, ex Baron. et Petav.; 5, M. Aur. 1. Anic. — Id. Iren. *in epist. ad Vict. apud Eus.*, lib. V, c. xxiv. *(Note de Racine.)*

Anno 167, ex Baronio et Petavio, quinto M. Aurelii, primo Aniceti (l'an de J.-C. 167, le 5ᵉ du règne de Marc-Aurèle, le 1ᵉʳ du pontificat d'Anicet).

Idem Irenæus, in epistola ad Victorem apud Eusebium, etc.

pas persuader à Anicet de ne point garder une coutume qu'il disoit avoir été pratiquée par tous les prêtres, c'est-à-dire par tous les prélats de son Église, qui avoient été ses prédécesseurs.

Ils communiquèrent donc ensemble comme amis et comme frères, et Anicet laissa célébrer dans l'Église, à Polycarpe, les mystères de l'Eucharistie, pour le respect qu'il lui portoit. Enfin ils se séparèrent en paix l'un de l'autre ; et ceux qui observoient la coutume de Rome ou qui ne l'observoient pas demeurèrent dans l'union de l'Église universelle.

V.

ÉPITRE DE SAINT POLYCARPE, ÉVÊQUE DE SMYRNE ET SACRÉ MARTYR DE JÉSUS-CHRIST, AUX PHILIPPIENS.

Polycarpe et les prêtres qui sont avec lui, à l'Église de Dieu qui est dans Philippes. Que le Dieu tout-puissant et le Seigneur Jésus-Christ, notre Sauveur, répande sur vous avec plénitude sa miséricorde et sa paix.

Je me suis beaucoup réjoui en Jésus-Christ notre Seigneur, de ce que vous avez dignement reçu chez vous des personnes qui sont des modèles vivants de la parfaite charité, et que vous avez accompagné, comme vous deviez, ceux qui étoient chargés de ces chaînes honorables qui sont les précieuses couronnes de ceux que Dieu et Notre-Seigneur ont particulièrement choisis pour rendre témoignage à la vérité.[1]

Au reste, mes frères, ce n'est pas de mon propre mouvement que je vous écris ici de ce qui regarde les devoirs de la piété et de la justice ; mais parce que c'est vous-mêmes qui m'y avez engagé par vos prières ; car moi, ni tout autre qui me ressemble, ne sommes point capables de suivre que de bien loin la sagesse de l'illustre et bienheureux Paul, qui, vous ayant autrefois honorés de sa présence, vous a si parfaitement instruits, et si puissamment affermis dans les paroles de la vérité, et qui même, lorsqu'il étoit absent et éloigné de Philippes, a écrit des lettres si excel-

---

1. Il entend saint Ignace, arch. d'Ant., Zozime et Rufe. *(Note de Racine.)*

lentes, que si vous les lisez et les considérez avec soin, vous pourrez vous établir de plus en plus dans la foi qui vous a été donnée de Dieu; laquelle est la mère qui vous a tous enfantés, qui est suivie de l'espérance, précédée et conduite par l'amour envers Dieu, Jésus-Christ, et le prochain; car quiconque est animé de ces trois vertus a accompli les préceptes de la justice évangélique, puisque celui qui est possédé de l'amour divin est éloigné de tout péché.

Au contraire, l'avarice est la source de tous les maux. Souvenons-nous donc que nous n'avons rien apporté dans le monde, et que nous n'en emporterons rien aussi. Armons-nous des armes de la justice. Apprenons premièrement à marcher dans les commandements du Seigneur ; et après cela, instruisez vos femmes à marcher aussi dans la foi qui leur a été donnée de Dieu, dans la charité et la pureté ; qu'elles aient toujours un amour sincère et véritable pour leurs maris, et une charité qui se répande également sur tous les autres, et qui soit accompagnée d'une parfaite continence ; qu'elles instruisent leurs enfants dans la connoissance et dans la crainte de Dieu.

Que les veuves se conservent chastes et modestes, et marchent pour honorer la foi du Seigneur ; qu'elles prient continuellement et pour tout le monde ; qu'elles soient éloignées de toutes sortes de calomnies, de médisances, de faux témoignages, d'avarice et de péché; et qu'elles se représentent sans cesse, qu'elles sont les autels vivants de Dieu.

Considérons que l'on ne se moque point de Dieu, et menons une vie qui soit conforme à ses commandements et qui puisse servir à sa gloire.

Que les diacres se rendent toujours irrépréhensibles en la présence de sa justice, et qu'ils vivent comme des ministres de Dieu en Jésus-Christ, et non pas comme des ministres des hommes.

Pour vous autres, mes frères, soyez soumis aux prêtres et aux diacres comme à Dieu et à Jésus-Christ.

Et vous, vierges, que votre conduite soit irréprochable, et que votre conscience soit toute chaste et toute pure.

Que les prêtres soient pleins de charité, de tendresse et de compassion envers tout le monde ; qu'ils ramènent dans le chemin du salut ceux qui en sont égarés; qu'ils visitent tous les malades ; qu'ils ne négligent ni la veuve, ni l'orphelin, ni le pauvre ; mais qu'ils aient soin de faire toutes sortes de bonnes œuvres devant Dieu et devant les hommes. Qu'ils s'abstiennent de toute colère, de tout égard aux différentes conditions des personnes, et de tout jugement injuste ; qu'ils soient éloignés de toute avarice ; qu'ils ne croient pas facilement le mal que l'on dit contre quelqu'un ; qu'ils ne soient point précipités dans leur jugement ; qu'ils ne donnent jamais aucun sujet de scandale ; qu'ils évitent les faux frères et ceux qui se servent du nom du Seigneur pour couvrir leur hypocrisie et tromper les simples.

Car quiconque ne confesse point que Jésus-Christ est venu en une véritable chair est un antechrist ; quiconque ne confesse point le martyre de la croix est un enfant du diable ; et quiconque altère les paroles du Seigneur pour les accommoder à ses propres passions, en niant et la résurrection des morts et le jugement à venir, est le fils aîné de Satan.

Fuyons donc les vaines et fausses doctrines de ces corrupteurs, et embrassons la vérité que nous avons reçue par tradition dès le commencement de l'Évangile ; soyons vigilants dans les prières, infatigables dans les jeûnes, demandant continuellement à Dieu, à qui rien n'est caché, qu'il ne nous laisse point tomber dans la tentation, le Seigneur ayant lui-même dit que l'esprit est vif, mais que la chair est infirme.

Je vous exhorte tous d'écouter avec une entière docilité la parole de la justice, et de faire tous vos efforts pour imiter cette admirable patience que vous avez vu pratiquer de vos propres yeux, non-seulement aux bienheureux Ignace, Zozime et Rufe, mais à plusieurs autres de vos frères, au grand Paul lui-même, et à tout le reste des apôtres ; considérant que tous ces saints n'ont pas couru en vain et sans récompense, mais qu'étant parvenus jusqu'au bout de la carrière de la foi et de la justice, ils y ont reçu le rang et la place qui leur étoit due près du Seigneur qu'ils avoient suivi dans ses souffrances, n'ayant point aimé le siècle présent, mais seulement Celui qui est mort pour nous, et que Dieu a ressuscité pour nous.

Je me suis beaucoup affligé pour Valens, qui a été autrefois ordonné prêtre parmi vous, lorsque j'ai su combien il connoît peu la dignité à laquelle il a été élevé. Et c'est pourquoi je vous conjure d'être exempts de toute avarice, d'être toujours chastes et sincères, et de vous éloigner de tout péché : car comment celui qui ne sait pas se gouverner lui-même pourra-t-il instruire les autres?

Quiconque se laisse corrompre par l'avarice sera bientôt souillé de l'idolâtrie, et réputé entre les païens. Y a-t-il personne d'entre vous qui ne sache pas le jugement du Seigneur ? Ignorons-nous que les saints jugeront le monde, selon que Paul nous l'apprend ? Pour moi, je n'ai jamais cru ni entendu de vous aucune chose semblable. Aussi avez-vous été instruits par ce grand apôtre, et vous avez été les premiers honorés de ses lettres. C'est de vous qu'il se glorifie à toutes les Églises qui connoissoient Dieu en un temps où nous autres qui sommes à Smyrne ne le connoissions pas encore.

Je ne puis donc, mes frères, ne point ressentir une extrême douleur pour ce Valens et pour sa femme, et je souhaite de tout mon cœur que Dieu leur donne la grâce d'une véritable pénitence. Au reste, soyez doux et modérés envers eux, et ne les regardez pas comme vos ennemis, mais comme des membres malades et blessés que vous devez tâcher de guérir, afin que tout le corps de votre Église jouisse d'une parfaite santé. Et c'est en agissant de la sorte que vous opérerez vous-mêmes votre salut.

Je prie Dieu le père de Notre-Seigneur Jésus-Christ, et Jésus-Christ lui-même, qui est le fils de Dieu et le grand prêtre éternel, de vous établir sur le fondement inébranlable de la vérité, de vous donner un esprit de douceur et exempt de toute colère, de vous faire marcher devant lui avec toute sorte de patience, de modération, de persévérance et de sûreté, et de vous faire part de la gloire de ses saints aussi bien qu'à nous et à tous ceux qui vivent maintenant sur la terre, et qui doivent croire un jour en Jésus-Christ Notre-Seigneur, et en son père, qui l'a ressuscité d'entre les morts.

Priez pour tous les saints ; priez pour les rois, les puissances et les princes, pour ceux qui vous persécutent et vous haïssent, et pour les ennemis de la croix ; afin que, travaillant pour le salut de tout le monde, vous parveniez vous-mêmes, par ce moyen, au comble de la perfection.

Vous m'avez écrit, vous et Ignace, que si quelqu'un va d'ici en Syrie, nous y fassions tenir vos lettres. Je ne manquerai pas de le faire dès qu'il s'en présentera quelque occasion favorable.

Nous vous envoyons, comme vous l'avez désiré, les lettres d'Ignace, tant celles qu'il nous avoit adressées que toutes les autres que nous avions entre nos mains. Nous les avons mises à la suite de cette lettre, et vous en pourrez sans doute tirer un très grand profit. Car elles contiennent la véritable doctrine de la foi, de la patience, et de tout ce qui sert à l'édification de notre âme en Jésus-Christ notre Seigneur.

Je vous envoie cette lettre par Crescens, dont vous savez que je vous ai toujours recommandé le mérite, et que je vous recommande encore particulièrement ; car il a mené une vie tout à fait irréprochable tant qu'il a été parmi nous, et je crois qu'il ne vivra pas avec vous d'une autre sorte. Je vous recommande aussi beaucoup sa sœur, lorsqu'elle sera arrivée en vos quartiers. Je souhaite que vous restiez toujours fidèles à Jésus-Christ, et que sa grâce vous remplisse tous. Amen.

VI.

EXTRAIT D'UNE LETTRE DE SAINT IRÉNÉE A FLORIN QUI ÉTOIT TOMBÉ DANS L'HÉRÉSIE DES VALENTINIENS.[1]

Ce n'est pas là, ô Florin, la doctrine qui vous a été enseignée par les prêtres (c'est-à-dire par les évêques) qui ont été avant nous, et qui eux-mêmes avoient été instruits dans l'école des apôtres. Car je me souviens qu'étant encore enfant je vous ai vu dans l'Asie Mineure, auprès de Polycarpe, lorsque vous viviez avec tant d'éclat à la cour de l'empereur et que vous faisiez tous vos efforts pour vous insinuer dans les bonnes grâces de ce saint homme. Je me souviens même beaucoup plus des choses qui se sont passées alors, que de celles qui sont arrivées plus nouvellement, tant il est vrai que ce que nous avons vu dans notre enfance croît en nous à mesure que nous avançons en âge, et s'unit tellement avec notre âme qu'il ne s'en peut plus séparer ; de sorte que je pourrois dire encore quel étoit le lieu où étoit assis le bienheureux Poly-

1. A la marge : Eus., liv. V, chap. xix.

carpe, lorsqu'il nous instruisoit ; quelles étoient ses démarches et ses gestes, son genre de vie et la forme de son corps; quels discours il tenoit au peuple, et la manière dont il racontoit les entretiens qu'il avoit eus avec saint Jean et avec les autres disciples qui avoient vu Jésus-Christ, les paroles qu'il avoit entendues d'eux, et les choses qu'ils lui avoit dites touchant le Seigneur, ses miracles et sa doctrine; ce que Polycarpe ayant appris de ceux mêmes qui avoient été les témoins oculaires de la vie du Verbe incarné, nous le racontoit aussi, conformément à ce que nous voyons dans les saintes Écritures. Dieu donc ayant eu tant de miséricorde pour moi, qu'il a voulu que je fusse présent à tous les discours de ce grand saint, je les écoutois attentivement, et je les gravois, non pas sur du papier, mais dans le fond de mon cœur, où, par la grâce de Dieu, je les conserve encore, et les repasse continuellement dans mon esprit.

Aussi puis-je assurer devant Dieu que si ce bienheureux et apostolique prêtre (c'est-à-dire prélat) eût entendu une si étrange doctrine, il se fût écrié aussitôt en se bouchant les oreilles, et en disant, selon sa coutume : O bon Dieu, m'avez-vous laissé dans le monde jusques à cette heure afin que j'eusse la douleur d'entendre des dogmes si abominables ! Je ne doute pas même qu'à l'instant il ne s'en fût enfui du lieu où on lui eût tenu de tels discours en quelque état qu'il se fût trouvé, et soit qu'il y eût été debout ou assis. C'est ce que l'on peut reconnoître clairement par les lettres qu'il a écrites, soit aux Églises voisines de la sienne, pour les confirmer dans la vérité, soit à quelques-uns des frères, pour les avertir de leur devoir et les exhorter à l'accomplir.

VII.

DE SAINT DENIS, ARCHEVÊQUE D'ALEXANDRIE.[1]

L'empereur[2] Philippe étoit sur la troisième année de son empire, lorsque Héracle étant passé de cette vie en l'autre, après

1. A la marge : Anno Christ. 248, Fab. 10.
2. A la marge : Eusèbe, liv. VI, chap. xxxv.

seize ans d'épiscopat, Denis lui succéda dans le gouvernement de l'Église d'Alexandrie.

Quant aux choses qui lui arrivèrent,[1] je rapporterai ici ce qu'il en dit dans la lettre qu'il a écrite à Germain, où il parle de lui-même en cette manière : Pour ce qui est de moi, dit-il, je parle en la présence de Dieu, et il sait que je ne mens point et que je n'ai jamais pensé à me retirer de mon propre mouvement, et sans m'y être vu engagé par l'ordre de sa providence. Cela est si vrai que, lors même que l'édit de la persécution de Dèce[2] fut publié, Sabin ayant envoyé aussitôt Frumentaire pour me chercher, je demeurai quatre jours entiers dans ma maison, attendant que cet homme m'y vînt trouver, lequel cependant parcouroit tout le pays pour ce sujet, visitoit les chemins, les fleuves et les campagnes, et généralement tous les lieux qu'il croyoit devoir me servir ou de retraite ou de passage. Il falloit sans doute qu'il fût frappé de quelque aveuglement pour ne point trouver ma maison, ou plutôt il ne pouvoit s'imaginer que je demeurasse chez moi dans le temps où l'on me recherchoit de toutes parts. Mais enfin, Dieu m'ayant commandé quatre jours après de me retirer, et m'en ayant ouvert le chemin d'une manière toute miraculeuse, je sortis, quoique avec peine, de ma maison, accompagné de mes domestiques et de plusieurs de nos frères. Et les choses qui sont arrivées depuis font bien voir que tout ce qui s'est passé en cette occasion a été véritablement un ouvrage de la providence de Dieu, puisque nous n'avons pas peut-être été inutiles à quelques personnes...

Et, un peu après, il rapporte ce qui suivit sa retraite, et continue ainsi son discours :

Étant tombés sur le soir entre les mains des soldats, moi et tous ceux qui m'accompagnoient, nous fûmes amenés à Taposiris.[3] Cependant Timothée, qui, par la providence de Dieu, ne s'étoit pas trouvé avec nous, et n'avoit point été pris, étant revenu ensuite à la maison, il la trouva toute déserte et environnée de soldats qui la gardoient, et sut que nous étions tous prisonniers.

Écoutez maintenant, poursuit-il, quelle a été l'admirable con-

1. A la marge : Eusèbe, liv. VI, chap. xl.
2. An 253.
3. Petite ville d'Égypte, entre Canope et Alexandrie. (R.)

duite de la sagesse de Dieu ; car je vous dirai au vrai ce qui s'est passé. Timothée s'étant mis en fuite, et étant tout rempli de trouble et de frayeur, eut à sa rencontre un paysan qui lui demanda la cause pour laquelle il couroit avec tant de hâte. Timothée lui avoua sincèrement ce qui se passoit. Ce que cet homme ayant entendu, il entra aussitôt dans une maison où il alloit pour se trouver à quelques noces qu'on y célébroit (car ces sortes de gens ont coutume de passer les nuits entières en ces festins), et il raconta la chose à ceux qui y étoient assemblés et qui s'étoient déjà mis à table, lesquels s'étant levés à l'heure même, et avec autant de promptitude que s'ils en eussent reçu le signal, se mirent à courir de toute leur force, et se vinrent jeter avec de grands cris dans le lieu où nous étions, lequel ayant été aussitôt abandonné des soldats qui nous gardoient, ces gens s'approchèrent de nous, et nous trouvèrent sur quelques couchettes qui n'étoient couvertes de rien. Quant à moi, Dieu m'est témoin que je les prenois d'abord pour des voleurs qui n'étoient venus que pour piller et que pour faire quelque butin ; et ainsi, sans bouger de dessus le lit où j'étois couché, je commençai à me dépouiller, et, n'ayant laissé sur moi qu'une simple robe de lin, je leur présentois déjà le reste de mes vêtements. Mais ils me commandèrent de me lever et de me retirer au plus tôt. Ce fut alors que, m'apercevant du sujet pour lequel ils étoient venus, je m'écriai en les suppliant avec instance de se retirer eux-mêmes, et de nous laisser en ce lieu ; ou plutôt, s'ils vouloient nous faire quelque faveur, d'exécuter par avance le dessein de ceux qui nous avoient amenés, et de me couper la tête. Pendant que je m'écriai de la sorte, comme tous ceux qui m'ont suivi et accompagné dans tous mes travaux le savent assez, ces gens me firent lever par force ; mais m'étant ensuite jeté par terre, ils me prirent par les mains et par les pieds, et m'enlevèrent hors de ce lieu. Je fus aussitôt suivi de ceux de mes frères qui ont été les témoins de tout ce que je viens de rapporter, savoir Gaie, Fauste, Pierre et Paul, lesquels, m'ayant pris eux-mêmes entre leurs bras, m'emportèrent hors de cette petite ville, et, m'ayant fait monter sur un âne qui n'étoit point sellé, me ramenèrent en cet état. Ce sont là les choses que Denis écrit de lui-même.

VIII.

DES SAINTS MARTYRS D'ALEXANDRIE.[1]

Voici comme il[2] raconte, dans sa lettre à Fabius, évêque d'Antioche, les combats de ceux qui souffrirent le martyre dans Alexandrie, sous l'empereur Dèce. Ce ne fut l'édit de l'Empereur qui alluma la persécution qui s'est élevée contre nous, car elle a prévenu d'une année entière la publication de cet édit.[3] Ce fut donc un je ne sais quel faux prophète et magicien, qui, par la prédiction des maux dont il menaçoit la ville d'Alexandrie, émut et excita contre nous toute la multitude des païens, échauffant en eux cet esprit de superstition qui leur a toujours été si naturél; de sorte que ce peuple étant irrité contre nous par ses artifices, et se voyant en mains une puissance absolue pour commettre toute sorte de cruautés, commença à croire que toute sa piété et sa dévotion envers les dieux consistoit à répandre le sang des chrétiens.

Premièrement donc, ils se saisirent d'un vieillard nommé Mètre,[4] et lui commandèrent de prononcer quelques paroles impies et sacriléges ; mais, voyant qu'il ne leur vouloit pas obéir, ils le chargèrent de coups de bâton, et, après lui avoir piqué les

---

1. A la marge : Eusèbe, liv. VI, chap. xli.
2. Saint Denis.
3. Ann. Christ. 252. — Philon, *De Legatione ad Cajum*, p. 1009, décrit une sédition qui s'étoit élevée dans Alexandrie contre les Juifs, et tous les supplices qu'on leur faisoit endurer, le pillage de leurs biens, et plusieurs autres traitements tout semblables à ceux qu'ils faisoient souffrir aux chrétiens ; et l'on y peut voir combien ce peuple étoit sujet aux séditions, et combien étoit sérieuse la haine qu'il portoit de tout temps contre les Juifs, avec lesquels il confondoit aisément les chrétiens. Il en parle encore fort amplement dans le traité *contra Flaccum*. Il y décrit le naturel des Alexandrins, et ce qu'il en dit est fort beau. Il dit entre autres : Τὸ αἰγυπτιακὸν διὰ βραχύτατου σπινθῆρος εἰωθὸς ἐκχυσάν στασεις. Dion en parle en mêmes termes. (*Note de Racine*).
4. Saint Mètre. (R.)

yeux et tout le visage avec des roseaux durs et pointus, ils le menèrent¹ hors la ville et le lapidèrent.

Après cela, ils amenèrent dans le temple de leurs idoles une femme chrétienne, nommée Quinte², et la voulurent contraindre de les adorer ; ce qu'ayant refusé de faire avec horreur et exécration, ils la lièrent par les pieds et la traînèrent par toute la ville, sur un pavé de pierres inégales et escarpées, la déchirant d'un côté à coups de fouet, pendant qu'elle étoit tout écorchée de l'autre par les pointes de ces carreaux jusqu'à ce qu'ils l'allèrent enfin lapider au même lieu que le précédent. Ils se jetèrent tous ensuite d'une commune fureur dans les maisons de tous les fidèles ; et chacun d'eux allant attaquer ceux de leurs voisins qu'ils reconnoissoient pour tels, pillant et ravageant tout ce qui étoit dans leurs maisons, se saisissant des plus précieux d'entre leurs meubles, et jetant çà et là ou mettant au feu ceux qui étoient plus vils ou qui n'étoient que de simple bois, ils faisoient voir dans Alexandrie l'image d'une ville prise d'assaut. Cependant nos frères se sauvoient le mieux qu'ils pouvoient, et tâchoient de se retirer, voyant avec joie leurs biens perdus et dissipés, à l'imitation de ceux à qui saint Paul a rendu cet honorable témoignage ; et jusqu'à présent je ne sache qu'un seul entre eux qui, étant tombé entre les mains des infidèles, a renié le Seigneur.

La très admirable Apollonie³, qui étoit une vierge déjà fort âgée, ayant aussi été saisie par ces barbares, ils lui meurtrirent le visage de tant de coups, qu'ils lui firent sortir toutes les dents de la bouche ; ensuite de quoi, ayant dressé un bûcher proche de la ville, ils la menaçoient de la brûler toute vive, si elle ne prononçoit avec eux les blasphèmes que leur impiété lui proposoit. Mais cette courageuse vierge les ayant un peu adoucis par quelques feintes prières, et s'étant ainsi dégagée d'entre leurs mains, elle se jeta tout d'un coup au milieu du feu, où elle fut aussitôt réduite en cendres.

Ils surprirent de même Sérapion⁴ lorsqu'il étoit encore chez

---

1. Εἰς τὸ προάστειον.
2. Sainte Quinte. (R.)
3. Sainte Apollonie. (R.)
4. Saint Sérapion. (R.)

lui, et après l'avoir appliqué aux plus cruelles tortures, et l'avoir rendu perclus de tous ses membres, ils le précipitèrent du haut de sa maison.

Au reste, il n'y avoit point de rue, point de grand chemin, point de détours par où il nous fût libre de passer ; et l'on ne voyoit partout que des gens qui crioient sans cesse que l'on entraînât, et que l'on brûlât à l'heure même tous ceux qui refuseroient de blasphémer.

Les choses demeurèrent longtemps en cet état, jusqu'à ce qu'une sédition et une guerre civile s'étant allumées entre ces malheureux païens, leur fit tourner contre eux-mêmes la cruauté qu'ils avoient exercée contre nous. Ainsi la fureur dont ils étoient animés contre les chrétiens ne pouvant plus avoir son cours ordinaire, nous eûmes quelques intervalles de tranquillité et de relâche.

Mais voilà que l'on nous annonce tout d'un coup le changement d'un règne qui nous étoit si favorable.[1] Les menaces terribles que l'on nous fait renouvellent nos troubles et nos frayeurs. Enfin l'édit de la persécution est publié, et il s'en élève une si effroyable, qu'il sembloit que ce fût de celle-là que le Seigneur eût voulu parler lorsqu'il a dit que les élus mêmes, si cela étoit possible, seroient en danger de tomber.

Tout le monde aussitôt est saisi de crainte. Entre ceux qui étoient les plus éminents, ou par leur extraction, ou par leurs richesses, les uns vont se présenter eux-mêmes avec crainte pour sacrifier ; les autres, et particulièrement ceux qui étoient élevés aux charges publiques, s'accommodent à la nécessité de leurs affaires; d'autres se laissent entraîner par leurs amis, et sitôt que l'on les appelle par leur nom à ces sacrifices impurs et profanes, ils s'en approchent à l'heure même ; les uns pâlissant et tremblant de crainte, comme s'ils alloient moins pour sacrifier que pour être eux-mêmes immolés en sacrifice, jusque-là qu'ils attiroient sur eux la risée de tous ceux qui étoient présents, et qu'ils faisoient juger à tout le monde que leur lâche timidité les rendoit également incapables et de sacrifier, et de mourir. Il y en avoit d'autres, au contraire qui, s'approchant des autels

1. An 253.

avec plus d'audace, protestoient hardiment et effrontément qu'ils n'avoient jamais été chrétiens en toute leur vie. C'est de ces sortes de personnes que le Seigneur a prédit qu'ils seroient sauvés difficilement; et cette prédiction est très-véritable.

Quant au commun des chrétiens, les uns suivent l'exemple de ces premiers; les autres se mettent en fuite, ou sont pris par les infidèles; et de ceux-là il y en a eu qui, étant demeurés fermes jusque dans les liens et dans la prison, et quelques-uns même durant plusieurs jours de captivité, ont ensuite abjuré la foi avant que d'être amenés devant les juges. Il y en a eu d'autres enfin, qui ayant souffert généreusement quelques tortures, ont manqué de courage pour souffrir le reste.

Mais quant à ceux que le Seigneur avoit choisis pour être les fermes et bienheureuses colonnes de son Église,[1] comme ils étoient soutenus par sa puissance, et qu'ils avoient reçu de lui une force et un courage qui répondoient à la solidité de la foi sur laquelle ils étoient établis, on les a vus paroître ainsi que les admirables confesseurs de son royaume.

Le premier d'entre eux fut Julien [2] C'étoit un homme goutteux, qui ne pouvoit se tenir debout, ni moins encore marcher. Mais on le fit apporter devant les juges par deux autres chrétiens, dont l'un renonça aussitôt à la foi, au lieu que l'autre qui avoit nom *Cronien*, et qui étoit surnommé Eunus,[3] ayant confessé le Seigneur aussi bien que le saint vieillard Julien, on les mit tous deux sur des chameaux, et on les mena par toute la ville d'Alexandrie, qui est très-grande, comme vous savez, les fouettant le long du chemin en cette posture; ensuite de quoi on les brûla dans de la chaux vive,[4] en présence de tout le peuple.

---

1. Le saint fait allusion aux vingt-deuxième et vingt-troisième versets du psaume 117. (R.)

2. Saint Julien. (R.)

3. Saint Eunus. (R.)

4. Ἀσβέστῳ πυρί. L'interprète a mis en cet endroit *ardentissimo igne*, et plus bas il a mis *calce viva*. Mais le καὶ αὐτοὶ qui est au deuxième passage fait bien voir qu'ils n'ont tous deux qu'un même sens. Outre que ces païens étoient trop cruels pour faire mourir tout d'un coup, *ardentissimo igne*, ceux contre qui ils étoient si enragés, οὐκ εὐθὺς ἐπὶ τὰ κυριώτατα μέρη τὰς πληγὰς ἔφερον, dit Philon, ἵνα μὴ θᾶττον τελευτήσαντες, θᾶττον καὶ τὴν

Pendant qu'on les menoit au supplice, il y eut un soldat nommé Besas,[1] qui, étant indigné du traitement injurieux que l'on leur faisoit souffrir, s'opposa courageusement à ceux qui en étoient les auteurs. Mais s'étant tous écriés contre lui, on le mena aussitôt lui-même en jugement; et ce généreux soldat de Jésus-Christ, ayant glorieusement combattu dans cette illustre guerre de la foi, fut condamné à perdre la tête.

Il y en avoit aussi un autre qui étoit Africain de nation, et que l'on nommoit Macar,[2] c'est-à-dire heureux, comme il l'étoit en effet par les bénédictions que Dieu avoit répandues sur lui. Ce Macar donc, n'ayant point voulu se rendre à toutes les sollicitations que le juge lui faisoit pour le persuader d'abjurer sa foi, fut brûlé tout vif.

Après eux parurent Épimaque et Alexandre,[3] qui, outre les incommodités de la prison où ils étoient détenus depuis fort longtemps, ayant été découpés avec des rasoirs, déchirés à coups de fouet, et tourmentés par une infinité d'autres supplices, furent aussi consumés dans de la chaux vive.

Ils furent suivis de quatre femmes chrétiennes, dont la première étoit Ammonarie;[4] cette sainte vierge qui irrita tellement le juge, par la protestation qu'elle lui fit de ne jamais prononcer aucun des blasphèmes qu'il vouloit qu'elle prononçât, que cet homme, ayant entrepris de la vaincre à quelque prix que ce fût, la fit appliquer durant un fort long temps aux plus cruelles tortures. Mais elle accomplit fidèlement sa promesse, et on la mena enfin au dernier supplice. Les autres étoient Mercurie,[5] que son grand âge et sa vertu rendoient extrêmement vénérable;[6]

τῶν ὀδυνηρῶν ἀντίληψιν ἀπόδωνται *. Il dit même qu'ils ne brûloient les Juifs que dans de fort petits feux, composés d'un peu de sarments, οἰκτρότερον καὶ ἐπιμηκέστερον ὄλεθρον δειλαίοις τεχναζοντες **. (Note de Racine).

1. Saint Besas. (R.)
2. Saint Macar. (R.)
3. Épimaque et Alexandre. (R.)
4. Sainte Ammonarie. (R.)
5. Sainte Mercurie. (R.)
6. Σεμνοπρεπεστάτη πρεσβῦτις.

* Nec statim plagis letalibus appetebantur, ne accelerata morte cito eriperentur cruciatibus.

** Quo diutius morerentur et miserius.

Denise,¹ cette mère féconde en enfants, mais qui ne préféra pas l'amour de ses enfants à l'amour qu'elle avoit pour Dieu ; et une autre femme que l'on nommoit encore Ammonarie.² Comme le juge étoit tout honteux d'avoir exercé en vain tant de cruautés, et qu'il rougissoit de se voir vaincu par des femmes, ces trois dernières ne passèrent point par les tourments, mais il les fit tout d'un coup mourir par le fer. Aussi leur illustre conductrice, la généreuse Ammonarie, avoit été assez tourmentée pour toutes les autres.

Ensuite Héron, Ater et Isidore, qui étoient tous trois d'Égypte, furent livrés en jugement avec un jeune enfant de quinze ans, nommé Dioscore.³ Le juge voulut commencer par ce dernier ; et croyant qu'il se laisseroit facilement surprendre ou intimider, il tenta d'abord de le persuader par de beaux discours, et enfin de le forcer par les supplices ; mais Dioscore ne se laissa ni tromper ni vaincre. Quant aux autres, après qu'il les eut fait mettre tout en sang, voyant qu'ils demeuroient toujours fermes, il les fit aussi jeter au feu. Mais, pour revenir à Dioscore, s'étant fait admirer de tout le monde, et ayant répondu avec une extraordinaire sagesse à toutes les demandes qu'on lui faisoit, le juge, qui ne pouvoit s'empêcher lui-même de l'admirer, le laissa aller disant qu'en considération de son âge il lui vouloit encore donner du temps pour se repentir. Et maintenant cet invincible soldat de Jésus-Christ est avec nous, ayant été réservé pour soutenir un combat plus long, et pour remporter une couronne plus sublime et plus glorieuse.⁴

Il y eut un autre chrétien qui étoit aussi d'Égypte, et qu'on nommoit Némésien, lequel fut faussement accusé comme un compagnon de voleurs. Mais s'étant purgé, en présence de son centenier,⁵ d'une calomnie qui lui avoit été imposée avec si peu de fondement, on le déféra ensuite comme chrétien, et on l'amena lié et enchaîné devant le proconsul,⁶ qui, par une extrême

1. Sainte Denise. (R.)
2. Autre sainte Ammonarie. (R.)
3. Dioscore. — Autres martyrs. (R.)
4. Εἰς μακρότερον ἀγῶνα καὶ διαρκέστερον τὸν ἆθλον. — Pour un combat plus long et une couronne plus durable.
5. Saint Némésien. — Cela montre qu'il étoit encore un soldat. (R.)
6. Ἡγούμενον.

injustice, l'ayant fait fouetter et tourmenter au double de ce que les voleurs ont accoutumé de l'être, le fit brûler en la compagnie de ces infâmes. Et ainsi ce bienheureux martyr eut l'honneur d'être traité en sa mort comme on avoit traité Jésus-Christ même.

Au reste, il y avoit devant la place où les juges étoient assemblés une compagnie entière de soldats chrétiens, qui étoient Ammon, Zénon, Ptolémée et Ingène,[1] et avec eux un vieillard nommé Théophile. Il arriva qu'un chrétien ayant été présenté en jugement, ces généreux soldats reconnurent qu'il étoit près de succomber et de renoncer à la foi. Ce fut alors qu'ils commencèrent à serrer les dents de dépit, à lui faire signe du visage, à tendre les mains vers lui, et à s'agiter de tout le corps pour l'exhorter à demeurer ferme.[2] Tout le monde se tourna aussitôt pour les regarder; mais avant que personne mît la main sur eux, ils vinrent eux-mêmes se présenter devant le tribunal du juge, en disant qu'ils étoient chrétiens : de sorte que le proconsul et tous ceux de son conseil commencèrent à être saisis de crainte. Et pendant que les coupables attendoient avec assurance les supplices auxquels ils se voyoient près d'être condamnés, les juges au contraire trembloient de frayeur. Enfin ils sortirent de ce lieu (pour être conduits à la mort) avec la même allégresse que des vainqueurs après leur victoire, étant tout joyeux d'avoir rendu un si illustre témoignage à la vérité, et de voir que Dieu les faisoit triompher d'une manière si glorieuse.

Il y en eut une infinité d'autres,[3] soit dans les villes ou dans les bourgades, que les païens immolèrent à leur fureur. J'en rapporterai ici un exemple. Il y avoit un chrétien nommé Ischyrion,[4] qui s'étoit mis au service d'un magistrat, et qui étoit comme l'intendant de sa maison. Son maître lui commanda de sacrifier aux dieux ; mais, voyant qu'il refusoit de lui obéir, il lui en fit de

---

1. Soldats chrétiens. (R.)
2. Voir page 163 (de l'*Eusèbe* de 1659) touchant les martyrs de Lyon : Il est dit d'un chrétien nommé Alexandre qu'il paroissoit comme une femme en travail d'enfant, ὥσπερ ὠδίνων, par l'empressement avec lequel il exhortoit les chrétiens devant les juges. *(Note de Racine.)*
3. Eusèbe, liv. VI, cap. XLII.
4. Saint Ischyrion. (R.)

très-grands reproches; voyant ensuite que cela ne l'ébranloit pas, il le chargea de mille injures. Enfin, le voyant toujours inflexible, il prit un grand bâton ferré par le bout, et, lui en ayant percé les entrailles de part en part, il le tua.

Que dirai-je du grand nombre de ceux qui, s'étant réfugiés dans les déserts et sur les montagnes, y périrent tant par les rigueurs de la faim et de la soif, du froid et des maladies, que par la cruauté des voleurs et des bêtes farouches? Ceux d'entre eux qui sont échappés de tous ces périls savent quels ont été ceux que Dieu a choisis, et qui ont reçu de lui la récompense de leurs travaux. Je ne vous en rapporterai qu'une histoire, et je crois qu'elle suffira pour vous faire juger de ce qui peut être arrivé aux autres.

Chérémon, homme fort âgé, étoit évêque d'une ville qu'on appelle Nil. Ce vieillard, s'en étant fui avec sa femme sur une montagne de l'Arabie, n'est point revenu depuis; et quelques recherches que nos frères aient faites de l'un et de l'autre, ils n'en ont pu apprendre aucune nouvelle, et ne les ont trouvés, ni morts ni vifs. Il y en a eu plusieurs autres qui, s'étant retirés sur cette même montagne, furent pris par les Sarrasins, et réduits en servitude par ces barbares, dont les uns ont à peine été rachetés avec de très-grandes sommes d'argent, et les autres ne l'ont pas pu être encore jusqu'aujourd'hui. . . . .

Ce n'est pas sans sujet, mon très-cher frère, que je vous écris ces choses; mais c'est afin que vous connoissiez combien de maux et quelles misères nous avons ici endurés, quoique ceux qui y ont eu plus de part que moi peuvent aussi les connoître plus parfaitement.

Voici ce qu'il[1] ajoute encore un peu après : Lors donc que ces saints martyrs qui, étant devenus les héritiers du royaume de Jésus-Christ, sont maintenant assis avec lui, et qui, ayant été faits participants de la puissance qu'il a de juger les hommes, les jugent en effet avec lui-même ; lors, dis-je, qu'ils étoient encore parmi nous, ils reçurent à leur communion quelques-uns de nos frères qui étoient tombés et que l'on avoit convaincus du crime d'avoir sacrifié aux idoles. Car jugeant que les sentiments de re-

1. Saint Denis d'Alexandrie.

gret et de pénitence qu'ils voyoient en eux pourroient être agréables à Celui qui aime beaucoup mieux la pénitence du pécheur que sa mort, ils écoutèrent favorablement leurs prières, ils se réconcilièrent avec eux, et donnèrent à l'Église des lettres de recommandation en leur faveur, les faisant participer à leurs prières et à leur communion.[1]

Que nous conselleriez-vous donc, mes frères, en cette rencontre? Comment devons-nous nous gouverner? Souscrirons-nous et nous conformerons-nous à la sentence que ces saints martyrs ont prononcée? Devons-nous autoriser leur jugement par notre conduite, et faire grâce comme ils l'ont faite? Traiterons-nous avec douceur ceux qu'ils ont traités avec compassion? ou, au contraire, devons-nous condamner leur jugement comme injuste et déraisonnable, et nous constituer par ce moyen, les examinateurs et les juges de ce que ces saints ont arrêté? Faut-il que nous contristions leur bonté par notre rigueur, et que nous renversions ce qui a été ordonné par eux?

Ce n'a pas été sans raison que Denis a inséré ces choses dans sa lettre, et qu'il a remué cette question touchant la manière dont on devoit traiter ceux qui, durant la persécution, étoient tombés par infirmité.

Car ce fut en ce temps[2] que Novatien, prêtre de l'Église de Rome, s'étant élevé contre eux par un esprit aveuglé d'orgueil, et soutenant qu'il ne leur pouvoit plus rester aucune espérance de salut, quand même ils feroient leur possible pour retourner à Dieu par une sincère conversion et une confession pure de leurs péchés, il se fit l'auteur d'une secte particulière de gens qui, par un excès de vanité, se nommèrent Purs. Sur quoi, après que l'on eut assemblé à Rome un fort grand concile où se rendirent soixante évêques, outre les prêtres et les diacres, dont le nombre y étoit beaucoup plus grand, et que l'on se fut informé du sentiment particulier de tous les pasteurs des autres provinces, touchant ce que l'on devoit faire sur ce sujet, on déclara par un décret, qui fut publié partout, que Novatien et tous les complices de son audace, aussi bien que tous ceux qui adhéreroient à

---

1. Εστιάσεις.
2. Eusèbe, liv. VI, chap. XLIII.

l'opinion cruelle et impitoyable de ce faux docteur, devoient être réputés comme des membres retranchés du corps de l'Église ; et que, pour ceux des frères qui étoient malheureusement tombés durant la persécution, on devoit leur appliquer les remèdes de la pénitence, afin de leur procurer la santé.

On pourroit rapporter ici l'histoire de Sérapion, écrite par saint Denis, et qui est dans l'office du Saint-Sacrement.[1]

1. Eusèbe, liv. VI, chap. XLIV.

FIN DU TOME VI.

TABLE

DU TOME SIXIÈME

INTRODUCTION

	Pages.
ŒUVRES DIVERSES EN PROSE (Suite).	I
I. Abrégé de l'histoire de Port-Royal.	III
II. Fragments et notes historiques	IX
III. Explications de médailles.	XII
IV. Réflexions pieuses sur quelques passages de l'Écriture sainte. .	XV
V. Épitaphe de C. F. de Bretagne, demoiselle de Vertus.	XV

ŒUVRES DIVERSES EN PROSE, ATTRIBUÉES A RACINE.

I. Précis historique des campagnes de Louis XIV.	XVI
II. Relation de ce qui s'est passé au siége de Namur.	XVIII
III. Épître dédicatoire à Mme de Montespan.	XIX
IV. Harangue prononcée par l'abbé Colbert.	XX
V. Critique de l'épître dédicatoire de Charles Perrault	XXI
VI. Épitaphes	XXII

TRADUCTIONS.

	Pages.
I. Le Banquet de Platon....................	XXIV
II. Fragments de la poétique d'Aristote............	XXVII
III. Extrait du traité de Lucien : Comment il faut écrire l'histoire.	
Extrait de Denys d'Halicarnasse, sur le même sujet...	XXVIII
IV. Appendice aux traductions.................	XXVIII

ŒUVRES DIVERSES EN PROSE.

— SUITE —

ABRÉGÉ DE L'HISTOIRE DE PORT-ROYAL.

Première partie.......................... 1
Seconde partie......................... 97
Supplément à l'histoire de Port-Royal.............. 157
Mémoire pour les religieuses de Port-Royal-des-Champs...... 165
Fragments sur Port-Royal..................... 172

FRAGMENTS ET NOTES HISTORIQUES.

I.	....	179
II.	....	180
III.	....	181
IV.	....	182
V.	....	186
VI.	....	189
VII.	Cardinal Mazarin....................	190
VIII.	....	192
IX.	M. de Schomberg....................	193
X.	....	199
XI.	....	199
XII.	....	200
XIII.	(Itinéraire du roi, en février et mars 1678)........	200

TABLE. 475

		Pages.
XIV.	Mort de M. Colbert	203
	Tailles	204
XV.	. . . .	204
XVI.	. . . .	204
XVII.	1685	205
XVIII.	1691	205
XIX.	. . . .	206
XX.	1693	207
XXI.	1693, 21 mai	208
XXII.	1094	209
XXIII.	Mai (1697)	210
XXIV.	. . . .	210
XXV.	Bons mots du roi	211
	Patience du roi	213
XXVI.	Nouvelles	213
XXVII.	Strasbourg	213
XXVIII.	Allemagne	215
XXIX.	Angleterre	217
	Espagne	218
XXX.	Turcs	219
	Venise	220
XXXI.	. . . .	221
XXXII.	Pologne	222
XXXIII.	. . . .	224
XXXIV.	. . . .	226
XXXV.	Vienne	227
XXXVI.	Hollande	228
XXXVII.	Portugal	232
XXXVIII.	Portugal	239
XXXIX.	. . . .	240
XL.	. . . .	241
XLI.	Cardinaux	243
XLII.	Rome	244
XLIII.	. . . .	245
XLIV.	. . . .	245
XLV.	. . . .	246
XLVI.	. . . .	246

		Pages.
XLVII.		247
XLVIII.		247
XLIX.	Pierre de Marca	248
L.	Prédictions de Campanella.	251

Explications de Médailles.

I.	La prise de Marsal	253
II.	La ville d'Erford rendue à l'archevêque de Mayence.	255
III.	Dunkerque fortifiée.	257
IV.	Woërden secouru.	259
V.	La trêve	261

Réflexions pieuses sur quelques passages de l'Écriture sainte. ... 264
Épitaphe de C. F. de Bretagne, demoiselle de Vertus. . 268

ŒUVRES DIVERSES EN PROSE ATTRIBUÉES A RACINE.

Précis historique des campagnes de Louis XIV. 273
Relation de ce qui s'est passé au siége de Namur. 304
Épître dédicatoire à Mme de Montespan. 331
Harangue prononcée à la tête du clergé par M. l'abbé Colbert. . . . 33
Critique de l'épître dédicatoire de Ch. Perrault. 338
Épitaphes. 351

TRADUCTIONS.

Le Banquet de Platon.

Lettre de Racine à Boileau. 355
Le Banquet de Platon. 357
Fragments de la poétique d'Aristote. 380
Extrait du traité de Lucien : Comment il faut écrire l'histoire. 393
Extrait de Denys d'Halicarnasse sur le même sujet. 399

TABLE. 477

APPENDICE AUX TRADUCTIONS.

		Pages.
I.	Traduction de la vie de Diogène le Cynique, écrite par Diogène Laërce	401
II.	Des Esséniens, fragments traduits de Josèphe et de Philon.	421
III.	Lettre de l'église de Smyrne touchant le martyre de saint Polycarpe.	442
IV.	La vie de saint Polycarpe	452
V.	Épitre de saint Polycarpe aux Philippiens	454
VI.	Extrait d'une lettre de saint Irénée à Florin	458
VII.	De saint Denis, archevêque d'Alexandrie	459
VIII.	Des saints martyrs d'Alexandrie	462

FIN DE LA TABLE DU TOME VI.

PARIS. — Impr. J. CLAYE, — A. QUANTIN et Cⁱᵉ, rue St-Benoît. — [776]

CHEFS-D'ŒUVRE DE LA LITTÉRATURE FRANÇAISE
FORMAT IN-8° CAVALIER, PAPIER VÉLIN DES VOSGES

Imprimés avec luxe par J. Claye et ornés de gravures sur acier par les meilleurs artistes

38 volumes sont en vente à 7 fr. 50

On tire de chaque volume de la collection *150 exemplaires numérotés* sur papier de Hollande, avec figures sur chine avant la lettre, 15 fr. le vol.

Il ne nous reste plus qu'un petit nombre d'exemplaires de MOLIÈRE, sur papier de Hollande et nous ne pouvons plus les donner, en dehors de la collection et séparément, qu'au prix de 30 fr. le vol.

ŒUVRES COMPLÈTES DE MOLIÈRE. — Nouvelle édition très-soigneusement revue sur les textes originaux, avec un nouveau travail de critique et d'érudition, aperçus d'histoire littéraire, examen de chaque pièce, commentaire, biographie, etc., etc., par M. Louis Moland. 7 vol.

ŒUVRES COMPLÈTES DE J. RACINE. — Avec une vie de l'auteur et un examen de chacun de ses ouvrages, par M. Saint-Marc Girardin de l'Académie française et M. Louis Moland. 8 vol.

ŒUVRES COMPLÈTES DE LA BRUYÈRE. — Nouvelle édition, publiée d'après les éditions données par l'auteur, avec une notice sur La Bruyère, des variantes, des notes et un lexique, par A. Chassang, lauréat de l'Académie française, inspecteur général de l'instruction publique. 2 vol.

CHEFS-D'ŒUVRE LITTÉRAIRES DE BUFFON. — Avec une introduction par M. Flourens, membre de l'Académie française, secrétaire de l'Académie des sciences, etc. 2 vol. avec un beau portrait de Buffon.

HISTOIRE DE GIL BLAS DE SANTILLANE. — Par Le Sage, avec les principales remarques des divers annotateurs, précédée d'une notice par Sainte-Beuve, les jugements et témoignages sur Le Sage et sur *Gil Blas;* suivie de *Turcaret* et de *Crispin rival de son maître.* 2 vol.

L'IMITATION DE JÉSUS-CHRIST. — Traduction nouvelle avec des réflexions par M. l'abbé de Lamennais. 1 vol.

ESSAIS DE MICHEL DE MONTAIGNE. — Nouvelle édition, avec les notes de tous les commentateurs, complétée par M. J.-V. Le Clerc, précédée d'une nouvelle étude sur Montaigne par M. Prévost-Paradol. 4 vol. avec un beau portrait de Montaigne.

ŒUVRES DE CLÉMENT MAROT. — Annotées, revues sur les éditions originales et précédées de la Vie de Clément Marot, par Charles d'Héricault. 1 vol. orné du portrait de l'auteur.

ŒUVRES CHOISIES DE MASSILLON. — Accompagnées de notes et précédées d'une notice par M. Godefroy. 2 vol. avec un beau portrait de Massillon.

ŒUVRES DE JEAN-BAPTISTE ROUSSEAU. — Avec un nouveau travail de M. Antoine de Latour. 1 vol. orné du portrait de l'auteur.

ŒUVRES COMPLÈTES DE BOILEAU. — Avec des commentaires et un travail nouveau de M. Gidel. 4 vol.

ŒUVRES COMPLÈTES DE LA FONTAINE. — Nouvelle édition, avec un nouveau travail de critique et d'érudition, par M. Louis Moland. 7 vol.

ŒUVRES COMPLÈTES DE MONTESQUIEU. — Textes revus, collationnés et annotés par Édouard Laboulaye, membre de l'Institut. En vente les tomes Ier IIe et IIIe

PARIS. — Impr. J. CLAYE. — A. QUANTIN et Cie, rue Saint-Benoît. [776]

www.ingramcontent.com/pod-product-compliance
Lightning Source LLC
Chambersburg PA
CBHW051408230426
43669CB00011B/1811